Allgemeinbildung Kul

Schummel

FRÜHGESCHICHTE UND ANTIKE

Vor rund 130.000 Jahren: Erste bewusste Beerdigungen

Vor rund 80.000 Jahren: Erste einfache Kunstwerke

Um 3500 v. Chr.: Beginn der ersten Hochkulturen in Mesopotamien, Ägypten und Peru

Um 750 v. Chr.: Beginn der griechischen Kultur

550–330 v. Chr.: Altpersische Kultur

Um 500 v. Chr.: Beginn der von Konfuzius geprägten chinesischen Kultur

336–30 v. Chr.: Hellenismus

27 v. Chr.–284 n. Chr.: Kultur der römischen Kaiserzeit

224–651 n. Chr.: Neupersische Kultur

284–565 n. Chr.: Kultur der europäischen Spätantike

MITTELALTER

565–1453: Byzantinische Kultur im »griechischen Europa«

777–936: Karolingische »Renaissance« im »lateinischen Europa«

936–1050: Ottonische »Renaissance«

1050–1250: Romanik

1130–1500: Gotik

FRÜHE NEUZEIT

1420–1600: Renaissance (in Italien schon ab 1320)

1570–1770: Barock (ab 1720 Spätbarock und Rokoko nebeneinander)

1720–1767: Aufklärung (Literatur und Geistesgeschichte)

1730–1780: Empfindsamkeit (Musik und Literatur)

1760–1840: Klassizismus (Bildende Kunst)

1767–1785: Sturm und Drang (Literatur)

1785–1832: Klassik (Literatur, in der Musik ab 1770)

1795–1848: Romantik (Literatur, Bildende Kunst, in der Musik bis 1900)

Allgemeinbildung Kultur für Dummies

Schummelseiten

MODERNE

Ab 1850: Realismus (Literatur, Bildende Kunst)

Ab 1872: Impressionismus

Ab 1900: Jugendstil/Art nouveau

Ab 1905: Expressionismus

Ab 1907: Kubismus

Ab 1910: Abstrakte Kunst

Ab 1916: Dadaismus

Ab 1919: Bauhaus

Ab 1920: Neue Sachlichkeit und Surrealismus

Ab 1955: Pop-Art

Ab 1960: Fluxus, Installationskunst, Happening et cetera

Ab 1979: Postmoderne

Allgemeinbildung Kultur für Dummies

Christa Pöppelmann

Allgemeinbildung Kultur

für dummies®

WILEY-VCH Verlag GmbH & Co. KGaA

Allgemeinbildung Kultur für Dummies

Bibliografische Information der Deutschen Nationalbibliothek

Die Deutsche Nationalbibliothek verzeichnet diese Publikation in der Deutschen Nationalbibliografie; detaillierte bibliografische Daten sind im Internet über `http://dnb.d-nb.de` abrufbar.

1. Auflage 2020

Coverfoto: marako85 /adobe.stock.com
Lektorat und Projektmanagement: Evelyn Boos-Körner, Schondorf am Ammersee
Satz: SPi Global, Chennai
Druck und Bindung: CPI books GmbH, Leck

Print ISBN: 978-3-527-71588-6
ePub ISBN: 978-3-527-82177-8

10 9 8 7 6 5 4 3 2 1

Über die Autorin

Christa Pöppelmann (Jahrgang 1967) hat in Bamberg und München Geschichte, Kommunikationswissenschaft und Politologie studiert und eine Ausbildung an der Deutschen Journalistenschule absolviert. Seit 2000 schreibt sie Bücher zur Allgemeinbildung, am liebsten über geschichtliche Themen.

Aus ihrer Feder stammen *Allgemeinbildung Weltgeschichte für Dummies* und *Allgemeinbildung Personen der Weltgeschichte für Dummies,* dazu weitere Überblickswerke über verschiedene Epochen der Weltgeschichte, aber auch zu Themen wie Weltreligionen, Mythologie und Philosophie, Kunst und Architekturgeschichte.

Christa Pöppelmann sagt über sich und dieses Buch:

»Gelegentlich kam mir das Schreiben wie ein Kampf gegen die Hydra vor, jenes Untier aus der griechischen Mythologie, dem für jeden Kopf, den man ihr abschlägt, zwei weitere nachwachsen. Genauso hat jeder Sachverhalt, den ich niedergeschrieben habe, mindestens zu zwei weiteren Fakten geführt, die ebenfalls der Erwähnung wert gewesen wären.

Selten zuvor habe ich derart gespürt, dass es beim Schreiben von Büchern zur Allgemeinbildung weniger darum geht, Wissen zu vermitteln, als vielmehr das in großen Massen vorhandene Wissen zu bändigen. Wer konkretes Interesse an Schiller oder Goethe, Gregorianischen Chorälen oder Kubistischer Malerei hat, der kann das heute leicht im Internet nachschlagen – und dann gegebenenfalls mit Fachliteratur vertiefen. Um aber erst einmal einen fundierten Überblick über das weite Feld der Kunst und Kultur zu bekommen, helfen Wikipedia & Co. nur bedingt weiter.

Also habe ich den Löwenbändiger gegeben. Vieles musste dabei – oft blutenden Herzens – auf der Strecke bleiben, anderes konnte nur knapp Erwähnung finden. Aber überall dort, wo es mir gelungen ist, Ihr Interesse zu wecken, können Sie leicht im Internet gezielt weitere Informationen finden.

Und falls ich der Hydra doch einen Kopf zu viel abgesäbelt habe und Sie in eine Situation kommen sollten, in der Sie keine Ahnung haben, wovon geredet wird, verrate ich Ihnen noch Trick 17: Die Unwissenheit nicht zugeben, nicht verdrießlich oder unsicher werden, sondern freundlich auffordern: ›Wie interessant, erzählen Sie bitte mehr!‹ Viele Menschen halten Leute für dumm, die anderer Meinung sind (und seien sie noch so studiert) oder Desinteresse signalisieren, aber niemals jemanden, der hören möchte, was sie zu sagen haben. (Das gilt übrigens auch bei Lehrern und Schülern.) Und nicht selten kann man dann irgendwann doch einhaken und eigenes Wissen beisteuern – vielleicht sogar mit irgendeinem Detail aus diesem Buch. Es würde mich freuen!«

Auf einen Blick

Inhaltsverzeichnis

Einführung

Wissen Sie, was die Kultivierung des Ackerbodens mit Bakterienkulturen im Labor und dem Kulturangebot Ihrer Heimatstadt zu tun hat? Das lateinische Wort »cultura« bedeutet eigentlich »Pflege« und umfasst im weitesten Sinne alles, was nicht natürlich entstanden ist, sondern von Menschenhand geschaffen wurde. Wenn Sie jetzt einwenden, dass Sie sich eigentlich nicht über Landwirtschaft und Laborchemie, sondern über Musik, Theater, Literatur und Geistesgeschichte informieren wollen, dann ist *Allgemeinbildung Kultur für Dummies* genau das richtige Buch für Sie! Denn ich werde mich im Wesentlichen auf den geistigen und künstlerischen Teil der Kultur beschränken. Lediglich im ersten Kapitel finden Sie noch einmal eine grundsätzlichere Betrachtung von Kultur und kulturellem Schaffen.

Über dieses Buch

Wenn es auf dem Feld der Kultur um Allgemeinbildung geht, dann stößt man häufig auf sogenannte *Kanons*, also Listen von Werken, die jeder kulturell Gebildete gefälligst zu kennen hat. Sie sind nicht nur eine Forderung, sondern auch ein Versprechen: Wer sie abgearbeitet hat – so die Verheißung –, kennt »alles, was man wissen muss«.

Ehrlich gesagt, ich halte nicht so viel davon, und zwar aus mehreren Gründen:

- Kultur lebt – und darauf werde ich Sie in diesem *... für Dummies*-Buch immer wieder stoßen – von steter Veränderung. Eine vergangene »klassische« Epoche zum kulturellen Nonplusultra verklären zu wollen, widerstrebt dem Geist der Kultur genauso wie die umgekehrte Annahme, alles Moderne würde früher Dagewesenes zwangsläufig toppen.
- Würden solche Listen ernst genommen, würde das zu kultureller Verarmung führen. Wäre es nicht schrecklich, wenn alle nur noch dieselben Bücher lesen, dieselben Filme sehen und dieselben Musikstücke hören würden? Viel zu oft geschieht das ja schon. Auch die sogenannte *Hochkultur* hat ihren *Mainstream*: Werke, die ständig auf den Spielplänen der Theater stehen; Opernarien, die in keinem Best-of-Mix fehlen dürfen; einige wenige Gemälde, die millionenfach reproduziert werden; die ewig gleichen Schullektüren im Deutschunterricht ... All das drängt andere Werke in den Schatten, die ein solches Aschenputteldasein keineswegs verdient haben.
- Das Versprechen, ein Kanon enthalte die wichtigsten kulturellen Werke einer bestimmten Sparte, ist Humbug. Vielleicht haben Sie ja schon einmal das »Literarische Quartett« oder ähnliche Fernsehsendungen gesehen und miterlebt, wie ein renommierter Kritiker die Lektüre eines neu erschienenen Werkes zum unbedingten Muss erklärte, während ein anderer, nicht weniger renommierter Experte es für völlig belanglos hielt. Dergleichen passiert auch in anderen Bereichen der Kultur. Jeder Kanon produziert zwangsläufig wütenden Widerspruch nach der Devise: »Warum dieses? Warum nicht jenes?«
- Man kann nie genug wissen, finde ich. Es harren noch so viele tolle Bücher, Bilder, Musikstücke et cetera der Entdeckung. Durch mich. Durch Sie. Schön blöd, wer da denkt, er kenne schon alles Wichtige!

Andererseits: Ein Buch über Allgemeinbildung zu schreiben, enthält das Versprechen, Sie mit jenen Themen vertraut zu machen, deren Kenntnis vonnöten ist, wenn man als »gebildet« gelten will und mitreden möchte. Und vielleicht beim »Quizduell« gewinnen. Dieses Versprechen möchte ich auch erfüllen, aber eben nicht in Form von Kanons, sondern indem ich gemeinsam mit Ihnen einen Blick auf die wichtigen Felder der Kultur werfe und die Namen von Personen und Werken, die man wirklich kennen sollte, in einen größeren Zusammenhang einbette. Ich will dabei auch nicht bei klassischen Bildungsthemen wie Musik, Literatur und Malerei stehen bleiben. Zum geistig-künstlerischen Teil der Kultur gehören nämlich auch:

- ✔ moderne künstlerische Ausdrucksformen wie Film oder Multimedia,
- ✔ Religion,
- ✔ Philosophie sowie
- ✔ die schöngeistigen Aspekte der Alltagskultur.

Törichte Annahmen über die Leser

Ich kann mir vorstellen, dass der ein oder andere von Ihnen sich vielleicht an dem Titel *Allgemeinbildung Kultur für Dummies* stößt. Wenn es um Computeranwendungen oder anderes prosaisches Spezialwissen geht, dann mag die ironische Versicherung beruhigend sein, dass ein Buch auch für Menschen ohne jedes Vorwissen geschrieben wurde. Doch in Sachen Kultur ist natürlich niemand ein »Dummy«, schon gar nicht jemand, der ein Buch in die Hand nimmt, um seine Allgemeinbildung weiter zu verbessern. Trotzdem ist dies natürlich ein typisches *... für Dummies*-Buch, das einen leichten Einstieg auch in schwierige Themenfelder bieten soll. Für wen also schreibe ich?

- ✔ Sie sind an Kultur interessiert, doch Ihr Wissen ist nicht wirklich »rund«. Sie möchten gerne einen Gesamtüberblick bekommen.
- ✔ Sie sind an Kultur interessiert und auf dem Feld Ihrer Lieblingsthemen auch sehr bewandert. Doch auf anderen Gebieten gibt es Lücken, die Sie gezielt füllen möchten.
- ✔ Sie waren bisher (noch) nicht so sehr an Kulturthemen interessiert, sind aber neugierig geworden und suchen nach einem leichten, vergnüglichen Einstieg.
- ✔ Sie sind eigentlich nicht besonders an Kulturthemen interessiert, möchten aber auch nicht als Banause erscheinen und mitreden können, wenn andere davon anfangen.
- ✔ Sie sind ein *... für Dummies*-Fan und glauben, dass das besondere Konzept dieser Buchreihe auch dem Thema Kultur neue und spannende Seiten abgewinnen kann.

Was Sie nicht lesen müssen

Dies ist ein klassisches *... für Dummies*-Buch, und das bedeutet, dass Sie nur das lesen müssen, was Sie wirklich interessiert. Dank des modularen Aufbaus können Sie an jeder Stelle einsteigen. Ob Sie sich also gezielt von Seite 1 an mit mir auf eine Kulturreise begeben möchten oder nur das nachschlagen wollen, was Sie besonders interessiert, liegt ganz bei Ihnen.

Konventionen in diesem Buch

- ✔ Damit Sie sich leichter orientieren können, sind neu eingeführte Fachbegriffe *kursiv* gedruckt, ebenso die Namen von Büchern und Werken. Die Namen wichtiger Personen sind **fett** gedruckt.
- ✔ Die grauen Kästen enthalten Dinge, die nicht so recht in den Fließtext passen, etwa spannende Randinformationen, Anekdoten oder Schlaglichter auf einzelne Personen und Werke.

Wie dieses Buch aufgebaut ist

Teil I: Kultur – ein Blick hinter die Kulissen

In diesem Teil geht es zunächst nicht um einzelne kulturelle Leistungen, sondern um die Kultur an sich. Was gehört alles dazu? Wie hat sie sich entwickelt? Wo wird sie ideologisiert und gar missbraucht, sodass am Ende »Unkultur« entsteht?

Teil II: Die Welt der schönen Künste

In diesem Teil geht es um die sogenannte Hochkultur, also um kulturelle Meisterwerke aus den Bereichen Malerei und Skulptur, Baukunst, Musik, Literatur, Schauspiel, Tanz und Film. Sie bekommen einen Überblick über Entwicklungen, Werke und ihre Schöpfer.

Teil III: Die Macht des Geistigen

Kultur ist in allererster Linie ein Produkt des menschlichen Geistes. Hinter konkreten Dingen und Kunstwerken stehen Ideen und Vorstellungen: religiöse und philosophische, aber auch tradierte Mythen. Dieses Kapitel geht ihnen auf den Grund.

Teil IV: Was den Alltag prägt

Noch viel unmittelbarer als durch die Hochkultur werden die verschiedenen menschlichen Kulturen durch Alltägliches bestimmt: wie Menschen essen, sich kleiden, miteinander umgehen, Feste feiern et cetera. Aber gehört das zur Allgemeinbildung? Ja, denn einerseits werden auch im Bereich dieser Alltagsdinge künstlerische Höchstleistungen vollbracht – man denke nur an Sterneköche, Modezaren und Spitzensportler. Andererseits fördert der Blick auf scheinbar Alltägliches kulturelle Entwicklungen mit vielen spannenden und wissenswerten Fakten zutage. Ein eigenes Kapitel ist der Kommunikation und den Medien gewidmet, die in digitaler Form gerade für eine kulturelle Revolution sorgen.

Teil V: Der Top-Ten-Teil

Wie Sie das von *... für Dummies-* Büchern kennen, ist der Top-Ten-Teil eine nützliche und vergnügliche Ergänzung in Listenform. Diesmal werde ich Ihnen dort einige ganz besondere Kulturgüter aus den Bereichen Bildende Kunst, Musik, Literatur und Film noch etwas genauer vorstellen.

Symbole, die in diesem Buch verwendet werden

Kulturelles Schaffen gebiert nicht nur Werke von Weltrang, sondern oft auch skurrile, lustige oder spannende Geschichten. Wenn Sie dieses Symbol sehen, dann gibt es etwas zum Schmunzeln oder Staunen, das sich auch gut weitererzählen lässt.

Immer wenn diese Lupe erscheint, geht es um geballte Fakten, die hier kompakt zusammengefasst werden, oder um komplizierte Sachverhalte.

Das Lämpchen taucht auf, wenn es um Tipps geht oder besondere Aufmerksamkeit gefordert ist. Manchmal werden, hier auch weitverbreitete Mythen entlarvt.

Wie es weitergeht

Das liegt ganz bei Ihnen! Sie können einfach die nächste Seite umblättern und weiterlesen, aber auch gezielt nach Informationen suchen. Wenn es um größere Sachthemen geht, hilft Ihnen das ausführliche Inhaltsverzeichnis weiter. Wenn Sie nach bestimmten Personen oder Begriffen suchen, informieren Sie sich am besten im Stichwortverzeichnis am Ende des Buchs.

Nutzen Sie auch das Internet, um den erwähnten Kunstwerken näher zu kommen! In den allermeisten Fällen stoßen Sie über den Namen sehr schnell auf Abbildungen und Hörproben, teilweise auf ganze Bücher und Filme.

Teil I
Kultur – ein Blick hinter die Kulissen

IN DIESEM TEIL …

… geht es um das große Ganze: die Kultur mit all ihren Facetten.

Ich werde darauf eingehen, welche vielfältigen Bedeutungen der Begriff »Kultur« hat, aber auch zeigen, wie er ideologisch aufgeladen und missbraucht werden kann.

Außerdem bekommen Sie einen Überblick über die Kulturgeschichte und die wichtigsten Epochen der europäischen Kunst.

IN DIESEM KAPITEL

Wofür das Wort steht

Was unbewusst mitschwingt

Wenn aus Kultur Kult wird

Kapitel 1
Was ist Kultur? – Eine Rundumbetrachtung

Vermutlich haben Sie, wenn Sie zu einem Buch mit dem Titel *Allgemeinbildung Kultur* greifen, eine ziemlich genaue Vorstellung, was Sie darin finden möchten. Und wahrscheinlich entspricht das in etwa dem, was ich Ihnen in Kapitel 3 bis 17 präsentieren werde. Doch für das Wort »Kultur« gibt es nicht nur sehr verschiedene Anwendungsmöglichkeiten, es wird vielfach auch nicht neutral verwendet. Stattdessen schwingen unausgesprochene Bedeutungen und oft auch eine Wertung mit. Deshalb ist es nicht nur sinnvoll, sondern auch spannend, zunächst einen kurzen Blick auf den Kulturbegriff in seiner ganzen Breite und Tiefe zu werfen.

Die Entwicklung eines vielschichtigen Wortes

Am Anfang stand der Ackerboden. »Cultura« nannten die alten Römer die Urbarmachung von Land, die Pflege des Bodens und den Anbau der Früchte. Mit der Zeit wurde der Begriff aber als Metapher auf andere Bereiche menschlichen Schaffens übertragen. So sprach der römische Redner **Cicero** in seinen philosophischen *Gesprächen in Tusculum* (45 v. Chr.) von »cultura animi«, der Pflege der eigenen Seele.

Vom Ackerbau zur Unternehmenskultur

Insgesamt stand der Begriff »Kultur« im alten Rom für die

- **Pflege des Ackerbodens,** also die Landwirtschaft,
- **Pflege von Wissen und Bildung,** also das Lernen,

- **Pflege der eigenen Persönlichkeit,** vor allem eine Kultivierung der Moralvorstellungen und des moralischen Handelns,
- **Pflege des Auftretens,** also eine Kultivierung der Umgangsformen und äußeren Erscheinung,
- **Pflege der Beziehung zu den Göttern,** also den religiösen Kult.

In Deutschland wurde das Wort gegen Ende des 17. Jahrhunderts gebräuchlich, und zwar sowohl für die Kultivierung des Ackerbodens wie auch des Geisteslebens.

Der britische Anthropologe **Edward Tylor**, der im 19. Jahrhundert viele ursprüngliche Gesellschaften erforscht hat, definierte Kultur als »Inbegriff von Wissen, Glauben, Kunst, Moral, Gesetz, Sitte und allen übrigen Fähigkeiten und Gewohnheiten, welche der Mensch ... sich angeeignet hat«.

Heutzutage wird der Begriff Kultur gebraucht für

- die Gesamtheit menschlicher Errungenschaften (menschliche Kultur),
- Teilbereiche dieser Kultur (zum Beispiel Esskultur, Freikörperkultur, Fankultur),
- insbesondere den geistig-künstlerischen Teil davon, das sogenannte kulturelle Leben,
- besonders feine Manieren (»Er/Sie hat Kultur.«),
- ein positives und fundiertes soziales Verhalten in bestimmten Situationen (zum Beispiel Gesprächskultur, Willkommenskultur, Unternehmenskultur),
- die Sitten, Gebräuche und die Gesamtheit der Errungenschaften einer Epoche, Region, Volksgruppe oder anderen sozialen Einheit (zum Beispiel griechisch-römische Kultur, europäische Kultur, Kultur der Samen, Jugendkultur),
- prähistorische Menschengruppen, die nur über ihre archäologischen Hinterlassenschaften greifbar sind (zum Beispiel Schnurkeramik-Kultur, Urnenfeld-Kultur),
- land- und forstwirtschaftliche Kulturen,
- die Züchtung von Bakterien und anderen Kleinstlebewesen im Labor.

Zwischen Dünkel und Kampfbegriff

Im weitesten Sinne umfasst der Begriff »Kultur« also die gesamte menschliche Zivilisation. In den englischsprachigen Gesellschaften ist in den meisten Fällen, wo im Deutschen das Wort »Kultur« verwendet wird, eher von »civilization« als von »culture« die Rede. Teilweise werden beide Begriffe auch deckungsgleich verwendet. Auf keinen Fall aber steht »culture« für etwas moralisch Höherwertiges als »civilization«. Im Deutschen ist das anders – und daran ist **Immanuel Kant** schuld.

Für den Philosophen aus Königsberg waren alles Wissen, alle Kunst, alle Manieren und Gewohnheiten erst einmal bloß Zivilisation. Erst moralisches Handeln – und zwar moralisches Handeln aus tiefster innerer Überzeugung – machte für Kant wahre Kultur aus.

Viele Denker, vor allem im deutschsprachigen Raum, sind ihm in der Unterscheidung zwischen *Kultur* und *Zivilisation* gefolgt. Allerdings gebrauchten die meisten von ihnen den Begriff »Kultur« nicht für eine konsequent angewandte Moral, sondern für

1. den geistig-künstlerischen Teil der allgemeinen Kultur (den auch dieses Buch in den folgenden Kapiteln ins Visier nehmen wird)

2. eine verfeinerte Lebensart.

Das Ganze ging oft mit einem gewaltigen Dünkel einher, besonders was den zweiten Punkt anbelangt. Während gewöhnliche Menschen aßen und wohnten, pflegte man selbst Ess- beziehungsweise Wohnkultur. Aber auch der geistig-künstlerische Teil der Kultur wurde nicht nur als etwas gesehen, was das Leben angenehmer, bunter und spannender macht, sondern als etwas moralisch Besseres. Man ging fraglos davon aus, dass die Beschäftigung mit Kultur eine veredelnde Wirkung hat und dass jemand, der gebildet ist, viel liest, Musik hört und regelmäßig ins Theater geht, ein besserer, sittlich höher stehender Mensch ist als einer, der das nicht tut.

Mit dem Nationalgefühl des 19. Jahrhunderts kam dann die Vorstellung der *Kulturnation* auf. In Deutschland, das politisch bis 1871 zersplittert war, war damit zunächst nur die kulturelle Gemeinsamkeit der Deutschsprachigen über die politischen Grenzen hinweg gemeint. Mit der Zeit (und der deutschen Einigung) aber kam auch hier wieder der kulturelle Dünkel dazu: Das Etikett »Kulturnation« wurde nun als Ausweis einer besonders hochstehenden nationalen Kultur empfunden, der keineswegs jedem Land gebührte. Gerade viele deutsche Denker fühlten sich um die Wende vom 19. zum 20. Jahrhundert als Vertreter einer solchen Kulturnation, während sie den Nachbarländern nur eine oberflächliche Zivilisiertheit zubilligten.

Es waren keineswegs nur tumbe Nationalisten, die so dachten, sondern auch Künstler von Weltrang. **Thomas Mann** etwa unterbrach bei Ausbruch des Ersten Weltkriegs seine Arbeit am *Zauberberg* und schrieb sich die *Betrachtungen eines Unpolitischen* von der Seele. Auf mehr als 600 Seiten führt er aus, dass das Deutschtum für Geist, gewachsene Tradition und eine wahre, aus tiefster Seele kommende (unpolitische) Kultur stehe und der eigentliche Grund des Krieges der Hass der Nachbarn gegen dieses Deutschtum sei.

Thomas Mann konnte es sich auch nicht verkneifen, in die *Betrachtungen* – von denen er sich später wieder distanzierte – zahlreiche Seitenhiebe gegen seinen frankophilen und politisch engagierten Bruder Heinrich einzuflechten. Die Öffentlichkeit interessierte sich dann im Grunde mehr für die persönliche Seite des »Bruderkriegs im Hause Mann« als für die Standpunkte der beiden.

Es fällt auf, dass bei Thomas Mann die eigentliche Bedeutung von Kultur vollkommen in ihr Gegenteil verkehrt wurde. Ursprünglich (und auch noch bei Kant) ist Kultur etwas, was Menschen mit besonderer Sorgfalt geschaffen und entwickelt haben. Bei Mann & Co. mutierte sie zu einer Art Gefühl für Hochgeistiges, das man entweder hat oder nicht. Alles Bemühen dagegen, vor allem das politische Bemühen um mehr Demokratie oder eine bessere gesellschaftliche Verfasstheit, wurde als ungeistige »Zivilisation« abgetan.

Jenseits des Guten und Schönen

Wenn Kultur die Gesamtheit des von Menschen Geschaffenen ist, dann kann es eigentlich kein Darüber, Darunter oder Daneben geben. Doch Begriffe wie »Unkultur«, »Subkultur« oder »Alternativkultur« machen deutlich, dass dem nicht so ist.

Die meisten Menschen unterscheiden sehr wohl zwischen Dingen, die als Kultur gelten, und jenen, die sie nicht als Teil von Kultur verstehen. In der Regel ist Kultur dabei das moralisch und ästhetisch Gute, während verwerfliche, hässliche und anstößige Dinge nicht als Kultur gelten. Kaum jemand würde zum Beispiel auf die Idee kommen, von einer »Folterkultur« zu sprechen, obwohl dieser Begriff im rein technischen Sinne durchaus auf das Bemühen angewandt werden könnte, immer noch grausamer und raffinierter zu quälen.

Was aber steckt hinter den verschiedenen Arten von Kultur, für die sich eigene Begriffe entwickelt haben?

- ✔ Die künstlerisch und ästhetisch als besonders wertvoll angesehenen Teile der menschlichen Kultur bekommen gerne das Etikett **Hochkultur**. (Um historische Hochkulturen wird es in Kapitel 3 gehen.)
- ✔ Bei der Klassifizierung als **Volks-** oder **Massenkultur** schwingt meist die Vorstellung mit, dass diese eher einfach ist und so auch Menschen gefällt, die nicht über die geistigen Voraussetzungen verfügen, das Raffinement der Hochkultur zu erkennen.
- ✔ **Populärkultur** – vom Wort her eigentlich das Gleiche wie Volkskultur – trägt ein Erfolgssiegel. Pop ist zwar massentauglich, aber eben auch immens populär und irgendwie cooler, moderner und weniger anstrengend als die traditionelle Hochkultur.
- ✔ **Subkultur** signalisiert einerseits Verachtung für etwas, was gegenüber der eigenen Kultur als minderwertig angesehen wird. Andererseits drückt der Begriff aber auch aus, dass Gruppen, die nicht an der Hochkultur oder der jeweiligen Massenkultur partizipieren, nicht kulturlos sind, sondern auch eine Kultur mit eigener Sprache, eigenen Normen, eigener Mode et cetera haben. Daneben – und ganz wertneutral – kann mit Subkultur auch eine Untergruppe einer größeren Kultur bezeichnet werden, etwa eine spezielle Form der Jugendkultur.

- Von **Alternativkultur** ist meist die Rede, wenn sich eine Gruppe Menschen ganz bewusst in Opposition zur gesellschaftlichen Norm begibt, während diejenigen, die einer Subkultur angehören, nie Teil der Mehrheitskultur waren oder unbewusst beziehungsweise gegen den eigenen Willen herausgerutscht sind.

- **Kulturlosigkeit** ist ein Vorwurf, der meist diejenigen trifft, die nichts mit der Hochkultur anfangen können.

- Dinge, die – vor allem moralisch – aus tiefster Seele abgelehnt werden, werden gerne als **Unkultur** gebrandmarkt. Ob sie im technischen Sinne raffiniert, ausgeklügelt et cetera sind oder nicht, spielt dabei keine Rolle.

Was eine Kultur ausmacht

Bisher war vorwiegend von »Kultur« die Rede. In diesem Abschnitt wird es nun um »Kulturen« gehen. Hinter dem Begriff steckt die Idee, dass es Gruppen von Menschen gibt, die eine gemeinsame Kultur teilen. Streng genommen ist das natürlich Quatsch. Keine zwei Menschen haben wirklich die gleiche Kultur. Nimmt man es ganz genau, dann erschafft jedes Individuum mit seinem ganz eigenen Lebensstil auch eine eigene Kultur. Faktisch aber hat *kulturelle Verbundenheit* beziehungsweise ihr Fehlen eine immense Bedeutung für alle menschlichen Gesellschaften.

Kulturen entstehen überall dort, wo die kulturellen Gemeinsamkeiten zwischen einer größeren Gruppe von Menschen als so bedeutend (qualitativ und/oder quantitativ) empfunden werden, dass ein Gefühl (von innen) beziehungsweise ein Anschein (von außen) der Zusammengehörigkeit entsteht.

Kulturelle Zugehörigkeit zu einer Gruppe kann auf zwei Arten entstehen:

1. Man empfindet sich selbst als Teil einer bestimmten Kultur, also ein vorwiegend emotionaler Vorgang.

2. Man wird von anderen als Teil einer bestimmten Kultur angesehen, was in vielen Fällen ganz unbewusst geschieht, oft aber aus dem Bedürfnis heraus, das eigene Umfeld zu ordnen.

Was aber ist der »Kitt«, der diese kulturelle Verbundenheit erzeugt?

Die Bedeutung der Sprache

Menschen, die die gleiche Sprache sprechen, werden fast automatisch als Mitglieder einer gemeinsamen Kultur wahrgenommen und in der Tat erzeugt die gemeinsame Sprache eine starke Verbundenheit selbst zwischen Menschen, die ansonsten sehr verschieden sind. Sie erlaubt,

- ✔ die gleichen Informationsquellen wie Zeitungen, Hörfunk, Fernsehen und soziale Medien zu nutzen,
- ✔ die gleiche Literatur zu lesen, die gleichen Filme und Fernsehbeiträge zu sehen, die gleichen Musiktexte zu verstehen, aber auch die öffentliche Debatte darüber wahrzunehmen,
- ✔ sich über alle Aspekte des Lebens direkt auszutauschen.

Möglicherweise fällt Ihnen jetzt ein Nachbar ein, der garantiert – wenn überhaupt – andere Bücher liest, bestimmt nicht dieselbe Zeitung, gut hörbar einen völlig anderen Musikgeschmack hat und mit dem Sie auch selten mehr als ein paar Worte wechseln. Einerseits besteht also ein kultureller Abgrund. Andererseits schwimmen Sie trotzdem beide in der gleichen Informationssuppe. Sie brauchen kein eingefleischter Fußballfan zu sein, um zu wissen, dass Schalke 04 ein Bundesligaclub ist und keine Automarke. Möglicherweise haben sie sogar aufgeschnappt, dass man bei einem Schalke-Fan keine allzu große Sympathie für die Anhänger von Borussia Dortmund voraussetzen sollte. Das Beispiel mag trivial erscheinen, aber allein dadurch, dass Sie eine Sprache so gut beherrschen, dass Sie auch nebenbei Wahrgenommenes verstehen, eignen Sie sich eine Unmenge von Informationen an, die Ihnen helfen, sich in den verschiedensten Situationen zurechtzufinden und andere Menschen zu verstehen – insbesondere wenn diese wirklich anders ticken als Sie.

Gemeinsame Sprache erzeugt aber nicht nur kulturelle Verbundenheit. Kulturelle Verbundenheit erzeugt auch gemeinsame Sprache. Denken Sie nur an Jugendslang, den alle über 30 gar nicht verstehen sollen. Oder an den Fachwortschatz von Angelfreunden, Computerspieljunkies oder Modefreaks. Oder an Anspielungen, die nur die Mitglieder Ihrer Clique oder allein Ihr Partner verstehen. Und wie angenehm es ist, mit jemandem eine gemeinsame Sprachebene zu haben (mehr dazu in Kapitel 6).

Wie geht es Ihnen, wenn in Gesellschaft Sätze wie »Sagen Sie jetzt nichts, Hildegard«, »Das Bild hängt schief« oder »Ich weiß es nicht, ich bin kein Huhn« fallen? Wenn Sie mit dem Werk des Humoristen **Loriot** vertraut sind, werden Sie wahrscheinlich sofort loslachen, weil Sie eine Parallele ziehen können zwischen dem Sketch, aus dem der Satz stammt, und der Szenerie, um die es gerade geht. Wer Loriot dagegen nicht kennt, wird sich auch bei perfekten Deutschkenntnissen fragen, was das jetzt soll.

Achten Sie einmal bewusst darauf, wie häufig solche Anspielungen auf Dinge, »die jeder kennt«, im Alltag vorkommen, wie viele Redewendungen gebraucht werden, die nicht wörtlich zu verstehen sind, wie oft in Büchern oder Filmen andere Kunstwerke »zitiert« werden. Dieser ganze Teil der Kommunikation erschließt sich nur dem, der nicht nur eine Sprache beherrscht, sondern auch mit der dazugehörigen Kultur vertraut ist.

Der Fundus an Vorwissen, der in der ein oder anderen Situation vorausgesetzt wird, ist aber so groß, dass man ihn unmöglich zur Gänze kennen kann – selbst dann nicht, wenn man in eine Kultur hineingeboren ist. Die Lektüre von Allgemeinbildungsbüchern, auch solchen, die sich nicht speziell mit Kultur befassen, verhilft zu einer Erweiterung des kulturellen

Horizonts. Andererseits ist aber auch Allgemeinbildung kulturabhängig. Wäre dieses Buch beispielsweise für den englisch- oder spanischsprachigen Kulturraum geschrieben, sähe es in vielen Teilen sicherlich ganz anders aus.

Was Latein, Nahuatl und Aramäisch miteinander zu tun haben

Fremdsprachenkenntnisse erweitern automatisch auch den kulturellen Horizont und zum Glück gibt es ja Englisch, das in den meisten Teilen der Welt verstanden wird. Nein, es ist kein Glück, sondern ein fast automatischer Mechanismus: Wenn verschiedene kulturelle Räume miteinander im Austausch stehen, etabliert sich auch eine »Verkehrssprache«. Zur Blütezeit des Römischen Reiches war das natürlich Latein, im Mittelalter beherrschten gebildete Leute bis in den arabischen Raum hinein eine Abart davon, die *Lingua franca*. Vor dem Latein war *Koine*, eine Variante des Griechischen, von Europa bis Indien verbreitet. Und die Spanier konnten unter anderem deswegen das Aztekenreich so leicht erobern, weil alle im heutigen Mexiko lebenden Stämme *Nahuatl* sprachen und die Eroberer über ihre Dolmetscherin Malinche Verbündete gewinnen konnten.

Soziale Ordnungen

Wie feiern Sie Weihnachten? Waren Sie bei der Konfirmation, Kommunion oder Jugendweihe? Sind Sie in einem Verein oder einer politischen Partei engagiert?

Die Liste ließe sich noch lange fortsetzen, doch auch diese wenigen Fragen dürften schon zeigen, dass es nun um Bereiche geht, die ganz wesentlich für das Leben der meisten Menschen sind. All diese Dinge sind kulturell prägend, ob man will oder nicht. Auch diejenigen, die nicht daran glauben, dass vor mehr als 2000 Jahren mit der Geburt des Jesus von Nazareth Gott Mensch geworden ist, können in Ländern mit christlicher Tradition Weihnachten nicht entgehen. Die meisten wollen es auch gar nicht.

Während andere religiöse Riten mit dem Schwinden der Religion an Bedeutung verlieren, ist die von Weihnachten eher gewachsen (traditionell war Ostern viel wichtiger!). Dabei hat sich das Fest jedoch immens gewandelt und ist heute von Dingen geprägt, für die es keine christlich-religiöse Überzeugung braucht: die Familie treffen, einander beschenken, einen geschmückten Weihnachtsbaum aufstellen, Lebkuchen und Dominosteine essen.

Wer damit nichts anzufangen weiß, fühlt oft sehr deutlich, dass er an diesen Tagen ein kultureller Außenseiter ist und mit seiner Lebensweise nicht in die Menschengruppe passt, der er sich sonst zugehörig fühlt. Viele fliehen sogar über die Weihnachtstage in Länder, in denen das Fest ebenfalls nicht zur allgemeinen Kultur gehört.

Nun ist die Sache mit Weihnachten ein Luxusproblem. In anderen Kulturen ist es existenzbedrohend, sich nicht zu einer bestimmten Religion zu bekennen und nicht an ihren Riten teilzunehmen. Oder mit dem Menschen zusammenleben zu wollen, den man liebt. Oder als Frau ein selbstbestimmtes Leben führen zu wollen.

Zu den sozialen Ordnungen, die für eine Kultur prägend sind, gehören:

- ✔ die Verfassung einer Gemeinschaft und ihre Gesetze beziehungsweise die tatsächlichen Herrschaftsverhältnisse,
- ✔ allgemeine Normen und solche für das Verhalten bestimmter Gruppen, insbesondere der Umgang mit essenziellen Dingen wie Sexualität, Gewalt oder familiären Pflichten,
- ✔ die vorherrschenden Religionen oder Weltanschauungen mit ihren Normen und Riten,
- ✔ die Gliederung des Jahres mit Feiertagen, Ferien et cetera.

Darüber hinaus spielt es eine Rolle,

1. ob und wie stark Verstöße gegen diese Ordnungen sanktioniert werden,
2. wie homo- beziehungsweise heterogen eine Kultur ist, also ob es überhaupt »allgemeine« Normen gibt oder ein Nebeneinander verschiedener Ordnungen.

Die Macht der Gewohnheit

In dem Song *Dirty old town* setzte der britische Folksänger **Ewan MacColl** 1949 seiner Heimatstadt Salford, einer Industriemetropole bei Manchester, ein Denkmal. Erst werden – trotz Dreck und Hässlichkeit – süße Jugenderinnerungen beschworen, doch in der letzten Strophe kippt die Romantik: Die einstige Heimat wird mit einem toten, alten Baum verglichen, den man am liebsten umhauen möchte. Ähnlich geht es vielen Menschen, wenn sie an die Orte zurückkommen, an denen sie aufgewachsen sind: Einerseits spürt man eine fast unheimliche Vertrautheit, doch mit der Zeit merkt man auch ganz deutlich, warum man diese Umgebung einst verlassen hat und dass man nicht mehr wirklich dazugehört.

Es sind die zwei Seiten kultureller Zugehörigkeit:

1. Sich innerhalb einer vertrauten Umgebung zu befinden, ist angenehm und bequem.
2. Teil einer Gruppe zu sein bedeutet immer auch Anpassung, was nur in Maßen erträglich ist.

Der Begriff »Heimat« wird oft auf den Ort beziehungsweise die Region reduziert, in der jemand aufgewachsen ist. Tatsächlich betrachten Wissenschaftler wie Soziologen oder Neurobiologen Heimat heute vor allem als ein Gefühl, das sich bei besonderer Vertrautheit mit einem Ort, einer Gruppe, einer Sprache et cetera – also der kulturellen Umgebung – einstellt.

Wie anpassungsfähig jemand ist, ist natürlich Charaktersache. Der eine braucht die gewohnten Ordnungen sehr für sein Wohlbefinden, die andere ist stets auf etwas Neues aus. Aber auch die kulturelle Prägung spielt eine Rolle: Wer von klein auf erlebt hat, dass Veränderung spannend und positiv sein kann, wird ein anderes Verhältnis dazu entwickeln als jemand, dem eingebläut wurde, dass es keine Alternative zur »dirty old town« gebe beziehungsweise alles auch noch schlimmer kommen könne.

Kreativität und Diskurs

Jede Kultur ist ein dynamisches System, das sich in ständigem Wandel befindet. Im Grunde verändert sich Kultur durch jegliche Interaktion von Menschen miteinander. Das kann innerhalb einer Kultur oder durch Einflüsse von außen geschehen, positiv und negativ sein, minimal oder mit großen Auswirkungen, bestärkend oder innovativ.

Blickt man auf die Entwicklung von Kulturen in der Menschheitsgeschichte, so zeigt sich, dass die Herausbildung sehr komplexer, fortschrittlicher und wirkmächtiger Kulturen mit bestimmten Faktoren einhergeht:

✔ **Austausch:** Kulturelle Hotspots bilden sich in der Regel dort, wo viele Menschen dicht beieinander leben und die Gesellschaft offen nach außen ist.

✔ **Anreiz:** Herausforderungen und Probleme, die einer Lösung bedürfen oder die zumindest zum Nachdenken anregen, fördern Kreativität und Aktivität. In ihrer Komfortzone in Ruhe gelassen, entwickeln viele Menschen dagegen einen verhängnisvollen Hang zum »Herumdaddeln« (nicht nur am Computer). Soziologen haben herausgefunden, dass in solchen Situationen sowohl Herausforderungen wie auch völliges Nichtstun vermieden werden, sondern die Zeit mit möglichst anspruchsloser Beschäftigung gefüllt wird.

✔ **Freiraum:** Wer mit dem nackten Überleben beschäftigt ist, kann nicht kreativ werden.

✔ **Freiheit:** Verordnungen von oben bringen vielleicht gesellschaftliche Normen und Verhaltensweisen hervor, aber keine lebendige Kultur.

✔ **Förderung:** Kreativität kann man nicht kaufen. Doch die Umsetzung großer Ideen braucht meist Geld. Oft viel Geld.

✔ **Publikum:** Ein Bild, das keiner anschaut, und ein Buch, das keiner liest, können keine kulturelle Wirkung entfalten. Es mag banal klingen, aber Kultur braucht Verbreitung.

✔ **Tradition:** Kulturelles Schaffen baut aufeinander auf. Wo noch keine Streichinstrumente erfunden sind, kann man keine Violinenkonzerte komponieren.

Wenn Dinge Kult werden

Ein Verwandter der Kultur ist der *Kult.* Die alten Römer verstanden unter »cultus« die Gesamtheit aller religiösen Riten und Handlungen. Heute gelten oft ziemlich profane Dinge als Kult. Zusammenhänge gibt es trotzdem, denn mit den Göttern war nicht zu spaßen. Vernachlässigte man sie und erregte ihren Zorn, drohte großes Ungemach. Dem Kult wohnte also ein Zwang inne, den die Pflege der Kultur nicht hat. Aber nicht nur wenn Götter im Spiel sind, kann Kultur ins Zwanghafte kippen.

Die Kunst des Überflüssigen

Haben Sie auch manchmal das Gefühl, dass es einige Leute mit der Kultur übertreiben? Solche, die zum Konzert selbstverständlich nach Hamburg in die neue Elbphilharmonie fahren, weil das Programm des örtlichen Konzerthauses schlichtweg »indiskutabel« ist; die auf Menschen herabschauen, die gerne Vorabendserien oder Quizshows sehen, und die zu jeder Tasse Kaffee einen Vortrag servieren, wie dieser geröstet oder gebrüht wurde, denn einfacher Filterkaffee »geht ja gar nicht«.

Vielleicht sagen Sie nun, das seien alles Snobs mit zu viel Geld. Möglicherweise finden Sie es aber auch völlig verständlich, dass jemand, der Musik oder Kaffee liebt, nach dem Besten strebt und seine Lebenszeit auf etwas anderes als Vorabendserien verwenden möchte. Und was heißt schon »übertrieben«? Im Grunde genommen ist der größte Teil der menschlichen Kultur nicht wirklich lebensnotwendig, sondern Luxus. Aber was wiederum ist eigentlich »Luxus«? Überlebensstrategien verfolgen auch Tiere; Menschen zeichnen sich dadurch aus, dass sie ihr Leben darüber hinaus gestalten.

Man kann Kultur in drei sehr grundsätzliche Stufen unterteilen:

1. Die Befriedigung der primären Bedürfnisse, etwa eine Unterkunft, ausreichend zu essen und die nötige Bekleidung zu haben

2. Die Entwicklung von Fertigkeiten und Ideen, die das Leben bereichern

3. Der Verlust der Kontrolle über die geschaffene Kultur, der dazu führt, dass die Dinge einen beherrschen

Vielleicht denken Sie bei Punkt 3 spontan an Atomkraft oder gefährliche Ideologien. Doch den Kontrollverlust kann es auch im Privaten geben: Wer nur noch handgepflückten Wildkaffee oder Dry-aged Steak vom Wagyu-Rind genießen kann, es in Sachen Musik unter der Elbphilharmonie nicht mehr tut, wer zum Modejunkie wird und wessen persönliches Wohlbefinden daran hängt, dass ein bestimmter Fußballclub am Wochenende gewinnt, der kultiviert nicht mehr sein Leben, sondern ist einem Kult verfallen.

Geronnene Werte

Doch nicht nur Individuen, auch Gesellschaften geraten in die Kult-Falle. Sie tut sich überall dort auf, wo Gewohnheiten, Normen und Bräuche nicht mehr hinterfragt werden, sondern zum Muss werden, das man »bei uns so macht«, weil es »schon immer so war«.

Vieles, was sich mit der Zeit eingebürgert hat, war schon damals keine gute Idee. Anderes hat in einer gewandelten Gesellschaft seinen Sinn verloren. Schaut man genauer hin, stecken in vielen alten *Bräuchen* Werte, die nicht mehr die von heute sind. So ist es zum Beispiel wieder Mode geworden, dass sich junge Frauen unbedingt von ihrem Vater zum Altar geleiten lassen. Warum vom Vater? Warum nicht von der Mutter oder der ganzen Familie? Und warum nur die Braut und nicht auch der Bräutigam?

Die Übergabe der Braut vom Vater an den künftigen Ehemann stand früher dafür, dass sie von der Vormundschaft des einen in die des anderen überging. Der öffentliche Akt demonstrierte, dass dies freiwillig geschah – was in Zeiten und Kulturen, in denen Brautraub und darauf folgende blutige Familienfehden nicht selten waren, durchaus Sinn ergab. Und heute? Natürlich kann jede Frau, die das gerne möchte, ihren Vater zum Brautführer machen. Man kann auch traditionelle Fastnacht feiern, ohne damit böse Wintergeister verscheuchen zu wollen, und die Oberammergauer Passionsspiele ohne den Glauben genießen, damit einer Wiederkehr der Pest vorzubeugen. Man kann die Erinnerung pflegen, den Bräuchen neuen Sinn verleihen und einfach Spaß daran haben. Schlimm wird es dort, wo kulturelle Normen der Vergangenheit auch heute noch Zwang und Unrecht produzieren.

Der Denker **Carl Amery** (und in seinem Gefolge noch andere) sorgten für große Empörung, als sie darauf hinwiesen, dass sich mit den berühmten »preußischen Tugenden« Ordnung, Fleiß und Pünktlichkeit auch der Holocaust effektiv habe umsetzen lassen. Aber nicht umsonst werden diese als *Sekundärtugenden* bezeichnet. Denn einen moralischen Wert an sich haben sie nicht, er hängt immer von dem Zweck ab, dem sie dienen.

Kulturtransfer und Kommerz

Die Antwort auf die Frage, warum viele Frauen von ihrem Vater zum Altar geleitet werden möchten, ist höchst einfach: In unzähligen Hollywood-Filmen wird dies als der Gipfel der Romantik zelebriert.

Auch andere, inzwischen weit verbreitete *Hochzeitsbräuche* – der Junggesellenabschied, die Prozession mit den Brautjungfern, das weiße Brautkleid, das der Bräutigam keineswegs vorher sehen darf und das etwas Altes, etwas Neues, etwas Geliehenes und etwas Blaues enthalten muss – entstammen der durch solche Filme verbreiteten anglo-amerikanischen Tradition.

In Deutschland heiratete man bis in die 1920er-Jahre im meist schwarzen Sonntagskleid. Mit Einführung des weißen Kleides wurde dieses dann als Zeichen der Reinheit gedeutet und Bräuten, die bereits sexuelle Erfahrung hatten, verweigert. Damit wurde eine symbolische Bedeutung, die früher der Kopfschmuck (Schleier, Kranz oder Krone) hatte, auf das Kleid übertragen.

Die Attraktivität der Hollywood-Hochzeiten liegt ebenfalls auf der Hand. Das Zeremoniell hat seine Wurzeln in der royalen Hochzeit von **Queen Victoria** im Jahr 1840 und inszeniert die Braut als Prinzessin. Eine einschlägige »Hochzeitsindustrie«, die an den Zutaten zur Traumhochzeit bestens verdient, hat dazu beigetragen, dass sich diese Art zu heiraten im allgemeinen Bewusstsein als Standard durchgesetzt hat und traditioneller erscheint, als sie eigentlich ist.

Auch in vielen anderen Bereichen setzen sich kulturelle Gewohnheiten und Dinge durch, weil sie kommerziell aufgegriffen und übermäßig verstärkt werden: das konsumorientierte Weihnachten, Ostern als Schokoeierfest, Halloween, Valentins- und Muttertag, Pseudo-Oktoberfeste außerhalb von München, aber auch die Fokussierung auf eine kleine Anzahl von Bestsellern und Hits in der Buch- und Musikbranche …

Die Liste könnte man endlos fortsetzen, aber sind diese kommerziell gemachten Kulte wirklich ein Problem? Schließlich wird doch niemand gezwungen, sich dem zu unterwerfen, oder? Das Problem beginnt da, wo der souveräne Umgang mit dergleichen aufhört und Kulte die Menschen beherrschen.

Das Hollywood-Hochzeitsszenario etwa ist tatsächlich so übermächtig, dass in einschlägigen Internetforen Bräute fragen, wie sie »richtig« heiraten sollen, wenn kein Vater als Brautführer zur Verfügung steht. Oder für die es ein Riesenproblem ist, wenn der künftige Ehegatte bei der Auswahl des Brautkleids mitreden will und so einen »magischen« Filmmoment, ja gefühlt die ganze Hochzeit, zu verderben droht.

Auch die scheinbar schon ausgestorbene Sitte, Mädchen in Rosa, Jungen in Blau auszustatten, ist in Verbindung mit einschlägigen Marketingfiguren wie Prinzessin, Fee und Einhorn beziehungsweise Pirat, Astronaut und Dinosaurier wieder gewaltig aufgeflammt. Während andererseits vehement gegen hartnäckige Geschlechterklischees gekämpft wird, erfüllt der Handel so Kinderträume und macht den Kleinen weis, dass süße kleine Prinzessinnen und verwegene Piraten mit unterschiedlichen Spielsachen spielen, andere Bücher lesen, andersfarbige Kleidung tragen und sogar – kein Witz! – verschiedene Sorten Würstchen essen und ihr jeweils eigenes Klopapier benutzen.

Zum Verlust von kultureller Souveränität kommt es aber natürlich nicht nur durch kommerzielle Interessen. Im nächsten Kapitel wird es unter anderem um gesellschaftlichen Druck und die Ideologisierung nationaler Kulturen gehen. In Kapitel 7 wird Ihnen das Thema im Rahmen von Religion wieder begegnen, in Kapitel 8 in Zusammenhang mit modernen Mythen und in Kapitel 13 in der digitalen Welt.

IN DIESEM KAPITEL

Vom Versuch, Pudding an die Wand zu nageln

Vom Krieg der Kulturen und der ideologischen Aufladung von Konflikten

Von Hochkultur und *Fack ju Göhte*

Kapitel 2
Zwischen Tradition und Multikulti – eine Spurensuche

Kultur – das sind auf den ersten Blick die schönen Dinge des Lebens. Wie in Kapitel 1 dargelegt, wird Kultur spontan meist mit etwas Positivem assoziiert. Doch der Teufel steckt im Detail. Schaut man genauer hin, dann ist »Kultur« nicht selten auch ein höchst problematischer Tatbestand und wird sogar zum Kampfbegriff. Menschen spielen die vermeintlich eigene Kultur gegen die scheinbar andere aus, reklamieren ein Recht auf bestimmte kulturelle Tatbestände und reduzieren die Komplexität verschiedener Kulturen auf wenige Tatsachen oder gar Schlagworte. Deshalb will ich in diesem Kapitel genauer auf die Dinge blicken, die oft mitschwingen, wenn vom Leben in und mit Kulturen die Rede ist.

Möglicherweise protestieren Sie nun im Geist, weil Sie dieses Buch in die Hand genommen haben, um sich über Kunst und Literatur, Theater und Musik, Film und Philosophie zu informieren. Ab Kapitel 3 wird es auch darum gehen. Versprochen! Aber es würde mich freuen, wenn Sie sich nach Lektüre dieses Buchs nicht nur in Sachen Schiller und Goethe etwas fitter fühlen, sondern auch wenn jemand versucht, die beiden für eine »deutsche Leitkultur« zu vereinnahmen.

Kultur und Identität

Kultur und *Identität* werden oft in einem Atemzug genannt. Sie haben auch viel miteinander zu tun, gehören aber nicht ganz so eng zusammen, wie es manchmal scheint.

Was macht Ihre Identität aus? Bitte legen Sie das Buch für einen Moment zur Seite und denken Sie über die Frage nach. Es geht nicht um eine vollständige Antwort, sondern nur um die Richtung, in die Ihre Gedanken wandern.

Die Frage »Wer bin ich eigentlich?« kann zu ganz verschiedenen Antworten führen:

1. Charaktereigenschaften, über die man verfügt
2. Merkmale der persönlichen Lebenskultur
3. Zugehörigkeit zu Gruppen und deren Kultur

Vielleicht haben Sie ja nur an Dinge gedacht, die sich den Kategorien 1 und 2 zuordnen lassen. Für viele Menschen aber ist es sehr wichtig, dass sie Deutscher, Frau, homosexuell, Muslim, Musikliebhaber, Sächsin, Sozialdemokratin oder Fußballfan sind.

Identität

✔ hat **innere Merkmale** und setzt sich aus der Summe dessen zusammen, womit man sich selbst identifiziert und verbunden fühlt. Dazu gehören Charaktereigenschaften und die eigene Persönlichkeitsbildung genauso wie Zugehörigkeiten.

✔ unterliegt **äußeren Einflüssen,** etwa indem einem verschiedene Rollenmodelle angetragen werden oder ein bestimmtes Verhalten in einem positiven oder negativen Licht erscheint. Selbst ausgeprägte Individualisten sind meist mehr Produkt ihrer Umwelt, als sie das selbst wahrhaben möchten.

Wie Kultur ist auch Identität etwas, was ständigem Wandel unterworfen ist. Nicht nur weil man sich selbst verändert, sondern auch weil die äußeren Umstände nie die gleichen sind. Es mag Situationen geben, in denen es Ihnen sehr wichtig ist, dass Sie ein Mann sind, Atheistin oder Umweltschützer, während dieser Aspekt in anderen Lebenslagen und gegenüber anderen Menschen überhaupt keine Rolle spielt.

Zu *Identitätsverlust* kann es kommen, wenn man nicht mehr genug hat, womit man sich identifizieren kann. Das kann an einer Umgebungskultur liegen, in der man sich fremd fühlt, aber auch am Verlust von Dingen, die für das eigene Identitätsgefühl wichtig waren, wie etwa Erwerbsarbeit, der Partner oder ein großer Freundeskreis.

Ein bewusstes Verweigern der Identifikation kann dagegen sehr identitätsstiftend sein. Denn sich von der Masse abzuheben und seine ganz persönliche, unverwechselbare Lebenskultur zu schaffen ist genauso ein menschliches Grundbedürfnis wie das nach Zugehörigkeit.

Mensch und Gemeinschaft

Wenn es um eine relativ kleine Gruppe geht, etwa einen Verein, ist die Sache ziemlich einfach: Man wird nur Mitglied werden (und bleiben), wenn man sich mit der dort herrschenden Kultur auch identifizieren kann. Doch je größer die Gruppe ist, der man sich zugehörig fühlt, desto unschärfer wird die Sache mit der gemeinsamen Kultur. Auch ein glühender Musikliebhaber wird nicht mit jeder Art von Musik und jedem anderen Musikfan etwas anfangen können, und selbst ein überzeugter Bayer oder Sachse wird immer wieder Landsleuten begegnen, mit denen ihn oder sie eigentlich gar nichts verbindet.

Wenn Menschen sich mit sehr großen Kulturen identifizieren, dann kann es leicht zu dem Phänomen kommen, dass Angehörige derselben Kultur, die in wesentlichen Punkten ganz anders sind, als »nicht richtig« klassifiziert werden, etwa keine »richtigen« Fußballfans, Muslime oder Sozialdemokraten sein sollen. Die Merkmale der eigenen Subkultur werden zur Norm für die größere, in Wahrheit sehr heterogene Gruppe erhoben.

Besonders problematisch wird es, wenn es um die Zugehörigkeit zu Gruppen geht, die man sich nicht aussuchen kann:

- ✔ Geschlecht und sexuelle Orientierung,
- ✔ Geburtsnation und Ethnie,
- ✔ Krankheit und Behinderung.

Aus gutem Grund verstößt die wertende Beurteilung eines Menschen aufgrund solcher nicht selbst zu verantwortenden Zugehörigkeiten gegen die *Menschenrechte*. Einen Sonderfall stellt das *religiöse Bekenntnis* dar. Dies kann man zwar theoretisch ablegen oder wechseln, doch Glauben wird als so prägend empfunden, dass Diskriminierung allein aufgrund der Religionszugehörigkeit auch einen Verstoß gegen die Menschenrechte darstellt. Sehr wohl aber darf jemand für die Konsequenzen kritisiert werden, die er aus seiner Religion zieht, etwa wenn er aus religiösen Gründen Andersgläubige diskriminiert. Aber das gilt in Bezug auf Geschlecht oder Nationalität auch.

Männer und Frauen, Deutsche und Türken et cetera stellen deshalb erst einmal keine Kulturen dar, sondern Menschenmengen, die durch bestimmte Merkmale wie Pass oder Geschlechtschromosomen definiert sind. Das Identitätsgefühl hängt natürlich nicht an diesen Merkmalen, sondern an der Überzeugung, dass es darüber hinaus eine deutsche und türkische, homo- oder heterosexuelle, männlich oder weiblich geprägte oder auch intersexuelle Kultur gibt. Aber stimmt das überhaupt?

Die Antwort ist ein klares »Jein«. Wenn sich ein »Richtig« und »Falsch« schon bei Fußballfans und Sozialdemokraten verbietet, dann hier erst recht – und das nicht nur, weil es *Antidiskriminierungsgesetze* gibt.

Jeder, der zu einer Gruppe gehört, weil er die Merkmale erfüllt, ist automatisch auch Teil der entsprechenden Kultur, ohne dass damit irgendwelche Auflagen verbunden sind. Selbst wer sich komplett untypisch verhält, benimmt sich nicht »falsch«, sondern fügt der entsprechenden Kultur eben ein paar Facetten hinzu.

Trotzdem haben die meisten Menschen eine Vorstellung von »typisch« deutscher, türkischer, männlicher oder weiblicher Kultur. Vermutlich hat jeder schon einmal im Ausland das Gefühl gehabt, dass er kulturell seinem Heimatland doch mehr verhaftet ist als gedacht, und man braucht kein Macho zu sein, um zu finden, dass Männer und Frauen mehr trennt als nur primäre und sekundäre Geschlechtsorgane. Aber wo fängt das Typische an und wo hört es auf? Und wer bestimmt, was dazugehört? All diese Fragen lassen sich nicht eindeutig beantworten. Jegliche Kultur ist zwangsläufig ein diffuses, ungefähres Gebilde und für die Kulturen, denen Menschen automatisch angehören, gilt das erst recht. Sie definieren und begrenzen zu wollen, gliche dem Versuch, einen Pudding an die Wand zu nageln. Zurück blieben ein paar verschmierte Nägel, an denen man sich zwar festhalten könnte, die aber so attraktiv und lebendig wären, wie Nägel das nun mal zu sein pflegen.

Auch die immer wieder aufflammende Forderung, hier lebende Ausländer und Migranten müssten sich der »deutschen Leitkultur« anpassen, produziert mit schöner Regelmäßigkeit nur genagelten Pudding. Denn die Vertreter dieser Idee fordern

- ✔ Selbstverständliches wie das Befolgen von Gesetzen;
- ✔ Wünschenswertes wie ein Wertschätzen der Demokratie oder der Frauenrechte, woran es auch so manchem »Eingeborenen« mangelt (nicht selten sind es sogar gerade die ausgemachten Anhänger autoritärer Weltbilder und gestandenen Patriarchen, die gegenüber den »Fremden« plötzlich ihr Herz für demokratische Entscheidungsstrukturen und feministische Werte entdecken);
- ✔ vor allem aber ein Sammelsurium von Dingen, die ihnen persönlich sehr wichtig sind – während sie anderen, ebenfalls gebürtigen Deutschen gar nichts bedeuten, sodass es jenseits der Fragwürdigkeit des Konzepts der »Leitkultur« völlig ausgeschlossen ist, dass sich die gebürtigen Deutschen jemals darauf einigen könnten, worin ihre Kultur eigentlich besteht.

Die Suche nach der guten alten Zeit

Eigentlich könnte jeder nach seiner Façon glücklich werden – wie es sich **Friedrich der Große** in Sachen Religion und Weltanschauung für sein Preußen einst wünschte. Doch allein mit seinen Vorlieben und Ideen dazustehen, macht keinen Spaß. Die meisten Menschen fühlen sich dann am wohlsten, wenn die Kultur ihrer Umgebung weitgehend identisch mit ihrer eigenen zu sein scheint. Nicht wenige Menschen hadern deshalb mit der heutigen *kulturellen Vielfalt* und haben das Gefühl, dass früher alles einfacher war.

»Früher«, das kann die eigene Jugend sein. Für die meisten Menschen ist das im Nachhinein eine sehr positiv erlebte Zeit (jedenfalls für die, die sich danach zurücksehnen) – oft sogar positiver, als das tatsächliche Erleben damals war. Es waren die Zeiten, in denen es aufwärtsging, in denen man stark und neugierig war, am besten mit Veränderungen umgehen konnte, Rückschläge noch wegsteckte, aus dem vorgegebenen Rahmen des Elternhauses ausscherte und sich seine eigene Welt erschuf.

Wie geht es Ihnen, wenn Sie Musik aus Ihrer Jugend hören? Die Songs, zu denen Sie wilde Partys feierten, die erste(n) Liebe(n) erlebten? Die Ihre Reisen begleiteten, Sie über Enttäuschungen hinwegtrösteten … Es gibt nicht wenige Menschen, die ihr Leben lang diesen Klängen besonders verbunden bleiben.

Auch andere Erfahrungen aus der Jugend prägen sich besonders tief ein und werden zum Maßstab für alles, was später kommt. Aber die Kultur von damals bleibt genauso wenig wie das eigene Lebensgefühl aus dieser Epoche. Und kulturelle Verhältnisse späterer Tage können nichts dafür, dass man ihnen abgeklärter, desillusionierter, vielleicht auch übersättigt entgegentritt.

»Früher«, das kann aber auch eine historische Epoche sein, die man selbst gar nicht erlebt hat. Eine »gute, alte Zeit«, in der – so das Gefühl – persönliche und allgemeine Kultur noch identisch waren, in der es nur Zugehörigkeit, keine Brüche und Probleme gab. Doch genauso wie die eigene Jugend oft verklärt wird, ist auch die gute alte Zeit in der Regel ein Traumland, das es nie gegeben hat. Wer sich ernsthaft mit Geschichte auseinandersetzt, findet sie jedenfalls nicht.

Nehmen wir einmal das idyllische *Biedermeier* (1815–1848). Man kann sich hübsch ausmalen, dort gelebt zu haben. Doch die meisten Menschen lustwandelten eben nicht durch Weimar, saßen nicht mit Flechtfrisur und Seidenkleid im gemütlichen Wohnzimmer und diskutierten über das neue Werk von Goethe, forderten auch nicht als Speerspitze der *Revolution von 1848* Gedankenfreiheit.

Wer in alten Kirchenbüchern nach seinen Vorfahren sucht, wird in der Regel auf Bezeichnungen wie Kötter, Heuerling oder Tagelöhner stoßen, die alle für eine ungesicherte Hilfsarbeiterexistenz stehen. Viele Menschen starben in jener Zeit schon mit 30 Jahren an Auszehrung (Tuberkulose oder Krebs) oder Brustfieber (Lungen- beziehungsweise Rippenfellentzündung). Von acht oder neun Kindern überlebte manchmal nur eines, und nach dem Tod eines Ehepartners ging der Hinterbliebene nicht selten nach nur zwei oder drei Monaten eine neue Ehe ein, weil es weder für Männer noch für Frauen möglich war, allein für die Kinder und das nötige Auskommen zu sorgen. Viele Menschen gaben angesichts dessen ihre kulturelle Umgebung komplett auf und suchten ihr Heil in Übersee.

Aber gab es »früher« nicht wenigstens eine Kultur, in der man sich auf Dauer heimisch fühlen konnte und nicht ständig mit Fremdem und Neuem konfrontiert wurde? Nicht wirklich.

- ✔ Kultur in nicht demokratischen Systemen war erst einmal die Kultur der herrschenden Klasse. Volkskultur konnte sich nur in dem Rahmen etablieren, der ihr von oben gewährt wurde.
- ✔ Fremdheit war und ist relativ. Fremde waren früher schon die Menschen aus der nächsten Großstadt (oder die vom Land, je nachdem). In Bayern sorgten steigende Zahlen preußischer Urlauber für *Überfremdungsängste*, in Preußen der Zuzug von katholischen Arbeitern. Auch die sozialen Schichten trennten Abgründe. Die kulturellen Unterschiede in Bezug auf Sprache, Kleidung, Freizeitgestaltung, Lebenseinstellungen et cetera, die wechselseitigen Ängste und Vorurteile waren weit massiver als heute.
- ✔ Die Welt an sich veränderte sich damals zwar deutlich langsamer, doch die Konsequenzen für den Einzelnen sind zumindest in den westlichen Industrieländern heute im Schnitt weit weniger heftig.

Vieles, was heute *Kulturgut* ist, wurde einst als »neumodischer Schund« verurteilt. **Schiller** musste wegen seiner *Räuber* aus Württemberg fliehen und der Eiffelturm galt sogar Künstlern wie **Émile Zola** als »Schande von Paris«. Auch medizinischer Fortschritt wurde teils heftig bekämpft, weil er gegen kulturelle Normen verstieß. So brannte 1774 das Schloss in Weimar im Rahmen von Unruhen ab, die sich daran entzündet hatten, dass **Herzogin Anna Amalia** ein Geburtshaus mit ausgebildeten Hebammen einrichten wollte. Doch für ihre Untertanen waren Geburten, die nicht zu Hause im Familienrahmen stattfanden, ein extremer Verstoß gegen das Moralgefühl.

Folklore und gemachte Tradition

Wenn es um die Vergangenheit geht, ist auch gerne vom *kulturellen Erbe* die Rede. Dass es dieses zu bewahren gilt, darin sind sich die meisten einig. Kulturelle Erbschaften gehen jedoch mit dem gleichen Problem einher wie andere auch: Alles kann man nicht behalten, sonst bleibt kein Platz zum eigenen Leben, und was erhaltenswert ist, darüber ist sich die Erbengemeinschaft oft nicht einig. Was bewahrt wird, ist oft Zufall und immer nur ein Ausschnitt aus der Vergangenheit – wenn es überhaupt authentisch ist.

Wissen Sie zum Beispiel, seit wann Frauen in Bayern Dirndl tragen? Etwa seit 150 Jahren. Damals begannen die Städterinnen beim Urlaub in den Bergen, die einfache Kleidung der dortigen Mädchen (bairisch-österreichisch: Dirndl) als praktischen Freizeitlook zu kopieren. Eine verheiratete Frau in den Alpenregionen hätte so etwas nie getragen. Ihre Kleidung war werktags schlichter, an Festtagen aber aufwändiger. Vor allem hatte sie längere Röcke, lange Ärmel und dunklere Farben. Der Ausschnitt wurde mit einem züchtigen Schultertuch verdeckt und außerdem gehörte unbedingt eine Kopfbedeckung dazu.

Wenn heute die Mode kesse Mini-Dirndl und Ähnliches hervorbringt, gehen regelmäßig Traditionalisten auf die Barrikaden. Doch im Grunde tun die Modeschöpfer genau dasselbe wie die anonymen Erfinder des Dirndls vor 150 Jahren: Sie spielen mit Elementen der traditionellen Bekleidung.

Selbst die echte, traditionelle Kleidung einer Region, die Trachtenvereine kultivieren, stellt nur einen Ausschnitt dieser Tradition dar und ist meist nicht so alt. Denn:

- ✔ Kleidungsgewohnheiten haben sich früher auch auf dem Land gewandelt, wenn auch wesentlich langsamer als in der Stadt.
- ✔ Die meisten Trachten orientieren sich nur am Festtagsstaat.
- ✔ Es wird außer Acht gelassen, dass Kleidung früher auch ein Ausweis für Schichtenzugehörigkeit war und sich die meisten Menschen aufwändig bestickte Spitzenhauben, Samtröcke und silberne Talerschnüre weder leisten konnten noch nach gesellschaftlicher Norm tragen durften. Wer denkt, dass seine Vorfahren die gepflegte Tracht trugen, der nimmt automatisch an, dass diese Großbauern waren, keine Häusler, Heuerlinge oder Kötter.

Tradition heißt wörtlich »Überlieferung«. Traditionell ist also nur das, was tatsächlich authentisch überliefert worden ist. Als *Folklore* dagegen wird hierzulande oft die unkritische Verwendung von Traditionen bezeichnet. Ursprünglich bedeutete das Wort, das von einem britischen Kulturhistoriker im 19. Jahrhundert geschaffen wurde, aber auch (echte) Volksüberlieferung.

Vielen Menschen jedoch, die Folklore lieben, geht es gar nicht um absolute Authentizität, sondern um ein bestimmtes Flair. Das lässt sich sehr gut in der Mittelalterszene beobachten. Sie ist gespalten zwischen jenen, die akribisch die damalige Lebenswelt erforschen, alles »richtig« machen wollen und sich Handwerkstechniken erarbeiten, um eine »echte« Ausrüstung zu bekommen, und jenen, die vor allem ihren Spaß haben wollen und nichts dabei finden, wenn sich unter Ritter und Burgfräulein auch ein paar Elfen, Gothic-People und Wikinger mischen.

Doch sowohl die akribische Pflege authentischen Brauchtums wie das Spiel damit haben ihre Berechtigung. Problematisch wird es, wenn Traditionelles überhöht wird; wenn relative Äußerlichkeiten wie Trachten, Musik, Tänze und andere Festtagsbräuche Ausweis für eine angeblich damit verbundene Gesinnung sein sollen. Nicht selten wird dabei auch gnadenlos manipuliert.

So reinigten die Nazis das Dirndl erst einmal von allen »artfremden« Elementen wie dem züchtig-katholischen Schultertuch, bevor sie ein einfaches Trägerkleid mit Bluse und Schürze, wie es Grundlage vieler europäischer Frauentrachten ist, zum Ausweis »echter deutscher Weiblichkeit« machten. Und so manches Bauwerk wurde romanisch »saniert«, obwohl es das nie gewesen war, um die »Trutzigkeit« zu bekommen, die man für besonders deutsch ansah.

Et in Arcadia ego

Die »gute alte Zeit« früherer Epochen der europäischen Kulturgeschichte hieß *Arkadien*. Faktisch handelt es sich dabei um das dünn besiedelte, schwer zugängliche Bergland auf der griechischen Halbinsel Peloponnes. Während im klassischen Griechenland die arkadischen Hirten eher als eine zivilisationsferne Kultur galten, setzte bereits in der spätgriechischen (hellenistischen) Zeit eine Verklärung des Hirtenlebens ein. Deren einfaches Dasein im Einklang mit sich und der Natur schien ein Relikt des mythologischen Goldenen Zeitalters.

- ✔ Der Dichter **Theokrit** wurde mit seinen *Idyllen* (wörtlich: kleinen Bildchen, 3. Jahrhundert v. Chr.) zum Namensgeber des Idylls. Die römischen Verseschmiede griffen dann diese »bukolische« (wörtlich: von Rinderhirten erzählende) Dichtung auf, etwa **Vergil** mit seinen in Arkadien spielenden Hirtengedichten, den *Eklogen*, um 40 v. Chr. In der Renaissance entdeckte der Dichter **Jacopo Sannazaro** die antike Tradition wieder und gab mit seinem Roman *Arcadia* (um 1480) den Startschuss für die sogenannte *Schäferdichtung*, die dann vor allem die *Barockliteratur* prägte.
- ✔ Auch in der *barocken Malerei* gehörten Schäferidyllen zu den beliebtesten Motiven. Gerne wurde die Liebesgeschichte der unschuldigen Hirtenkinder *Daphnis und Chloe* aus einem gleichnamigen griechischen Roman (1. Jahrhundert n. Chr.) thematisiert (eines der Lieblingsbücher von Goethe).
- ✔ In der Musik kam die Gattung des *Pastorale* auf, lieblich-heitere »Hirtenmusik«, die Elemente aus Volkstänzen aufgreift und besonders gerne zu Weihnachten gespielt wird (so werden die Hirtenszenen in Bachs *Weihnachtsoratorium* (1734) mit einem Pastorale eingeleitet).
- ✔ Nicht wenige Fürsten ließen sich idealisierte Dörfer bauen und spielten dort Schäfer, wie **Königin Marie-Antoinette** im *Hameau de la Reine* (1788) im Park von Versailles.

Die Krux mit der Abgrenzung

Kultur ist immer auch Abgrenzung – zu jenen, die eine andere haben. Aber wer ist eigentlich »wir«, und wer sind die »anderen«? Wo hört die eigene Kultur auf, wo fängt die andere an? Rein emotional erscheint die Sache oft klar, aber wehe, jemand wird zu einer exakten Definition gezwungen. Die lässt sich in den meisten Fällen nicht finden – was kein Wunder ist, wenn man bedenkt, dass auch Kulturen kaum zu fassen sind. Trotzdem ist das Bedürfnis nach Abgrenzung und einer klaren Unterscheidung zwischen »denen« und »uns« oft groß. Teilweise entsteht das Bewusstsein für die eigene Kultur sogar erst, wenn man feststellt, dass Dinge anderswo auch anders gehandhabt werden.

Kampf der Kulturen

Hand, aufs Herz, haben auch Sie spontan an verschiedene Völker beziehungsweise Nationen gedacht, als Sie diese Überschrift gelesen haben? Es gäbe doch noch viele andere Kulturen, die miteinander im Konflikt liegen könnten: Alt und Jung zum Beispiel oder Arm und Reich oder Autofahrer und Fahrradfahrer.

Den Begriff »Kampf der Kulturen« brachte 1996 der US-amerikanische Politikwissenschaftler **Samuel P. Huntington** (1927–2008) mit seinem gleichnamigen Buch in Mode. Huntington teilte die Welt darin in *Kulturkreise* (westlich, slawisch-orthodox, islamisch, hinduistisch, buddhistisch, chinesisch, japanisch, afrikanisch und lateinamerikanisch) und sagte voraus, dass die großen Konflikte nach dem Ende des Kalten Krieges entlang dieser kulturellen Bruchlinien stattfinden würden.

Mehr als 20 Jahre später scheint es auf den ersten Blick, als hätte Huntington recht behalten. Zwischen der westlichen und der islamischen Welt gibt es einen tiefen Riss. Auch das Verhältnis des Westens zu Russland und China ist äußerst problematisch. Schaut man jedoch genauer hin, dann geht es in den Konflikten zwischen Russland, China und dem Westen nicht um kulturelle Unterschiede, sondern um handfeste nationale Interessen von Großmächten wie ökonomische Vorteile, strategische Einflusssphären et cetera. Der Konflikt zwischen westlicher und islamischer Welt dagegen ist ideologisch extrem aufgeladen und zudem mit realem Terror verbunden. Doch was innerhalb der islamischen Welt an gewaltsamen Auseinandersetzungen ausgetragen wird, ist noch weitaus blutiger. Auch andere »Kulturkreise« haben mehr interne als externe Probleme. Hat Huntington also doch nicht recht?

Wenn man Kriege und andere blutige Konflikte über die Zeiten und Regionen genauer betrachtet, entdeckt man fast immer sehr reale Interessen. Selbst bei erklärten *Religionskriegen* wie der Arabischen Expansion oder den Kreuzzügen waren diejenigen, die letztlich in den Kampf zogen, junge Männer auf der Suche nach einer besseren Zukunft. Andererseits werden nicht nur Religionskriege, sondern so gut wie jeder kriegerische Konflikt ideologisch aufgeladen, wenn sie erst einmal ausgebrochen sind. Dabei werden meist reale und vermeintliche kulturelle Unterschiede zwischen den Kontrahenten bemüht, entstellt und überhöht.

In Kapitel 1 erwähnte ich bereits Thomas Manns Überzeugung, dass der Erste Weltkrieg eine Verteidigung der deutschen Kultur gegen seelenlose Nachbarn gewesen sei. Die Nachbarn wiederum kämpften mit der Vorstellung, sich unzivilisierter deutscher »Hunnen« erwehren zu müssen. Insofern hat Huntington doch wieder recht. Weil nur das Gefühl, einen gerechten Kampf gegen erbarmungslose Feinde zu führen, eine Bevölkerung ausreichend für einen Krieg mobilisiert, wird ein solcher fast zwangsläufig zu einem Kampf der Kulturen.

Das Fatale dabei: Ideologien entwickeln ein Eigenleben. So hätten führende Militärstrategen den Ersten Weltkrieg gerne nach ein paar Monaten beendet, da die erhofften Vorteile nicht mehr zu erringen waren, aber angesichts einer aufgeputschten Öffentlichkeit in allen teilnehmenden Ländern war das nicht möglich. Auch der Aufstieg der Nazis wurde noch wesentlich von dieser Ideologisierung des Ersten Weltkriegs getragen.

Huntington richtete sich mit seinem Buch vor allem gegen die dünkelhafte Ansicht Mitte der 1990er-Jahre, dass nach dem Ende des Kalten Krieges zwangsläufig die ganze Welt »verwestliche«. Stattdessen würden Geschichte, Sprache, Religion und Wertvorstellungen in den verschiedenen Kulturen zur höchsten sinnstiftenden Einheit und ideologisch im Kampf gegen die Dominanz des Westens benutzt werden. Nach den Anschlägen vom 11. September 2001 prophezeite er, der Verantwortliche, **Osama Bin Laden**, werde versuchen, den (damals erst angedachten) Irakkrieg von 2003 zu einem Kampf der Kulturen zwischen dem Islam und dem Westen zu machen. »Es wäre ein Desaster, wenn ihm das gelänge«, warnte Huntington.

Verworrenes Wurzelwerk

Zu den Kritikern von Samuel P. Huntington und seinen Thesen gehört der indisch-amerikanische Philosoph und Wirtschaftswissenschaftler **Amartya Sen** (* 1933). Er wirft Huntington vor, die Identität eines Menschen eindimensional auf seine Religion und seine Zugehörigkeit zu einer ethnischen Kultur zu reduzieren. Sen spricht von einer »*Identitätsfalle*«. Genau genommen richtet sich diese Kritik jedoch nicht gegen Huntington – der einen Krieg der Kulturen ja nicht wollte, sondern davor warnte –, sondern gegen die *Ideologisierung von Konflikten* als Kampf der Kulturen. Denn wenn es gelingt, Menschen davon zu überzeugen, dass ihre Identität zwangsläufig und primär in ihrer ethnisch-religiösen Zugehörigkeit besteht, dann geraten diese tatsächlich in eine Identitätsfalle. Denn dann

- ✔ sind »die anderen« tatsächlich immer die Menschen mit anderer Religion und ethnischer Zugehörigkeit;
- ✔ stehen Veränderungen, die eigentlich ein völlig normaler Prozess innerhalb jeder Kultur sind, immer unter dem Verdacht, ein Angriff von außen auf die eigene Identität zu sein;
- ✔ sind diese Menschen unguten Entwicklungen in ihrer Gemeinschaft nahezu hilflos ausgeliefert, da ein Bruch einen vollständigen Identitätsverlust bedeuten würde;
- ✔ werden andere wertvolle Facetten von Identität vernachlässigt.

Außerdem stellt sich natürlich die Frage nach der Zusammensetzung und den Grenzen einer *Ethnie*. Und die ist wieder einmal – siehe Abschnitt »Mensch und Gemeinschaft« – ein Griff mitten in den Pudding. Denn tatsächlich ist Ethnie nur ein anderes altgriechisches und historisch weniger belastetes Wort für »Volk«.

Das Wort »Volk« hat neben der ethnischen Komponente natürlich noch eine zweite, die sich im Gegensatz zwischen Volk und Obrigkeit ausdrückt. Diese kommt der eigentlichen Bedeutung des Wortes, das die gleichen Wurzeln wie »viele« hat, näher. Dagegen leitet sich das Wort »Nation« vom lateinischen Wort für »Geburt« ab und steht ursprünglich für eine Menschengruppe mit gemeinsamer Herkunft. Da die Nazis aber nun einmal das Wort »Volk« missbraucht haben und nicht das Wort »Nation«, wird Nation heute als Begriff für Staatsvölker verwendet.

Mögliche Definitionen von Volk sind:

- ✔ Menschen mit gleicher Staatsangehörigkeit: Staatsvolk
- ✔ Menschen, die im gleichen Staat leben: Bevölkerung
- ✔ Menschen mit gemeinsamer Kultur, was aber wieder auf die Frage zurückführt: »Was ist eine Kultur?«

Sie sehen also, man kann »Ethnie« oder »Volk« staatsrechtlich exakt definieren, aber kulturell? Da ist ein Volk eine Großgruppe von Menschen, die eine so lange gemeinsame Geschichte und so viele kulturelle Gemeinsamkeiten haben, dass sie sich weitgehend selbst als Ethnie/Volk empfinden und auch von ihrer Umwelt so gesehen werden. Klingt schwammig? Das hat Pudding so an sich!

Es gibt natürlich noch eine weitere Definition: Ein Volk besteht aus Menschen mit gemeinsamen Wurzeln. Die Idee stammt nicht von den Nazis, sie findet sich schon in vielen Mythologien. Ein Revival erlebte sie im späten 18. Jahrhundert mit dem Aufkommen der *Romantik*. Damals entdeckten Gelehrte mit großer Begeisterung die unterschiedlichen traditionellen Kulturen Europas.

Wo nichts gefunden wurde, wurde auch neu produziert. So begeisterte sich Ende des 18. Jahrhunderts halb Europa für die *Gesänge des Ossian*, angebliche keltische Heldenepen aus den schottischen Highlands. **Goethe** ließ seinen Werther die Gesänge übersetzen und der angebeteten Lotte vorlesen, **Napoleon** sein Schlafzimmer mit Ossian-Fresken ausmalen, US-Präsident **Thomas Jefferson** nahm sich vor, Gälisch zu lernen, um die Gedichte im Original zu lesen, **Franz Schubert** vertonte sie und der schwedische Kronprinz bekam, so wie viele andere Jungen, den Namen Oskar (nach Ossians Sohn).

Gut 100 Jahre später wurde nachgewiesen, dass es kein Original gab und die Gesänge ein Werk des schottischen Gelehrten **James Macpherson** (1736–1796) waren.

Doch just zu dieser Zeit kamen die Völker (diese ungefähren Gebilde!) auch in die Verlegenheit, sich politisch definieren zu müssen. Zuvor hatte es den Begriff »Volk« eigentlich nur im Gegensatzpaar »Volk – Obrigkeit« gegeben. Nachdem man aber nun im Zuge von *Aufklärung* und *Französischer Revolution* die Existenz eines Monarchen nicht mehr als gottgegeben annahm, mussten andere Kriterien für Zusammengehörigkeit gefunden werden als ein gemeinsamer Herrscher. Man entdeckte das *Volkstum*, aber nicht als schwammige, über die Jahrhunderte erworbene, sich ständig ändernde Kultur, sondern als etwas mit tiefen unveränderlichen Wurzeln, einer gemeinsamen Herkunft, gleichem Blut und einer naturgegebenen Bestimmung.

Industrienationen, die gerade den Absolutismus hinter sich gelassen hatten, orientierten sich in puncto Identitätsgefühl an alten Mythen, die in archaischen Stammeskulturen entstanden waren, und redeten sich ein, die Herausforderungen der Moderne mit den gleichen Tugenden meistern zu können wie Siegfried den Kampf gegen den Drachen.

Aber Menschen sind nun mal keine Bäume und sind es auch in den »guten, alten Zeiten« nicht gewesen. Irgendwelche Mini-Ethnien in extrem entlegenen Winkeln der Erde mögen seit Jahrhunderten genetisch homogen und kulturell unbeeinflusst von außen sein, aber bestimmt kein Volk, das in der Weltgeschichte Bedeutung hatte. Moderne DNA-Analysen zeigen, dass alle Länder Europas eine genetisch gemischte Bevölkerung haben. Relevanz hat das nur dort, wo das Wissen um die verschiedene Herkunft einzelner Gruppen wachgehalten und kultiviert wurde.

Sicher wissen Sie, dass Deutschland eine slawische Minderheit hat, die *Sorben*. Es ist jedoch nicht so, dass es auf heute deutschem Boden keine anderen slawischen Stämme gegeben hätte oder diese weggezogen wären. Die anderen Slawen zwischen Elbe und Oder haben sich im ausgehenden Mittelalter an die deutsche Kultur assimiliert. Dort weiß heute kein Mensch mehr, ob seine Wurzeln primär slawisch oder deutsch sind. Und dass es bei den Sorben anders war, dürfte mehr an der geografischen Lage als an irgendwelchen Willensentscheidungen gehangen haben.

Klischee und Toleranz

Die Entwicklung im 19. Jahrhundert zeigt, wie leicht aus der Freude über kulturelle Vielfalt ein erbitterter Kampf der Kulturen werden kann. Die idealistischen Forscher der Romantik psychologisierten noch unbefangen und lustvoll über den *Nationalcharakter* der verschiedenen Völker. Doch jedes Mal, wenn politische Spannungen auftraten, schmiedeten die Ideologen daraus ihre Waffen. Das funktioniert auch heute noch: Deutsche sind ordentlich, fleißig und pünktlich, Franzosen haben Stil, Engländer Humor und Italiener verstehen sich auf das Dolce Vita? Da braucht nur ein bisschen Eifersucht ins Spiel zu kommen und aus dem Dolce Vita wird ganz schnell Faulheit, aus dem Stil Arroganz und aus der Ordnungsliebe faschistoide Kontrollsucht. Menschen, die ein Ventil für ihre schlechte Laune, ihre Probleme, ihren Frust, ihre Minderwertigkeitsgefühle, ihre Ängste, ihre Menschenfeindlichkeit et cetera suchen, greifen in der Regel zu etwas Naheliegendem. *Klischees* und *Vorurteile* liegen meistens leider sehr nahe und sind dabei unglaublich langlebig, zäh und klebrig. Sie bringen die ganze Wucht teils Jahrhunderte langen Gebrauchs mit sich!

Überlegen Sie nur einmal, wie leicht es ist, den fundierten Ärger einer Frau mit der Bemerkung »Jetzt werden Sie mal nicht hysterisch!« abzubügeln, vor allem wenn ihre Stimme dabei kippt, während der gleiche Satz gegenüber einem völlig außer sich geratenen Mann merkwürdig wirkt, wenn dieser dabei nicht ins Schrille verfällt. Und vermutlich wird auch keine Statistik über weibliches Fahrverhalten dem Satz »Frau am Steuer, ungeheuer!« den Garaus machen, weil er für den männlichen Teil der Bevölkerung eine gar zu bequeme Waffe ist, wenn es gilt, Schuldfragen im Straßenverkehr zu »klären«.

»Aber dann darf man ja gar nichts mehr sagen«, heißt es oft. Doch Zeiten ändern sich nun einmal, kulturelle Befindlichkeiten auch und damit die Dinge, die als guter Ton gelten oder nicht.

In seinem Buch *Über den Umgang mit Menschen* versuchte der **Freiherr von Knigge** bereits 1788 seinen Lesern zu helfen, die jeweils anderen deutschen Kulturen in ihrer Eigenart zu verstehen:

»Der treuherzige, naive, zuweilen ein wenig bäuerische, materielle Bayer ist äußerst verlegen, wenn er auf all die verbindlichen, artigen Dinge antworten soll, die ihm der feine Sachse in einem Atem entgegenschickt, dem schwerfälligen Westfälinger ist alles hebräisch, was ihm der Österreicher in seiner ihm gänzlich fremden Mundart vorpoltert; die zuvorkommende Höflichkeit und Geschmeidigkeit des durch französische Nachbarschaft polierten Rheinländers würde man in manchen Städten von Niedersachsen für Zudringlichkeit, für Niederträchtigkeit halten!«

Ich weiß nicht, wie es Ihnen geht, aber ich zucke schon etwas zusammen, wenn ich die Einstufung der Bayern lese – und das, obwohl ich aus der äußersten nordwestlichen, kulturell ziemlich »unbayerischen« Ecke des Bundeslands stamme. Dabei meinte Knigge es gut und wollte gerade nicht, dass die Menschen aufgrund verschiedener äußerlicher Umgangsformen Vorurteile bilden. Doch so, wie er das damals ausdrückte, kann man das heute eben nicht mehr sagen.

Kunst zwischen E und U

Probleme und Vorurteile gibt es jedoch nicht nur zwischen nationalen Kulturen, sondern auch zwischen kulturellen »Ebenen«, also die Unterscheidung in *Hoch-*, *Massen-* und *Subkultur*.

Vor allem in der Musik gibt es traditionell die Unterscheidung zwischen E- und U-Musik, also der *ernsthaften Musik* und der *Unterhaltungsmusik*. Wer diese Begriffe noch nie gehört haben sollte – also noch unbefangen darüber nachdenken kann –, stellt sich nun vielleicht vor, dass ernsthafte Musik jene ist, die zu ernsten Anlässen gespielt wird. In Gottesdiensten etwa, auf Beerdigungen oder anlässlich eines Staatsaktes. Dagegen ist U-Musik alles, was Spaß machen darf. Ist es natürlich nicht. E-Musik ist die klassische Musik, auch die klassische Tanz- und Konzertmusik, U-Musik der Pop, selbst wenn Eric Clapton in einem todtraurigen Song den Unfall seines kleinen Sohnes verarbeitet (*Tears in Heaven*).

Bei dieser Kategorisierung schwingt die Unterstellung mit, nur klassische Musik sei mit ernsthaftem, künstlerischem Anspruch geschaffen, während es beim Pop nur gilt, den Massengeschmack zu treffen. Dieser Dünkel ist natürlich höchst unangebracht und entsprechend umstritten ist diese Einteilung inzwischen. Die Grenze zwischen klassisch und modern ist sowieso fließend (mehr in Kapitel 5).

Im Schatten der Hochkultur

Ich vermute, die meisten Informationen, die Sie von einem Buch mit dem Titel *Allgemeinbildung Kultur* erwarten, stammen aus dem Bereich der *Hochkultur*. Sie wollen wissen, wer die Koryphäen einer Zeit waren, und nicht, welche heute längst (und teils zu Recht) vergessenen Bestseller-Autoren, Massenware erzeugenden Maler oder nicht mehr populären Musiker es einmal gegeben hat. Aber: Was ist eigentlich Hochkultur?

Traditionell stand der Begriff für die Kultur der »gehobenen Kreise«, vor allem des Adels, aber auch der besonders gebildeten Schichten, für ihren Musik-, Kunst- und Literaturgeschmack, aber auch ihre Art sich zu kleiden, zu essen, zu wohnen oder sich zu benehmen. Dass diese automatisch besser sein soll, ist natürlich purer *Snobismus* und entsprechen passé.

Die zeitgemäße Definition lautet, dass Hochkultur der künstlerisch besonders wertvolle Teil der Kultur ist – ganz egal wer ihn produziert hat und aus welchen Schichten seine Fans kommen. Aber auch das ist nicht unproblematisch. Denn wie bestimmt man, was besonders wertvoll ist? Und wer tut das? Ein wichtiges Indiz: Hochkultur zeichnet sich dadurch aus, dass sie die Zeiten überlebt. Ein Beispiel: Goethes Werke berühren die Menschen heute noch, die Räuberromane seines Schwagers Christian Vulpius eher nicht.

Dabei war Christian Vulpius (1762–1827) ein enorm erfolgreicher Schriftsteller. Sein Roman *Rinaldo Rinaldini der Räuberhauptmann* war ein Bestseller seiner Zeit, erlebte sechs Auflagen und prägte ein ganzes Genre.

Aber natürlich wäre es naiv anzunehmen, nichts Erstklassiges sei verloren gegangen, und alles, was in Ehren gehalten wurde, sei auch automatisch erstklassig. Dazu war es auch früher schon viel zu wichtig, über genügend »Vitamin B« zu verfügen. Wenn jemand nicht in den richtigen Kreisen verkehrte oder kein Mann war, half oft genug selbst Genialität nichts.

Frauen und ihre Leistungen, so hört man derzeit oft, seien systematisch aus der Geschichte und damit auch aus der Kulturgeschichte herausgeschrieben worden. Dieser Vorwurf trifft die Misere nicht wirklich, da es kein Anrecht darauf gibt, in der Geschichtsschreibung vorzukommen. Das Problem ist vielmehr ein anderes: Sie wurden nicht hineingeschrieben, weil es damals kein ausreichendes Interesse daran gab.

Das, was wir heute rückblickend als kulturelle Tradition ansehen, ist kein objektiver Ausleseprozess, sondern ein Konglomerat aus Moden aller vergangenen Epochen und unzähliger subjektiver Einzelentscheidungen, welche Werke verlegt, ausgestellt, öffentlich besprochen, in Bestenlisten aufgenommen und in anderen Werken »zitiert« wurden. Doch jede Zeit hat andere Maßstäbe und Vorlieben. Übernimmt man nicht einfach den tradierten kulturellen Kanon, sondern forscht nach, was es außer den anerkannten Koryphäen in einer Epoche noch gegeben hat, stößt man nicht selten auf Werke, die für heute mehr Relevanz haben als anderes, was Jahrhunderte lang hochgehalten wurde.

Selbst Genies waren nicht davor gefeit, den Moden sich ändernder Zeiten zum Opfer zu fallen. So musste beispielsweise **Johann Sebastian Bach** fast 80 Jahre nach seinem Tod von **Felix Mendelssohn Bartholdy** wiederentdeckt werden.

Einigender Kleister

Der US-amerikanische Psychologe **John Gottman** (* 1942) hat sich auf die Analyse von Paarbeziehungen spezialisiert und ist dabei zu dem Ergebnis gekommen, dass es nicht von der Größe der Probleme abhängt, ob Menschen zusammenbleiben oder sich trennen. Stattdessen verfügen glückliche Paare über eine Menge kleiner *Rituale*, die sie zusammenschweißen:

Bestimmte Gesten und Gewohnheiten, gemeinsame Scherze, die sonst niemand versteht, ganz spezielle Kosenamen, die Gewissheit, dass er beim Einkaufen an ihren Lieblingskäse denkt und sie genau merkt, wann er ein paar aufmunternde Streicheleinheiten braucht.

Das hilft laut Gottman auch über gravierende Probleme hinweg, während andere Paare, die solche Dinge nicht kultiviert haben, sich an ihren Differenzen aufreiben und immer mehr entfremden.

Kulturelle Bindung innerhalb größerer Einheiten sieht nicht anders aus. Die Deutschen sehen sich gerne als Volk der Dichter und Denker. Aber – Hand aufs Herz, haben Sie die Oden von Klopstock und Kants *Zum ewigen Frieden* wirklich gelesen, die Verse von Nelly Sachs und Hannah Arendts Werk über den Totalitarismus? Und ist es diese Lektüre, die bewirkt, dass sie sich mit anderen Deutschen verbunden fühlen? Wohl eher nicht. Aber was ist mit *Tatort*-Gucken, Lästern über die *Lindenstraße*, Mitfiebern mit der Fußballnationalmannschaft?

Auch wenn jede Nation natürlich stolz auf ihre großen *Kulturgüter* ist, ist es ein Mythos, dass diese tatsächlich essenziell für die nationale Kultur sind. Essenziell für ein kulturelles Gemeinschaftsgefühl sind Dinge, die (fast) jeder kennt und an denen jeder teilnehmen kann – und sei es, dass er zum Besten gibt, warum er Fußball doof und den *Tatort* langweilig findet. Wichtiger als eine gemeinsame Meinung ist die Tatsache, dass möglichst alle wissen, worum es geht.

Das aber bringt nationale Kulturikonen doch wieder ins Boot: Man braucht als Deutscher **Schiller** und **Goethe** nicht gelesen zu haben, um doch irgendwie stolz auf sie zu sein. Man wird sie in der Regel erkennen, wenn ihr Bild in irgendeinem Zusammenhang (auch als Satire oder in der Werbung) auftaucht, und man kann mit Sprüchen wie »Das also ist des Pudels Kern« (Goethe, *Faust*) oder »Daran erkenn' ich meine Pappenheimer« (Schiller, *Wallenstein*) etwas anfangen.

Für ein kulturelles Gemeinschaftsgefühl ist die *Alltagskultur* meist wichtiger als die Hochkultur – deren Trivialisierung inklusive, von der Mozartkugel bis zum Film *Fack ju Göhte* (denn wer hat nicht in seiner Schulzeit über mäßig mitreißende Schullektüre gestöhnt!).

Die deutsche Komödie *Fack ju Göhte* wurde in Mexiko neu verfilmt mit dem Titel *No manches Frida* (»Klecks nicht rum, Frida«) in Anspielung auf die mexikanische Malerin **Frida Kahlo**.

Auch der Räuberhauptmann Rinaldo Rinaldini von Goethe-Schwager Vulpius erlebte in anderen Büchern und Filmen ein – jeweils dem Zeitgeschmack angepasstes – Revival.

Kulturgut der Welt

Was zur Allgemeinbildung zählt, ist immer auch kulturabhängig. Um als gebildet zu gelten, muss man in erster Linie über die Dichter und Denker des eigenen Kulturraums Bescheid wissen, nicht über japanische Haikus oder nigerianische Nok-Figuren. Auch ich werde mich in den folgenden Kapiteln – nicht ausschließlich, aber doch zu großen Teilen – auf die westliche und noch spezieller die deutschsprachige Kultur konzentrieren, weil alles andere den sowieso schon knappen Rahmen dieses Buchs sprengen würde. Gerade deshalb möchte ich Ihnen noch das *UNESCO-Weltkulturerbe* vorstellen. Es gibt dafür drei Kategorien:

1. **Die Welterbestätten** sind am bekanntesten und ältesten. Die erste Liste ist 1978 erschienen, inzwischen umfasst sie über 1000 Namen, darunter 80 Prozent kulturelle Stätten wie herausragende einzelne Gebäude, Gebäudeensembles oder Großplastiken, etwa die 2001 zerstörten Buddha-Statuen von Bamiyan (Afghanistan), aber auch Höhlen mit prähistorischer Malerei. In zahlreichen Punkten decken sich die aufgenommenen Gebäude mit architektonischer Hochkultur. Dazu kommen 20 Prozent einzigartige Naturschönheiten und außergewöhnliche Zeugnisse der Erdgeschichte.

2. **Das Weltdokumentenerbe** gibt es seit 1992. Dazu gehören

   - ✔ einzelne Bücher wie mittelalterliche Handschriften, die *Gutenberg-Bibel* oder das *Tagebuch der Anne Frank,*
   - ✔ alte Landkarten,
   - ✔ die Schriften beziehungsweise der Nachlass bedeutender Dichter, Philosophen und Wissenschaftler,
   - ✔ Notenschriften berühmter Kompositionen wie *Beethovens Neunte,*
   - ✔ einzigartige Tonaufnahmen,
   - ✔ Filme, etwa *Metropolis* von **Fritz Lang** oder die ersten Werke der Filmerfinder **Auguste** und **Louis Lumière**,
   - ✔ Urkunden, etwa das Patent, das **Carl Benz** 1886 für das erste Auto erhielt,

- ✔ internationale Verträge wie etwa das Schlussdokument des Wiener Kongresses 1815 oder der Zwei-plus-Vier-Vertrag zur deutschen Wiedervereinigung,
- ✔ Archive bedeutender Institutionen, etwa des Völkerbunds in Genf,
- ✔ Beweise von Menschenrechtsverletzungen, etwa die Akten zum Auschwitz-Prozess oder die karibischen Sklavenregister,
- ✔ dokumentierende Dinge wie die Himmelsscheibe von Nebra oder chinesische Orakelknochen aus der ersten Hochkultur.

3. **Das immaterielle Kulturerbe der Menschheit** gibt es seit 2006. Diese Liste umfasst

   - ✔ Feste, Festivals und Bräuche verschiedener Kulturen und Religionen,
   - ✔ traditionelle Musik,
   - ✔ Tänze und Theaterformen, auch Puppentheater,
   - ✔ handwerkliche Techniken, etwa bei der Nahrungsmittelzubereitung und der Textilherstellung, aber auch den deutschen Orgelbau, den Lawinenschutz in den Alpen oder spezielle Formen der Tierdressur wie die Falknerei,
   - ✔ Formen des sozialen Miteinanders wie die deutsche Genossenschaftsidee, die estnische Rauchsauna oder das gemeinsame Backen von Lawasch-Fladenbrot in Vorder- und Mittelasien.
   - ✔ Hier geht es also gerade um Dinge, die gemeinhin nicht als Hochkultur, sondern als Alltags- oder Volkskultur gelten, aber trotzdem einzigartig und identitätsstiftend sind.

Wer mehr wissen will, findet im Internet unter `www.unesco.de/kultur-und-natur/welterbe` sowohl Listen mit den Welterbestätten wie auch das immaterielle Kulturerbe und das Weltdokumentenerbe, dazu auch einen Überblick über Geoparks und Biosphärenreservate.

IN DIESEM KAPITEL

Archäologische Kulturen

Kulturelle Entwicklungen

Epochen der Kunst

Kapitel 3
Wie hat sich Kultur entwickelt? – Eine Zeitreise

Kulturgeschichte ist natürlich immer auch Menschheitsgeschichte. Aber bei diesem Überblick steht nicht wie üblich die Politik, sondern die künstlerisch-geistige Entwicklung im Mittelpunkt.

Der Drang zum Schönen und Erhabenen

Unsere Vorfahren waren bekanntlich Affen und haben auf den Bäumen gelebt. Tieren wird im Allgemeinen keine Kultur zugestanden (es gibt allerdings auch andere Ansichten). Sie entwickeln zwar Strategien, um zu überleben und sich fortzupflanzen – und das oft mit beträchtlicher Intelligenz. Aber sie hinterlassen keine bleibenden »Werke«.

Das bewusste Schaffen von materiellen Dingen und geistigen Ideen gilt als das, was den Menschen vom Tier unterscheidet. Die *Menschheitsgeschichte* beginnt deshalb mit der Herstellung der ersten primitiven Steinwerkzeuge vor 2,6 Millionen Jahren.

Streng genommen beginnt damit auch die Kulturgeschichte, doch da es in diesem Buch um den künstlerisch-geistigen Aspekt der Kultur geht, werde ich meinen Überblick mit den ersten Anzeichen von Kunst und Spiritualität starten.

Die ersten Spuren

Lange Zeit gingen die Forscher davon aus, dass erst der Vorfahr des modernen Menschen, der Homo sapiens, ein *kulturelles Bewusstsein* entwickelte. Als die ältesten *Kunstgegenstände* der Menschheit galten einige Flöten und verschiedene Figuren aus Mammut-Elfenbein, die in Höhlen der Schwäbischen Alb gefunden wurden (unter anderem Vogelherdhöhle, Hohler Fels, Geißenklösterle). Sie sind ungefähr 40.000 Jahre alt. Doch neue Funde und bessere technische Möglichkeiten, diese zu analysieren, führten zu der Erkenntnis, dass bereits die Vertreter der Gattung Homo erectus, wie etwa die Neandertaler, eine künstlerische Ader hatten. So wurden bei Grabungen in Marokko (Grotte des Pigeons) und Südafrika (Blombos- und Diepkloof-Höhle) Kunstgegenstände gefunden, die zwischen 66.000 und 82.000 Jahre alt sind: durchbohrte und mit Rötel (rotem Ocker) gefärbte Schneckenhäuser, geritzte Ockerstücke und gravierte Straußeneischalen.

Kunst oder Natur? Das ist bei sehr alten Funden oft nicht leicht zu entscheiden. So gibt es beispielsweise Forscher, die zwei »Venusfiguren« als älteste menschliche Kunstwerke handeln: Die *Venus von Tan-Tan* stammt aus Marokko, ist zwischen 300.000 und 500.000 Jahre alt und besteht aus Quarzit. Die *Venus von Berekhat Ram* dagegen ist ein gut 250.000 Jahre alter Tuffstein von den Golanhöhen. Kritiker sehen in ihnen jedoch nur zwei Steinbrocken, die zufälligerweise »Rundungen an den richtigen Stellen« und deshalb eine gewisse Anmutung von Frauenkörpern haben.

Ein weiterer Indikator für kulturelles Bewusstsein sind Bestattungen. Wenn Menschen die Körper ihrer Toten auf eine bestimmte Weise zur letzten Ruhe betten, müssen sie über ein Weltbild verfügen, in dem eine solche Handlung Sinn ergibt. Beerdigungen gibt es seit mindestens 130.000 Jahren. Die Toten wurden in einer bestimmten Körperhaltung oder Himmelsrichtung abgelegt, geschmückt und bekamen Grabbeigaben. In vielen Gräbern findet sich Rötel. Das durch Eisenoxid rot gefärbte Tonmineral scheint in fast allen steinzeitlichen Gesellschaften eine kultische Bedeutung gehabt zu haben. Wahrscheinlich wurde es mit Blut assoziiert.

Für das Europa nördlich der Alpen stellt die Zeit vor gut 40.000 Jahren trotzdem eine Zäsur dar. Um diese Zeit wanderten die sogenannten Cro-Magnon-Menschen ein, die ersten Vertreter des Homo sapiens. Die Archäologen setzen hier den Beginn des *Jungpaläolithikums* an, der letzten Phase der *Altsteinzeit*.

Das Jungpaläolithikum ist wiederum in vier kulturelle Epochen gegliedert:

1. **Aurignacien**: 40.000 bis etwa 28.000 v. Chr.
2. **Gravettien**: 28.000 bis etwa 21.000 v. Chr.
3. **Solutréen**: 21.000 bis etwa 18.000 v. Chr.
4. **Magdalénien**: 18.000 bis etwa 12.000 v. Chr.

Die berühmtesten Höhlenmalereien aus dem spanischen *Altamira* und dem französischen *Lascaux* stammen aus dem Magdalénien. Aber es gibt im Norden Spaniens in der *El-Castillo-Höhle* auch Tierdarstellungen, die schon vom Beginn des Aurignaciens stammen.

Eine weitere kulturelle Zäsur stellte die *Sesshaftigkeit* dar. Im Nahen Osten begann sie vor etwa 11.000 Jahren, in Europa vor gut 7.500 Jahren. Die Bauern und Viehzüchter häuften mehr Besitz an als die Jäger und Sammler und die Archäologen können anhand von verschiedenen Töpferwaren, unterschiedlichen Werkzeugen und Bestattungsriten Kulturen identifizieren, die sich über einen bestimmten Raum und eine bestimmte Zeitspanne erstreckten. Besonders wichtige Kulturen in Europa waren:

- ✔ **Bandkeramische Kultur:** Die Bandkeramik verbreitete sich im 6. Jahrtausend v. Chr. über ganz Europa und zeichnete sich durch linienförmige Muster aus. Sie war die erste bäuerliche, also sesshafte Kultur Europas, was dazu führte, dass sich die kulturelle Gemeinsamkeit langsam auflöste und regional unterschiedliche Entwicklungen eintraten.
- ✔ **Schnurkeramische Kultur/Streitaxt-Kultur:** Sie verbreitete sich etwa ab 2800 v. Chr. in Ost- und Mitteleuropa. Typisch waren Kampfäxte, Begräbnisse mit angehockten Beinen und die Verzierung der Töpferware durch eingedrückte Schnüre.

Über die Menschen einer prähistorischen Kultur weiß man erst einmal nur, dass sie gewisse Gewohnheiten und Techniken teilten, die sich archäologisch nachweisen lassen, nicht aber ob sie genetisch miteinander verwandt waren, eine gemeinsame Sprache sprachen und ähnliche religiöse Vorstellungen hatten. Dank DNA-Analyse hat man inzwischen aber herausgefunden, dass die Bandkeramiker Immigranten aus dem Nahen Osten waren, die von dort ihr landwirtschaftliches Know-how mitbrachten. Und hinter den Schnurkeramikern stecken vermutlich indoeuropäische Einwanderer, die sich dann in Subkulturen wie Germanen, Kelten, Slawen et cetera aufspalteten.

Die Hochkulturen

Im 4. Jahrtausend v. Chr. entstanden die ersten *Hochkulturen*. Darunter verstehen die Historiker Kulturen, die deutlich komplexer sind als alle ihre Vorgänger und Nachbarn und von denen besondere kulturelle Impulse für die weitere Entwicklung ausgehen. Einen Startschuss für eine solche »hochkulturelle« Entwicklung stellt in der Regel die Einführung einer Schrift dar. Weitere Merkmale sind:

- ✔ Arbeitsteilig organisierte Gesellschaft,
- ✔ Planung und Verwaltung,
- ✔ Existenz von Städten,
- ✔ ausgedehnter Handel,
- ✔ große Bedeutung der Kunst und anderer nicht auf praktischen Nutzen ausgerichteter Tätigkeiten,
- ✔ schneller künstlerischer und wissenschaftlicher Fortschritt.

Mesopotamien

Etwa ab 3500 v. Chr. bildeten sich im Süden des heutigen Irak Stadtstaaten wie *Ur* und *Uruk*. Dort entstand mit der *Keilschrift* die wahrscheinlich älteste Schrift der Welt. Politisch entwickelten sich aus dieser sumerischen Kultur unter anderem das Akkadische, das Babylonische und das Assyrische Reich, die jeweils große Teile des Nahen Ostens beherrschten. Trotz vieler Machtwechsel, die meist von innen heraus kamen, herrschte große kulturelle Kontinuität. Über Fernhandelswege gab es einen Austausch mit Europa und Indien. Die mesopotamische Kultur wurde so zur dynamischsten und einflussreichsten der Frühgeschichte.

Mesopotamische Bauwerke wie der *Turm von Babylon*, die *Gärten der Semiramis* und die *babylonischen Stadtmauern* zählten in der Antike zu den Weltwundern. Allerdings ist wenig davon übrig geblieben, da an Euphrat und Tigris vorwiegend mit Lehmziegeln gebaut wurde. Erhalten sind jedoch über eine Million Keilschrifttafeln, die über das kulturelle Niveau Auskunft geben. Bislang wurden jedoch nur einige Zehntausend entziffert, da es weltweit nur wenige Experten dafür gibt.

Ein Relikt der mesopotamischen Kultur, das unser Leben noch heute prägt, ist die *Siebentagewoche*. Auch die Benennung der Tage nach einem Himmelskörper beziehungsweise der dazugehörigen Gottheit hat sich immer weiter tradiert:

- ✔ **Sonntag:** Schamasch (Sonnengott; römisch: Sol, germanisch: Sunna)
- ✔ **Montag:** Sin (Mondgott; römisch: Luna, germanisch: Mani)
- ✔ **Dienstag:** Nergal (Kriegsgott; römisch: Mars, germanisch: Tiu)
- ✔ **Mittwoch:** Nabu (Boten- und Weisheitsgott; römisch: Merkur, germanisch: Wodan)
- ✔ **Donnerstag:** Marduk (Haupt- und Himmelsgott; römisch: Jupiter, germanisch: Donar)
- ✔ **Freitag:** Ischtar (Liebesgöttin; römisch: Venus, germanisch: Freya)
- ✔ **Samstag:** Ninurta (Vegetationsgott; römisch: Saturn)

Ägypten

Die ägyptische Hochkultur ist ähnlich alt wie die in Mesopotamien. Die kulturelle Kontinuität war noch größer, was daran liegt, dass Ägypten sowohl politisch stabiler wie auch isolierter war. Ein Motor der kulturellen Entwicklung war der *Totenkult*. Aus der Sorge um ein angemessenes Weiterleben im Jenseits, das zunächst nur dem König galt, erwuchs ein hohes handwerkliches, künstlerisches und wissenschaftliches Niveau. Die ägyptische Kultur übte einen beträchtlichen Einfluss im östlichen Mittelmeerraum aus.

Im 6. Jahrhundert v. Chr. befand sich das Ägyptische Reich im Niedergang und war wirtschaftlich und politisch von der Kooperation mit Griechenland abhängig. Kulturell dagegen orientierte man sich extrem an der eigenen Vergangenheit. Kunst, Kleidung und Religion wurden von »Retromoden« bestimmt. Dazu gehörte auch eine Verehrung mumifizierter Tiere, die es so früher nie gegeben hatte und die von anderen Völkern als ziemlich abstoßend oder lächerlich

empfunden wurde. Nach der Eroberung durch **Alexander den Großen** im Jahr 332 v. Chr. entstand eine griechisch-ägyptische Mischkultur, die jedoch nur die Oberschicht erfasste. König **Ptolemaios I.** schuf aus einer Verschmelzung der Gottheiten Zeus (griechisch) und Osiris (ägyptisch) sogar einen neuen religiösen Kult, den *Serapis-Kult*.

Indien

Im Industal entwickelte sich ab 2800 v. Chr. eine Hochkultur, die große Rätsel aufgibt. Weder konnte bislang ihre Schrift entziffert werden, noch gibt es andere aussagekräftige Kulturgüter: keine erkennbaren Götterbilder, kaum Darstellungen von Menschen, keine Szenerien des täglichen Lebens, keine herausgehobenen Gebäude mit erkennbarer Funktion … Fest steht, dass das handwerklich-technische Niveau herausragend war und es einen Austausch mit Mesopotamien gab. Ab etwa 2000 v. Chr. setzte ein Niedergang ein und die Erinnerung an die *Indus-* oder *Harappa-Zivilisation* verschwand. Ob sie in der indischen Kultur überhaupt Spuren hinterließ, wird von der Forschung diskutiert.

China

Die Ursprünge der chinesischen Kultur liegen südlich der heutigen Hauptstadt Peking. Um 2000 v. Chr. begann sich am Mittel- und Unterlauf des Gelben Flusses eine Hochkultur zu entwickeln, die sich in Ostasien ausbreitete. Sie beeinflusste auch Japan, Korea und Südostasien. Im Verlauf des 1. Jahrtausends v. Chr. entstanden über zentralasiatische Steppenvölker auch Kontakte zum Kulturraum rund um die mesopotamischen Großreiche. Ab 115 v. Chr. wurden sie durch den Handel auf den »Seidenstraßen« intensiviert. Dies fand in der kulturell und politisch besonders bedeutsamen *Han-Periode* (207 v. Chr.–220 n. Chr.) statt. Danach wechselten Phasen kultureller Blüte immer wieder mit solchen großer Stagnation, in denen es oberstes Ziel war, die Kultur vor Fremdeinflüssen und Neuerungen zu »bewahren«.

Peru

Die ältesten Relikte von aufwändigen Kultstätten an der peruanischen Küste sind etwa 5500 Jahre alt. In der Folge entwickelte sich erst an der Küste, später auch im Hochland ein noch schlecht erforschtes Puzzle von wechselnden Kulturen, die Städte mit aufwändigen Kultplätzen und Pyramiden bauten, eine ausgefeilte Landwirtschaft betrieben und ein hohes handwerkliches Niveau hatten. Im frühen 13. Jahrhundert entstand das *Inkareich*, das seine Blütezeit unmittelbar vor der Zerstörung durch **Francisco Pizarro** im Jahr 1532/33 hatte und vom heutigen Kolumbien bis in den Süden Chiles reichte.

In Mittelamerika beginnt die Entwicklung von Hochkulturen mit den *Olmeken*, die ab etwa 1200 v. Chr. am Golf von Mexiko siedelten (und dort bis zu 50 Tonnen schwere »Kolossalköpfe« aus Stein aufstellten). Von ihnen führt eine Entwicklungslinie zu anderen Indianerkulturen wie den *Maya* oder den *Azteken*. Vieles davon, etwa der Bau von Tempelpyramiden oder die Verehrung von Raubtiergottheiten, weist eine verblüffende Ähnlichkeit mit den Kulturen Perus auf. Es liegt nahe, da eine Verbindung zu vermuten. Doch bislang konnte kein Kontakt nachgewiesen werden.

Die kulturellen Trendsetter

Nun zu etwas ganz anderem:

Die Indoeuropäer

Nein, sie gehörten nicht zu den Hochkulturen, im Gegenteil! Nach heutigem Wissensstand trieben sie sich im 5. und 4. Jahrtausend v. Chr. als Halbnomaden in den Steppengebieten nördlich des Schwarzen Meeres herum, lebten vor allem von der Viehzucht und waren vermutlich die Ersten, die Pferde zähmten. Das machte sie mobil, so mobil, dass beinahe alle europäischen Sprachen, dazu Persisch, das indische Sanskrit, das pakistanische Urdu und einige kleinere zentralasiatische Sprachen vom Indoeuropäischen abstammen. Mit ihrer Sprache gaben die Indoeuropäer auch ihre sehr patriarchalische Gesellschaftsstruktur und ihre Götter weiter (dazu mehr in Kapitel 9). Damit gehört die indoeuropäische Kultur zu den einflussreichsten der Geschichte.

Der »Erfolg« der Indoeuropäer führt dazu, dass sie immer wieder ideologisch vereinnahmt werden. Die Nazis sahen in ihnen die Vorväter des »nordischen Herrenmenschen«, Schah **Reza Pahlavi** war überzeugt, dass deren »Urheimat« in Persien liegt, das er 1935 Iran (Land der Arier) taufte, und Hindu-Nationalisten erklären die Indus-Kultur zur Wiege der Indoeuropäer. Tatsächlich sind sowohl Ursprung wie Ausbreitung noch von vielen Rätseln umgeben.

Neben der *europäischen Schnurkeramik* waren bedeutende Kulturen mit indoeuropäischen Wurzeln:

- **Vedische Kultur** in Indien (ab etwa 1500 v. Chr.)
- **Hethitische Kultur** in Anatolien (ab etwa 1800 v. Chr.)
- **Mykenische Kultur** auf dem griechischen Festland (ab etwa 1600 v. Chr.)

Nicht indoeuropäisch war dagegen die älteste europäische Hochkultur in Europa: die *minoische Kultur* auf Kreta (ab etwa 2600 v. Chr.). Sie ist vor allem für ihre farbenprächtig ausgemalten Paläste bekannt.

Die Griechen

Um 1200 v. Chr. fand im östlichen Mittelmeerraum ein rätselhafter Kultureinbruch statt. Früher machte man dafür ominöse Seevölker verantwortlich, die in ägyptischen Quellen auftauchen. Sie machten alles platt, es folgten vier dunkle Jahrhunderte und dann traten – Heureka! – die alten Griechen ins Licht der Geschichte und brachten der Welt die abendländische Kultur.

Inzwischen hat sich diese Sichtweise als grob naiv herausgestellt. Vermutlich kam um 1200 v. Chr. vieles zusammen: eine gravierende Hungersnot in Anatolien, vermehrte Piraterie, Kriege, Wanderbewegungen und ein massiver Rückzug aufs Land, der große Städte und Paläste verfallen ließ. Die griechische Kultur hat ihre Wurzeln eindeutig in den angeblich »untergegangenen« Kulturen von Kreta und Mykene, die wiederum von Mesopotamien und Ägypten beeinflusst waren. Man weiß heute, dass vieles, was man früher für griechische Erfindungen gehalten hat – etwa auf dem Feld der Mathematik oder Medizin –, bereits an Euphrat, Tigris und Nil bekannt war.

Das alles ändert jedoch nichts daran, dass die Griechen eine enorme Bedeutung für die kulturelle Entwicklung der westlichen Welt hatten. Eine Bedeutung, die umso erstaunlicher ist, da das antike Griechenland eine Ansammlung von Stadt- und Kleinstaaten war, die sich teils spinnefeind waren. Was also ist das Geheimnis der griechischen Kultur?

✔ **Offenheit:** Selbst indoeuropäische Einwanderer ohne viel eigene Kultur, nahmen die Griechen verschiedenste kulturelle Einflüsse auf.

✔ **Konkurrenz:** Ein Nebeneinander verschiedenster Kleinstaaten aus dem gleichen Kulturkreis hat sich auch später in der Geschichte als äußerst fruchtbar in Sachen kultureller Fortschritt erwiesen. Künstler und Geistesgrößen sammeln sich dort, wo es die beste Förderung und die wenigsten Denkverbote gibt.

✔ **Perfektionismus:** Statt nach Originalität strebten die griechischen Künstler nach Meisterschaft (mehr dazu in Kapitel 4).

✔ **»Liebe zur Weisheit«:** Das ist die wörtliche Bedeutung von Philosophie. Ein solch konsequentes Zu-Ende-Denken der Dinge hatte es zuvor nicht gegeben (mehr dazu in Kapitel 10).

Die antike griechische Kultur wird in drei Epochen geteilt:

1. **Archaische Zeit (ungefähr von 750–500 v. Chr.)**

   Die Skulpturen wirken in dieser Zeit noch etwas steif, auf Vasen sind vor allem streng geometrische oder aus dem Nahen Osten übernommene »orientalische« Muster zu finden. Mit der *Ilias* und der *Odyssee* entstehen aber bereits zwei der wichtigsten literarischen Werke, auch die Lyrik steht schon in voller Blüte.

2. **Klassische Zeit (ungefähr von 500–366 v. Chr.)**

   Die Statuen haben perfekte Körper und stehen gerne im lockeren Kontrapost (mit Standbein und Spielbein), in der Vasenmalerei dominiert der elegante rotfigurige Stil, die Tempel sind ein Muster an Perfektion. Das Schauspiel wird erfunden und erlebt umgehend seine Blütezeit. Auch die Philosophie steht auf ihrem Höhepunkt.

3. **Hellenistische Zeit (von 336–30 v. Chr.)**

   Mit der makedonischen Vorherrschaft und den Eroberungszügen Alexanders des Großen wird die griechische Kunst weltlicher und weniger puristisch. Üppige Verzierungen halten Einzug, die Statuen zeigen dramatische Bewegtheit.

Multikulturelle Dynamiken

Auf die Griechen folgen in gängigen historischen Überblicken beinahe automatisch die Römer; von diesen wird dann eine Linie ins europäische Mittelalter gezogen. Doch Kulturen speisen sich selten nur aus einer Quelle. Und es ist nicht immer die politisch stärkste Macht, die sich auch kulturell durchsetzt. Außerdem erweist sich »Durchsetzen« auf kulturellem Gebiet selten als gute Idee. Ich möchte Sie in diesem Abschnitt deswegen auf etwas verschlungeneren Pfaden als üblich durch die Antike und das Mittelalter in die frühe Neuzeit führen.

Weltreiche und Kultur

Bei aller Begeisterung für die alten Griechen wird in Europa gerne übersehen, dass zur gleichen Zeit auch die Kultur des Nahens Ostens in voller Blüte stand. Im Jahr 539 v. Chr. eroberte der persische **König Kyros II.** die Stadt Babylon und machte damit das *Perserreich* zum Erben der mesopotamischen Zivilisation. Bei Hof zogen damit natürlich andere Sitten ein: Es herrschte das persische Zeremoniell, es wurde Persisch gesprochen und die Könige verehrten den zoroastrischen Gott Ahura Mazda.

In Babylon dagegen blieb die Kultur mesopotamisch, der oberste Gott Marduk. In anderen Teilen des Perserreichs, das von Anatolien bis zum Altai-Gebirge reichte, sah es ähnlich aus. Die Kultur der unterworfenen Regionen blieb also weitgehend unangetastet.

Die Eroberung Babylons durch die Perser findet auch in der Bibel, im *Buch Daniel,* Erwähnung. Eine geisterhafte Schrift an der Wand – das Menetekel – weissagt dem babylonischen **König Belsazar** (in Wahrheit Prinz und Statthalter), dass er gewogen und für zu leicht befunden worden sei und sein Reich deshalb den Persern übergeben werde. In der Bibel wird er noch in derselben Nacht ermordet. (Tatsächlich ist sein Ende unbekannt.) Kyros ermöglichte den Juden die Rückkehr aus dem babylonischen Exil und soll sogar den Wiederaufbau des Tempels in Jerusalem unterstützt haben.

Kyros' Nachfolger, **Dareios I.**, vereinheitlichte zwar Maße und Gewichte, die Verwaltung und das Steuersystem seines Riesenreichs, aber auch er tastete die kulturelle Autonomie der einzelnen Völker nicht an. Im Gegenteil: In seiner Residenzstadt Persepolis ließ er Reliefs anbringen, die Abordnungen in typischer Tracht zeigen. Die Herrschaft über viele verschiedene Völker wurde also als Ausweis besonderer Macht angesehen. Da Dareios gewaltig in die Infrastruktur investierte, fanden ein intensiver Handel und damit zwangsläufig auch kultureller Austausch und Veränderung statt. Auch die folgenden Machtwechsel im Nahen und Mittleren Osten gingen nicht mit einer Zerstörung, sondern eher einer Bereicherung der Kultur(en) einher:

- ✔ Ab 331 v. Chr. eroberte Alexander der Große das *Perserreich.* Damit verbreitete sich die griechische Kultur bis nach Indien. Das bedeutet jedoch nicht, dass dort nun alles griechisch geprägt war, sondern nur dass griechische Elemente hier und da aufgegriffen wurden. Im Gegenzug veränderte sich auch die griechische Kultur (von klassisch zu hellenistisch).

- Ab 250 v. Chr. eroberten die Parther, ein iranisches Reitervolk, nach und nach das *Seleukidenreich* (Seleukos war der ebenfalls griechische Nachfolger Alexanders) und stärkten wieder mehr die persische Kultur, ohne die anderen Elemente zu zerstören.

- Ab 638 v. Chr. eroberten die Araber das *neupersische Sassanidenreich* (dazu mehr im folgenden Abschnitt »Europa und der Orient«).

Das *Römische Reich* dagegen war kulturell viel homogener. Zwar unterdrückten auch die Römer in der Regel die Kultur der eroberten Völker nicht, doch wenn sie irgendwo eine Stadt bauten, dann sah diese immer gleich aus: planmäßig angelegt mit sich kreuzenden Hauptstraßen, Forum, Theater, Arena und Thermen. Auch sonst war das Leben in den römischen Garnisonen durch und durch römisch, die einheimische Oberschicht wurde romanisiert – und das oft nicht ungern, da das römische Leben allerhand Komfort mit sich brachte.

Oberflächlich betrachtet scheinen sich Griechen und Römer kulturell sehr ähnlich gewesen zu sein, doch das täuscht. Zwar übernahmen die Römer sehr vieles von der griechischen Kunst und Kultur, doch oft nur als Dekor. Da zierten Kopien griechischer Götterstatuen die Villen reicher Römer, kamen Theaterstücke in Mode und durften griechische Gelehrte als Haussklaven Kinder unterrichten. Im Kern jedoch blieb die Kultur weitgehend traditionell römisch-pragmatisch.

Noch einmal anders sah es in China aus. Aus der ersten Hochkultur wurde allmählich ein Riesenreich, das politisch immer wieder einmal in die Krise geriet und in Einzelteile zerfiel. Doch kulturell fand eine Assimilation der eroberten Regionen statt, sodass nur relativ geringe kulturelle Unterschiede blieben.

Zwar gibt es in China heute über 90 ethnische Gruppen, von denen 56 offiziell anerkannt sind, doch die meisten davon sind sehr klein. Rund 90 Prozent der Bevölkerung begreifen sich als *Han-Chinesen*. Probleme gibt es vor allem mit den *Uiguren* und *Tibetern*, deren Gebiete erst relativ spät – 1757 beziehungsweise 1951 – von China unterworfen wurden. (Aus chinesischer Sicht handelt es sich allerdings um eine Rückeroberung, da beide Gebiete früher schon einmal zum chinesischen Reich gehört hatten, jedoch nicht lange genug für eine kulturelle Assimilation.)

Europa und der Orient

Der Untergang eines Reichs muss also kein kulturelles Desaster bedeuten – die Auflösung des *Weströmischen Reichs* in den Wirren der *Völkerwanderung* im 4. und 5. Jahrhundert war jedoch eines. Es ging immens viel an Kulturgütern, Wissen und Fertigkeiten verloren. In dem entstehenden Machtvakuum setzten sich diejenigen durch, die die Reste der römischen Zivilisation für sich zu nutzen wussten.

- **Theoderich der Große:** Der Ostgotenführer residierte von 493 bis 526 als Quasikönig von Italien in Ravenna. Seine Herrschaft gilt als *Blütezeit der Spätantike*. Der vielversprechende Ansatz wurde jedoch zunichtegemacht, als es nach seinem Tod zu Nachfolgestreitigkeiten kam und der oströmische Kaiser Justinian (der Theoderich nur als Statthalter gesehen hatte) Italien zurückerobern ließ.

- **Chlodwig I.:** Der Gründer des Frankenreichs (und Schwager Theoderichs) eroberte unter anderem die Reste der Provinz Gallien und stützte sich dann bei der Verwaltung seines Reiches auf die alten gallorömischen Eliten.

In den eroberten germanischen Gebieten ließ Chlodwig die jeweilige Stammeskultur unangetastet und verlangte nur Loyalität, Abgaben und Kriegsdienst. Das führte dazu, dass die ehemals germanischen Gebiete in kultureller Hinsicht rückständiger blieben. Nach der Teilung in das *West-* und *Ostfrankenreich* (später: Frankreich und Deutschland) blieb Frankreich lange Zeit kulturell führend und im deutschen Reich dominierten die ehemals römischen Gebiete im Westen, was zu einem immensen West-Ost-Gefälle in Sachen Kultur führte.

- **Die christliche Kirche:** Das Christentum ist eine Buchreligion, weshalb in Klöstern und Domschulen zwangsläufig die Kunst des Lesens und Schreibens gepflegt wurde. Dabei wurden auch antike Werke studiert und kopiert – soweit sie nützlich erschienen. Die Kaiser Karl und Otto der Große setzten bei ihrem Bemühen um eine kulturelle Renaissance deshalb wesentlich auf die Kirchen.

Daneben gab es in Europa natürlich noch das *Oströmische* beziehungsweise *Byzantinische Reich*. Hier hätte man das römische Erbe eigentlich ungestört weiterentwickeln können, vermasselte die Sache aber durch eine extreme Ablehnung alles »Heidnischen«. Nichtchristliche Bücher wurden verbrannt, nichtchristliche Gelehrte außer Landes getrieben. Zwar blieb der kulturelle und technische Standard höher als im Westen, doch sehr lebendig war die byzantinische Kultur nicht. Es gab eine große christliche Prachtentfaltung, aber im Grunde wenig Neuerungen.

Im Jahr 634 tauchte dann im Vorderen Orient ein neuer Konkurrent um die Macht auf: Muslimische Heere von der Arabischen Halbinsel eroberten das oströmische Palästina, 639 nahmen sie Ägypten ein, 642 besiegten sie die persischen Sassaniden. Die ersten Kalifen übernahmen zwar viel von der byzantinischen Kultur – etwa beim Bau von *Felsendom* und *Al-Aqsa-Moschee* in Jerusalem –, achteten aber darauf, dass die Macht in den Händen der alten Eliten aus Mekka blieb. Dagegen rebellierte im Jahr 749 ein gewisser **Abu l-Abbas** mithilfe der Perser. In der Folge setzte sich im muslimischen *Abbasidenreich*, das irgendwann von Spanien bis zum Indus reichte, vor allem die persische Kultur durch.

Um die kulturelle Dominanz der islamischen Reiche gegenüber Europa im Mittelalter zu begreifen, hilft es, der Spur der Universitäten zu folgen:

- Um 387 v. Chr. kaufte der griechische Philosoph **Platon** den sogenannten Hain des Akademos in Athen und richtete dort eine Akademie genannte Philosophenschule ein. In der Folge entstanden eine Vielzahl von Philosophenschulen, deren Lehren jedoch teilweise geheim waren.

- Um 280 v. Chr. gründete der griechischstämmige ägyptische **König Ptolemaios I.** in Alexandria eine Akademie der Superlative: ein Musenheiligtum mit angeschlossener Bibliothek, die den Auftrag hatte, eine Kopie von möglichst jedem Buch der Welt zu erwerben. Das zog die namhaftesten Gelehrten der hellenistischen Welt an, sodass die »Universität« von Alexandria nicht nur auf dem Gebiet der Philosophie, sondern auch in Sachen Medizin und Naturwissenschaften Weltruhm erlangte.

- Nach dem Vorbild von Alexandria baute der Sassaniden-Schah **Chosrau I.** im 6. Jahrhundert in Gundischapur im iranischen Tiefland eine bestehende Bildungseinrichtung zur zentralen Universität mit Bibliothek und Lehrkrankenhaus aus. Er siedelte viele aus dem Oströmischen Reich geflohene Gelehrte an und schickte seinen Leibarzt Burzoe nach Indien, um dort auch indische und chinesische Gelehrte anzuwerben beziehungsweise ihre Schriften ins Persische zu übersetzen.

Indien erlebte während der Herrschaft der *Gupta-Dynastie* (etwa 320–550) eine Blütezeit in Sachen Kultur und Wissenschaft. Dass sich das kulturelle Niveau der islamischen Reiche nicht nur aus dem Erbe der Antike, sondern auch aus dieser Wurzel speiste, wird gerne übersehen.

- 825 gründete der Abbasiden-Kalif **al-Mamun** nach dem Vorbild von Gundischapur in Bagdad das Haus der Weisheit und sammelte dort die namhaftesten Gelehrten (auch solche aus Gundischapur). Weitere »Häuser der Weisheit« entstanden dann unter anderem in Cordoba, Sevilla und Kairo.

Früher ging man davon aus, dass kulturelle Errungenschaften aus dem Orient über die Kreuzzugsbewegung nach Europa kamen. Inzwischen weiß man, dass der Austausch über das muslimische Spanien und das multikulturelle Sizilien viel intensiver war.

- In Europa entstand 1057 die Medizinschule von Salerno, um 1088 die Rechtsschule von Bologna, um 1130 die Übersetzerschule von Toledo, die antike Schriften, die im islamischen Spanien bewahrt worden waren, wieder zugänglich machte, und um 1160 die Universität von Paris. Im 13. Jahrhundert kam es dann zur Gründung zahlreicher Universitäten, während parallel die islamischen Einrichtungen durch die Hunnen zerstört wurden.

In natur- und geisteswissenschaftlicher Hinsicht begann damit in Europa ein gewaltiger Aufschwung, während sich die islamische Welt im Grunde nie von diesem Schlag erholte. In Sachen Kunst allerdings entfaltete das ab 1299 entstehende *Osmanische Reich* eine große Pracht, wobei griechische, arabische, persische und indische Elemente in den Stil einflossen.

Die überwältigenden osmanischen Moscheebauten etwa sind eine Weiterentwicklung des griechischen Zentralkuppelbaus à la *Hagia Sophia*. Das für eine Moschee nötige Minarett allerdings wollte nicht so recht zur zentrierten Ausrichtung dieser Architektur passen. Doch im 16. Jahrhundert kam der große Baumeister **Sinan** auf die geniale Idee, seine Moscheen mit vier dünnen Bleistiftminaretten zu umgeben.

Alte und Neue Welt

Am 12. Oktober 1492 entdeckte der in spanischen Diensten stehende Seefahrer **Christoph Kolumbus** Amerika. Damit beginnt das Zeitalter der Entdeckungen, wobei von den – aus europäischer Sicht – neu entdeckten Kulturen teils nicht viel übrig blieb. Die Pläne der spanischen Krone, die Kolumbus' Reise finanzierte, liefen eigentlich nicht auf Tod und Vernichtung hinaus. Stattdessen wollte man dort eine Feudalgesellschaft wie in

Spanien aufbauen. Die indianische Bevölkerung sollte getauft, mit europäischen Lebensformen vertraut gemacht und dann – wie die abhängigen spanischen Bauern – zur Arbeit auf den großen Latifundien eingesetzt werden, die die meist adeligen Konquistadoren als Lehen der Krone übertragen bekamen.

Die Nachkommen des Aztekenherrschers **Moctezuma II.** wurden – soweit sie die Eroberung überlebten – in den spanischen Hochadel aufgenommen. Und als der britische Pflanzer **John Rolfe** 1616 mit seiner Frau, der Algonkin-Häuptlingstochter **Pocahontas** nach Großbritannien reiste, sorgte die Heirat nicht aus rassistischen Gründen für Unmut, sondern wegen Rolfes niedrigem Stand. Er durfte nicht an dem Empfang teilnehmen, der für seine Frau bei Hof gegeben wurde.

Das Ganze war natürlich blanker *Kulturimperialismus*, entsprach aber den Maßstäben, die auch für die europäischen Gesellschaften galten:

- ✔ *Christianisierung* galt als Akt tätiger Nächstenliebe, da man davon ausging, nur so die Seelen vor der Hölle retten zu können.
- ✔ Das *feudale System*, in dem das einfache Volk für den Adel arbeitete, während dieser es dafür (theoretisch) schützte, wurde als fairer Deal angesehen (zumindest vom Adel).

Die Realität sah jedoch anders aus. Binnen weniger Jahrzehnte vernichteten die Konquistadoren dank überlegener Waffen, extremer Brutalität und (ohne Absicht) eingeschleppter Krankheiten auch die hochkomplexen Kulturen der Inka, Maya und Azteken. Die Besiegten wurden versklavt, auf Plantagen und in Bergwerken zu Tode geschunden und schon ab 1510 durch afrikanische Sklaven ersetzt.

Der Dominikaner **Bartolomé de las Casas** (1485–1566) ist als leidenschaftlicher Kritiker der kolonialen Verbrechen an den amerikanischen Ureinwohnern bekannt geworden. Auch andere Missionare setzten sich engagiert für ihre Schutzbefohlenen ein und verweigerten etwa Sklavenhaltern die Vergebung der Sünden in der Beichte. Die indianische Kultur war jedoch für viele »Teufelszeug«, das sie ihren Schäfchen auszutreiben versuchten. Ausnahmen waren de las Casas selbst und sein Mitbruder **Francisco Ximénez** (1666–1721), der drei Mayasprachen erlernte und das heilige Buch der Quiché-Maya, das *Popol Vuh*, ins Spanische übersetzte. Der Franziskaner **Bernardino de Sahagún** (um 1500–1590) verfasste sogar ein zwölfbändiges Werk über die Kultur der Azteken, und zwar zweisprachig in Spanisch und Nahuatl. Von den originalen Schriften der Maya und Azteken dagegen haben nur sehr wenige die Kolonialzeit überlebt.

Während die – zahlenmäßig äußerst geringe – Schicht der Gebildeten in Europa gerade Renaissanceluft schnupperte und humanistische Ideen zu entwickeln begann (dazu mehr im nächsten Abschnitt), fand in Übersee ein Kulturwandel zum Negativen statt. Die eigentlich im frühen Mittelalter abgeschaffte *Sklaverei* wurde wieder eingeführt und damit die komplette Entrechtung von Menschen.

Für andere Regionen galt dies zunächst nicht. So entdeckten die Portugiesen mit dem Seeweg nach Indien und Indonesien keine »neue Welt«, sondern nur einen neuen Zugang zu uralten Handelsgebieten, aus denen schon in der Antike Gewürze und andere Waren ins Römische Reich gekommen waren. Die Portugiesen errichteten dort zunächst nur Handelsstützpunkte. Doch mit der Zeit kam es, wie auch in Afrika und Nordamerika, zur rücksichtslosen, kolonialen Inbesitznahme inklusive der Zerstörungen der jeweiligen Kulturen.

Die Europäer dagegen erfreuten sich, sofern sie es sich leisten konnten, an importiertem Kakao und Tabak sowie dem auf karibischen Plantagen massenhaft angebauten Zucker. Das Interesse an fremden Kulturen entzündete sich erst einmal anderswo. Favoriten waren:

- ✔ **China:** Das »Reich der Mitte« faszinierte die Europäer seit den Reiseberichten Marco Polos. Auch jesuitische Missionare schilderten es als Land, das Europa in Sachen Zivilisation und Kultur teilweise sogar überlegen war. Die Nachfrage nach chinesischem Porzellan, Lackmöbeln, Seidenstoffen, bemalten Papiertapeten und Tee war riesig. Die Fürsten gaben solche Unsummen dafür aus, dass das für die Münzprägung nötige Silber (und nichts anderes akzeptierten die Chinesen als Zahlungsmittel) in Europa knapp zu werden drohte.

  Nicht nur deshalb begann in Europa die Herstellung von *Chinoiserien*. Anfangs versuchte man, Kunstprodukte aus Asien (ob nun wirklich aus China oder nicht, nahm man nicht so genau) möglichst genau zu imitieren. 1708 gelang es dem Alchemisten **Johann Friedrich Böttger,** das spätere *Meißner Porzellan* herzustellen. Etwa ab 1720, das heißt während des Rokoko, entwarfen europäische Künstler Porzellan, Möbel, Gemälde, Tapeten und Pavillons wie die Pagodenburg im Nymphenburger Schlosspark (München) oder das Chinesische Haus (Potsdam) im »chinesischen Stil«.

Der Versuch der kulturellen Abschottung

Während China im 18. Jahrhundert, dem »Goldenen Zeitalter« der Mandschu-Kaiser, interessiert an europäischer Kultur war, setzte zu Beginn des 19. Jahrhunderts eine Abschottung ein, um die eigene Kultur und Wirtschaft zu schützen. Doch die *Britische Ostindien-Kompanie* erzwang 1842 mit einem Krieg die Öffnung der chinesischen Märkte für den internationalen Handel. Das stürzte das Land in eine schwere Krise, von der es sich bis zur Revolution 1912 nicht mehr erholte.

Japan dagegen schottete sich schon seit Ende des 16. Jahrhunderts rigide ab und unterhielt nur einen ganz begrenzten Kontakt mit niederländischen Kaufleuten, die auf einer aufgeschütteten Insel in der Bucht von Nagasaki leben mussten. 1857 erzwangen die US-Amerikaner auch hier eine Öffnung.

- **Osmanisches Reich:** Der Sieg über die Osmanen am 12. September 1683 vor Wien bedeutete für Europa das Ende der jahrhundertelangen »Türkengefahr«. Nachdem keine Bedrohung mehr bestand, kam alles Türkische schwer in Mode. Das Osmanische Reich galt nun als Nonplusultra in Sachen Prachtentfaltung und sinnlicher Genüsse: Kaffeehäuser schossen in Europa wie Pilze aus dem Boden (und Kaffeeplantagen in Amerika), Pantoffeln, Turban und türkisch gemusterte Überröcke wurden zur bequemen Hauskleidung, Musiker nahmen Anleihe bei der türkischen Militärmusik und in den Schlossparks gesellten sich Pavillons im »maurischen Stil« zu den chinesischen Teehäusern.

Vor allem aber entzündete sich die Fantasie an den reichhaltigen Harems der Sultane. Bar jeder wirklichen Kenntnis, denn das Prinzip des Harems war seine Abgeschlossenheit, entstand eine Fülle von Bildern, Erzählungen und Stücken rund um die Haremsbewohnerinnen. Besonders beliebt war das Motiv der Befreiung von Haremsdamen, wie etwa in Mozarts *Entführung aus dem Serail*. Auch in vielen anderen Fällen speisen sich die Vorstellungen über eine Kultur vor allem aus der – oft reichlich schiefen – Darstellung europäischer Künstler.

Zu Beginn des 19. Jahrhunderts brachte Napoleons Feldzug Ägypten in Mode, um 1860 huldigte vor allem Frankreich der japanischen Kunst. Um die Wende vom 19. zum 20. Jahrhundert beeinflusste dann die Kunst sehr traditioneller Kulturen aus Afrika und der Südsee die Werke von Malern wie Gauguin, Nolde und Picasso.

Die wichtigsten Stilrichtungen der Neuzeit

Dieser Abschnitt beschäftigt sich dezidiert mit der europäischen beziehungsweise westlichen Kultur. Denn eine gewisse Stilsicherheit, was Renaissance und Barock, Klassik und Moderne angeht, gehört nun einmal zur Allgemeinbildung.

Renaissance

Renaissance bedeutet übersetzt »Wiedergeburt«. Gemeint ist eine Wiederentdeckung der antiken Kunst und Kultur, Natur- und Geisteswissenschaft. Sie nahm in Italien ihren Anfang:

- **Dante Alighieri** schrieb bis zu seinem Tod 1321 in italienischer Sprache (nicht in Latein) an der *Göttlichen Komödie*, einer ziemlich irren Jenseitsreise durch alle Kreise der Hölle (Inferno) und dann über die sieben Terrassen des Läuterungsbergs zum Paradies.

Die Kreise der Hölle bestückte Dante mit allerlei historischer Prominenz. Viele spätere Künstler fanden das so spannend, dass sie in ihren eigenen Kunstwerken dieses Inferno aufgriffen. Höllendarstellungen, die die Qualen der Verdammten mit viel Fantasie ausmalen, hat es aber auch schon zuvor gegeben, meist im Rahmen eines Jüngsten Gerichts. Die Erlösten führen auf diesen Gemälden genauso ein Schattendasein wie der Paradies-Teil in der *Göttlichen Komödie*.

- ✔ **Francesco Petrarca** verliebte sich am Ostertag 1327 in eine junge Frau namens Laura und bestieg neun Jahre später in Frankreich den Mont Ventoux. Beides impfte ihm eine tiefe, völlig unmittelalterliche Liebe zum Weltlichen ein. Er besang Laura in zahllosen Versen, reiste durch ganz Europa, um Werke antiker Schriftsteller aufzutreiben, und hinterließ Briefe und Schriften, in denen er seiner Überzeugung Ausdruck verlieh, dass eine Wiederentdeckung der Antike der Weg sei, die »dunklen Jahrhunderte« des Mittelalters zu überwinden. Denn Gott, so seine Überzeugung, habe dem Menschen Verstand und kreatives Potenzial gegeben, damit dieser beides nach Kräften gebrauche.
- ✔ **Giovanni Boccaccio** verfasste um 1350 mit dem *Decamerone* eine Sammlung von 100 Novellen in Prosa, die teils witzig, teils tragisch, teils ziemlich freizügig, auf jeden Fall aber sehr weltlich sind (mehr dazu in Kapitel 6).
- ✔ **Filippo Brunelleschi** reiste nach Rom, um dort die antiken Baumeister zu studieren. Ab 1418 errichtete er dann in seiner Heimatstadt Florenz die ersten Renaissancebauten und fand einen Weg, die lang geplante Domkuppel zu realisieren.

Renaissance steht für

- ✔ eine Ausrichtung der Ethik an humanistischen Idealen, nicht an (angeblich) göttlichen Geboten – wobei alle Renaissance-Humanisten religiöse, oft sogar tiefreligiöse Menschen waren,
- ✔ ein großes Interesse für den Menschen,
- ✔ ein positives Verhältnis zur Natur,
- ✔ die Wertschätzung des menschlichen Verstands,
- ✔ technische und naturwissenschaftliche Forschung,
- ✔ eine Architektur, die auf einfachen geometrischen Formen, Symmetrie und der Betonung waagrechter Linien beruht – sie sollte »vernünftige« Dimensionen haben und sich harmonisch in die Umgebung einfügen,
- ✔ naturalistische Malerei, die durch die Entdeckung der korrekten Zentralperspektive Tiefe gewinnt,
- ✔ Monumentalplastiken à la Antike, gerne ebenfalls nackt,
- ✔ weltliche, aber auch fantastische Literatur in Landessprache und in Prosa.

Der Beginn der Renaissance in Oberitalien zeigt (wie im antiken Griechenland) die kulturelle Dynamik kleiner, miteinander konkurrierender Staatsgebilde. Außerdem war in Italien mehr vom antiken Erbe bewahrt worden als jenseits der Alpen. Nach der Eroberung Konstantinopels durch die Türken im Jahr 1453 brachten gelehrte Flüchtlinge aus dem Byzantinischen Reich zudem noch unbekannte antike Schriften nach Italien. Jenseits der Alpen hielt der neue Stil erst im Laufe des 15. Jahrhunderts Einzug.

Unterschieden werden:

1. **Stilreine Frührenaissance (ca. 1420–1500)**
2. **Monumentale Hochrenaissance (ca. 1500–1530)**
3. **Experimentierfreudige Spätrenaissance (1530–1600)**

Barock und Rokoko

Der Barock ist eine katholische Stilrichtung. Nicht nur weil es so viele barocke Kirchen gibt. Die katholische Kirche hat den Barock quasi erfunden. Nachdem sie die Reformation (ab 1517) nicht hatte verhindern können, versuchte sie im Zuge der *Gegenreformation,* abtrünnig gewordene Gläubige wieder zurückzugewinnen. Und dabei setzte sie im Gegensatz zum nüchternen Protestantismus auf Pracht und Überwältigung. Das Ganze ging von Rom aus und nahm 1568 mit der Jesuitenkirche *Il Gesù* seinen Anfang.

Typisch für die barocke Architektur ist/sind:

- ✔ Bauteile gehen ineinander über und sind nicht mehr klar gegeneinander abgegrenzt.
- ✔ Elemente wie geschwungene Wände, gedrehte Säulen, weit in den Raum kragende Gesimse und ein starker Wechsel zwischen hellen und dunklen Raumteilen sollen für Dramatik sorgen.
- ✔ Architektur wird von Anfang an mit Bildhauerei und Malerei zusammen entwickelt, bei Schlössern auch mit entsprechender Inneneinrichtung und Gartengestaltung.
- ✔ Es gibt überreiche Dekors, Farben und Formen.
- ✔ Es gibt Deckengewölbe, deren Fresken einen offenen Himmel mit einer wallenden Fülle an Wolken, religiösen Symbolen, Engelchen (Putten) und Heiligen zeigen, bei Schlössern ersatzweise mythologische Allegorien, die weltliche Herrscher und Herrscherinnen verherrlichen.

Politisch war die Zeit des *Frühbarocks* die des Dreißigjährigen Krieges (bis 1648). Das zeigte sich vor allem in der Literatur, die nun ebenfalls nicht mehr der Vernunft huldigte, sondern in überbordenden Gefühlen schwelgte: von praller Lebensfreude bis zu Todessehnsucht, von wildem Abenteuer bis zu religiöser Hingabe, von deftiger Erotik bis zur hochmoralischen Predigtsammlung. Der Stil war oft ähnlich überbordend wie die Dekors der Zeit. Die Zeit nach Kriegsende war dann die der absolut regierenden Fürsten. Diese entdeckten im *Hochbarock* die neue Mode nicht nur für ihre Schlossbauten, sondern auch für opulente Kleider, reich verziertes Mobiliar, luxuriöse Gebrauchsgegenstände, höfische Feste, Opernaufführungen und Ballette.

Der Barock war jedoch kein »wilder« Stil. Alle Effekte waren wohlkalkuliert und hinter dem überwältigenden Eindruck spielten Regeln eine wichtige Rolle. Das gilt für die hochanspruchsvollen Kompositionen eines **Johann Sebastian Bach** genauso wie für Schloss Versailles, das steingewordene Regierungsprogramm des Sonnenkönigs **Ludwig XIV.** Aber regional gab es Unterschiede: Während der italienische, spanische, portugiesische und süddeutsche Barock wild bewegt und überbordend war, präsentierte sich der französische viel strenger und nahm in vielem bereits die klassizistische Epoche vorweg. In England spielte er kaum eine Rolle. Dafür wurde er über spanische und portugiesische Missionare nach Südamerika gebracht. Zentrum des brasilianischen Barocks war die Stadt Salvador da Bahia mit dem Konvent São Francisco.

Im *Spätbarock* kann man etwa ab 1720 eine Aufspaltung der verschiedenen Sparten der Kunst und Kultur erkennen:

- ✔ In der Literatur und Geistesgeschichte setzte die vernunftgeprägte Aufklärung ein.
- ✔ In der Musik wurde der empfindsame Stil populär. Aber auch in der Literatur gab es eine empfindsame Richtung.
- ✔ In der Architektur wurde das *Rokoko* zur dominanten Spielart. Es ist zierlicher, verspielter und kleinteiliger als der Barock. Benannt ist es nach der Rocaille, einem muschelförmigen Ornament.

Klassik und Romantik

Friedrich II. von Preußen und **Leopold III. Friedrich Franz von Anhalt-Dessau** werden oft in einem Atemzug als aufgeklärte Fürsten genannt. Künstlerisch lebten sie in verschiedenen Welten. Während der »Alte Fritz« sich ab 1745 Schloss *Sanssouci* errichten ließ und damit genauso im Rokoko schwelgte wie ein Ludwig XV. von Frankreich und andere Monarchen, die mit der Aufklärung nicht das Geringste am Hut hatten, lehnte der 28 Jahre jüngere Fürst von Anhalt-Dessau den barocken Prunk ab und ließ ab 1769 von seinem engen Freund, dem Architekten **Friedrich Wilhelm von Erdmannsdorff**, mit Schloss Wörlitz eines der ersten klassizistischen Gebäude in Deutschland errichten.

Sofort nach dem Tod Friedrichs II. im Jahr 1786 berief der neue preußische König Friedrich Wilhelm II. Erdmannsdorff nach Berlin und gab ihm den Auftrag, die verwohnten Räume in Schloss Sanssouci umzugestalten.

Als *Klassizismus* (in Frankreich und Großbritannien *Neo-Klassizismus*) wird der Bruch mit dem Barock, der um 1760 einsetzte, in der Bildenden Kunst bezeichnet. Er vollzog sich wieder einmal durch eine Hinwendung zur Antike. Der überbordenden barocken Pracht sollten, wie es der deutsche Archäologe **Johann Joachim Winckelmann** 1756 formuliert, die »edle Einfalt und stille Größe« der antiken Kunst entgegengesetzt werden.

Unzählige Museen, Bibliotheken und Theater, aber auch Regierungsgebäude wie der (neoklassizistische) Berliner Reichstag, das Weiße Haus oder das Kapitol in Washington wurden mit Säulen und Dreiecksgiebeln zu Tempeln der Kunst, der Bildung und der Demokratie stilisiert. Diese Symbolik ist typisch für den Klassizismus, der der Stil der Aufklärung war, auch wenn er ihr einige Jahrzehnte hinterherhinkte. Die Kunst sollte bilden und den Charakter formen.

Auch Leopold III. Friedrich Franz von Anhalt-Dessau glaubte daran, dass Kunst und – im Sinne des Philosophen **Rousseau** auch Natur – veredelnd auf den Charakter wirkt. Deshalb ließ er Schloss Wörlitz von einem damals in Deutschland noch unüblichen Landschaftsgarten umgeben, der heute den Kern des *Dessau-Wörlitzer Gartenreichs* bildet. Der Park stand bis auf wenige Bereiche (etwa die Roseninsel) auch den Untertanen des Fürsten offen und die vielen Bauwerke und Anlagen darin dienten nicht nur der Gestaltung, sondern sollten im Sinne einer »Pädagogisierung« der Landschaft zur Charakterbildung beitragen: in Gestalt von Tempelchen antikes Bildungsgut vermitteln, in tunnelartigen Labyrinthen intensive Hell-dunkel-Erlebnisse erfahrbar machen, am »Betplatz des Eremiten« zu inneren Einkehr einladen et cetera.

In der Literatur wurden die Strömungen der Aufklärung und der Empfindsamkeit in Deutschland 1767 durch den Sturm und Drang der jungen Wilden wie **Schiller**, **Goethe**, **Jakob Michael Reinhold Lenz** und **Gottfried August Bürger** durchbrochen, der sich an den politischen und gesellschaftlichen Zuständen in den deutschen Kleinstaaten entzündete. Doch mit dem Älterwerden seiner Protagonisten ging er schon 1785 in die Klassik über. In der Musik wird der empfindsame Stil (ab etwa 1730) manchmal schon der Klassik zugerechnet, den Höhepunkt bildet die Wiener Klassik von 1770 bis 1830.

Im Hinblick auf die Musik und die Literatur des späten 18. und frühen 19. Jahrhunderts wird der Begriff »Klassik« im Sinne des lateinischen Wortes »classicus« (erstklassig) für eine besondere Blütezeit benutzt. Der Name der parallelen klassizistischen Architektur und Malerei verweist dagegen auf eine Rückbesinnung auf die klassische Epoche der antiken Kunst.

Die *Romantik*, die um 1795 einsetzte, war dann eine Gegenbewegung zu Aufklärung und Klassik. Angesichts von zu viel Vernunft und Ordnung, Bildungsauftrag, Gefühlkontrolle und Perfektionsstreben suchten die Romantiker in der Literatur, Musik und Malerei das reine Erleben, das natürliche Gefühl. Die Ära reichte bis zur Mitte des 19. Jahrhunderts, in der Musik sogar bis ins 20. Jahrhundert hinein.

Manche Romantiker trieb die Sehnsucht in die Ferne, aber ein großer Teil des Bürgertums frönte der häuslichen Idylle des Biedermeier. Politisch kam es nach dem Sieg über Napoleon 1814 zur *Restauration*, dem Versuch, den Geist der Aufklärung und alle während der Napoleonischen Zeit gewonnenen bürgerlichen Freiheiten zurückzudrängen. Das erregte jedoch Widerstand, der im März 1848 in ganz Europa zu Aufständen führte. Aus politischer Sicht wird die Ära davor deshalb als *Vormärz* bezeichnet. In der Literatur sind Romantik, Biedermeier und Vormärz unterschiedliche, aber zeitgleich stattfindende Stile.

In der zweiten Hälfte des 19. Jahrhunderts konnte von einem einheitlichen kulturellen Trend keine Rede mehr sein:

- ✔ In der Architektur herrschte Beliebigkeit, die sich aus unterschiedlichsten Neo-Stilen (Neo-Gotik, Neo-Renaissance, Neo-Barock, Neo-Klassizismus) sowie dem Nachbau englischer Landhäuser, toskanischer Villen, mittelalterlicher Burgen et cetera zusammensetzte und *Historismus* genannt wird.

- ✔ In der Musik herrschte weiter der romantische Stil vor.
- ✔ In der Malerei und der Literatur hielt dagegen der *Realismus* Einzug, der keine Ideen mehr, sondern das wahre Leben, gerade auch mit seinen Schattenseiten und Verwerfungen, zeigen wollte.

Moderne

Die zweite Hälfte des 19. Jahrhunderts war technisch eine Ära enormer Fortschritte und wirtschaftlich eine Boomzeit. Ideologisch jedoch griff ein immer heftigerer Nationalismus um sich, der nach und nach mit kruden rassistischen Theorien unterfüttert wurde. Das heizte nicht nur die bestehenden Konflikte zwischen den Nationen enorm an, sondern verstärkte die Risse innerhalb der Gesellschaften.

Große Teile der Bevölkerung wünschten sich angesichts dieser Situation einen starken Staat mit mächtigen Führern und einer möglichst starken Armee. Sogar im Land der Französischen Revolution konnte **Napoleon III.** 1852 per Volksentscheid die Monarchie wiederherstellen. Auf der anderen Seite standen jene, die die unheilvolle Kombination aus politischem Konservatismus und Nationalismus für die Mutter aller Probleme hielten und vehement soziale und kulturelle Reformen, eine demokratische Verfassung und ein liberales geistiges Klima forderten.

Die Kunst der Moderne zeichnet sich durch die Auflösung traditioneller Formen und einen Verzicht auf das aus, was landläufig als »schön« angesehen wurde:

- ✔ 1872 machte **Claude Monet** eine Hafenansicht im Morgenlicht mit groben Pinselstrichen zu einer flirrenden *Impression* (so auch der Titel des Gemäldes) von Lichtreflexen. Ein damals anerkannter Kunstkritiker urteilte über den späteren Superstar des Impressionismus: »Eine Tapete im Urzustand ist ausgearbeiteter als dieses Seestück.«
- ✔ 1890 veröffentlichte **Knut Hamsun** seinen ersten Roman *Hunger*. Er schildert darin – mit autobiografischen Anleihen – den körperlichen und geistigen Zusammenbruch eines erfolglosen jungen Schriftstellers. Dabei gibt er die Gedankenfetzen des Helden ungeordnet wieder.
- ✔ 1892 schrieb der Chicagoer Hochhausarchitekt **Louis H. Sullivan**: »Ich würde sagen, dass es unserem Schönheitssinn sehr gut täte, wenn wir uns für eine Reihe von Jahren völlig der Anwendung von Ornamentik enthielten, damit unser Denken sich ganz auf die Herstellung gut geformter und in ihrer Nacktheit schöner Gebäude konzentriert.«
- ✔ 1894 komponierte **Claude Debussy** das *Prélude à l'après-midi d'un faune* (Vorspiel zum Nachmittag eines Fauns). Der Musikwissenschaftler und Komponist Camille Saint-Saëns urteilte damals: »Es ist soviel Musikstück wie die Palette eines Malers Gemälde. Debussy hat keinen Stil geschaffen: er hat das Fehlen von Stil, Logik … kultiviert.«

Auch die Aufführung des Balletts *L'Après-midi d'un faune* mit der Musik Debussys im Jahr 1912 schrieb Kunstgeschichte. Denn Superstar **Vaslav Nijinsky** tanzte die nachmittäglichen Träume des Fauns als Geschlechtsakt mit dem verlorenen Schleier einer Nymphe.

Die zweite Hälfte des 19. Jahrhunderts war aber auch die Ära der *Arbeiterbewegung*. Das bedeutete nicht nur politische Forderungen, die von sozialer Gleichberechtigung bis zur proletarischen Revolution reichten, sondern auch die Etablierung einer Arbeiterkultur mit eigenen Sportvereinen, Musikkapellen, Bildungseinrichtungen, Hilfsorganisationen et cetera. Auch im Bürgertum wurden die Forderungen nach mehr Demokratie und liberaleren Gesetzen lauter. Um die Wende vom 19. zum 20. Jahrhundert brachte die *Lebensreform* viel frischen Wind in die Alltagskultur.

Reformkleider und Freikörperkultur

Unter dem Begriff »Lebensreform« werden verschiedene Reformbewegungen vor dem Ersten Weltkrieg zusammengefasst. Im engeren Sinn war sie ein Protest sowohl gegen den wirtschaftlich-technischen Fortschritt wie gegen die alles andere als fortschrittlichen gesellschaftlichen Normen. Diese wurden gründlich gebrochen: mit FKK, freier Liebe, vegetarischer Ernährung, genossenschaftlichem Arbeiten und Aussteigerkommunen, von denen die auf dem Monte Verità im Tessin die bekannteste war. Aber auch lauter werdende Forderungen nach weiblicher Emanzipation und Frauenwahlrecht, das Aufkommen von Reformkleidung ohne Korsett, die Wandervogelbewegung der Jugendlichen, zahlreiche Konzepte der Reformpädagogik (etwa **Maria Montessori**), der Naturheilkunde (etwa **Sebastian Kneipp**) und der gesunden Ernährung, die Anlage von »Gartenstädten«, die Gründung von Künstlerkolonien (etwa in Worpswede) und das Aufkommen der Reformhäuser gehörten dazu.

Der Erste Weltkrieg platzte mitten hinein in eine Phase gesellschaftlichen und kulturellen Aufbruchs. Nach dem Krieg war vor allem Deutschland extrem gespalten. Was wissenschaftlichen Fortschritt und kulturelle Avantgarde anging, war die *Weimarer Republik* trotz der extrem schwierigen politischen und wirtschaftlichen Bedingungen internationale Spitze. Doch intern gab es eine fundamentale Kluft zum rechten Lager, das nicht nur zutiefst antidemokratisch, antikommunistisch und meist auch antisemitisch war, sondern auch die ganze moderne Kultur verabscheute (und dann in der NS-Zeit als »entartet« brandmarkte und verfolgte). Auch in anderen Ländern lagen reaktionäre Tendenzen und kulturelle Avantgarde im Clinch. Nach dem Zweiten Weltkrieg waren die Gesellschaften Europas in vielerlei Hinsicht noch über Jahrzehnte hinaus konservativer, als sie es in der Zwischenkriegszeit gewesen waren.

Postmoderne

Als *postmodern* werden das Denken und die Kunst seit den 1980er-Jahren bezeichnet. Vielleicht haben auch Sie sich schon einmal an diesem Begriff gestoßen. Schon das lateinische Wort »modernus« bedeutet »gegenwärtig« und modern ist im allgemeinen Sprachgebrauch der Stil, der gerade herrscht. Was danach (lat. »posterius«) kommt, liegt in der Zukunft. Trotzdem wurde das Wort in der Kulturgeschichte immer wieder verwendet, wenn es darum ging, sich von dem, was als modern galt, abzusetzen, ohne einen Rückfall in alte Zeiten zu wollen.

Durchgesetzt hat der Begriff sich mit der Schrift *Das postmoderne Wissen* des französischen Philosophen **Jean-François Lyotard** (1979). Dahinter steckt dreierlei:

1. Die klassische Moderne bedeutete in der Kunst einen derart radikalen Bruch mit der Vergangenheit, dass sie noch nicht unmodern ist. Oder machen Piet Mondrians Farbflächenkompositionen, Bauhausarchitektur und Ibsens Dramen auf Sie einen angestaubten Eindruck? Andererseits hatte sich seitdem so viel getan, dass es unpassend schien, die Moderne immer weiter und weiter zu verlängern.

2. Lyotard erklärte die Moderne für gescheitert und traf damit einen Nerv. Postmodern wurde zum Begriff für ein Denken, das unter anderem den Fortschrittsglauben und das geradezu grenzenlose Vertrauen in die Wissenschaft infrage stellte. Auch in der Kunst hatte sich das Kühle, Glatte, Sachliche, Rationale der Moderne erschöpft und wirkte nicht mehr spannend.

3. Lyotard war aber auch der Meinung, dass es unmöglich geworden sei, weiterhin eine allgemeine Einordnung einer kulturellen Epoche vorzunehmen und ein modernes Lebensgefühl samt dazugehöriger Kultur zu propagieren (ähnlich wie früher etwa ein barockes). Stattdessen habe sich die Erkenntnis durchgesetzt, dass jede Idee, jede Strömung nur eine Möglichkeit von vielen sei. Postmoderne bedeutet also zwangsläufig *Pluralismus*.

Kritiker haben den Vertretern der Postmoderne vorgeworfen, die völlige Beliebigkeit zu propagieren – nach dem bekannten Schlagwort des österreichischen Philosophen **Paul Feyerabend** »Anything goes« (Alles ist möglich). Das stimmt so nicht wirklich. Lyotard, Feyerabend & Co. haben sich natürlich jede Menge Gedanken zum Wesen der Postmoderne gemacht, aber im Kern ist der Begriff zur Sammelbezeichnung für alles geworden, was im künstlerisch-geistigen Bereich nach der klassischen Moderne kommt. Und das ist so vielfältig, dass es auch denen, die Lyotard gerne widerlegt hätten, bisher nicht möglich war, eine andere, überzeugende Bezeichnung zu finden. Aber möglicherweise ändert sich das mit mehr zeitlichem Abstand.

Teil II
Die Welt der schönen Künste

IN DIESEM TEIL …

… geht es um das Aushängeschild der Kultur: die Meisterstücke aus allen Bereichen der Kunst. Willkommen in der Champions League!

Auf den folgenden Seiten präsentiere ich Ihnen die Sparten der Malerei und Architektur, der Bildhauerei und Fotografie, der Musik und Literatur sowie Schauspiel, Tanz und Film.

Vor allem will ich Ihnen dabei einen Rahmen geben, damit Sie das, was Ihnen im Leben an Kunst begegnet, besser einsortieren und mit fundierterem Blick betrachten können. Aber natürlich hoffe ich auch, Sie auf das ein oder andere neugierig zu machen.

IN DIESEM KAPITEL

Architektur

Malerei, Grafik und Bildhauerei

Kunsthandwerk und Fotografie

Kapitel 4
Bildende Kunst zwischen Höhlenzeichnung und Postmoderne

Woran denken Sie, wenn jemand Sie fragt, ob Sie Kunst mögen? Wahrscheinlich automatisch an Malerei und Skulpturen und all die anderen Produkte der *Bildenden Kunst.* Grund genug, damit den Einstieg in die Welt der schönen Künste zu machen.

Gaben für die Götter – Kunst als religiöse Handlung

Blickt man auf die ersten künstlerischen Trends der Steinzeit, dann ist es erstaunlich, wie sehr sich diese über Zehntausende von Jahren und Kilometern glichen.

- **Venusfiguren:** Insgesamt wurden rund 130 der stark übergewichtigen Frauendarstellungen mit deutlich ausgeprägten Geschlechtsmerkmalen gefunden. Die Bekannteste ist die rund 30.000 Jahre alte *Venus von Willendorf.*
- **Tierdarstellungen:** Sowohl als Kleinskulpturen wie auch in der Malerei dominieren Tiere die prähistorische Kunst, vor allem solche, die potenzielle Jagdbeute waren.

Vielleicht haben die Menschen damals nur dargestellt, was sie attraktiv fanden und was für ihr Leben Bedeutung hatte. Doch die überwiegende Mehrzahl der Forscher geht davon aus, dass die Kunstwerke kultische Bedeutung hatten.

Fruchtbarkeitssymbole und Votivbilder

Die Menschen der Steinzeit kann man nicht mehr fragen, was sie sich bei ihrer Kunst gedacht haben, die Mitglieder sehr traditioneller Kulturen schon, etwa die australischen *Aborigines*.

Die Kunst der Aborigines wird gelegentlich als die älteste *kontinuierliche Kunsttradition* der Welt bezeichnet, also als eine Kunst, die sich gleichmäßig ohne große Brüche oder abrupte Neuerungen weiterentwickelt hat – und das über rund 40.000 Jahre! Damit ist sie ungefähr so alt wie die in Kapitel 3 erwähnten Funde aus den Höhlen der Schwäbischen Alb.

Die Elemente der Aborigines-Kunst ähneln denen der Steinzeit:

- ✔ Viele Tiere, daneben Fantasiewesen (Ahnengeister) und Menschen,
- ✔ einfache Symbole wie Schraffuren, Kreise, Spiralen, Wellenlinien oder Punkte,
- ✔ Schablonenabdrücke von Händen.

Die Symbole haben oft in jedem Clan, teils sogar von Künstler zu Künstler, eine eigene Bedeutung. Der Zweck der Kunst ist jedoch immer, mythologische Überlieferungen – bei den Aborigines die »Traumzeit« – wiederzugeben. Kunst ohne diese spirituelle Komponente ist in der Aborigines-Tradition undenkbar.

Die Darstellung der Ahnengeister erfolgte jedoch nicht nur symbolisch. Man war überzeugt, durch die Abbildung auch eine Präsenz des Geistes herzustellen. Das künstlerische Werk war also die Voraussetzung, um mit dem Geistwesen oder der Gottheit in Kontakt zu treten.

Diesen Glauben an eine göttliche Präsenz in Bildern findet man in vielen Kulturen.

- ✔ So raubten etwa die *Hethiter* Götterstatuen und verehrten sie dann weiter in »ihrer« Sprache und mit den gewohnten Riten.
- ✔ Im alten Ägypten hatten Götterbilder einen Tagesablauf und wurden umsorgt wie hochgestellte Menschen. An hohen Festen »verließen« sie ihren Tempel in einer Sänfte und »besuchten« andere Götter.
- ✔ Die hinduistischen Götter werden im Ritual der *Puja* gebeten, in ihrem Bild anwesend zu sein. Danach werden ihnen Annehmlichkeiten wie Wasser, Duftstoffe, Blüten und Nahrung gereicht.
- ✔ Im Christentum werden bis heute Bilder und Statuen (fast ausschließlich von Maria) als wundertätig verehrt.

All das legt den Schluss nahe, dass auch schon in der Steinzeit durch die Abbildung von Tieren oder Tiergeistern deren Anwesenheit bei der nächsten Jagd und durch Genitaldarstellungen Fruchtbarkeit beschworen werden sollte.

Die alten Griechen glaubten zwar nicht an wundertätige Bilder, sehr wohl aber daran, die Götter durch Kunst gnädig stimmen zu können:

1. Durch ein besonders schönes und wertvolles Kultbild der Gottheit selbst in einem Tempel, wie etwa die zwölf Meter hohe Zeusstatue aus Gold und Elfenbein im Tempel von Olympia.

2. Durch Weihegeschenke, die meist zusammen mit einer konkreten Bitte übergeben wurden. Die Straße zum berühmten *Orakel von Delphi* etwa war gesäumt mit Schatzhäusern, in denen Bittsteller ihre Gaben niederlegten.

Das wohl imposanteste Weihegeschenk war der *Koloss von Rhodos,* eine über 30 Meter hohe Bronzestatue des Sonnengottes Helios, mit der sich die Bevölkerung bedankte, dass die Belagerung ihrer Insel durch den makedonischen Feldherren Demetrios im Jahr 304 v. Chr. glimpflich ausgegangen war. Wie die Statue *Zeus von Olympia* gehörte der Koloss zu den *Sieben Weltwundern.*

Die weiteren Weltwunder:

- *Tempel der Artemis* in Ephesos,
- *Cheops-Pyramide* in Ägypten,
- *Mausoleum* des Regenten Maussolos in Halikarnassos/Bodrum,
- *Hängende Gärten der Semiramis* in Babylon,
- *Leuchtturm von Alexandria.*

Auch ein Großteil der Kunst im christlichen Europa bis hinein in den Barock wurde von Einzelpersonen oder Gruppen um des eigenen Seelenheils willen gestiftet. Vielleicht haben Sie sich schon einmal über die vielen Seitenaltäre in katholischen Kirchen gewundert? Diese wurden oft von reichen Familien, Handwerkergilden et cetera bezahlt, um dort Messen für die verstorbenen Mitglieder lesen zu lassen.

Das Einmaleins der christlichen Kunst

- **Altarretabel:** der künstlerisch gestaltete Aufsatz auf dem Altartisch. In der Gotik wurden klappbare Flügelretabel wie der *Genter Altar* (um 1435, Jan van Eyck) oder der *Isenheimer Altar* (1516, Matthias Grünewald) populär, die je nach Festtag andere Motive zeigen. Retabel konnten auch geschnitzt sein wie der Rothenburger *Heilig-Blut-Altar* (um 1505, Tilman Riemenschneider).
- **Triptychon**: ein dreiteiliges Bild, oft mit einem vierten Bild im Sockel (*Predella*), ursprünglich die einfachste Version eines Flügelaltars.

Später griffen Künstler diese Form auf, um verschiedene Motive miteinander in Bezug zu setzen. So konzipierte **Hieronymus Bosch** (um 1450–1516) seine bizarren, zwar religiösen, aber nicht für eine Kirche bestimmten Bilder als Triptycha und von **Otto Dix** (1891–1969) stammen berühmte Triptycha zu den Themen »Krieg« und »Großstadt«.

- ✔ **Stifterbilder:** im engeren Sinn Bilder, auf denen die Stifter mit abgebildet sind. Meist knien ganze Familien betend am Rand der Szenerie, der Vater mit den Söhnen links, Mutter und Töchter rechts. Rote Kreuze auf der Stirn kennzeichnen Verstorbene.
- ✔ **Votivgaben:** Weihegeschenke, die wegen eines vorherigen Gelübdes (lat. »ex voto«) gestiftet wurden. In Wallfahrtsorten finden sich oft ganze Wände mit nachgebildeten Körperteilen, für deren Heilung gedankt wurde, beziehungsweise mit Tafeln, auf denen die Geschichte der Heilung erzählt wird. Ähnliche Votivgaben gab es auch schon in römischen Tempeln.

Und was ist mit dem Bilderverbot? Lautet nicht das dritte der Zehn Gebote: »Du sollst dir kein Gottesbild machen und keine Darstellung von irgendetwas am Himmel droben, auf der Erde unten oder im Wasser unter der Erde«? Im Judentum wird das Gebot ebenso eingehalten wie im Islam, wo Mohammed es erneuerte (auch wenn es in manchen Regionen und Epochen Ausnahmen gab). Im Christentum dagegen nutzte man von Anfang an die Möglichkeit, den Leseunkundigen das biblische Geschehen durch Bilderzyklen – *Biblia pauperum*, die Bibel der Armen, genannt – vor Augen zu führen.

Grandezza in Stein

Religionen brauchen aber auch gemeinsame Plätze der Verehrung. Religiöse Großbauten gehören zu den beeindruckendsten Zeugnissen der Frühgeschichte, wie etwa:

- ✔ *Göbekli Tepe*, eine über 11.000 Jahre alte, ringförmige Anlage in Anatolien. Der langjährige Ausgrabungsleiter Klaus Schmidt glaubt, dass der Bau noch von Jägern und Sammlern begonnen worden sei. Die gewaltige Aufgabe habe jedoch ständige Präsenz gefordert und damit – erstmals in der Menschheitsgeschichte – dazu geführt, dass Menschen ihr Nomadenleben aufgaben und sesshaft wurden. Auch in den frühen Kulturen Süd- und Mittelamerikas scheinen *Zeremonialplätze*, aus denen später Städte wurden, schon von Nomaden angelegt worden zu sein.
- ✔ Die *ägyptischen Pyramiden* (3. Jahrtausend v. Chr.) sollten dem verstorbenen König eine Rückkehr zum Sonnengott Re ermöglichen. Sie waren von gigantischen, nicht erhaltenen *Tempelstädten* umgeben.
- ✔ Auch für *Megalithanlagen* wie *Stonehenge*, die »Hünengräber«, die Tempel auf Malta oder die rätselhaften »Hinkelsteinfelder« (*Menhirsetzungen*) in der Bretagne wurde gigantischer Aufwand getrieben. Für Stonehenge wurden über 80 tonnenschwere Steine rund 240 Kilometer weit transportiert.

Den Begriff *Megalithkultur* (griech. »megas lithos« = großer Stein) hat man inzwischen weitgehend aufgegeben, weil die Anlagen, die im 4. und 3. Jahrtausend v. Chr. in Europa, Nordafrika und dem Nahen Osten entstanden, zu unterschiedlich sind, als dass gemeinsame Wurzeln wahrscheinlich wären. Offenbar entwickelte sich das Bedürfnis, Begräbnis- und Kultplätze möglichst beeindruckend zu gestalten, in vielen Kulturen.

Die alten Griechen gingen einen anderen Weg. Die Form ihrer Tempel war eigentlich recht schlicht: ein von Säulen getragenes Dach, unter dem sich eine Kammer (*Cella*) mit dem Götterbild befand. Geopfert wurde auf einem Altar im Freien. Die Form wurde so wenig verändert, dass man an den steinernen Tempeln noch die Merkmale der ursprünglichen Holzkonstruktion findet. Statt um Imposanz bemühten sich die Baumeister um immer größere Perfektion.

Als der griechische Tempel schlechthin gilt der *Parthenon* auf der Akropolis in Athen. Sein harmonisches Aussehen beruht auf einer Unzahl winziger Korrekturen, um optische Verzerrungen auszugleichen. Im Inneren der Cella stand einst eine etwa 10 Meter hohe Statue der Göttin Athene aus Gold und Elfenbein, ebenso wie der Zeus von Olympia von **Phidias** gefertigt, dem berühmtesten Bildhauer seiner Zeit. Die Außenwände der Cella und der Sims oberhalb der Säulen waren mit Reliefs geschmückt, die heute als *Elgin Marbles* im Britischen Museum in London bestaunt werden können.

Griechische Tempel sind berüchtigt für ihre Säulenordnungen. Die sind gar nicht so kompliziert, wenn man den Kopf der Säule, das *Kapitell*, betrachtet:

- ✔ **Dorisch:** Das Kapitell endet in einer wulstigen Verbreiterung, die wie ein steinernes Kissen aussieht. Der dorische Stil ist der schlichteste und wurde bevorzugt für Tempel verwendet, die besonders majestätisch wirken sollten, etwa weil sie männlichen Göttern geweiht waren oder weiblichen Göttern in ihrer Funktion als Schutzherrin einer Stadt (wie der *Parthenon*). Oder weil sie in einer majestätischen Landschaft bestehen mussten.
- ✔ **Ionisch:** Das Kapitell ist von *Voluten* gesäumt, also dicken, nach innen aufgerollten Locken. Der ionische Stil wurde überall dort benutzt, wo es um eine leichtere, elegantere Anmutung ging.
- ✔ **Korinthisch:** Das Kapitell stellt einen Korb mit Akanthusblättern dar. Der Stil kam erst um 400 v. Chr. auf und wurde von den Griechen nur sparsam eingesetzt, die Römer jedoch kopierten ihn mit Begeisterung.

Die Stile des christlichen Europas im Mittelalter

Andere Religionen, andere architektonische Bedürfnisse: Im Zentrum des christlichen Ritus steht nicht das Opfer, sondern die Versammlung der Gläubigen. Anfangs wurden dazu profane (weltliche) Räume benutzt, aber mit der Legalisierung des Christentums im Römischen Reich im Jahr 313 und seiner Förderung durch die Herrscher entstanden sehr schnell prächtige

Bauten auf Basis der griechischen *Basilika* (Gerichtshalle), die mit bunten *Fresken* (auf den frischen Putz gemalten Wandgemälden) oder Goldmosaiken ausgestattet wurden.

- ✔ **Spätantike:** Im Oströmischen Reich gab es in der Kunst keinen kulturellen Bruch zwischen Antike und Mittelalter. Das bedeutendste Bauwerk ist die *Hagia Sophia* (537) in Konstantinopel (Istanbul). Im Westen sind die Kirchen der Ostgoten in Ravenna spätantik, im Nahen Osten die *Grabeskirche* (335) in Jerusalem und die *Geburtskirche* (325) in Bethlehem. Typisch sind goldgrundige Mosaiken.

- ✔ **Byzantinisch**: Der byzantinische Stil ist eine Weiterentwicklung des spätantiken. Typisch sind Zentralbauten (rund, achteckig, quadratisch oder in Form eines gleichschenkligen Kreuzes) mit vielen ineinander übergehenden Kuppeln und sehr reichem Dekor. Der byzantinische Stil verbreitete sich im ganzen Einflussraum der griechischen Ostkirche. In Russland kamen im 15. Jahrhundert die *Zwiebelkuppeln* auf. Auch die Architektur des Osmanischen Reiches war eine Weiterentwicklung des byzantinischen Stils. Im Westen ist der *Markusdom* in Venedig (13. Jahrhundert) byzantinisch. In der Malerei dominierte die *Ikone*, ein goldgrundiges Andachtsbild.

- ✔ **Vorromanik:** Darunter wird alles zusammengefasst, was zwischen dem 5. und 11. Jahrhundert in Westeuropa nördlich der Alpen gebaut wurde, etwa die achteckige *Aachener Pfalzkapelle* (803) oder *St. Michael* in Hildesheim (1033). Hier wurde bereits die typisch mittelalterliche Kirchenform entwickelt: ein kreuzförmiger Grundriss mit einem langen Längs- und einem kürzeren Querschiff, flankierenden Türmen und einem seitlich angefügten Kreuzgang. Im fränkischen Reich unterscheidet man zwischen *karolingischer* und *ottonischer Vorromanik*.

Die Jahrhunderte zwischen dem Untergang des Weströmischen Reichs und dem Hochmittelalter (ab 1050) gelten insgesamt als eine kulturell dürftige Übergangsepoche. Für einen Bereich gilt das jedoch nicht: die *Buchmalerei*. Was ab dem 6. Jahrhundert an Evangeliarien und Psalmenbüchern erstellt wurde, ist atemberaubend, fantasievoll und enorm vielfältig. Das antike Wissen wurde vor allem in britannischen und irischen Klöstern bewahrt, dort mit Elementen der germanischen und keltischen Kunst gemixt und über Missionare wieder auf den Kontinent zurückgebracht.

- ✔ **Romanik:** Sie gilt als erster übergreifender Stil des mittelalterlichen Europas, begann etwa um das Jahr 1000 und ging mit einem Bauboom einher. Der Stil wurzelt – wie der Name verrät – in der römischen Architektur mit ihren Rundbögen und Gewölben. Mit der Zeit entstanden immer gewaltigere Bauten. Sie wirken heute oft recht schmucklos, waren früher jedoch meist mit Fresken verziert. Mit der Zeit entdeckte man den *Rundbogen* als Schmuckelement und lockerte die Wände mit *Zwerggalerien* oder *Blendarkaden* auf. Musterbeispiel dafür sind der *Dom von Speyer*, die größte erhaltene romanische Kirche, und der Dom von Pisa samt *Schiefem Turm*.

- ✔ **Gotik**: Sie begann in Frankreich um 1130, anderswo bis zu 120 Jahre später. Der gotische *Spitzbogen* ist ein augenfälliges Unterscheidungsmerkmal zum romanischen Rundbogen. Doch der Unterschied liegt nicht nur in der Ästhetik. Der Spitzbogen ermöglichte es, alle Schubkräfte über Streben auf Pfeilerbündel abzuleiten und das Mauerwerk von seiner tragenden Funktion zu befreien. Das eröffnete völlig neue

Gestaltungsmöglichkeiten, etwa mit großen *Glasfenstern*, die in kunstvolles, steinernes Maßwerk eingepasst wurden. Weil die Kirchenschiffe aber immer höher wurden, mussten sie durch ein äußeres Strebewerk stabilisiert werden. Doch auch hier leisteten die Steinmetze ganze Arbeit und überzogen die Stützen mit einer Fülle von Zierrat wie Türmchen (*Fialen*), Kreuzblumen oder fantasievollen *Wasserspeiern*.

In der Gotik gab es einen regelrechten Wettbewerb um die größte Kirche. »Gewinner« war das französische Beauvais mit einer Raumhöhe von 48,5 Metern. Allerdings stürzte der Bau mehrmals ein, sodass heute nur Chor und Querhaus stehen, die zudem von massiven Stützen durchzogen sind.

Dem Heiligen in die Seele geschaut

Vielleicht haben auch Sie schon einmal vor einem christlichen Kreuz gestanden und sich darüber gewundert, wie merkwürdig unbeteiligt der Künstler den gekreuzigten Jesus dargestellt hat. Gelassen, als gäbe es kein Leid und keinen Schmerz, manchmal direkt überlegen blickt er auf die Gläubigen hernieder. Dieser Typus des *triumphierenden Christus*, der vor allem in der Romanik verbreitet war, interpretiert das Kreuzigungsgeschehen streng religiös: Der gekreuzigte Jesus ist und bleibt Sohn Gottes. Auch im Augenblick seiner scheinbar tiefsten Erniedrigung, während er eine schmachvolle Todesstrafe erleidet, bleibt er der wahre König der Welt. Dargestellt wurde also nicht der äußere Schein, sondern die angenommene Glaubenswahrheit dahinter.

Um 1200 änderte sich das: Der Körper des Gekreuzigten ist nun oft ausgemergelt und qualvoll verzerrt, von Wunden und Blut übersät, das Gesicht von tiefstem Leid gezeichnet. Dem Gläubigen soll vor Augen geführt werden, welche Qualen Jesus erlitt, um die Menschheit von Sünde und Tod zu befreien.

Die Darstellung des *leidenden Christus* gehört zu den sogenannten *Andachtsbildern*. Im Gegensatz zur *Biblia pauperum* wurde das biblische Geschehen nicht mehr einfach nur abgebildet. Stattdessen sollten durch die Anschauung des Bildes Andacht und Gebet, im besten Fall eine tiefe Versenkung und ein mystisches religiöses Erleben befördert werden.

Typische Andachtsmotive sind relativ statisch. Dem Betrachter wird meist Jesus in den verschiedensten Stadien seines Lebens präsentiert:

- ✔ Maria mit dem Jesuskind als kindlichem Hoffnungsträger,
- ✔ der gegeißelte Jesus (»Ecce homo« – »Seht-den-Menschen«-Motiv),
- ✔ der gekreuzigte Jesus,
- ✔ Maria mit dem toten Jesus im Schoß (Pietà),
- ✔ der Schmerzensmann, der seine Wunden zeigt,
- ✔ der triumphierende, auferstandene Christus aus dem Grab ersteigend.

Andachtsbilder gibt es aber nicht nur im Christentum. Auch die Darstellung *Buddhas*, im Lotussitz meditierend und mit einem entrückten Lächeln, soll seinen Anhängern auf dem Pfad zur Erleuchtung weiterhelfen.

Auch in der Renaissance wurden noch Andachtsbilder gemalt (berühmte Maler waren etwa **Fra Angelico**, gest. 1455, oder **Giovanni Bellini**, 1437–1516), doch noch stärker war ein anderer Trend: Anstatt größtmögliche Heiligkeit darzustellen, erzählten die Künstler Geschichten von Menschen und interpretierten die seelische Verfassung ihrer Helden:

- ✔ Wie mögen sich Adam und Eva gefühlt haben, als sie nach dem Sündenfall aus dem Paradies vertrieben wurden? Auf einem Fresko von **Masaccio** (1401–1428) in der Florentiner Kirche Maria del Carmine schreit Eva all ihre Verzweiflung heraus und scheint sich nur mühsam vorwärtszuschleppen, während Adam die Hände vors Gesicht schlägt und gar nicht zu merken scheint, wohin er geht.
- ✔ Was ging in der alttestamentarischen Heldin Judit vor, als sie dem Hauptmann Holofernes, der ihr Volk vernichten wollte, den Kopf abschnitt? Renaissancemaler **Sandro Botticelli** (1445–1510) lässt sie in selbstbewusster Haltung, aber mit melancholisch versunkenem Blick von dannen schreiten. Die grausige Trophäe, den abgeschlagenen Kopf, muss die Magd tragen. Barockmalerin **Artemisia Gentileschi** (1593–1653) dagegen beschönigte nichts, sie zeigte die Tat selbst: Judits Haltung drückt Ekel und größtmöglichen Abstand zu ihrem Tun aus. Trotzdem geht sie entschlossen ans Werk.

Der Kult des Schönen

Die Kunst mag religiöse Wurzeln haben, doch all die prächtigen Werke erweckten bei den weltlichen Herrschern einen geradezu unwiderstehlichen Wunsch, all das ebenfalls zu genießen und sich damit zu schmücken. Das war schon in den frühen Hochkulturen so, bei Römern und Griechen, im christlichen Abendland und im muslimischen Morgenland, in hinduistischen, buddhistischen und vielen anderen Reichen. Und dort, wo ein Bürgertum entstand, das sich dergleichen leisten konnte, explodierte der Kunstmarkt geradezu.

In der Architektur

Burgen und Paläste, Schlösser, öffentliche Bauten und Denkmäler sind die augenfälligsten Zeugnisse weltlicher Macht.

Burgen und Paläste

Leider ist von den Palästen der Frühgeschichte wenig erhalten geblieben. Es braucht Fantasie, um sich angesichts der *minoischen Ruinen* auf Kreta (2. Jahrtausend v. Chr.), des persischen *Persepolis* (6. Jahrhundert v. Chr.) oder der römischen *Kaiserpaläste* auf dem Hügel Palatin (daher der Name Palast) vorstellen zu können, wie prächtig damals gebaut wurde. Der Aufwand galt auch gar nicht in erster Linie der persönlichen Bequemlichkeit des Herrschers – wie man sich etwa bei einer Besichtigung der erhaltenen Privaträume des römischen Kaisers Augustus vergewissern kann –, sondern der politischen Inszenierung und dem Staatskult.

Noch imposanter als die römischen Paläste waren die *Thermen.* Immer wenn sich die römischen Herrscher der Sympathie der Bevölkerung versichern wollten, spendierten sie eine neue Badeanlage. Die am besten erhaltenen, die *Caracalla-Thermen,* waren gut 110.000 Quadratmeter groß. Man muss sie sich mit buntem Marmor und Mosaikbildern überzogen vorstellen. Außerdem waren rund 120 überlebensgroße Skulpturen aufgestellt, darunter der wuchtige *Herkules Farnese* und der *Farnesische Stier,* der gerade von zwei Männern dazu gebracht wird, die Feindin ihrer Mutter zu zertrampeln. Die bis zu 41 Meter hohen Raumfluchten waren an ihren Kreuzungspunkten überkuppelt. Dazu erfanden die Römer das später in unzähligen Kirchen verwendete *Kreuzgewölbe* und bauten Kuppeln von nie da gewesener Größe.

Auch die mittelalterlichen *Pfalzen* bekamen ihren Namen vom Palatin. Pfalzen waren die Stützpunkte der deutschen Könige bei ihren ständigen Zügen durch das Land. Zu den bedeutendsten und am besten erhaltenen gehören diejenigen in Goslar und Ingelheim.

Als *Palas* werden die Saalbauten der Burgen bezeichnet. Allerdings verfügten darüber nur wenige der rund 40.000 Burgen, die allein auf dem Gebiet des römisch-deutschen Kaiserreichs gebaut wurden. Der Älteste ist vermutlich der auf der *Wartburg,* die die Landgrafen von Thüringen 1067 bauen ließen. Sehr oft wurden komfortable Wohnräume erst später ergänzt. Manche Festen, wie die *Burg Hohenzollern* oder *Schloss Neuschwanstein,* entstanden sogar erst im 19. Jahrhundert.

In der Regel gilt: Je idealtypischer eine Burg aussieht, je größer und repräsentativer die Wohngebäude sind, desto wahrscheinlicher ist es, dass sie (zumindest in Teilen) nicht mittelalterlich ist.

Schlösser

Im Gegensatz zu Burgen ist der Bau von unbefestigten Schlössern nur in einem weitgehend befriedeten Land möglich. In Frankreich begann der Bauboom an der Loire nicht lange nach dem Ende des Hundertjährigen Krieges mit England im Jahr 1453. In Italien entstanden nach außen eher schroff wirkende, städtische Palazzi, etwa der *Palazzo Medici-Riccardi* in Florenz.

Nicht der berühmteste, aber einer der einflussreichsten Architekten der Renaissance war **Andrea Palladio**, der ab 1540 (die Italienischen Kriege waren im Abflauen) rund 30 Villen und die Kirche Il Redentore in Venedig entwarf. Im 17. Jahrhundert entdeckte der walisische Architekt **Inigo Jones** den Stil für englische Landsitze, im späten 18. Jahrhundert schwappte er in die USA, im frühen 19. Jahrhundert flutete er im Zuge des Klassizismus Europa. Besonderes Markenzeichen: der antike Tempelportikus mit Dreiecksgiebel und Säulen.

In Deutschland erlebte der Weserraum während der Renaissance einen Bauboom. Da die Region nicht im Zentrum des Dreißigjährigen Krieges (1618–1648) lag, überlebten viele Gebäude. Auch anderswo, etwa in Halle oder Augsburg, wurden Innenstädte neugestaltet. Mancherorts bekamen gotische Bürgerhäuser rund um den Marktplatz aber auch nur Renaissancefassaden. Bedeutende Schlossbauten waren das *Heidelberger Schloss* und das *Dresdner Residenzschloss.*

Die große Zeit des Schlösserbaus war jedoch der Barock. Von 1668 bis 1682 ließ Frankreichs Sonnenkönig **Ludwig XIV.** ein Jagdschloss bei Versailles zu seiner neuen Residenz umbauen. Sie war nicht nur gewaltig (mit einer Länge von 700 Metern und einer Tiefe von bis zu 400 Metern), sondern auch eine einzige Verherrlichung der Person des Königs. Sein Schlafzimmer befand sich im Zentrum des Baus und war nach Osten zur aufgehenden Sonne hin ausgerichtet. Drei Achsen, die durch das Städtchen Versailles geschnitten wurden, laufen darauf zu. Und das ganze Bildprogramm von Schloss und Garten setzte Ludwig mit dem mythischen Helden Herkules und dem Sonnengott Apollo gleich. Auch unzählige andere Fürsten bemühten sich nach seinem Vorbild um möglichst große Prachtentfaltung – und ruinierten dadurch nicht selten ihre Staatskassen.

»Für ihn kommen nur Grandeur, Großartigkeit und Symmetrie infrage: es ist unendlich lohnend den Zug zu ertragen, der unter den Türen durchkommt, wenn man es nur einrichten kann, dass sie alle gegenüber liegen«, lästerte Ludwigs Geliebte, die **Marquise von Maintenon**.

Für ihre opulenten Feste ließen sich die Fürsten von ihren Baumeistern auch aufwändige, temporäre Festkulissen errichten. Zur Hochzeit seines Sohnes im Jahr 1719 ersetzte August der Starke von Sachsen den hölzernen Festplatz durch den *Dresdner Zwinger*.

Öffentliche Bauten und Denkmäler

Der Klassizismus ging mit der Emanzipation des Bürgertums einher. Aber auch für fortschrittliche Fürsten war nicht mehr die Verherrlichung der eigenen Person die Leitlinie ihrer Bauprogramme, sondern ein kultureller und bildungspolitischer Anspruch. Ein frühes Zentrum war Berlin. 1791 ließ **Friedrich Wilhelm II.** von **Carl Gotthard Langhans** das *Brandenburger Tor* errichten, um allen Besuchern gleich beim Eintritt in die Stadt zu zeigen, wie modern Preußen sei. Bedeutendster Architekt wurde **Karl Friedrich Schinkel** (1781–1841), der unter anderem das erste Museum auf der Museumsinsel (*Altes Museum*) und die *Neue Wache* (als Wachhaus für die Garde, aber auch Gedenkstätte für die Gefallenen der Napoleonischen Kriege) errichtete. München wurde vom griechenlandverrückten **König Ludwig I.** großflächig umgestaltet. Es entstanden die Ludwigstraße mit *Feldherrnhalle* und *Siegestor* sowie der *Königsplatz* mit seinen Museen. Außerdem ließ Ludwig gleich drei große Gedenktempel errichten: die *Ruhmeshalle* auf der Münchner Theresienwiese, die *Walhalla* bei Donaustauf und die *Befreiungshalle* bei Kelheim.

Auch anderswo entstanden im 19. Jahrhundert öffentliche nationale Denkmäler. So gab **Napoleon** nach seinem Sieg bei Austerlitz (1806 über Österreich und Russland) den *Arc de Triomphe* in Auftrag und die Briten feierten ihren Sieg gegen Napoleon in der Seeschlacht am spanischen Kap Trafalgar (1805) mit der Gestaltung des *Trafalgar Square*. Deutschland erlebte seinen Boom nach dem Sieg über Frankreich 1870/71.

In der Plastik

Bildhauerei steht für die gesamte Herstellung von dreidimensionalen, bildhaften Kunstwerken, egal ob diese wirklich aus Stein oder Holz gehauen wurden. Sie können auch aus Metall gegossen, aus Holz geschnitzt oder Ton geformt sein. Auch die ursprüngliche Unterscheidung, dass eine *Plastik* eine geformte, eine *Skulptur* eine gehauene oder geschnitzte Figur ist, gilt heute nicht mehr. Stattdessen werden beide Begriffe synonym verwendet.

Lebensechte Darstellung

Im Jahr 350 v. Chr. (oder etwas später) erhielt der griechische Bildhauer **Praxiteles** den Auftrag, für den Tempel in Kos eine Statue der Göttin Aphrodite zu schaffen. Angeblich fertigte er zwei lebensgroße Statuen an – eine bekleidet, die andere nackt. Die entrüsteten Bürger von Kos wählten die bekleidete. Praxiteles verkaufte die andere ins benachbarte Knidos, und Menschen aus ganz Griechenland pilgerten dorthin, um sie zu sehen.

Nacktheit in der Kunst war bis zu diesem Zeitpunkt in Griechenland dem männlichen Geschlecht vorbehalten gewesen. Dort aber wurde sie gefeiert. In einem Apollon-Heiligtum wurden mehr als 100 *Kuroi*, also Statuen nackter junger Männer, gefunden, und auf Vasenbildern und anderen Darstellungen ziehen Krieger schwer bewaffnet, aber ansonsten hüllenlos in die Schlacht. Das war natürlich genauso künstlerische Freiheit wie die Darstellung nackter Frauen in den unwahrscheinlichsten Situationen in späteren Epochen der Kunst. Ab dem 5. Jahrhundert v. Chr. wurden selbst die Götter nackt dargestellt.

Dabei waren die Geschlechtsteile grundsätzlich von recht dezenter Größe. Ein ausladendes Gemächt wurde dann doch als anstößig empfunden und war nur etwas für triebgesteuerte Naturwesen wie Satyrn.

Warum werden Nacktdarstellungen als *Akt* bezeichnet, wo das Wort doch eigentlich Handlung oder Bewegung bedeutet? Es kam im 19. Jahrhundert auf, als Künstler bestimmte Haltungen oder Bewegungen bevorzugt am nackten Modell studierten – selbst wenn sie dann bekleidete Menschen malten.

Besondere Momente

Neben der lebensechten Darstellung eines idealtypisch schönen Körpers gehörte es zur Meisterschaft griechischer Bildhauer, einen besonderen Moment einzufangen. Die *Aphrodite von Knidos* etwa scheint gerade verträumt dem Bad zu entsteigen, der *Diskobolos* (5. Jahrhundert v. Chr.) des Erzgießers **Myron** befindet sich in der maximalen Drehbewegung beim Wurf seines Diskus. Weitere solche Meisterwerke sind der anmutige, junge *Dornauszieher*, der in Würde *Sterbende Gallier*, der malerisch ausgebreitet schlafende *Barberinische Faun* oder *Laokoon* mit seinen zwei Söhnen im verzweifelten Kampf gegen die Seeschlangen.

Ganz anders die Römer: Sie kultivierten das erkennbare *Porträt* (weshalb wir heute wissen, wie Caesar und Cicero aussahen) und *Reiterstandbilder* siegreicher Feldherren. Die Renaissance knüpfte an diese antiken Traditionen an. Der Florentiner Bildhauer **Donatello** (um 1386–1466) schuf einen sehr jungen, zarten, nur mit lorbeerbekränztem Hut und

Beinschienen bekleideten *David* und ein monumentales Reiterstandbild des Söldnerführers *Gattamelata* (beide aus Bronze).

Im Mittelalter waren nichtreligiöse Skulpturen selten, aber es gab sie. Zu den schönsten und berühmtesten Beispielen gehören die Stifterfigur der *Uta von Ballenstedt* im Naumburger Dom und der *Bamberger Reiter*. Beide wurden im 19. Jahrhundert als Idealtypen von Ritterlichkeit und höfischer Eleganz verklärt, später im Nationalsozialismus als Vorzeigedeutsche.

Auch der berühmte *David* von **Michelangelo Buonarroti** (1475–1564) ist nackt und steht im antiken Kontrapost. Doch er ist ein Vertreter der Hochrenaissance: über 5 Meter groß, aus einem einzigen Block schneeweißen Marmors gehauen, offensichtlich in Erwartung des Kampfes, konzentriert, aber strotzend vor Selbstbewusstsein, einen Stein in der Hand und die Schleuder über der Schulter, sonst aber ohne Accessoires, die von seinem sorgfältig modellierten Körper ablenken. Anders der barocke *David* von **Gianlorenzo Bernini** (1598–1680): In heftiger Bewegtheit, das Gesicht voller Verbissenheit, holt er gerade mit seiner Schleuder zum entscheidenden Wurf aus. Ein schmales Tuch umflattert seinen Körper, unterstreicht die Dynamik der Szene und verdeckt die Genitalien, aber nicht viel mehr. Für die Epoche des Klassizismus kann ich Ihnen leider keinen berühmten David mehr bieten, aber die sogenannte *Prinzessinnengruppe* (1797) von **Johann Gottfried Schadow** (1764–1850), die spätere Königin Luise von Preußen in anmutiger Eintracht mit ihrer Schwester Friederike, beide in durchaus nicht unerotische, antike Gewänder gehüllt.

Die Bildhauer blieben von der Renaissance bis ins 19. Jahrhundert trotz epochentypischer Vorlieben ganz dem griechischen Ideal verpflichtet: menschliche Schönheit und Dramatik in einem ganz besonderen Augenblick einzufangen.

In der Malerei

Um 1300 herum begannen die italienischen Maler, Abschied von der starren mittelalterlichen Ikone mit goldenem Hintergrund zu nehmen. Sie verwendeten nicht minder teuren Lapislazuli, um den Himmel in tiefes Blau zu tauchen, setzten Bäume und Felsen in den Hintergrund und gaben ihren Figuren durch Faltenwurf und Farbschattierungen ein plastisches Aussehen. Heilige wurden in lebensnahe Szenerien eingebunden.

Plastisches Aussehen und Dreidimensionalität

Der bedeutendste dieser *Neuerer* war **Giotto di Bondone** (um 1267–1337). Als sein Meisterwerk gilt der *Freskenzyklus* in der Capella degli Scrovegni in Padua. Ob auch der etwas ältere Franziskus-Zyklus in der Oberkirche von Assisi schon von ihm stammt, ist umstritten. In den Niederlanden, damals Teil des für seine Kultur berühmten Herzogtums Burgund, waren es die *Buchmaler*, die ihren Illustrationen immer detailreichere Hintergründe gaben, etwa im Stundenbuch *Les Très Riches Heures* (um 1525) der **Brüder Limburg**. **Jan van Eyck** (um 1390–1441) ließ das Geschehen auf den Tafeln seines berühmten *Genter Altars* auf einer blumenreichen grünen Wiese vor einer fein gegliederten Landschaft mit Hügeln, Wäldern, Seen, Städten und Burgen spielen. Der Deutsche **Albrecht Altdorfer** (um 1480–1538) verzichtete teilweise ganz auf das Geschehen im Vordergrund und malte nur noch Landschaften. Zu den berühmtesten Werken seines Lehrers **Albrecht Dürer** (1471–1528) gehören exakte Naturstudien wie der *Feldhase* oder die *Betenden Hände.*

Ist Ihnen bei der Betrachtung von Gemälden schon einmal der Begriff »*Eitempera*« aufgefallen? Das ist kein Witz! In den mittelalterlichen *Temperafarben* war meist tatsächlich Eigelb enthalten, um Wasser und Öl zu einer geschmeidigen Emulsion zu vermischen. Diese Farben ließen sich gut auf Holztafeln aufbringen (daher der Begriff »Tafelmalerei« im Gegensatz zu »Wandmalerei«) und trockneten relativ schnell, was nicht unbedeutend war, da viele Gemälde alter Meister aus Dutzenden von Farbschichten bestehen.

Jan van Eyck war einer der Ersten, der Ölfarben verwendete. Diese trocknen viel langsamer, ermöglichen aber ein filigraneres Malen und sanftere Farbübergänge. Außerdem kann man mit ihnen auch Leinwand bemalen, was großformatige, transportable Gemälde erlaubte. Allerdings bilden sich manchmal Risse, was bei Tempera nie geschieht.

Auf den Gemälden Giottos und seiner Zeitgenossen ist auch schon der Versuch erkennbar, Gebäuden und Landschaften durch perspektivische Verkürzung *Dreidimensionalität* zu verleihen. Wie man eine Zentralperspektive auf einen gedachten Fluchtpunkt hin konstruiert und Bildern eine korrekte *Tiefenwirkung* gibt, entdeckte dann 1410 der Architekt **Filippo Brunelleschi** (1377–1446).

Ein Maler, der besonderen Einfluss auf nachfolgende Generationen ausübte, war der Niederländer **Rogier van der Weyden** (um 1399–1464). Er konnte ebenso filigran malen wie van Eyck und war noch mehr als dieser ein Meister der nuancierten Farbgebung. Vor allem aber folgte er keinen Standards: Mal versetzte er das biblische Personal in die opulente Architektur des Spätmittelalters oder in weite Landschaften, mal stellte er den Gekreuzigten vor einem blutroten Teppich fast expressiv zur Schau oder erlaubte sich gar einen Rückgriff auf den Goldgrund. Auf einem seiner Bilder sitzt Maria Magdalena lesend auf dem Boden, auf einem anderen zerfleddert Klein Jesus auf dem Schoß seiner Mutter ein Buch.

Motive von Renaissance bis Barock

Die Maler der Renaissance begannen, weltliche Porträts zu malen, und versetzten religiöses Personal in kostbare zeitgenössische Umgebung. Sie schwelgten in Stoffen und Schmuck, Haut und Haaren, Landschaft und Architektur. In der Hochrenaissance kamen noch Pathos und mythologische Themen dazu. Die großen Drei sind:

1. **Leonardo da Vinci (1452–1519), der akribische Forscher**
2. **Michelangelo Buonarroti (1475–1564), der Monumentale**
3. **Raffael Santi (1483–1520), der Harmonische**

Leonardos *Abendmahl* und seine *Mona Lisa*, die zwei kleinen Engel von Raffaels *Sixtinischer Madonna* (siehe Kapitel 14), Michelangelos *David* und die *Erschaffung des Adam* (im Freskenzyklus der Sixtinischen Kapelle) gelten als Ikonen des kollektiven Bildgedächtnisses. Das heißt: Fast alle Menschen (zumindest in der westlichen Kultur) erkennen sie, auch wenn sie verfremdet werden, etwa wenn sich plötzlich Hollywood-Prominenz zum Abendmahl versammelt oder die *Erschaffung Adams* auf die Berührung der Finger reduziert wird.

Im Werk **Tizians** (um 1488–1576) deutet sich dann schon das barocke Drama an. **Michelangelo Merisi da Caravaggio** (1571–1610), der bei einem Tizian-Schüler in die Lehre ging, holte sich seine Modelle von der Straße, damit sie authentisch wirkten, tauchte seine Szenerien dann aber in dramatisches *Chiaroscuro* (Helldunkel) und brachte meist auch noch ein leuchtendes Blutrot unter. Er wurde damit zum Vorbild für berühmte Barockmaler wie **Artemisia Gentileschi** (1593–1653), **Diego Velázquez** (1599–1660), **Peter Paul Rubens** (1577–1640) und **Rembrandt van Rijn** (1606–1669).

Genremalerei

Die Niederlande erlebten im 17. Jahrhundert ihr Goldenes Zeitalter. Der exklusive Zugang zu den Gewürzinseln in Indonesien, freier Handel, starke Verstädterung, die Förderung von Wissenschaft und Kultur und vergleichsweise große Freiheiten für den Einzelnen ließen eine immens wohlhabende Bürgergesellschaft entstehen, die sich Kunst leisten konnten. Folglich entstanden Millionen von Bildern.

Doch während anderswo immer noch religiöse und mythologische Themen die Malerei dominierten und oft genug für die Inszenierung fürstlicher Eitelkeiten herhalten mussten, malte **Pieter Bruegel der Ältere** (um 1525–1569) *Wimmelbilder* von ländlichen Szenen, in denen Kinderspiele oder Sprichwörter versteckt waren, und **Pieter Aertsen** (um 1509–1575) eine Köchin, die Brathühner an einen Spieß steckt, oder eine Marktfrau mit ihrem Gemüsestand. Sie begründeten damit die niederländische *Genremalerei*: Darstellungen aus dem Alltag verschiedener Menschengruppen. Zum Meister der Genremalerei wurde **Jan Vermeer** (1632–1675), der aus einfachen Motiven (*Dienstmagd mit Milchkrug, Das Mädchen mit dem Perlenohrgehänge, Die Briefleserin*) exquisite Kompositionen schuf.

Ab dem 17. Jahrhundert stand der Begriff »Genre« dann für bestimmte Gattungen der Kunst. Beliebte Genres wurden *Historiengemälde, Stillleben* sowie *Landschafts-* und *Porträtmalerei.*

Motive von Klassizismus bis Realismus

Die Aufklärung (ab etwa 1720) hatte in der Malerei zunächst keinen deutlichen Niederschlag, erst ab etwa 1770 setzte sich der Klassizismus mit strengen Kompositionen, klaren Linien und einem oft kühlen, harten Licht durch. Die Vorliebe für mythologische Themen blieb, jedoch sollten Bilder oft Botschaften transportieren, wie der in der italienischen Antike Inspiration suchende *Goethe in der Campagna* von **Johann Heinrich Wilhelm Tischbein** (1751–1829) oder der patriotische *Schwur der Horatier* von **Jacques-Louis David** (1748–1825).

Noch vor der Wende zum 19. Jahrhundert folgte der radikale Umschwung zur Romantik. Die strengen Formen wurden aufgelöst und im mystischen Nebel nach Seelenlandschaften gesucht. In Deutschland hat diese vor allem **Caspar David Friedrich** (1774–1840) gefunden. Obwohl viele seiner Bilder mit realen Orten verbunden sind, erhob er keinen Anspruch darauf, die Wirklichkeit abzubilden. So kombinierte er etwa in einem Bild die Klosterruine Eldena bei Greifswald mit der Silhouette des Riesengebirges.

Dagegen wandten sich andere Maler im Laufe des 19. Jahrhunderts dem Realismus zu, etwa die Landschaftsmaler der französischen Schule von Barbizon, **Adolph von Menzel** (1815–1905), **Gustave Courbet** (1819–1877) und **Franz von Lenbach** (1836–1904).

L'art pour l'art

Das Motto »L'art pour l'art« (Kunst um der Kunst willen) betont, dass Kunst keinem Zweck dienen darf außer dem Künstlerischen. Es kam erst im 19. Jahrhundert auf. Davor war klar, dass Kunst auch der Verehrung von Göttern und der Verherrlichung von Fürsten, dem Ansehen einer Stadt oder dem Seelenheil des Stifters dienen konnte. Doch in der Moderne begannen sich die Künstler grundsätzlicher mit der Frage auseinanderzusetzen, was eigentlich Kunst ist und wie sie sein sollte. Das Ergebnis fanden und finden viele Menschen nicht mehr schön. Aber dass Kunst schön sein muss, ist ein weitverbreitetes und über die Jahrhunderte tradiertes Missverständnis. Kunst muss bewegen!

Der Frage »Was ist Kunst?« kann man sich sehr gut über den Begriff »Ästhetik« annähern. Landläufig wird das, was schön und angenehm anzusehen ist, als ästhetisch bezeichnet. Tatsächlich bedeutet das Wort jedoch »Empfindung« und meint alles, was Empfindungen auslöst. Ästhetisch beziehungsweise Kunst sind demnach Werke, die Menschen innerlich berühren. Es müssen jedoch nicht unbedingt angenehme Gefühle sein und die Werke selbst brauchen nicht zwangsläufig schön zu sein.

Neues Sehen

Im antiken Griechenland kursierte eine Anekdote über einen Wettstreit der Maler **Zeuxis** und **Parrhasios**. Zeuxis habe dabei so täuschend echte Trauben gemalt, dass die Vögel versucht hätten, sie anzupicken. Als Zeuxis dann das Gemälde seines Konkurrenten begutachten wollte, versuchte er, den darübergebreiteten Schleier beiseitezuschieben – und musste feststellen, dass dieser auch nur gemalt war.

Was damals als Ausdruck größter Meisterschaft galt, war im späten 19. Jahrhundert zu einem schalen Triumph verkommen. Was nützte die größtmögliche technische Perfektion, wenn sie von der aufkommenden Fotografie mühelos übertroffen wurde? Es war also Zeit für etwas radikal Neues!

Impressionismus

»Keine zwei Tage gleichen sich, nicht einmal zwei Stunden, noch waren jemals zwei Blätter an einem Baum gleich«, hielt der englische Landschaftsmaler **John Constable** (1776–1837) fest. Seine Studien sind manchmal eine flüchtige Impression von Licht und Wolken, die fertigen Bilder dagegen führte er noch so konventionell aus, dass seine Werke später zur Klassifizierung verschiedener Wolkentypen herangezogen wurden.

Die französischen Maler um **Claude Monet** (1840–1926) jedoch, die 1874 mit einer Ausstellung den *Impressionismus* begründeten, wollten wirklich den Augenblick einfangen, also den Eindruck (= Impression), den sie in just jenem Moment vor Augen hatten. So malte Monet immer wieder zu verschiedenen Tages- und Jahreszeiten und bei unterschiedlichem Wetter die Seerosen in seinem Teich oder die Kathedrale von Rouen. Von zu nah betrachtet erscheinen impressionistische Gemälde oft wie eine Orgie grober Pinselstriche, doch aus der richtigen Entfernung beginnt die Luft zu flimmern, das Licht auf dem Wasser zu glitzern und das Grün der Bäume wird zu tanzenden Blättern.

Bedeutende Impressionisten waren neben Monet

- ✔ **Camille Pissaro** (1830–1903),
- ✔ **Alfred Sisley** (1839–1899),
- ✔ **Berthe Morisot** (1841–1895),
- ✔ **Pierre-Auguste Renoir** (1841–1919),
- ✔ **Max Liebermann** (1847–1935).

Während Landschaftsmaler wie **John Constable** und sein Landsmann **William Turner** (mehr in Kapitel 14) größtenteils noch im Atelier arbeiteten, setzte sich im Impressionismus die *Freiluftmalerei* durch. Das aber war nur möglich, weil der US-amerikanische Maler **John Goffe Rand** im Jahr 1841 die ersten Tuben überhaupt erfunden hatte, um seine Farben nicht immer frisch vor Ort anrühren zu müssen. Ohne Farbtuben hätte es keinen Impressionismus gegeben, meinte Renoir einmal.

Trotz allem war der Impressionismus noch der Abbildung der Realität verhaftet, doch ab 1880 begannen die ersten Künstler, sich davon zu lösen und auf ihre ganz subjektive Art mit Form und Farbe zu experimentieren. Als die wichtigsten Wegbereiter der *Moderne* gelten **Paul Cézanne** (1839–1906), **Paul Gauguin** (1848–1903) und **Vincent van Gogh** (1853–1890). Alle drei malten höchst unterschiedlich und wurden zu Lebzeiten – wenn überhaupt – nur von ihren Malerkollegen anerkannt. Um die Jahrhundertwende entstand dann eine Fülle neuer Stile.

Expressionismus

Im Jahr 1892 hatte der norwegische Maler **Edvard Munch** (1863–1944) bei einem Sonnenuntergangs-Spaziergang in Nizza eine Angstattacke. In den Jahren danach malte er mehrere Versionen seines berühmtesten Gemäldes: *Der Schrei*. Ein Mensch, auf seine Panik reduziert, steht am Geländer einer Brücke, presst sich schreiend die Hände auf die Ohren, während rund um ihn der in grellen Farben gemalte Himmel völlig außer Kontrolle zu geraten scheint.

Mit Werken wie diesen wurde Munch zum Wegbereiter des *Expressionismus*. Es geht nicht mehr um das, was dargestellt wird, sondern was der Künstler damit zum Ausdruck (= Expression) bringen will. Expressionistische Gemälde sind oft, aber nicht zwangsläufig von harten Linien und schreienden Farben geprägt und bringen eher (aber wieder nicht zwangsläufig) negative Gefühle zum Ausdruck als Schönheit und Harmonie.

Bedeutende Maler des Expressionismus

- ✔ **Marianne von Werefkin** (1860–1938),
- ✔ **Wassily Kandinsky** (1866–1944),
- ✔ **Gabriele Münter** (1877–1962),
- ✔ **Franz Marc** (1880–1916),
- ✔ **August Macke** (1887–1914, zusammen mit den Obenstehenden Mitglied des *Blauen Reiters*, München und Murnau),
- ✔ **Ernst Ludwig Kirchner** (1880–1938),
- ✔ **Karl Schmidt-Rottluff** (1884–1976, beide Mitglieder der *Brücke*, Dresden),
- ✔ **Emil Nolde** (1867–1956),
- ✔ **Paula Modersohn-Becker** (1876–1907),
- ✔ **Paul Klee** (1879–1940),
- ✔ **Oskar Kokoschka** (1886–1980),
- ✔ **Marc Chagall** (1887–1985),
- ✔ **Egon Schiele** (1890–1918),
- ✔ **Willem** (1904–1997) und **Elaine de Kooning** (1918–1989).

Die französische Spielart des Expressionismus ist der *Fauvismus* (franz. »fauve« = wild). Der Fauvismus ging dem Expressionismus ein paar Jahre voraus und inspirierte vor allem die Mitglieder der bayerischen Künstlergruppe *Blauer Reiter*, weshalb die Abgrenzung zwischen beiden Stilen oft schwer ist. Die Fauvisten setzten ihre Bilder ganz aus Farbflächen zusammen, wobei die Farbwahl von der Stimmung, die transportiert werden sollte, abhängig war, nicht von der Realität. Trotz ihres Namens sind die Bilder der Fauvisten im Schnitt weniger wild als die der Expressionisten. Der bedeutendste Vertreter ist **Henri Matisse** (1869–1954).

Kubismus

In gewisser Hinsicht ist der *Kubismus* eine Fortführung des Fauvismus. So wie die Fauvisten ihr Motiv in Farbflächen zerlegten und damit Stimmungen transportierten, so verwendeten die Kubisten Würfel (*Kuben*) und andere geometrische Formen. Die Wirklichkeit wird dadurch noch mehr verfremdet, was gerade bei menschlichen Körpern und Gesichtern verstörend wirkt.

Initiator und berühmtester Vertreter war **Pablo Picasso** (1881–1973, siehe auch Kapitel 14), andere bedeutende Kubisten waren **Georges Braques** (1882–1963), **Juan Gris** (1887–1927) und **Ljubow Popowa** (1889–1924).

Abstraktion

Nachdem die Gegenstände in der modernen Malerei immer unwichtiger wurden, war es nur konsequent, irgendwann keine mehr zu malen. **Wassily Kandinsky** verfertigte ab 1910 »Kompositionen« und »Improvisationen« aus Farben und Formen. Was recht wild wirkt, bekam seine innere Harmonie dadurch, dass Kandinsky jeder Farbe und jeder Grundform einen Charakter zuwies und damit komponierte wie mit Noten. Der Niederländer **Piet Mondrian** (1872–1944) dagegen kam über den Kubismus zur *abstrakten Malerei* und landete 1921 bei Kompositionen aus den knalligen Grundfarben Rot, Gelb und Blau mit weißen Flächen und schwarzen Linien, die ihn berühmt machen sollten.

Dadaismus und Surrealismus

Angesichts des Ersten Weltkriegs entstand der *Dadaismus* im Jahr 1916 als Protest gegen die bürgerliche Welt und ihre Kunst – erst mit scheinbar sinnfreien Lautgedichten, dann in der bildenden Kunst vor allem mit Collagen, etwa von **Kurt Schwitters** (1887–1948), **Hannah Höch** (1889–1978) und **Hans Arp** (1886–1966).

Aus dem Dadaismus entstand der *Surrealismus*. Inspiriert durch die neu aufkommende Psychoanalyse versuchten seine Vertreter – nun ernsthaft, aber immer noch als Absage an künstlerische Konventionen – , Motive aus dem Unterbewussten der menschlichen Seele zu schöpfen. Zu den bekanntesten Vertretern zählen neben Hans Arp und Marc Chagall **Joan Miró** (1893–1983), **Salvador Dalí** (1904–1989) und **Frida Kahlo** (1907–1954).

Neue Sachlichkeit

Die Kunst zwischen den Weltkriegen sollte nicht mehr verführen, keine Emotionen wecken, sondern präzise erfassen, was ist. Der Blick der Maler auf Personen und Szenerien ist oft extrem distanziert, die Pinselführung hart. Die bekanntesten Vertreter der *Neuen Sachlichkeit* sind **Otto Dix** (1891–1969) und **George Grosz** (1893–1959), die beißende Gesellschaftskritik malten.

Pop-Art

Sie entstand Mitte der 1950er-Jahre und ihre Vertreter spielten mit populären Motiven aus der Alltagswelt: **Andy Warhol** (1928–1987) verfremdete Suppendosen, Colaflaschen oder Popstars in vielfacher Wiederholung, **Roy Lichtenstein** (1923–1997) vergrößerte Comicbilder ins Riesenhafte.

Und die Künstler der Gegenwart? Was bleiben wird, wird sich erst noch zeigen. Was gefällt, ist individuelle Geschmackssache. Aber ein paar Namen sollten Sie schon einmal gehört haben:

- **Werner Tübke** (1929–2004) war einer der bedeutendsten Maler der DDR. Sein bekanntestes Werk ist das *Bauernkriegspanorama* in Frankenhausen. Daran knüpft heute der Österreicher Yadegar Asisi (* 1955) an, der seine Panoramen mithilfe ausgefeilter Computergrafik schafft und so faszinierende dreidimensionale Effekte erzielt.
- **Gerhard Richter** (* 1932): Der teuerste derzeit lebende Maler experimentierte unter anderem mit dem »Abmalen« ins Unscharfe vergrößerter Fotografien oder abstrakten Gemälden mit mehreren, teils wieder weggekratzten Farbaufträgen. Für den Kölner Dom gestaltete er ein Fenster aus bunten Glasquadraten in 72 verschiedenen Farben.
- **Georg Baselitz** (* 1938) wurde vor allem durch expressive, auf dem Kopf stehende Motive bekannt. Er sieht seine Malerei als Ausdruck einer zerstörten Ordnung.
- **Neo Rauch** (* 1960) gilt als Hauptvertreter der *Neuen Leipziger Schule* und spielt mit dem Malstil des *Sozialistischen Realismus*, wie er im Ostblock verbreitet war.
- **Banksy** ist der derzeit bekannteste Vertreter der *Street-Art*. Nachdem im späten 20. Jahrhundert teils heftig diskutiert wurde, ob Graffiti & Co. wirklich Kunst oder ein öffentliches Ärgernis sind, wird Street-Art inzwischen ausgestellt und gehandelt, obwohl sie eigentlich nicht kommerziell und in der Regel anonym sowie an einen Ort gebunden ist. Der Brite Banksy spielt jedoch mit dem Kunstmarkt, indem er seine Werke selbst und unautorisiert in Museen anbringt oder Bilder nach dem Verkauf automatisch zerstört.

Neues Gestalten

Die modernen Stile der Malerei schlugen sich auch in der Bildhauerei nieder.

- **Auguste Rodin** (1840–1917) schuf expressive, raue und unfertig wirkende Werke (mehr in Kapitel 14).
- **Ernst Barlach** (1870–1938) reduzierte die Details, um den Ausdruck seiner Figuren zu verstärken.
- Die Dadaisten erklärten *Objets trouvés* (franz. »gefundene Gegenstände«) wie etwa ein Urinal zur Kunst: *Fountain*, traditionell **Marcel Duchamp** (1887–1968), mittlerweile eher **Elsa von Freytag-Loringhoven** (1874–1927) zugeschrieben.
- **Henry Moore** (1898–1986) abstrahierte seine kubistischen Skulpturen immer mehr, bis schließlich wirklich nur noch *Two Large Forms* (vor dem ehemaligen Bonner Kanzleramt) übrig blieben.
- **Käthe Kollwitz** (1867–1945) übte mit schonungslos gezeigtem Leid Sozialkritik (mehr in Kapitel 14).

- **Meret Oppenheim** (1913–1985) hüllte ihr Frühstücksgeschirr surreal in Pelz.
- **Niki de Saint Phalle** (1930–2002) schuf poppig bunte »Nanas«.
- **Jeff Koons** (* 1955) wurde mit überdimensionierten, schillernden Ballontieren aus Edelstahl zum bestbezahlten lebenden Künstler. Im Jahr 2019 wurde *Rabbit* für 91 Millionen US-Dollar versteigert).

Als *Torso* (griech. »Stumpf«) wird eine Statue bezeichnet, der Kopf und Gliedmaßen fehlen. Mehrere griechische Statuen haben nur derart verstümmelt überlebt, aber seit jeher eine große Faszination auf Künstler ausgeübt. Einerseits weil die Torsi oft eine besondere Ausdruckskraft entfalten, andererseits regen sie an, die Statue im Geist zu ergänzen. Rodin etablierte die bewusst als Torso geschaffene Skulptur im Kunstbetrieb. Sein *Schreitender Mann* etwa besteht nur aus langen, weit ausschreitenden Beinen und einem mitdrehenden Rumpf.

Vor allem aber löste sich die Kunst, teils schon zu Beginn des 20. Jahrhunderts, vermehrt aber in den 1970er-Jahren, von den herkömmlichen Techniken der Bildhauerei. Statt Skulpturen entstanden *Installationen*. Sie können aus Licht, Klängen, Videos, herkömmlichen Kunstwerken und beliebigen Gegenständen bestehen. Oft sind sie an einen bestimmten Ort gebunden. Ein paar Beispiele:

- **Christo** (* 1935) und **Jeanne-Claude** (1935–2009) verhüllten prominente Gebäude, wie 1995 den Berliner Reichstag.
- **HA Schult** (* 1939) verkleidete das alte Berliner Postfuhramt 2001 mit Tausenden von Liebesbriefen und lässt auf Plätzen in aller Welt eine Armee von 1000 aus Müll gepressten, lebensgroßen *Trash People* aufmarschieren.
- **Zhao Zhao** (* 1982) übergoss das Modell eines chinesischen Kaiserthrons mit blutrotem Wachs (*Waterfall*, 2013).
- Sein Landsmann **Ai Weiwei** (* 1957) band Hunderte von Schwimmwesten von Flüchtlingen zusammen und ließ sie im Jahr 2016 wie überdimensionierte Seerosen in den Wasserbecken des Wiener Schlosses Belvedere schwimmen.

Der Schweizer Bildhauer **Alberto Giacometti** (1901–1966) gestaltete seine Figuren nur deshalb so spindeldürr, weil er die Wirkung des sie umgebenden Raumes verstärken wollte. Giacometti war *Existenzialist* (siehe Kapitel 10) und glaubte, dass die Menschen erst einmal ohne Bestimmung in der Welt ausgesetzt sind.

Werden Installationen mit Aktionen verbunden, geraten sie zur *Performance*. 1965 konnte das Publikum zum Beispiel durch die Fenster einer Galerie in Düsseldorf beobachten, wie **Joseph Beuys** (1921–1986), den Kopf vergoldet, mit einem toten Hasen auf dem Arm, durch die Ausstellung ging, dem Hasen die Bilder zu erklären schien und diesen scheinbar darauf reagieren ließ.

Andererseits muss Aktionskunst nicht mit dinglichen Kunstwerken oder Installationen verbunden sein. Die Grenzen zwischen den verschiedenen Sparten der Kunst werden damit fließend und es ist oft schwer zu sagen, ob etwas noch Performance oder schon Schauspiel oder Ausdruckstanz ist.

Im engeren Sinn ist *Aktionskunst* auch nur eine Kunstaktion, bei der die Kunst in erster Linie in der ausgeführten Aktion besteht, während es der *Konzeptkunst* beziehungsweise dem *Fluxus* vor allem auf die Idee, das Konzept dahinter, ankommt. Als *Happening* werden Kunstaktionen bezeichnet, bei denen das Publikum miteinbezogen wird.

Beuys forderte eine Kunst, die nicht im Elfenbeinturm stattfindet, sondern auf die sozialen und politischen Gegebenheiten reagiert. Jeder Mensch sei ein Künstler und könne durch sein kreatives Handeln auf die Gesellschaft einwirken und so eine »soziale Skulptur« schaffen. Mit diesem erweiterten Kunstbegriff übte Beuys enormen Einfluss auf die Kunstszene aus.

Neues Bauen

Die Wurzeln der modernen Architektur liegen in der Ingenieurskunst. Bereits 1801 entstand in Manchester ein von Dampfmaschinenerfinder James Watt konstruiertes, siebenstöckiges Spinnereigebäude mit gusseisernem Skelett. In der Folge wurden großartige Markthallen, Bahnhöfe und Einkaufsgalerien aus Glas und Stahl gebaut, die aber alle noch eine Steinverkleidung in irgendeinem »Neo-Stil« erhielten. Dass auch Gebäude aus Glas und Stahl schön sein können, begann man erst zu begreifen, als die Organisatoren der Weltausstellung 1850 in London in Zeitnot gerieten und der Gartenbaudirektor Joseph Paxton ein XXL-Gewächshaus errichtete, den *Kristallpalast.*

Im beginnenden 20. Jahrhundert wurde der überladene Stilmix des 19. Jahrhunderts zunehmend als hässlich empfunden. Dagegen begeisterte **Frank Lloyd Wright** (1867–1959), ein Schüler von Hochhaus-Pionier Sullivan (siehe Kapitel 3), auf seiner Europareise 1910 die dortige Architektenszene mit seinen schlichten, aber perfekt in die Natur eingepassten Präriehäusern. Der österreichische Architekt **Adolf Loos** (1870–1933) erklärte Ornamente gar zum Verbrechen und sorgte 1910 für einen Skandal, als er ein Geschäftshaus am Michaelerplatz in Wien »ohne Augenbrauen«, also ohne Fensterumrandungen plante. Auch die holländische Künstlervereinigung *De Stijl* (zu der unter anderem Piet Mondrian gehörte) befand 1917, ein Gebäude so zu komponieren, dass jeder Teil aufeinander bezogen und der ganze Bau im Gleichgewicht sei, funktioniere nur, indem man alle überflüssigen Details weglasse.

So entwickelte sich, auch in der Architektur, die *Neue Sachlichkeit.* Die meist strahlend weißen Baukörper wurden aus geometrischen Grundformen (gerne auch asymmetrisch) komponiert, hatten Flachdächer und bekamen immer größere Fenster. Die deutsche Kunstgewerbeschule *Bauhaus* war Teil dieser Bewegung. 1927 entstand in Stuttgart-Weißenhof eine Siedlung, an der 16 führende Architekten der Neuen Sachlichkeit teilnahmen, unter anderem

- **Peter Behrens** (1868–1940),
- **Le Corbusier** (Charles-Édouard Jeanneret-Gris, 1887–1965),
- **Walter Gropius** (1883–1969),
- **Jacobus Johannes Pieter Oud** (*De Stijl*, 1890–1963),

- **Ludwig Mies van der Rohe** (1886–1969),
- **Hans Scharoun** (1893–1972),
- **Bruno Taut** (1880–1938).

Zum neuen Baustil gehörte eine soziale Komponente: Mit optimierten Grundrissen, großen Fenstern und sachlicher Ästhetik sollte er erschwingliche, gesunde, angenehme Wohnungen ermöglichen. Ausdruck davon sind zum Beispiel die inzwischen zum UNESCO-Weltkulturerbe gehörenden Wohnsiedlungen der Berliner Moderne, wie die *Hufeisensiedlung* von Bruno Taut oder die *Unités d'Habitation* von Le Corbusier: Plattenbauten mit integrierter Ladenzeile und öffentlicher Dachterrasse.

Wohldurchdacht und hochwertig sollten die Bauten der Neuen Sachlichkeit sein, doch nach dem Zweiten Weltkrieg verkam das Konzept zum *Internationalen Stil* – uninspirierten, genormten Gebäuden, die schnell und preiswert errichtet werden konnten. Aus Mies van der Rohes Parole »Less is more« (Weniger ist mehr) machten böse Zungen »Less is a bore« (Weniger ist langweilig).

Der *Plastische Stil* war ein Gegenentwurf dazu:

- **Frank Lloyd Wright** (1867-1959) entwarf das *Salomon R. Guggenheim Museum* in New York als gigantische Spirale (1959),
- **Hans Scharoun** (1893–1972) die *Berliner Philharmonie* als Zirkuszelt (1963),
- **Oscar Niemeyer** (1907–2012) die *Kathedrale von Brasilia* als Dornenkrone (1970),
- **Frei Otto** (1925–2015) das Dach des *Münchner Olympiastadions* als Bergmassiv (1972),
- **Jørn Utzon** (1918–2008) die *Oper von Sidney* als Schiff mit stolz geblähten Segeln (1973).

Das Museum in New York übertreffen, so lautete der Auftrag an **Frank Gehry** (* 1929), als er den Auftrag für das *Guggenheim-Museum* in Bilbao bekam. Gehry konstruierte am Computer einen bizarren Bau aus silbrigem Titan, Glas und Sandstein und dekonstruierte damit die herkömmliche Architektur. Das Museum lockte plötzlich große Touristenströme in die Hafenstadt und kreierte den sogenannten *Bilbao-Effekt*. Ein anderer Vorzeigebau des *Dekonstruktivismus* ist das *Jüdische Museum* in Berlin, das **Daniel Libeskind** (* 1946) als zerschlagenen Davidsstern konzipierte.

Doch nicht nur der Dekonstruktivismus schafft aufsehenerregende Gebäude. Um 1990 kam die sogenannte *Blob-Architektur* auf: weich gerundete, blasenähnliche Bauwerke. Eines der merkwürdigsten ist das blaue, mit stumpfen Stacheln gespickte *Kunsthaus Graz*, das sein Schöpfer, **Peter Cook** (* 1936), passenderweise *Friendly Alien* taufte. Im Werk von **Santiago Calatrava** (* 1951) dagegen stellen kühne Bögen oft das eigentliche Gebäude in den Schatten.

In vielen Fällen geht es jedoch gar nicht darum, Neues zu bauen, sondern Altes sinnvoll zu ergänzen. So wie es etwa **Norman Foster** (* 1935) mit der gläsernen, begehbaren *Reichstagskuppel* in Berlin gelungen ist oder **Ioeh Ming Pei** (1917–2019) mit der gläsernen *Louvre-Pyramide*, die einen Zugang zu einem dringend benötigten, von Pei unterirdisch konzipierten Eingangsgebäude darstellt. Auch **Friedensreich Hundertwasser** (1928–2000) war ein Meister des Prinzips »Aus Alt mach Neu«. Unter den bunten Fassaden und Goldkuppeln seiner Gebäude steckt oft eine sehr konventionelle Bausubstanz, die er nicht abriss, sondern gründlich umgestaltete.

Stiefkind Gebrauchskunst

Der englische Tischler **Thomas Chippendale** (1718–1779) wurde mit seinen Möbeln weltberühmt. Und auch **Karl Friedrich Schinkel** (1781–1841) entwarf nicht nur Schlösser, Kirchen, Denkmäler und Museen, sondern etwa auch die gesamte Innenausstattung von Schloss Charlottenhof in Potsdam bis hin zum Nähkästchen der Kronprinzessin. Doch die Moderne mit ihrem L'art pour l'art tendiert dazu, allen Gebrauchsgegenständen den künstlerischen Wert abzusprechen. Noch immer wird die *Gebrauchskunst* (oder *angewandte Kunst*) gerne übersehen. Dabei prägten Nierentisch und Tütenlampe das typische Gefühl der 1950er-Jahre vielleicht mehr als jeder Maler, der damals malte.

Volkskunst und Kunsthandwerk

Volkskunst ist so gut wie nie L'art pour l'art, sondern das Bemühen, Gegenstände des täglichen Lebens möglichst ansprechend zu gestalten. Der Großteil der Volkskunst zählt damit zum *Kunsthandwerk*. Aber sind Schwibbögen aus dem Erzgebirge, Bunzlauer Keramik, indonesische Batik und alpenländische Bauernmalerei wirklich Kunst? Das hängt von der sogenannten Schöpfungshöhe des Werks ab. Sie haben das Wort vielleicht schon einmal in Zusammenhang mit aktuellen Diskussionen um das Urheberrecht gehört.

Schöpfungshöhe bedeutet, dass ein Werk so besonders und originell ist, dass es eine schöpferische Leistung darstellt, die nicht jeder hätte erbringen können. Solche Werke sind urheberrechtlich geschützt. Auch die Verwendung von Zitaten oder anderen Anleihen aus den Werken anderer ist nur erlaubt, wenn das eigene Werk über ausreichend Schöpfungshöhe verfügt.

Künstlerisches Wirken bedeutet also immer auch Innovation. Die bloße Reproduktion der üblichen Muster und Formen der Volkskunst ist keine Kunst – selbst wenn *Kunstfertigkeit* dazu nötig ist. Ironischerweise setzt die Serienfertigung jedoch meist erst dann ein, wenn Volkskunst entdeckt wird. Das geschah in großem Stil in der Romantik. Damals wurden nicht nur Volkslieder und Hausmärchen gesammelt, sondern man begeisterte sich auch für die »naive«, »unverfälschte« Volkskunst.

Der bayerische König Max II. ließ die bayerische Volkskunst zur Stärkung der nationalen Identität fördern. Das hatte unter anderem zur Folge, dass in der Gegend von Bad Tölz bemalte Bauernmöbel in Serie gefertigt und exportiert wurden. Seitdem gilt die Tölzer Kugelrose als das Motiv der *Bauernmalerei* schlechthin, obwohl in anderen Gegenden völlig anders gemalt wurde.

Bevor es zu solcher *Serienfertigung* kam, wurden Bauernmöbel oft von durchziehenden Wandermalern geschmückt. Aber nicht nur Möbel. Wahrscheinlich kennen Sie die *Lüftlmalerei,* mit der im Alpenraum viele Hausfassaden geschmückt sind. Namensgeber ist **Franz Seraph Zwinck** (1748–1792), der in Oberammergau im Haus »Zum Lüftl« wohnte. Zwinck malte auch Kirchen mit Fresken aus und wandte die gleiche Technik bei Hausfassaden an. Seine Spezialität war die barocke *Trompe-l'Œil-Technik* (franz. »täusche das Auge«), die Architekturelemente vortäuschte, zum Beispiel Säulenportale oder prächtige Fensterrahmen.

Doch Kunsthandwerk ist weit mehr als Volkskunst. Denken Sie nur an Tutanchamuns Totenmaske und die deutsche Kaiserkrone, an Gobelin-Wandbehänge und Mingvasen, an Intarsienschränke und die Geigen von **Antonio Stradivari** (um 1644–1737)! Zum Kunsthandwerk gehören alle Kunstwerke, die auch einen Gebrauchswert haben, also nicht nur hergestellt wurden, um wahrgenommen (betrachtet, gehört und gelesen) zu werden, unter anderem

- ✔ Gold- und Silberschmiedekunst und alle Arten der Schmuckherstellung,
- ✔ Gravuren,
- ✔ Glas- und Porzellanmalerei,
- ✔ Glasbläserei,
- ✔ Töpferei,
- ✔ Illustrationen,
- ✔ Kunsttischlerei,
- ✔ Schnitzen und Drechseln,
- ✔ Instrumentenbau,
- ✔ alle Arten der Textilgestaltung.

Wie bei der »schönen«, zweckfreien Kunst auch, sind die Produkte des Kunsthandwerks Unikate. Werden sie dagegen in Serie hergestellt – wie etwa Chippendales Möbel, die Glaskreationen von **Louis Comfort Tiffany** (1848–1933) oder die Puppen von **Käthe Kruse** (1883–1968)–, dann spricht man von *Kunstgewerbe.*

Der Siegeszug des Designs

Die industrielle Fertigung von Gebrauchsgütern hatte kaum so richtig Fahrt aufgenommen, als sich schon seine Gegner formierten und eine Rückbesinnung zu Kunstgewerbe und Kunsthandwerk forderten. Da die Industrielle Revolution auf den britischen Inseln früher als auf dem Kontinent begonnen hatte, war es nur folgerichtig, dass das *Arts and Crafts Movement* (Kunst-und-Handwerk-Bewegung) dort seinen Anfang nahm. Führende

Vertreter waren **William Morris** (1834–1896) und die Glasgow School of Art rund um **Margaret** (1864–1933) und **Charles Rennie Mackintosh** (1868–1928).

Die Impulse aus England breiteten sich Ende des 19. Jahrhunderts in ganz Europa aus. In Deutschland entstand der *Jugendstil* (nach dem Design der Zeitschrift *Jugend* benannt), in Österreich der *Sezessionsstil* (nach der *Wiener Sezession*, einer Abspaltung mehrerer Künstler vom Wiener Künstlerhaus), in Italien hieß er *Liberty* (nach einer englischen Firma dieses Namens), anderswo ist von *Neuer Kunst*, *Reformstil* oder *Moderne* die Rede.

Auch die Optik ist von Land zu Land, von Künstler zu Künstler sehr unterschiedlich und reicht von verspielt (etwa deutscher Jugendstil oder **Antoni Gaudí**) bis streng und sachlich (etwa Glasgow School oder **Henry van de Velde**). Gemeinsames Kennzeichen ist, dass der Stil sich auf alle Gegenstände des Lebens erstreckte: Häuser und ihre Einrichtung, Haushaltswaren, Textilien, Tapeten, Plakate et cetera.

Viele Künstler waren sowohl Architekten wie auch Innenarchitekten, Designer und Grafiker, und sie wollten am liebsten die ganze Welt von der Gabel bis zum Garten neu gestalten. So ein Tausendsassa war der Belgier **Henry van de Velde** (1863–1957). 1908 brachte er Großherzog Wilhelm Ernst von Sachsen-Weimar dazu, eine Kunstgewerbeschule zu gründen, um dem darniederliegenden Handwerk neue künstlerische Impulse zu verleihen. 1915 wurde die Schule kriegsbedingt geschlossen und 1919 unter der Leitung von **Walter Gropius** (1883–1969) als Bauhaus neu gegründet.

Als »typisch Bauhaus« gilt oft die damit verbundene Architektur, doch faktisch war es weiter eine Kunstgewerbeschule mit Werkstätten für Architektur, Ausstellungsgestaltung, Bühne, Buchbinderei, Druckerei, Fotografie, Glasmalerei, Metallverarbeitung, Tischlerei, Töpferei, Wandmalerei und Weberei. Am kommerziell erfolgreichsten war die von **Gunta Stölzl** (1897–1983) geleitete Weberei, die Kleider- und Bezugstoffe, Teppiche, Bettüberwürfe und Wandbehänge designte und neue Fertigungsverfahren entwickelte. Auch viele andere Bauhausprodukte wurden zu Designikonen, etwa *Freischwinger-Sessel* (**Marcel Breuer**, 1902–1981) oder Teekannen aus Metall (**Marianne Brandt**, 1893–1983) beziehungsweise *Jena-Glas* (**Wilhelm Wagenfeld**, 1900–1990, und **Ilse Decho**, 1915–1978).

Im Gegensatz zu vielen Künstlern des Jugend-/Reformstils erkannte man am Bauhaus, dass reines Kunstgewerbe ein Vergnügen für die Wohlhabenden bleiben würde und an den sozialen Ansprüchen, die man sich selbst stellte, vorbeiging. Nach dem Umzug nach Dessau begann man, mit der Industrie zusammenzuarbeiten, um moderne, funktionale Gegenstände mit künstlerischem Anspruch und zeitlosem Design zu kreieren, die sich auch Otto Normalverdiener leisten konnte.

Nach dem Zweiten Weltkrieg wurde *Produktdesign* zur Selbstverständlichkeit. In der Bundesrepublik huldigte man geschwungenen Formen wie nierenförmigen Tischen und gepolsterten Cocktailsesseln. Auch die DDR tat sich anfangs mit dem Bauhaus-Erbe schwer, da Übervater Stalin modernen Minimalismus verabscheute und lieber im »Zuckerbäckerstil« (*Sozialistischer Klassizismus*) schwelgte. Doch in den 1960er-Jahren kam es zu einem Umschwung und nicht wenige Bauhaus-Absolventen wurden als Objektdesigner tätig. Der

Bauhaus-Ansatz, funktionale Dinge mit zeitloser Schönheit zu schaffen, korrespondierte bestens mit der existierenden Mangelwirtschaft. Außerdem konnte man sich ästhetisch vom Wirtschaftswunderstil der Bundesrepublik absetzen.

Wissen Sie, was *Corporate Identity* ist? Man versteht darunter das unverwechselbare Bild, das eine Firma in der Öffentlichkeit abzugeben versucht. Dabei spielt Design eine entscheidende Rolle. Den Grundstein legte **Peter Behrens**, der auch Lehrer von Gropius, Mies van der Rohe und Le Corbusier war, indem er für die AEG-Montagehallen einen charakteristischen Look schuf.

Der Blick der Fotografen

Ich vermute, Sie kennen das berühmte Bild, das der kubanische Fotograf **Alberto Korda** 1960 von **Che Guevara** (1928–1967) machte: der »Commandante« mit malerisch zerzaustem Haar, kleidsamen, rotbesternten Barett und visionär in die Ferne schweifendem Blick. Das Bild gilt als eine Ikone des kollektiven Bildgedächtnisses und berühmtestes Porträtfoto überhaupt. Es illustriert den Mythos vom Arztsohn aus gutem Hause, der zum Revolutionär wurde, um die Welt gerechter zu machen, und ziert millionenfach Poster und T-Shirts von Menschen, die diese Träume teilen. Es zeigt nicht den oft grausamen Stalinisten und unfähigen Politiker, der Che Guevara auch war.

Das Foto ist ein schlagender Beweis dafür, dass Fotografie Kunst sein kann, wenn sie nicht einfach nur ablichtet, sondern berührt und eine eigene Wahrnehmung schafft. Das stand nicht immer fest. »Die Fotografie ist der Todfeind der Malerei, sie ist die Zuflucht aller gescheiterten Maler, der Unbegabten und Faulen«, wetterte der französische Dichter Charles Baudelaire gar über das frisch erfundene Medium. Dabei hätte gerade Baudelaire es besser wissen können, denn auch er ließ sich – wie die meisten führenden Staatsmänner, Künstler und Künstlerinnen Frankreichs – von **Nadar** (1820–1910) ablichten. Der hieß eigentlich Gaspard-Félix Tournachon und machte Porträts, die nichts gemein hatten mit den steifen Figuren, wie man sie oft in den Alben der Großeltern findet: ohne die damals üblichen Accessoires, Gesicht und Hände perfekt ausgeleuchtet und in Posen, die der Persönlichkeit des Abgebildeten bestens zu entsprechen scheinen.

Wie gut Fotografie und Malerei sich vertragen, zeigte auch schon die Freundschaft zwischen Nadar und den französischen Impressionisten. In seinem Atelier fand 1874 die erste Ausstellung impressionistischer Malerei statt. Daneben war Nadar ein begeisterter Ballonfahrer und machte aus dem Korb heraus Luftaufnahmen, zum Beispiel von der Schlacht bei Solferino zwischen Sardinien und Österreich 1859.

Am Bauhaus erlangte die Fotografie durch das Engagement von **Lucia** (1894–1989) und **László Moholy-Nagy** (1895–1946) und die Notwendigkeit, die eigenen Produkte in Katalogen präsentieren zu müssen, erst nach und nach Bedeutung. 1929 entstand dann die Fotoabteilung.

1955 durfte **Henri Cartier-Bresson** (1908–2004) als erster Fotograf seine Werke im Pariser Louvre ausstellen. Er hatte den Spanischen Bürgerkrieg (1936–1939) dokumentiert und unter anderem Reportagereisen an die Elfenbeinküste und nach Indien unternommen. Damit gehört er zu denen, die die Fotokunst aus dem Studio geholt und bewiesen haben, dass auch das Fotografieren nicht zuvor arrangierter Motive große Kunst sein kann.

1947 hatte schon das New Yorker Museum of Modern Art (MoMA) Cartier-Bresson eine *Retrospektive* (Rückschau) gewidmet, da man glaubte, er sei im Zweiten Weltkrieg gefallen. Tatsächlich hatte der Fotograf nach drei Jahren Arbeitslager in deutscher Kriegsgefangenschaft fliehen können und sich dann dem französischen Widerstand (Résistance) angeschlossen. Er tauchte wieder auf, während die Ausstellung in Planung war, und arbeitete daran mit.

Seit 1955 wählt eine niederländische Stiftung alljährlich das *Pressefoto des Jahres*. Viele davon sind zu Medienikonen geworden, wie etwa die vor einem Napalmangriff fliehenden vietnamesischen Kinder (1972, **Nick Út**), der Mann, der sich den chinesischen Panzern auf dem Platz des Himmlischen Friedens entgegenstellte, (1989, **Charlie Cole**) oder die afghanische Frau mit abgeschnittener Nase (2010, **Jodi Bieber**).

IN DIESEM KAPITEL

Die Spielleute der Frühgeschichte und des Mittelalters

Die Epochen der klassischen Musik

Die Klänge der Moderne

Kapitel 5
Tonkunst zwischen Experiment und ausgefeilter Komposition

Gehören auch Sie zu den Menschen, die sich ein Leben ohne Musik nicht vorstellen können? Damit sind Sie nicht allein. Bisher hat man noch keine menschliche Kultur ohne Musik entdeckt. Viele Forscher gehen davon aus, dass die Menschen eher singen konnten als sprechen. Eventuell haben sie damit schon vor 2 Millionen Jahren begonnen.

Voraussetzung dafür war jedoch der aufrechte Gang, der zweierlei bewirkte: Der Kehlkopf sank zum einen tiefer, zum anderen begannen die Menschen zu jagen und waren nicht mehr allein auf die oft sehr harte, pflanzliche Nahrung angewiesen, wodurch sich die Kaumuskulatur zurückbilden konnte. Das wiederum führte zu einer größeren Mundhöhle, in der sich differenzierte Laute bilden ließen.

Geschenk der Götter

In den meisten traditionellen Kulturen gilt die Musik als ein Geschenk der Götter, die den Menschen gelehrt wurde, damit diese in religiösen Riten mit der jenseitigen Welt in Verbindung treten können. Auch die Götter selbst werden oft mit einem für sie typischen Instrument dargestellt: der griechische Apollo mit der *Kithara* (einer Art Leier), der indische Krishna mit einer *Hirtenflöte*, die ägyptischen Göttinnen Bastet, Hathor und Isis mit einem *Sistrum*, einer Handrassel, die offenbar auch in ihrem Kult eine große Rolle spielte.

Rasseln und Flöten: die Anfänge der Musik

Und nun zum Jodeldiplom. Ja, Sie haben richtig gelesen! Was in zahlreichen Sketchen des Humoristen Loriot als der Gipfel des Absurden zelebriert wird, war in früheren Zeiten ein wichtiges *Kommunikationsmittel*. Der Schall trug beim Jodeln in den Bergen weiter als irgendwelches Gebrüll und erlaubte durch die Modulation der Jodler die Verständigung über viele Kilometer, etwa zwischen weit entfernten Almhütten oder herumziehenden Hirten.

Typisch für das Jodeln ist neben der Aneinanderreihung kurzer, sinnfreier und vokalbetonter Silben wie eben »jo« der ständige, schnelle Wechsel zwischen hohen und tiefen Tönen. Dabei wird ein möglichst großer *Tonumfang* ausgeschöpft und zwischen der normalen *Bruststimme* und der höheren *Kopfstimme* hin und her gewechselt. Allerdings entsteht die Kopfstimme nicht wirklich im Kopf, sondern wird durch andersartige, zartere Bewegungen der Stimmlippen erzeugt.

Ähnliche Gesänge wurden weltweit bei vielen Hirtenvölkern gefunden, aber auch bei Inselbewohnern in der Südsee.

Hätte Singen keinen Evolutionsvorteil bedeutet, da sind sich die Forscher sicher, dann hätten die Menschen heute keine Stimme mehr, die – mit entsprechendem Training – bis zu drei Oktaven umfassen kann. Denn für das normale Sprechen reicht eine gute halbe. Auch die Fähigkeit, Töne lange zu halten, ist beim Austausch von Worten überflüssig. Aber neben der Verständigung über weite Räume gab es wohl noch mehr Gründe, warum die Fähigkeit zum Singen von der Urzeit bis heute weitervererbt wurde:

- **Singen macht glücklich.** Und zwar nicht auf kulturell angelerntem Weg, sondern unmittelbar über das biochemische Belohnungssystem des Körpers.
- **Singen beruhigt.** Negative Gefühle wie Aggressionen, Trauer et cetera können so auf sehr verträgliche Weise abgebaut werden. Wiegenlieder für Babys klingen weltweit ganz ähnlich, während viele andere musikalische Erzeugnisse nicht überkulturell wirken.
- **Singen ist gemeinschaftsstiftend.** Das lässt sich bei allen Kulturen, gerade auch den sehr traditionellen, belegen.
- **Singen macht sexy.** Sieht man ja bei den Vögeln. Oder bei Popkonzerten. Was so universal gilt, war wohl auch in der Frühgeschichte nicht anders.

Und was ist mit Musikinstrumenten? Die ältesten bekannten Instrumente sind rund 40.000 Jahre alte *Knochenflöten* – teils aus Höhlen, die auch über eine besonders gute Akustik verfügen. Aber jeder, der Kinder hat, wird keinen Zweifel haben, dass, lange bevor eine so komplexe Fähigkeit wie das Schnitzen einer Flöte erlernt wurde, alles Mögliche als Schlaginstrument zum Einsatz kam. Weitere prähistorisch nachgewiesene Instrumente sind:

- **Schwirrhölzer:** Hölzer beziehungsweise Knochenstücke werden an einer langen Schnur herumgewirbelt und erzeugen dabei sirrende, schwirrende oder auch brummende Töne, die sehr durchdringend und weithin hörbar sein können. Sie sind heute noch bei verschiedenen traditionellen Kulturen im Einsatz und werden in religiösen Riten zur Kommunikation mit den Geistern benutzt.
- **Schrapper:** Darunter versteht man gekerbte Knochenstücke, die ähnlich einem Waschbrett bespielt werden konnten.

- **Musikbögen:** Wie Jagdbögen bestehen sie aus einem Holzbogen mit gespannter Sehne. Als Resonanzraum kann der Mund des Spielers, aber auch ein seitlich angebrachtes Gefäß dienen.

In der Jungsteinzeit, als die Menschen sesshaft wurden und zu töpfern begannen, wurden Rasseln, Glocken, Trommeln und Gefäßflöten aus Ton hergestellt. Auch in den frühen Hochkulturen spielte Musik eine große Rolle. Sowohl aus Mesopotamien und Ägypten wie auch aus China sind eine Vielzahl von Instrumenten bekannt: Trommeln, Harfen, Lauten, Zithern, Flöten, Trompeten, Glocken und Rasseln. Als sich im 3. Jahrtausend v. Chr. die Bronzeherstellung verbreitete, wurde die Technik umgehend auch zur Herstellung neuer Instrumente verwendet. Vor allem die Chinesen waren Meister bei der Herstellung von Bronzeglocken, die bereits auf exakte Tonhöhen gestimmt waren.

In der Heimat der Musen

Wussten Sie, dass es bei den Olympischen Spielen der Antike auch Wettbewerbe für Sänger gab? Sie spielten allerdings eine Nebenrolle. Der wahre Songcontest des alten Griechenlands waren die *Pythischen Spiele* zu Ehren des Licht- und Musengottes Apollo in Delphi. Auf dem Programm standen vier Disziplinen: Flöten- und Leierspiel, jeweils solo und von Gesang begleitet. Die Flöte, der *Aulos*, waren eigentlich zwei, die beim Spielen v-förmig gehalten wurden. Die Leier war nicht die kleine Lyra, sondern die größere, feierlichere *Kithara*. Andere Instrumente wie Trommeln, Rasseln und Klappern sowie die Panflöte galten nicht als Teil der Hochkultur, sondern wurden bei Gelagen von Musikantinnen gespielt.

Wollen Sie wissen, wie griechische Musik, Aulos und Kithara klingen? Dann geben Sie doch mal den Namen Seikilos in Ihre Internetsuchmaschine ein. Es handelt sich dabei um einen Liedtext, der im frühen 2. Jahrhundert samt Notation auf eine Stele gemeißelt wurde. Auch wenn Sie Aulos oder Kithara plus »Klangbeispiel« eingeben, werden Sie auf die Töne der Antike stoßen.

Doch im antiken Griechenland gab es nicht nur ein reges Musikleben, sondern auch eine intensive theoretische Auseinandersetzung mit der Welt der schönen Töne. Ein Erbe der griechischen *Musiktheorie*, das die ganze abendländische Musik prägte, ist die *Heptatonik* (*Siebentönigkeit*). Sowohl die Dur- wie die Moll-Tonleitern und die mittelalterlichen Kirchentonarten sind heptatonisch. Das heißt, sie bestehen innerhalb einer Oktave aus sieben Tönen. Der achte Ton ist der erste der nächsten Oktave.

Nun könnte man denken, dass es völlig natürlich ist, dass ein Intervall, das Oktave (acht) heißt, auch acht Töne umfasst. Doch hier beißt sich die Katze in den Schwanz. Die Oktave heißt nur so, weil man acht Töne hineingepackt hat, aber das Intervall, das diesen Namen trägt, ist nichts von Menschen Definiertes, sondern blanke Physik. Die Frequenzen von zwei Tönen, die eine Oktave auseinanderliegen, haben ein Verhältnis von 2:1. Das führt dazu, dass sie sich zwar in ihrer Höhe unterscheiden, sonst aber den völlig gleichen *Toncharakter* haben.

Auch die einzelnen Töne innerhalb der Oktave sind in der Heptatonik so gewählt, dass die *Intervalle* zwischen ihnen besonders harmonisch klingen. So beträgt bei einer reinen *Quarte* (Intervall über vier Tonstufen) das Verhältnis der Frequenzen 4:3, bei einer reinen

Quinte (fünf Tonstufen) 3:2. Die *Sekunde* (Intervall zwischen zwei benachbarten Tönen) dagegen gilt als dissonant, erzeugt aber Spannung. Sie wird deshalb gerne dort eingesetzt, wo es um Tränen, Schmerz und Unheil geht.

Physikalische Gesetze sind nicht kulturabhängig, sondern auf der ganzen Welt gleich, was dazu führt, dass die heptatonische Musik von fast allen Menschen als angenehm empfunden wird. Mediziner haben sogar herausgefunden, dass sie Atmung und Herzschlag beruhigt, die Muskeln entspannt und die Ausschüttung von Stresshormonen reduziert. Sogar viele Tiere wie Hunde und Katzen werden ruhiger. Und Kühe geben mehr Milch, wenn man ihnen klassische Musik vorspielt. Allerdings tut bei den Rindviechern auch Kuschelrock seine Wirkung. Hauptsache, die Musik ist langsam, das heißt unter 100 Beats pro Minute. Mehr als 120 Beats pro Minute dagegen lassen die Tiere verkrampfen und wirken sich negativ auf die Milchproduktion aus.

Die *Oktave* spielt in der Musik nahezu jeder Kultur eine Rolle, die Zahl der Töne innerhalb variiert jedoch. Weltweit dominieren *pentatonische*, also *fünftönige Tonsysteme*. Volksmusiken sind (auch in Europa) vorwiegend pentatonisch. Manche sehr traditionellen Stammesmusiken, etwa in Ozeanien, bei den Inuit und nordamerikanischen Plains-Indianern, kommen mit vier Tönen pro Oktave aus (*Tetratonik*).

Wenn man über die Musik des antiken Griechenlands spricht, kommt man um Orpheus nicht herum. Er hat zwar nie gelebt, inspirierte aber unzählige Opern, Lieder, Gedichte, Erzählungen, Gemälde und sogar Filme. An seiner Gestalt faszinierte vor allem zweierlei:

1. Er soll so wunderbar gesungen haben, dass wilde Tiere zahm wurden, Bäume sich vor ihm verneigten und Steine zu weinen anfingen.

2. Er folgte seiner verstorbenen Ehefrau Eurydike in die Unterwelt, brachte dort den Höllenhund Zerberus durch sein Spiel zum Verstummen und erweichte Totengott Hades, sodass dieser Eurydike gehen ließ. Allerdings unter der Bedingung, dass Orpheus sich beim Weg aus der Unterwelt nicht zu ihr umdrehen dürfe, was er natürlich doch tat.

Musik und Musen

Der Begriff »Musik« leitet sich von den *Musen* ab, griechischen Schutzgöttinnen der Künste. Der Dichter **Hesiod** berichtet in seiner *Theogonie* von neun Töchtern von Göttervater **Zeus** und der **Mnemosyne** (Erinnerung):

1. **Erato** (die Liebesverlangen Weckende): Liebesdichtung
2. **Euterpe** (die Erfreuende): Flötenspiel
3. **Kalliope** (die Schönstimmige): epische Dichtung
4. **Klio** (die Rühmende): Geschichtsschreibung

5. **Melpomene** (die Singende): Tragödie
6. **Polyhymnia** (die Liederreiche): Leiergesang
7. **Terpsichore** (die im Reigen Tanzende): Tanz und Chordichtung
8. **Thalia** (die Festliche): Komödie
9. **Urania** (die Himmlische): Astronomie

Andere Quellen nennen andere Zahlen und Namen. Durchgesetzt haben sich Hesiods neun. Die Zuständigkeiten kamen allerdings erst später dazu. Als Göttinnen schenken die Musen Zugang zu diesen Künsten, weswegen später künstlerisch inspirierend wirkende Frauen zu Musen erhoben wurden. Die Wurzel des Wortes »Muse« ist unklar.

Choräle und Minnesang: die Musik des Mittelalters

Die bekannteste Gestalt der mittelalterlichen Musik ist der Minnesänger, der eine unerreichbare Frau anschmachtet. Doch der *Minnesang* ist nur ein kleiner Ausschnitt aus der mittelalterlichen Tonkunst. Ein sehr kleiner.

Zuerst einmal war das Mittelalter eine sehr religiös geprägte Zeit und das bedeutet auch, dass die wichtigste Musik in der Kirche spielte. Die ist mit dem Namen von Papst **Gregor I.** verbunden. Dieser regierte von 590 bis 604 und gilt als Letzter der vier lateinischen Kirchenväter (neben Ambrosius, Augustinus und Hieronymus). Gregor setzte eine Vereinheitlichung des *christlichen Ritus* durch, also wann in einer Messe welche Gebete, Schriftlesungen und Gesänge an der Reihe sind. In diesem Zug entstand auch der *Gregorianische Choral* als einheitliche Musikform. Die Choräle wurden auch zu den klösterlichen Gebetszeiten (Stundengebeten) gesungen. Die Texte stammen überwiegend aus dem alttestamentarischen *Buch der Psalmen.*

Der Legende nach sollen alle Lieder und Melodien des Gregorianischen Chorals von Gregor persönlich stammen, beziehungsweise ihm von Gott eingegeben worden sein. Auf zahlreichen Abbildungen ist deshalb der Heilige Geist in Gestalt einer Taube neben seinem Ohr zu sehen.

Ende des 12. Jahrhunderts führten Musiker an der Kathedrale Notre-Dame in Paris den mehrstimmigen Gesang ein. Daraus entwickelten sich die *Motetten*, anspruchsvolle Kompositionen, bei denen die verschiedenen Stimmen unterschiedliche Texte singen.

Beim mehrstimmigen Gesang werden verschiedene Melodien gleichzeitig gesungen. Damit das gut klingt, müssen die Töne, die zusammen erklingen (*Akkorde*), aus harmonischen Intervallen bestehen. Ein zentraler Akkord ist der *Dreiklang* aus drei verschiedenen Tönen, die jeweils eine *Terz* (drei Tonstufen) auseinanderliegen.

Mittelalterliche Motetten konnten sowohl religiöse wie auch weltliche Inhalte haben. In der Renaissance und dem Barock wurden dann religiöse Stücke, bei denen eine zentrale Stimme von anderen Stimmen und teils auch instrumentaler Begleitung »umspielt« wird, Motetten genannt, während entsprechende weltliche Kompositionen als Madrigale bezeichnet wurden.

Das *Madrigal* war ursprünglich eine italienische Gedichtform, in der jede Strophe aus drei Doppelversen und einem anschließenden Refrain bestand. Sie wurde zum Beispiel von **Petrarca** in seinen Liebesliedern an Laura verwendet.

Eine Orchesterbegleitung gab es im Mittelalter jedoch noch nicht, da die Kirchenväter Instrumente als überflüssig und weltlich ansahen. Erst im 14. Jahrhundert begannen Orgeln in den Kirchen Einzug zu halten.

Die erste Orgel soll im 3. Jahrhundert v. Chr. von dem griechischen Mathematiker und Ingenieur **Ktesibios** in Alexandria erfunden worden sein. Er nannte sie *Hydraulos* (»Wasser-Aulos«), weil sie mit Wasserdruck arbeitete, und wurde so zum Wortschöpfer der *Hydraulik*. Orgeln waren im Römischen Reich sehr beliebt, wurden dort aber nicht zu religiösen Zwecken, sondern zur Untermalung im Zirkus, bei Pferderennen oder Auftritten des Kaisers eingesetzt.

Auch in der Kunst tauchen die später so beliebten musizierenden Engel erst ab dem 14. Jahrhundert auf. Älter sind nur die sogenannten »Posaunenengel«. Sie machen jedoch keine Musik, sondern künden das Weltgericht an.

Daneben gab es die weltlichen *Spielleute*. Das Wort ist seit dem 8. Jahrhundert belegt, doch ein wirkliches *Spielmannswesen* breitete sich wohl erst ab dem 11. Jahrhundert aus, da sich erst dann eine höfische und städtische Festkultur entwickelte, die einen solchen Beruf einigermaßen auskömmlich machte. Eine wichtige Rolle spielte dabei Herzog **Wilhelm IX. von Aquitanien** (1071–1126). Der Herzog war nicht nur ein Lebemann mit einer außergewöhnlich prächtigen Hofhaltung, sondern auch höchstpersönlich einer der ersten *Troubadoure*. Die Lieder, die von ihm überliefert sind, sind kunstvolle Dichtungen in *Okzitanisch*, der Sprache des französischen Südens (Langue d'Oc), inhaltlich teilweise sehr freizügig und der kirchlichen Moralvorstellungen spottend. Aber auch Gesänge an die unerreichbare Geliebte sind dabei.

In Südfrankreich gab es auch vereinzelt *Troubairitz*, weibliche Spielleute, die Liebe und Leben aus weiblicher Sicht besangen.

Von Südfrankreich aus breitete sich diese Form des Spielmannswesens in Europa aus. In England erlebte sie eine Blütezeit unter Wilhelms Enkelin **Eleonore** und deren zweitem Ehemann **König Heinrich II.** Auch die deutschen Sänger orientierten sich teilweise am Stil der Troubadoure. Themen der Lieder waren:

- die Liebe (Minne) in ihrer erreichbaren und unerreichbaren Form, vom höfischen Werben bis zum sexuellen Abenteuer,
- Heldenepen (mehr dazu in Kapitel 6),

- Spruchdichtung mit moralischem, religiösem, politischem, philosophischem, auf jeden Fall aber belehrendem Inhalt (wie *Ich saß auf einem Steine* von **Walther von der Vogelweide,** um 1170–1230),
- Neuigkeiten und Gerüchte,
- die Kreuzzüge,
- Natur und Jahreszeiten.

Die Auswahl zeigt schon, dass beim Spielmannswesen die Liedtexte im Mittelpunkt standen. Wie gut die Sänger wirklich singen konnten und welche Instrumente sie beherrschten, ist nicht überliefert. Prächtige Handschriften wie der *Codex Manesse,* der 140 Sänger mit ganzseitigen Farbbildern und ihren gesammelten Werken vorstellt, zeigen jedoch, dass sie Stars ihrer Zeit waren.

Daneben gab es natürlich noch die minder berühmten Spielleute, die nicht bei Hofe spielten, sondern sich ihr Auskommen auf städtischen Jahrmärkten und Dorffesten verdienen mussten und vermutlich oft Musik und Gaukelspiel mixten.

Im Gegensatz zur kirchlichen Musik des Mittelalters wurden von den Spielleuten alle erdenklichen Instrumente benutzt: Lauten, Fideln, Harfen, Drehleiern, Sackpfeifen, Schalmeien, Flöten, Handtrommeln.

Eine Zwischenstellung nahmen die *Vaganten* ein, umherziehende Studenten. Wichtigstes Charakteristikum der *Vagantenlieder* ist, dass sie nicht in der Landessprache, sondern auf Latein verfasst sind. Die Form ist jedoch eher schlicht, die Themen mehr derb als höfisch, aber durchaus mit gebildeten Anspielungen durchsetzt. Die bekannteste Sammlung sind die *Carmina Burana* (Lieder aus Beuern), die von **Carl Orff** (1895–1982) und anderen modernen Künstlern neu aufbereitet wurden.

Die Wucht des doppelten E

Als klassische Musik gilt in der Regel die europäische Musik vom Beginn der Renaissance bis zum Ende der Romantik, also vom 15. bis zum 20. Jahrhundert. Für manche ist es *die* Musik schlechthin – jedenfalls wenn es um musikalische Hochkultur geht. Trotz ihrer immensen Bedeutung und großen Klasse sollte man jedoch nicht ganz übersehen, dass sie nur einen kleinen Teil des musikalischen Spektrums repräsentiert. In ihrem Schatten gibt es:

- die »Alte Musik«,
- das ganze Spektrum der außereuropäischen Musik,
- die europäische Volksmusik,
- die teilweise immer noch als Unterhaltungsmusik abgetane moderne Musik.

Tanz und Messe

Die Kirche und der Adel waren die beiden großen Auftraggeber während der Renaissance und des Barocks.

Elemente der Renaissance-Musik

Im Gegensatz zur Malerei und Architektur stellt die Musik der Renaissance keinen radikalen Bruch mit der des Mittelalters dar. Stattdessen ist die Renaissance eine Übergangsphase, in der sich typische Elemente der klassischen Musik entwickelten. Das geschah vor allem in Italien und am Hof der Herzöge von Burgund (*franko-flämische Musik*).

Zu diesen Elementen gehören:

- ✔ Einteilung der Stimmen in *Sopran* (hohe Knaben-/Frauenstimme), *Alt* (tiefe Knaben-/Frauenstimme), *Tenor* (hohe Männerstimme) und *Bass* (tiefe Männerstimme). Vor allem die Bassstimme hatte im Mittelalter noch kaum eine Rolle gespielt.
- ✔ Erweiterung der Kirchentonarten auf zwölf. Darunter sind die *ionische Tonart*, aus der sich die Dur-Tonleiter entwickelte, und die *äolische*, aus der die Moll-Tonleiter wurde.

Eine *Tonart* ist nicht automatisch eine *Tonleiter*. Eine Kirchentonart zum Beispiel ist durch einen *Hauptton* und einen *Finalton* gekennzeichnet. Wird ein Stück beispielsweise in der ionischen Tonart komponiert, muss der Hauptton das g, der letzte das c sein.

Dagegen werden die Töne der Dur- und Moll-Tonleitern durch die *Intervalle* zwischen den einzelnen Tönen definiert.

- ✔ **Dur:** Ganzton – Ganzton – Halbton – Ganzton – Ganzton – Ganzton – Halbton
- ✔ **Moll:** Ganzton – Halbton – Ganzton – Ganzton – Halbton – Ganzton – Ganzton

Die Töne der C-Dur-Tonleiter heißen c, d, e, f, g, a und h. Ein Musikstück in C-Dur komponieren bedeutet, das c zum Grundton des Stücks zu machen. Wählt man eine andere Tonleiter und damit einen anderen Grundton, müssen einzelne Töne um einen Halbton erhöht beziehungsweise erniedrigt werden, um die typische Dur- oder Moll-Tonfolge einzuhalten. Erhöhungen werden durch ein hashtagartiges Kreuz (#), Erniedrigungen durch ein kleines b angezeigt.

Jede Tonart hat ihren Charakter: C-Dur etwa klingt recht ernst, D-Dur eher heiter, E-Dur edel. Das Komponieren mit einem Grundton nennt man *Tonalität*.

- ✔ die Entwicklung von Musikinstrumenten, die nach Stimmlagen gestaffelt gebaut werden (*Instrumentenfamilien*). Beliebtestes Instrument aber blieb vorerst noch die Laute, mit der Lieder begleitet wurden.

- der Druck und europaweite Verkauf von Musikstücken, nachdem der venezianische Verleger Ottaviano dei Petrucci 1498 ein Notendrucksystem mit beweglichen Lettern entwickelt hatte.

- die steigende Bedeutung der Musik gegenüber dem Text bei Singstücken.

Stars der Renaissance-Musik

- **Giovanni Pierluigi da Palestrina** (um 1525–1594) war einer der einflussreichsten Kirchenmusiker überhaupt. Er war in Rom tätig und verband den italienischen mit dem franko-flämischen Stil. Seine mehrstimmige Vokalmusik inspirierte Musiker von Bach über die Wiener Klassiker bis hin zu Brahms, Bruckner und anderen Komponisten der Romantik.

- **Orlando di Lasso** (1532–1594) war der berühmteste Komponist seiner Zeit. Der Belgier kam mit zwölf Jahren wegen seiner wunderschönen Stimme an den Hof des Vizekönigs von Sizilien. Nach dem Stimmbruch ließ ihn der Vizekönig zum Komponisten ausbilden. Orlando kam in ganz Europa herum, bevor er sich 1566 in München niederließ. Er war extrem produktiv, sehr experimentierfreudig und schrieb geistliche und weltliche Musik vieler Genres, wobei er musikalische Einflüsse aus den verschiedensten Traditionen Europas aufnahm.

Übergang zur Barock-Musik

Claudio Monteverdi (1567–1643) steht in zweierlei Hinsicht für den Übergang der Renaissance-Musik zum Barock:

1. **Er erfand die Oper.** In Mantua angestellt, schrieb er zunächst die nach Meinung vieler Experten perfektesten Madrigale, wie etwa die *Madrigale von Liebe und Krieg*, bevor er den Schritt vom dramatischen Lied zum szenischen Musikwerk tat. 1607 wurde in Mantua sein *L'Orfeo* aufgeführt, die erste Oper der Geschichte.

2. **Er war einer der ersten Komponisten, die den Generalbass benutzten.** Das ist eine ununterbrochene Bassstimme, mit der Kompositionen unterlegt sind. In der Barock-Musik wurde er als unerlässlich betrachtet, um einem Stück ein harmonisches Gerüst zu geben.

Weitere Unterschiede zwischen Renaissance und Barock sind:

- Die *Instrumentalmusik* emanzipierte sich weiter und ließ ihre Rolle als Begleitung der *Vokalmusik* hinter sich. Gegen Ende des 17. Jahrhunderts kam das reine *Instrumentalkonzert* auf.

- Andererseits wurde aber auch der aus Florenz stammende Trend des nur dezent begleiteten *Sologesangs* aufgegriffen. Dabei ging es vor allem um verständliche Texte und das Transportieren von Emotionen. Aus diesem Gesang heraus entwickelten sich das *Rezitativ* (Sprechgesang) und die *Opernarie*.

- Der barocke Hang zum Drama schlug sich auch in der Musik nieder. Die vokalen und instrumentalen Stimmen eines Stücks umspielen einander, liegen miteinander im Wettstreit, finden sich, driften wieder auseinander ... Als neue Form entwickelte sich die *Fuge* (lat. »Flucht«), bei der ein musikalisches Thema von den verschiedenen Stimmen zeitlich versetzt immer wieder aufgegriffen wird.

- Das Spektrum der Musikinstrumente wurde standardisiert. Anstelle vieler sehr unterschiedlich klingender Streichinstrumente trat beispielsweise die abgestimmte Violinenfamilie aus Violine (Geige), Viola (Bratsche), Cello und Kontrabass.

Formen der Barock-Musik

Neben der Oper kamen weitere komplexe Formen auf:

- **Oratorium:** ein geistliches Stück, bei dem nicht geschauspielert wird. Die Dramatik entsteht allein durch die Musik, das heißt die Rollen der einzelnen Sänger und des Chores. *Passionen* (ob nun von Bach oder anderen) sind Oratorien, ebenso Händels *Messias* (siehe auch Kapitel 15).

- **Kantate:** Sie besteht aus mehreren thematisch zusammengehörenden Instrumentalstücken, Chorälen, Arien und Rezitativen. Kantaten wurden oft zu bestimmten Kirchen- oder höfischen Festen komponiert. Ein Meister dieses Genres war Bach, der rund 300 vorwiegend geistliche Kantaten schuf.

- **Ballett:** Es wurde vor allem am französischen Königshof populär (mehr dazu in Kapitel 7).

Zu einer der beliebtesten Musikformen des Barocks wurde die *Suite*. Sie ist eine Abfolge mehrerer Instrumentalstücke, die auf Tänzen wie Allemande, Courante, Gaillarde, Pavane oder Gigue beruhen (mehr zu diesen in Kapitel 7).

Stars der Barock-Musik

Der Musiker des Barocks schlechthin war **Johann Sebastian Bach** (1685–1750). Es gibt Menschen, die ihn sogar für den größten Musiker aller Zeiten halten. Als Sohn einer Musikerfamilie bekam er von klein auf Unterricht, lernte jedoch nie zu komponieren. Das brachte er sich selbst bei, weil er die »versteckttesten Geheimnisse der Harmonie in die künstliche Ausübung« bringen wollte. Tatsächlich schöpfte er die Möglichkeiten des Dur-Moll-Systems aus und setzte in allen Bereichen neue Maßstäbe. Dabei war er enorm produktiv und ebenso vielseitig. Zu seinen bekanntesten Werken gehören: *h-Moll-Messe, Matthäus-* und *Johannespassion, Weihnachtsoratorium, Das Wohltemperierte Clavier* (mit Kompositionen in allen Tonarten für ein »wohltemperiert« gestimmtes Klavier), *Goldberg-Variationen* und *Brandenburgische Konzerte* (dem Markgrafen von Brandenburg-Schwedt gewidmet).

Bachs eigentlicher Job aber war, nachdem er 1723 Thomaskantor in Leipzig geworden war, die Musik an den vier Hauptkirchen Leipzigs zu organisieren. Dazu gehörte, die Knaben des Thomanerchors zu unterrichten, mit ihnen Stücke einzuüben und aufzuführen sowie höchstpersönlich in den Gottesdiensten Orgel zu spielen. Für dieses Spiel wurde er gefeiert (viel mehr als für seine Kompositionen), den Lateinunterricht an der Thomanerschule trat er an einen »Subunternehmer« ab.

Weitere bedeutende Komponisten des Barocks waren

- ✔ **Jean-Baptiste Lully** (1632–1687),
- ✔ **Dietrich Buxtehude** (um 1637–1707),
- ✔ **Georg Friedrich Händel** (1685–1759),
- ✔ **Georg Philipp Telemann** (1681–1767) und
- ✔ **Antonio Vivaldi** (1678–1741).

Vivaldi war vor allem als virtuoser Geiger berühmt. *Die vier Jahreszeiten* und seine anderen Violinenwerke komponierte er für sich selbst und seine Schülerinnen vom *Ospedale della Pietà*, einem Waisenhaus in Venedig.

Oper und Konzert

Was kann nach einem Bach noch kommen? Unter anderem die Bach-Söhne. Sie stehen – obwohl manche Kompositionen der beiden Älteren schwer von denen des Vaters zu unterscheiden sind – für einen Stilwechsel in der klassischen Musik: von der wuchtigen, strengen Regeln folgenden Komposition zum *empfindsamen Stil*, der musikalisch einfacher, aber anmutiger, emotionaler und überraschender ist und als Übergang zwischen Barock und Wiener Klassik gilt.

Die vier musizierenden Bach-Söhne sind:

1. **Wilhelm Friedemann** (1710–1784, Dresden und Halle) galt als der begabteste, konnte aber nirgendwo so recht Fuß fassen.
2. **Carl Philipp Emanuel** (1714–1788, Berlin und Hamburg) wurde der bedeutendste.
3. **Johann Christoph Friedrich** (1732–1795, Bückeburg) stand im Schatten der Brüder.
4. **Johann Christian** (1735–1782, Mailand, London) komponierte vor allem weltliche Musik und beeindruckte den achtjährigen Mozart schwer.

Bei den Zeitgenossen waren die Söhne populärer als der Vater.

Der Wechsel vom barocken zum empfindsamen Stil in der Musik begann um 1730 und fiel ziemlich genau mit dem Übergang vom wuchtigen Barock in der bildenden Kunst zum intimeren, zierlicheren Rokoko zusammen. Gleichzeitig setzte in der Geistesgeschichte die Aufklärung ein und forderte mehr natürliches Empfinden.

Neben den Bach-Söhnen ist **Christoph Willibald Gluck** (1714–1787) ein bedeutender Vertreter der *Vorklassik*. Gluck gilt als Reformator der Oper. Zwar schrieben auch Barock-Koryphäen wie Händel, Telemann und Vivaldi Opern, doch das meiste, was im 17. und 18. Jahrhundert entstand, war ziemlich seichte Unterhaltung. Das einfache Volk vergnügte sich bei der *Opera buffa*, einem musikalischen Schwank mit stets dem gleichen karikierten

Personal, das immer die gleichen Zoten riss. Die besseren Kreise hielten sich dagegen an die »ernste« *Opera seria*, mythologischem Schwulst, der vor allem dazu diente, dass teure Sänger – vor allem die beliebten Kastraten – ihre sagenumwobenen Stimmen effektvoll produzieren konnten.

Gluck wollte wieder Opern, die sich um nachvollziehbare menschliche Leidenschaften drehen, mit einer Musik, die zum Geschehen auf der Bühne passt. 1761 erregte sein »reformiertes« Ballett *Don Juan* viel Aufmerksamkeit, 1762 schrieb ein Kritiker über seine Oper *Alceste*: »ein ernsthaftes Singspiel ohne Kastraten, eine Musik … ohne Gurgelei, ein … Gedicht ohne Schwulst und Flatterwitz«. Gluck feierte zu Lebzeiten in Paris und Wien große Erfolge, wurde nach seinem Tod aber von Mozart und den Romantikern in den Schatten gestellt.

Die Geschichte von Don Juan wurde von zahllosen Künstlern aufgegriffen, unter anderem Mozart, E. T. A. Hoffmann, Lord Byron, Alexander Puschkin, George Sand, Charles Baudelaire, Ödön von Horváth, Max Frisch und Albert Camus. Ihre Wurzeln hat sie in Spanien. Don Juan aus Sevilla, ein gewissenloser, aber sehr erfolgreicher Frauenheld, tötet im Duell den Vater eines seiner Opfer. Eines Tages begegnet er einer Statue des Getöteten, verhöhnt sie und lädt sie ein, in sein Haus zu kommen. Der »steinerne Gast« erscheint wirklich, worauf sich die Hölle auftut und Don Juan verschlingt.

Erst in der Romantik begannen einzelne Komponisten, die Texte ihrer Stücke selbst zu verfassen. Vorher griffen sie auf die Dienste eines *Librettisten* zurück. Einer der bekanntesten war **Lorenzo da Ponte** (1749–1838), der etwa 30 Libretti geschrieben hat, darunter die zu Mozarts Opern *Le nozze di Figaro, Don Giovanni* und *Così fan tutte.*

Die Kastraten

Da Frauen nicht in der Kirche singen durften, begann man im 16. Jahrhundert, Jungen mit schöner Stimme vor der Pubertät zu kastrieren. Im 17. Jahrhundert wurde der »engelsgleiche«, hohe, aber kraftvolle *Kastratengesang* in Europa Kult. Der berühmteste Kastrat war **Farinelli** (Carlo Broschi, 1705–1782), der am spanischen Hof angestellt war und jeden Abend für den depressiven König Philipp V. singen musste. Erst ab 1780 ging die Zahl der Kastrationen rapide zurück.

Dass Frauen damals gar nicht singen durften, stimmt aber nicht. An den Renaissance-Höfen Oberitaliens gab es zahlreiche gefeierte Sängerinnen. Die berühmteste war **Francesca Caccini** (1587–1640). Sie war sogar besser bezahlt als die meisten Männer, begleitete sich selbst mit Cembalo, Laute und Gitarre und schrieb mehrere Opern. Doch der Hype um die Kastraten verdrängte die Sängerinnen. Im Einflussbereich des Vatikans wurden ihnen Auftritte zeitweise sogar verboten. Erst Papst Clemens XIV. ging im 18. Jahrhundert energisch gegen die Praxis der Kastration vor und öffnete in diesem Zuge sogar die Kirchenmusik für Frauen.

Für die *Wiener Klassik* (um 1770 bis 1827) stehen drei Namen:

1. **Joseph Haydn** (1732–1809): Er entwickelte vor allem die Instrumentalmusik weiter. So schrieb er Kammermusik für die verschiedensten Besetzungen, Klaviersonaten und über 100 Sinfonien. Seine *Kaiserhymne* ist heute die Melodie der deutschen Nationalhymne. Für Mozart war er väterlicher Freund und musikalisches Vorbild, ließ sich aber auch von diesem inspirieren.

2. **Wolfgang Amadeus Mozart** (1756–1791): Er trat schon mit sechs Jahren öffentlich auf und blieb bis zum Ende seines Lebens das geniale, exzentrische Wunderkind, das die schwierigsten Kompositionen nur so aus dem Ärmel schüttelte und wunderbar leicht klingen ließ.

3. **Ludwig van Beethoven** (1770–1827): Er war ein Bewunderer Mozarts und Schüler Haydns. Zunächst wurde er als begnadeter Klaviervirtuose berühmt. Mit zunehmender Taubheit verlegte er sich aufs Komponieren und erfüllte die klassische Form mit emotionaler Wucht. Seine bekanntesten Stücke sind das Klavierstück *Für Elise* (siehe Kapitel 15), die *Mondscheinsonate,* die *Klaviersonaten Pathétique* und *Appassionata,* die Messe *Missa solemnis* und die Sinfonien Nr. 3 (*Eroica*), Nr. 5. (*Schicksalssinfonie*) und Nr. 9.

Alle drei waren Ausnahmetalente, die Musiktraditionen und Inspirationen aus ganz Europa aufgriffen und weiterentwickelten:

- ✔ Die Instrumentalmusik wurde weiter aufgewertet. Es kam zur Unterscheidung zwischen *Kammermusik* für kleine Ensembles aus meist nicht mehr als vier, selten bis zu acht Instrumenten und *Orchestermusik* für große Ensembles.
- ✔ Im Barock durfte begleitende Musik wie der Generalbass improvisiert werden. Nun wurde auch dieser auskomponiert.
- ✔ Verschiedene Instrumente oder Instrumentengruppen lösten sich beim Spielen einer Melodielinie ab (durchbrochener Stil).
- ✔ Jedes Musikstück hatte ein beherrschendes musikalisches Leitmotiv, aus dem heraus es entwickelt wurde.
- ✔ Beliebt waren musikalische Überraschungen wie in Haydns *Sinfonie mit dem Paukenschlag.*

Musikalische Formen der Klassik

Zu den wichtigsten musikalischen Formen der Klassik gehören:

- ✔ **Streichquartett:** ein Kammermusikstück für zwei Violinen, Bratsche und Violincello. Daneben entstand Musik für diverse andere Ensembles. So schrieb Mozart für die damals sehr berühmte, blinde Glasharmonikaspielerin **Marianne Kirchgeßner** (1769–1808) ein Quintett für Glasharmonika, Flöte, Oboe, Bratsche und Cello.

- **Sonate:** ein Stück für ein Soloinstrument oder ein kleines Kammermusikensemble, das meist aus vier Sätzen besteht. Im ersten Satz wird das Thema musikalisch vorgestellt und ausgearbeitet. Der zweite Satz ist dann bewusst langsam und in einer anderen, aber verwandten Tonart gehalten. Der dritte beruht auf einem Tanz (*Menuett* oder *Scherzo*). Der letzte besteht aus schnellen Variationen des Hauptthemas (*Rondo*).
- **Sinfonie**: die große Schwester der Sonate für Orchester.

Eine der bekanntesten Sinfonien ist die *Neunte* von Beethoven mit dem berühmten Schlusschor *An die Freude*, der auf Schillers gleichnamiger Ode beruht und heute Europahymne ist. Beethoven war damit der Erste, der Gesang in einer Sinfonie benutzte. Mit rund 70 Minuten ist die *Neunte* auch außergewöhnlich lang. Nach der Uraufführung waren die Meinungen darüber erst einmal geteilt. Manche fanden sie monströs, andere so genial, dass danach eigentlich nichts mehr kommen konnte.

- **Serenade und Divertimento:** mehrsätzige Instrumentalstücke mit heiterem Charakter, ähnlich der barocken Suite, aber freier in der Gestaltung.

Lieder und Operetten

Beethovens leidenschaftliche Kompositionen zeigen schon, wohin die Richtung ging: Auf die Wiener Klassik folgt in der Musik die Epoche der *Romantik*. Sie überschneidet sich mit der Romantik in der Literatur und Malerei, dauerte aber viel länger, grob gesagt über das ganze 19. Jahrhundert, von **Franz Schubert** (1797–1828) bis **Sergei Rachmaninow** (1873–1943). Romantische Musik sollte vor allem die Gefühle ansprechen. Nicht die perfekt ausgefeilte Komposition, nicht das virtuose Spiel war gefragt, sondern das emotionale Erleben. Das führte zu zahlreichen Änderungen:

- Texte wurden wieder wichtiger. Typisch ist das *Kunstlied*, ein in Text und Musik anspruchsvolles Lied. Der instrumentale Teil ist oft mehr zweite Ebene als Begleitung.

In Schuberts *Erlkönig* etwa malt der Gesang die Angst des Reiters aus, während die Klaviermusik das Dahinpreschen des Pferdes darstellt. Wie Goethes *Erlkönig* wurden oft Gedichte angesagter Literaten vertont. Schubert ist der wichtigste Vertreter dieser Gattung. Obwohl er nur 31 Jahre alt wurde, komponierte der Wiener rund 600 Lieder (und einiges andere), darunter *Der Tod und das Mädchen, Die Forelle* oder die Zyklen *Die schöne Müllerin* und *Winterreise*.

- Als große Form emanzipierte sich die Oper im Sinne Glucks weiter von mythologischem Schwulst und Buffo-Humor. En vogue waren
  - tragische Verstrickungen mit mystischem Einschlag wie *Der Freischütz* (1821) von **Carl Maria von Weber** und das ganze Repertoire von **Richard Wagner**;
  - tragische Verstrickungen mit erotischem Einschlag wie *Rigoletto* (1851) und *La Traviata* (1853) von **Giuseppe Verdi**, *Carmen* (1875) von **Georges Bizet** oder *Salome* (1905) von **Richard Strauss**;
  - Exotisches wie *Die Afrikanerin* (1865) von **Giacomo Meyerbeer**, **Verdis** *Aida* (1871) oder *Turandot* (1926) von **Giacomo Puccini**;

- nationale Themen wie in **Verdis** *Nabucco* (1842). Der Kampf der Juden gegen den babylonischen König Nabucco (Nebukadnezar II.) sollte zum Kampf für die Einigung Italiens aufrufen.

Wie es Mozart mit seiner *Entführung aus dem Serail* und der *Zauberflöte* vorgemacht hat, wurde oft nicht mehr Italienisch, sondern die jeweilige Landessprache benutzt.

In der zweiten Hälfte des 19. Jahrhunderts kam die *Operette* auf. Als Begründer gilt **Jacques Offenbach** (1819–1880). Sein *Orpheus in der Unterwelt* (1874) persifliert die klassische Orpheus-Sage. Neben der Pariser wurde vor allem die Wiener Operette berühmt – unter anderem mit *Die Fledermaus* und *Der Zigeunerbaron* von Walzerkönig **Johann Strauss d. J.** (1825–1899). Mit Romantik hat das allerdings wenig zu tun, eher mit einem gesteigerten Bedürfnis nach leichter Unterhaltung. Im 20. Jahrhundert gab es dann einen nahtlosen Übergang von der Operette zu *Musikkomödien* wie *Die Drei von der Tankstelle* (1930).

✔ Höfische Musik war gestern. Mit dem aufstrebenden Bürgertum stand ein großes neues Publikum bereit, bei dem der Besuch von Konzerten, aber auch die Hausmusik einen immensen Stellenwert hatten.

✔ Wie überall in der Kunst wurde auch in der Musik der Romantik nationale Folklore als bereicherndes Element entdeckt. So beruhen viele Klavierstücke des polnisch-französischen Komponisten **Frédéric Chopin** (1810–1849) auf Volkstänzen wie Polonaise, Mazurka und Krakowiak.

Weitere berühmte Komponisten der Romantik waren

✔ **Felix Mendelssohn Bartholdy** (1809–1847), Konzertmeister des Leipziger *Gewandhausorchesters*, unter anderem *Lieder ohne Worte, Der Sommernachtstraum,*

✔ **Robert Schumann** (1810–1856), unter anderem *Fantasie C-Dur, Kreisleriana, Kinderszenen, Frauenliebe und -leben, Dichterliebe,*

✔ **Franz Liszt** (1811–1886), vor allem Klavierkonzerte,

✔ **Bedřich Smetana** (1824–1884), unter anderem *Die Moldau,*

✔ **Johannes Brahms** (1833–1897), der »Klassiker« unter den Romantikern,

✔ **Pjotr Tschaikowsky** (1840–1893, mehr in Kapitel 7),

✔ **Edvard Grieg** (1843–1907), unter anderem *Peer-Gynt-Suite,*

✔ **Engelbert Humperdinck** (1854–1921), unter anderem *Hänsel und Gretel,*

✔ **Gustav Mahler** (1860–1911), unter anderem *Kindertotenlieder*, der auch als Dirigent gefeiert wurde.

Zu den bedeutendsten Musikern gehören Teufelsgeiger **Niccolò Paganini** (1782–1840) und die Pianistin **Clara Schumann** (1819–1896), die Frau Robert Schumanns.

Das Phänomen Wagner

Und dann gab es natürlich noch **Richard Wagner** (1813–1883). Wagner wollte mit Opern wie *Der fliegende Holländer, Tannhäuser, Lohengrin, Der Ring des Nibelungen, Tristan und Isolde, Die Meistersinger von Nürnberg* und *Parsifal,* die immer noch alljährlich »auf dem grünen Hügel« in Bayreuth aufgeführt werden, sein Publikum emotional überwältigen wie kein Romantiker vor ihm. Seine Fans lieben ihn dafür – Thomas Mann etwa sprach von »Stunden voll von Schauern und Wonnen« –, seine Kritiker werfen ihm genau das vor.

Vor allem aber inspirierten Wagners sehr frei nach germanischen Mythen ausgedachte Geschichten unzählige Menschen von Thomas Mann bis zu den Nationalsozialisten zu Interpretationen von »Deutschsein«, die sich verheerend auswirken sollten. Heinrich Mann warf Wagner bereits nach dem Ersten Weltkrieg vor, er habe »mitgeschaffen an der Verderbnis« derer, die »ihr erquältes Deutschsein auf den Hass begründet« hätten, und dabei mit der Opernbühne »unter allen den populärsten Apparat« benutzt.

Populäre Weltmusik

Um die Wende vom 19. zum 20. Jahrhundert begann Europa langsam zu begreifen, dass das, was man heute als klassische Musik bezeichnet, nicht alternativlos ist und es durchaus noch andere spannende Arten gibt, Musik zu machen.

Jenseits der westlichen Welt

Zu den großen Attraktionen der Weltausstellung in Paris 1889 gehörte der *Kampong javanais,* ein stilisiertes Dorf von der indonesischen Insel Java, in dem vier Tänzerinnen zu den Klängen eines *Gamelan-Orchesters* traditionelle Tänze vorführten. Unter den vielen faszinierten Zuhörern war auch der französische Komponist **Claude Debussy** (1862–1918).

Beim *Gamelan* wird eine Kernmelodie auf Metallophonen und Bronzegongs gespielt – was ein wenig wie europäische Kirchenglocken klingt – und von Soloinstrumenten und Sängern ausgeschmückt.

Gamelan-Musik ist seit dem 8. Jahrhundert nachgewiesen, aber vermutlich viel älter. Der Legende nach wurde sie von einem göttlichen König, einem Kulturheros erfunden, um die anderen Götter zu versammeln. Die Musik wird auf Java und Bali zu religiösen und weltlichen Festen gespielt – bis hin zu katholischen Gottesdiensten. Vor allem aber begleitet sie die Aufführungen des *Wayang-Theaters.*

Vielleicht haben Sie schon einmal die charakteristischen *Wayang-Puppen* gesehen: flache, aus Holz, Metall oder Leder gefertigte Figuren, deren mehrgliedrige Arme über Stäbe gelenkt werden. Wayang kann aber auch von maskierten oder unmaskierten Schauspielern gespielt werden. Aufgeführt werden meist Stücke aus der hinduistischen Mythologie. Da der Islam aber die Darstellung von Göttern verbietet, hat sich im Zuge der Islamisierung Indonesiens im 16. Jahrhundert das *Schattenpuppenspiel (Wayang Kulit)* durchgesetzt. Seit 2003 ist es immaterielles UNESCO-Kulturerbe.

Wie bei den meisten traditionellen Musiken beruht auch das Zusammenspiel der oft sehr großen Gamelan-Ensembles allein auf mündlich überlieferten Traditionen. Erlernte Techniken und Muster werden mit freier Improvisation kombiniert. Die Instrumente sind nach zwei Tonsystemen gestimmt, die nichts mit der in Europa üblichen Dur-Moll-Tonalität zu tun haben. So bestehen die Intervalle zwischen den einzelnen Tönen nicht aus gleichmäßigen Halb- oder Ganztönen, sondern sind äußerst unregelmäßig – jedoch nicht beliebig. Auch schwankt die Stimmung von Werkstatt zu Werkstatt, sodass Instrumente verschiedener Werkstätten nicht kompatibel sind.

Andere Musiken dagegen, etwa die klassische persische und indische Musik und die arabische *Maqam-Musik,* beruhen gar nicht auf Tonarten, sondern auf einer Vielzahl von »Grundbausteinen«, die von den Musikern ausgeschmückt werden. Im Indischen heißen diese Bausteine *Ragas* und sind bestimmten Situationen, Emotionen, Tageszeiten etcetera zugeordnet. In großen Teilen Afrikas wiederum spielt der Rhythmus die zentrale Rolle. Vor allem die Tanzmusik weist extrem komplexe Rhythmen auf, die sich auch überlagern können (*Polyrhythmik*).

Die sprichwörtlichen *Buschtrommeln* gibt es wirklich. In manchen Gegenden Afrikas signalisieren Trommelrhythmen bestimmte Botschaften, die über mehrere Kilometer weitergegeben werden können. Dort aber, wo tonale Sprachen gesprochen werden, können erfahrene Trommler sogar Sprache imitieren. Bei solchen Sprachen verändert sich die Bedeutung von Wörtern mit der Tonhöhe. Um diesen Effekt zu erzeugen, klemmen die Trommler ihre sanduhrförmigen Trommeln unter den Arm und verändern durch Druck auf die Schnüre, die die Trommelfelle an beiden Enden verbinden, die Tonhöhe ihrer Instrumente. Zusammen mit dem getrommelten Sprechrhythmus wird die Trommel so tatsächlich zum »Sprechen« gebracht.

Neue Töne

Zu Beginn des 20. Jahrhunderts begannen auch die europäischen Musiker, sich von den Standards der klassischen Musik zu lösen.

Bei der *impressionistischen Musik* wurden die klassischen Formen zugunsten von eher wolkigen Stimmungen aufgelöst. Die Hauptvertreter waren **Claude Debussy** (1862–1918) und **Maurice Ravel** (1875–1937, *Bolero*). Weiter zählten dazu **Giacomo Puccini** (1858–1924, *La Bohème, Tosca, Madama Butterfly*), **Richard Strauss** (1864–1949, *Der*

Rosenkavalier, Salome), **Lili Boulanger** (1893-1918, *Hymne au soleil, Faust et Hélène*), **Olivier Messiaen** (1908–1992, *Quartett für das Ende der Zeit* mit imitiertem Vogelgesang) und **Igor Strawinsky** (1882–1971) mit seinem Ballett *Feuervogel* (1910, nach einem russischen Volksmärchen).

Strawinsky ging aber noch weiter: Das Ballett *Le Sacre du Printemps* (1913) war greller *Expressionismus*: voller Dissonanzen, mit ausgeprägten, dominanten Rhythmen, sich überlagernden Tonarten, extremen Tonhöhen und Intervallsprüngen. Dazu kamen ekstatisch agierende Tänzer. Große Teile des Publikums gerieten außer sich vor Empörung.

Arnold Schönberg (1874–1951) warf das Komponieren in Tonarten ganz über Bord. Bei seiner atonalen *Zwölftontechnik* gibt es keinen Grundton mehr, auf dem Intervalle und Akkorde aufbauen. Stattdessen werden zwölf Töne pro Oktave, die jeweils einen Halbton auseinanderliegen, gleichberechtigt verwendet. Bekanntester Komponist dieser Technik wurde sein Schüler **Alban Berg** (1885–1935) mit den Opern *Wozzeck* und *Lulu*.

Andere Komponisten suchten neue Inspiration in fernen Ländern und Zeiten, allen voran **Béla Bartók** (1881–1945). Er studierte unter anderem die Musik der ungarischen Roma, die südosteuropäische Volksmusik, die der Türkei und Algeriens. Auch die altmodischen Kirchentonarten holte er aus der Versenkung. In seinem *Mikrokosmos*, einer Sammlung von 153 Klavierstücken, führte er dann vor, wie sich die verschiedenen Impulse in »moderne Klangwelten« umsetzen lassen. Stück Nr. 109 *Auf der Insel Bali* nahm zum Beispiel den Gamelan-Sound auf.

Die eigentliche Revolution jedoch fand in den USA durch die Verschmelzung afroamerikanischer und europäischer Musik statt.

- ✔ **Blues** entstand im späten 19. Jahrhundert als Sprechgesang, mit dem die Sänger in den einfachen Kneipen (Juke Joints) der schwarzen Bevölkerung aus ihrem Leben erzählten – entgegen dem Namen oft auch heiter, nicht nur schwermütig (engl. »blue«). Charakteristisch sind die Improvisation, die Wiederholung von Zeilen, ein Frage-und-Antwort-Schema, Blue-Notes (Töne, die sich so im europäischen Tonsystem nicht finden) und ungewohnte rhythmische Effekte wie Shuffles oder Groove. Allgemeine Verbreitung fand der Blues ab 1912 mit den Stücken von **William Christopher Handy** (1873–1958, unter anderem *St. Louis Blues, Beale Street Blues*). In den 1920er-Jahren wurde vor allem die Sängerin **Bessie Smith** (1894–1937) zum großen Star.

In dem Film *Blues Brothers* (1980) trat mit **John Lee Hooker** (1917–2001) ein traditioneller Blues-Musiker auf. Die Blues Brothers selbst spielen *Rhythm and Blues*, kurz *R&B* – afroamerikanische Popmusik, die sich um 1940 aus dem Blues entwickelte. Aus R&B und der religiösen *Gospelmusik* wurde in den 1960er-Jahren der *Soul*, für den unter anderem **Ray Charles** (1930–2004) und **Aretha Franklin** (1942–2018) standen.

- ✔ **Ragtime** entstand vermutlich, als Tanzmelodien vom Banjo auf das Klavier übertragen wurden. Das Zerrissene (engl. »ragged time« = zerrissene Zeit) kommt vor allem daher, dass mit der rechten Hand Melodien gespielt werden, die zeitlich verschoben zu dem Takt sind, den die linke Hand spielt. Die bekanntesten Kompositionen stammen von **Scott Joplin** (um 1867–1917): *Maple Leaf Rag* und *Der Entertainer* (im Film *Der Clou* zu hören).

✔ **Jazz** (der Name war ursprünglich wohl ein Slang-Ausdruck für Energie) entstand um 1900 in New Orleans, als Straßenkapellen (Marching Bands) ihr ursprüngliches Repertoire an europäischer Marsch- und Zirkusmusik mit den typischen Elementen der afroamerikanischen Musik zu verbinden begannen.

Im Gegensatz zu Blues und Ragtime wurde Jazz von Anfang an auch von weißen Musikern gespielt. Einer der bedeutenden Musiker des frühen Jazz war **Edward »Duke« Ellington** (1899–1974). Er komponierte im Laufe seines Lebens über 2000 Stücke und trieb die Entwicklung des Jazz entscheidend mit voran.

In den 1940er-Jahren nahm Duke Ellington Anleihen in der klassischen Musik und komponierte Jazz-Orchestersuiten wie *Black, Brown and Beige* (über die afroamerikanische Geschichte) und *Such Sweet Thunder* (nach Shakespeares *Sommernachtstraum*) oder entwarf eine Bigband-Fassung von Griegs *Peer-Gynt-Suite*. Umgekehrt griffen klassische Komponisten auf Jazz-Elemente zurück: Vor allem **George Gershwin** (1898–1937) schuf in Werken wie *Rhapsody in Blue* (1924), *Ein Amerikaner in Paris* (1928) oder der in einem Schwarzen-Viertel von Charleston spielenden Oper *Porgy and Bess* (1935) eine Synthese afroamerikanischer und europäischer Musik. In Europa war **Paul Hindemith** (1895–1963) einer der Ersten, die Jazz-Elemente verwendeten. **Kurt Weill** (1900–1950) mixte dann in der Musik zu Bertolt Brechts 1928 uraufgeführter *Dreigroschenoper* Operette, Jazz, Tanzmusik, Jahrmarktgefiedel und vieles mehr.

Die Entwicklung der Popmusik

Popmusik im Sinne von populärer Musik hat es natürlich zu allen Zeiten gegeben. Popmusik im Sinne allgemein verbreiteter, nicht den Standards der Klassik folgender Musik gibt es seit den 1920er-Jahren, als Jazz und Blues ihre Ursprungs-Milieus verließen und die ersten Platten erschienen. Daneben sorgten *Musicals* und *Musikfilme* für eine enorme Verbreitung populärer Songs.

Kennen Sie vielleicht den Film *Die oberen Zehntausend* (1956)? Die Musik schrieb **Cole Porter** und neben **Grace Kelly** spielen **Frank Sinatra**, **Harry »Bing« Crosby** und **Louis Armstrong** samt seiner Band mit. Crosby begrüßt Armstrong als alten Freund – in den USA der Rassentrennung. Tatsächlich waren die beiden auch im wahren Leben enge Freunde, ebenso wie Sinatra und der afroamerikanische Entertainer **Sammy Davis jr.**

Die erfolgreichste Spielart des Jazz war ab 1935 der *Swing*. Charakteristisch waren die Big-Band-Orchester, etwa von **Glenn Miller** (1904–1944, Posaunist), **Benny Goodman** (1909–1986, Klarinettist) und Duke Ellington (Pianist). Superstars wie **Frank Sinatra** (1915–1998), **Billie Holiday** (1915–1959), **Ella Fitzgerald** (1917–1996) oder **Sarah Vaughan** (1924–1990) begannen ihre Karrieren als Leadsänger von Swing Bands.

Manchmal wird der Beginn der Popmusik auch erst mit dem Entstehen des **Rock'n'Roll** zu Beginn der 1950er-Jahre angesetzt. Dieser hat seine Wurzeln im R&B, der mehr vom Blues als vom Jazz beeinflussten afroamerikanischen Musik. Seine großen Stars waren jedoch weiße Musiker: **Bill Haley** (1925–1981), der 1954 mit *Rock around the Clock* den Startschuss gab, und **Elvis Presley** (1935–1977), der zunächst *Rockabilly*, ein Crossover aus Country Music und R&B, sang, ab 1957 aber zur Verkörperung des Rock'n'Roll wurde.

Die raue Musik mit ihren harten Beats war aber nicht nur ein neuer Stil, sondern Ausdruck eines weitverbreiteten Jugendprotests. Er ging mit rebellischer Attitüde und provokantem Auftreten, nonkonformer Kleidung, gewagten Frisuren und vor allem einem wilden Tanzstil einher, der die bürgerliche Welt um die öffentliche Moral fürchten ließ. Es kam zu massiven Gegenreaktionen, die bereits nach wenigen Jahren zu einer Ächtung des eigentlichen Rock'n'Roll führte. Stattdessen entstanden die Rock- und Popmusik mit ihren vielen Facetten.

Bis etwa 1967 wurde die gerade angesagte Musik – auch der Rock'n'Roll – als *Popmusik* bezeichnet. Danach kam es zu einer Unterscheidung, wobei die Definition des Pop schwierig ist und durchaus unterschiedlich ausfällt. Grob gesagt, wurde alles darunter zusammengefasst, was nicht Rockmusik, Jazz, Reggae oder Chanson, aber auch keine traditionelle Klassik oder Volksmusik ist. Kritiker werfen der Popmusik gerne vor, der massenkompatible, vor allem für den Kommerz produzierte Teil der nichttraditionellen Musik zu sein.

Ab 1963 machten die Beatles die europäische Beatmusik populär: kleine Gruppen mit Schlagzeug und E-Gitarren, die eingängige Melodien zu einem akzentuierten, aber im Gegensatz zur afroamerikanischen Musik gleichförmigeren Rhythmus spielen. Die vier Jungs aus Liverpool entfachten einen bis dato unbekannten Hype mit Horden kreischender Fans und wurden zur erfolgreichsten Band aller Zeiten. Ihre großen Konkurrenten, die Rolling Stones, dagegen kombinierten Rockmusik mit Blues-Elementen.

Ebenfalls ein Produkt der 1960er-Jahre ist der *Reggae*. Er entstand – ebenso wie der etwas ältere und schnellere *Ska* – in Jamaika aus US-amerikanischen Musikrichtungen und einheimischen Traditionen. Einer der Pioniere und bedeutendster Interpret war **Bob Marley** (1945–1981), der mit der Musik auch die religiöse Bewegung des *Rastafari* bekannt machte.

In den 1970er-Jahren wurde einerseits der Hardrock populär, aus dem heraus sich andere harte Formen wie Heavy Metal und Punkrock entwickelten. Andererseits begannen Bands wie Kraftwerk und Depeche Mode, aber auch **David Bowie** (1947–2016), ihre Musik mithilfe von *Synthesizern* und anderen elektrischen Geräten herzustellen. In den 1980er-Jahren erlebte der *Elektropop* einen wahren Boom.

In den Schwarzenvierteln von New York entstand ab 1973 der *Hip-Hop*. Wegbereiter war vor allem der aus Jamaika stammende Discjockey **Kool DJ Herc** (eigentlich Clive Campbell, * 1955). Zum Hip-Hop gehören

- ✔ der rhythmische Sprechgesang (Rap),
- ✔ der Breakdance,
- ✔ das Scratching, das rhythmische Vor- und Zurückbewegen einer laufenden Schallplatte.

Scratching und diverse elektronische Möglichkeiten erlauben es den Discjockeys, fertige Tonträger als Rohmaterial für ganz neue Sounds zu nutzen. Damit wurden sie von Schallplattenauflegern zu Musikern.

Techno ist nur eine Spielart der elektronischen Musik, die sich durch schnelle, harte, monotone Beats auszeichnet. Sie kam um 1985 auf und führte schnell zu einer Technokultur, in deren Zentrum stundenlanges ekstatisches »Abtanzen« steht. Von 1989 bis 2010 fand in Berlin das Open-Air-Techno-Event *Love Parade* statt.

In den 1980er-Jahren revolutionierten **Michael Jackson** (1958–2009) und **Madonna** (* 1958) die Inszenierung der Musik mit aufwändigen Bühnenshows und Musikvideos. Madonnas Markenzeichen war der Mix von religiösen Elementen mit solchen aus dem Rotlichtmilieu, Jacksons der Moonwalk (den er jedoch nicht erfunden hat).

IN DIESEM KAPITEL

Sprache und ihre Tücken

Meisterwerke der Dichtung

Geschichten, die Geschichte schrieben

Kapitel 6
Sprache zwischen Verständigung und hoher Literatur

Literatur, das ist, um es mit Theodor Fontane zu sagen, »ein weites Feld«. Selbst wenn man die ganze Fachliteratur beiseitelässt und sich nur der sogenannten »schönen Literatur«, der *Belletristik*, zuwendet, dann reicht das Angebot von simplen Groschenromanen bis hin zu Werken, die geistige oder emotionale Tiefen ausloten. Manches liest man wegen der interessanten Inhalte, anderes wegen der schönen Sprache. Bestenfalls kommt beides zusammen.

Traditionell stand der Begriff »Belletristik« nur für die *Unterhaltungsliteratur*, nicht für *Dichtung* (womit wiederum die ganze literarische Hochkultur gemeint war, nicht nur der poetische Teil). Heute umfasst Belletristik in der Regel die ganze *fiktionale Literatur* im Gegensatz zum *Sachbuch*.

Worte: praktisch und preziös

Weil Sprache so essenziell für jede Kultur ist, möchte ich sie zunächst in den Fokus nehmen. Sie dient in erster Linie ganz praktisch der Verständigung. Aber schon das ist ein Prozess nicht ohne Tücken. Von Literaten benutzt, läuft sie dann zur Hochform auf und offenbart ungeahnte Möglichkeiten, sich auszudrücken.

Kommunikation – wissenschaftlich gesehen

Lassen Sie mich noch einen Schritt zurückgehen und nicht von Worten, sondern von *Kommunikation* reden.

Kommunikation ist der Austausch von Gedanken und Informationen, und jeder Mensch hat schon die Erfahrung gemacht, dass das auch *nonverbal* funktionieren kann, zum Beispiel über Gesten.

Wer eine *Gebärdensprache* beherrscht, kann auf diese Weise auch hochkomplexe, abstrakte Zusammenhänge vermitteln. Aber natürlich muss der Empfänger der Informationen die Gebärden ebenfalls beherrschen. Genau das gilt für jegliche Art von Kommunikation – egal ob sie in Worten oder Gesten, mit vielsagenden Blicken oder im Internet über *Emojis* verläuft: Die andere Seite muss dieselbe Sprache sprechen und die Botschaften (weitgehend) richtig entschlüsseln.

Auch der, der spricht, muss seine Botschaft erst einmal »verschlüsseln«. Wahrscheinlich kennen Sie das Gefühl, dass es mitunter gar nicht so leicht ist, das, was man sagen möchte, in Worte, Gesten oder andere Zeichen zu packen. Normalerweise aber geschieht die »Verschlüsselung« so automatisch, dass man sie gar nicht bewusst wahrnimmt.

Besonders tückisch: Beim »Verschlüsseln« packt man oft auch Informationen mit ein, die man gar nicht preisgeben möchte. Da verrät etwa der flackernde Blick, der die starken Worte begleitet, wie unsicher sich jemand fühlt. Ein schroffer Ton offenbart die wahren Gefühle hinter einer freundlich formulierten Bitte. Ein fehlendes »Bitte«, wie wenig die Sprecherin vom Angesprochenen hält.

Im Internet gibt es Freaks, die ihren Ehrgeiz daransetzen, alles mithilfe von Bildzeichen, den Emojis, auszudrücken. Die Konsequenz: Es werden immer mehr und die meisten sind nicht so selbsterklärend wie der lächelnde Smiley. Wer da »mitreden« will, der muss Emojis pauken wie die Vokabeln einer Fremdsprache. Aber im Grunde sind Wörter auch nichts anderes als Emojis: Zeichen, die der Kommunikation dienen. Damit diese reibungslos funktioniert,

1. müssen beide Seiten über den gleichen Zeichenvorrat verfügen;
2. müssen beide Seiten den Zeichen die gleiche Bedeutung beimessen;
3. muss es genügend Zeichen geben, um alles, was einem wichtig ist, ausdrücken zu können.

Für den Alltag braucht es überraschend wenige Wörter. Wer rund 1000 Vokabeln einer Sprache beherrscht, kommt damit schon ziemlich weit. Das in den 1920er-Jahren entwickelte *Basic English* hat nur 850. Den zentralen Wortschatz der deutschen Sprache dagegen schätzen Fachleute auf etwa 75.000 Wörter, den gesamten auf rund 500.000. Rechnet man noch alle Fremdwörter, Fachbegriffe, Ableitungen, Zusammensetzungen, Slang-Wörter et cetera dazu, sind es ungefähr zehnmal so viele.

Die Vorstellung, dass alle Menschen, die Deutsch sprechen, über den gleichen Wortschatz verfügen, ist demnach eine Illusion. Manche schlagen sich tatsächlich mit ein paar Tausend Ausdrücken durchs Leben. Aber auch jene, die über einen ausgedehnten Wortschatz verfügen, können ihre Schwerpunkte in ganz verschiedenen Bereichen haben.

Vielleicht sind Sie auch schon einmal auf Bücher und andere Texte in *Einfacher Sprache* gestoßen. Sie sind für Menschen verfasst, die schon mit einem »normalen« Wortschatz und der üblichen Grammatik überfordert sind, etwa weil sie eine allgemeine Lernschwäche oder spezielle Lese- und Sprachschwierigkeiten haben oder noch wenig Deutsch können. Die Frage, inwieweit eine solche »barrierefreie« Sprache im öffentlichen Raum Standard werden sollte, um niemanden auszuschließen, wird vermutlich noch für Diskussionen sorgen.

Die Gefahr, dass Menschen zwar Dasselbe sagen, aber nicht das Gleiche meinen, steigt mit der Komplexität der Sprache und der Gedanken dahinter. 1921 schockte der junge österreichische Philosoph **Ludwig Wittgenstein** (1889–1951) die Fachwelt mit seinem *Tractatus logico-philosophicus.* Darin erklärte er, dass die meisten philosophischen Probleme durch Fehlanwendungen der Sprache geschaffen worden seien und erst gelöst werden könnten, wenn man diese verstanden habe. Während sich viele begeisterte Anhänger daranmachten, eine »ideale Sprache« zu konstruieren, in der jedes Wort und jede Wendung eindeutig definiert ist, arbeitete Wittgenstein selbst als Volksschullehrer, Gärtnergehilfe und Architekt. Etwa um 1936 begann er dann sein zweites großes Werk, die *Philosophischen Untersuchungen,* in dem er der Vorstellung einer idealen Sprache eine Absage erteilte. Denn er war inzwischen zu der Erkenntnis gekommen, dass viel zu viele Begriffe zunächst einmal »unscharf« sind und ihre wahre Bedeutung erst im Gebrauch erhalten. Die Sprache sei in dieser Hinsicht mit einer verwinkelten, über Jahrhunderte entstandenen Stadt zu vergleichen. Die könne man nicht einfach plattmachen – jedenfalls nicht mit Gewinn. Wittgenstein zog daraus den Schluss, dass die Philosophie den Gebrauch der Sprache nicht antasten dürfe, ihn aber sehr wohl analysieren und beschreiben müsse, denn:

> *»Die Philosophie ist ein Kampf gegen die Verhexung unseres Verstandes durch die Mittel unserer Sprache.«*

Diese »Verhexung« geschieht allenthalben: in Form von Missverständnissen, aber auch durch bewusste Lügen, Verzerrungen, Werbung, ideologische Indoktrination, politische Propaganda et cetera. Und sie kann gewaltige Folgen haben.

Wie wichtig eine saubere Analyse der Sprache ist, zeigt zum Beispiel der Satz »Der Islam gehört zu Deutschland«. Denn mit dem unscharfen Wort »gehören« kann Verschiedenes gemeint sein.

1. **Eine Tatsachenfeststellung:** Es gibt den Islam in Deutschland.
2. **Ein Wunsch:** Der Sprecher möchte, dass es in Deutschland den Islam gibt.
3. **Eine Einstellung:** Für den Sprecher ist Deutschland ohne den Islam nicht denkbar.
4. **Ein Bekenntnis:** Der Sprecher möchte, dass sich Muslime in Deutschland ohne Einschränkungen zugehörig fühlen.

Punkt 4 ist im Grunde nur zu verstehen, wenn man die Rede von Bundespräsident Christian Wulff aus dem Jahr 2010 kennt. In der öffentlichen Debatte wird der Satz – unausgesprochen – eigentlich immer in diesem Sinne verwendet. Gegner unterstellen jedoch gerne Punkt 2 oder 3. Andererseits könnte jemand den Satz verneinen, obwohl er Punkt 4 zustimmen würde, weil er Punkt 3 als nicht gegeben sieht. Auch ist es denkbar, dass jemandem, der gemäß Punkt 1 feststellt: »Rechtsradikalismus gehört zu Deutschland«, eine Aussage im Sinne von 2, 3 oder 4 unterstellt wird, obwohl er eigentlich nur den Ernst der Lage betonen wollte.

Die Suche nach der Correctness

Der Versuch, eine ideale Sprache zu finden, hat gerade wieder Konjunktur. Vor allem wenn es gilt, diskriminierungsfrei zu sprechen. Etwa das *generische Maskulinum* zu vermeiden, das mit der grammatikalisch männlichen Form von Wörtern wie »Leser« auch alle anderen Geschlechter mit einschließt. Oder keine Bezeichnungen zu verwenden, mit denen ganze Menschengruppen in der Vergangenheit abgewertet und verfolgt wurden. Aber kann man wirklich *die* ideale Sprache finden? Machen Normen alles gut?

Ganz klar, dass man Roma heute nicht mehr »Zigeuner« nennt. Aber die sogenannte Zigeunermusik des 19. Jahrhunderts kann man nicht einfach in Roma-Musik umtaufen, weil es nicht die traditionelle Musik der Roma war und sie auch nicht nur von ihnen gespielt wurde, wenngleich sie viel mit ihnen zu tun hat. Wenn man sie aber nicht mehr benennen kann, fällt es schwer, über sie zu sprechen, und Kulturerbe wird unterdrückt. Und wer Mohren-Apotheken oder Gasthäuser zum Mohren umbenennen möchte, der tilgt die Erinnerung daran, dass es nicht nur Diskriminierung gab, sondern dass dunkelhäutige Menschen (wohl konkret der Heilige Mauritius oder der eine der Drei Heiligen Könige) auch im positiven Sinn als Namensgeber herangezogen wurden.

Und glauben Sie mir, liebe Leserinnen und Leser, liebe Leser*innen, liebe Lesende, liebe Leserixe, mir ist jedes Mal, wenn ich in diesem Buch das generische Maskulinum verwende, bewusst, dass ein Teil von Ihnen erleichtert sein wird, dass ich Ihnen derartige Konstruktionen erspare, während die anderen mir vorwerfen werden, mich so daran zu beteiligen, Frauen weiterhin aus der Kulturgeschichte herauszuschreiben. Ich hätte gerne eine ideale Lösung. Aber wenn schon Wittgenstein den Glauben daran verlor …

Keilschrift und Hieroglyphen

Literatur ist wörtlich das in *Lettern* (Buchstaben) Festgehaltene. Zwar gibt es Kulturen, die eine erstaunliche Erzähltradition haben, doch erzählt wird nur in den allerwenigsten Fällen – etwa wenn etwas als besonders wichtig und heilig gilt – Wort für Wort. Das Ergebnis dieser mündlichen Tradition sind Märchen, Sagen und Mythen. Das, was man im engeren Sinne unter Literatur versteht, bedarf der Kulturtechniken des Lesens und Schreibens.

Die ältesten Schriften – die mesopotamische Keilschrift, die ägyptischen Hieroglyphen und die etwas jüngere chinesische Schrift – waren zunächst *Bilderschriften*, die aus Piktogrammen bestanden. Durch Kombination wurden dann immer neue Wörter gebildet.

Piktogramme (Bildzeichen) spielen auch heute noch eine große Rolle. Denken Sie nur an die Ausschilderung von Toiletten und Fluchtwegen, an Verkehrszeichen und Warnsymbole. Piktogramme werden nicht nur von Menschen verstanden, die die jeweilige Sprache nicht sprechen, sondern auch besonders schnell. Auch die bereits erwähnten Emojis und andere Icons (griech. »Ikone« = Bild) in der digitalen Welt sind Piktogramme, die für eine besonders leichte und schnelle Orientierung sorgen sollen. Sie können auch zu halbabstrakten (christliches Kreuz, Peace-Zeichen) und abstrakten Symbolen (Symbolfarben, Nationalflaggen) werden.

Allem Anschein nach waren es semitische Gastarbeiter in Ägypten, die zu Beginn des 2. Jahrtausends v. Chr. der Idee verfielen, nur 23 Hieroglyphen zu verwenden, eine für jeden Konsonanten. Die Ersten, die dann standardmäßig ein *Konsonantenalphabet* benutzten, waren ab dem 11. Jahrhundert v. Chr. die Phönizier im heutigen Libanon. Von diesem Alphabet leiten sich fast alle heute verwendeten ab: das lateinische, das griechische, das kyrillische, das arabische, das hebräische, das koptische, das armenische, das georgische und das mongolische Alphabet sowie alle Abkömmlinge der indischen Brahmi-Schrift.

Zum Vergleich: Die chinesische Schrift besteht aus über 100.000 Zeichen. Für den »normalen« Gebrauch reichen etwa 3000 bis 4000. Aber die muss man auch erst einmal kennen.

Entscheidend für einen regen Literaturbetrieb ist natürlich auch, dass möglichst viele Menschen die Werke überhaupt in die Hand bekommen. Dazu braucht es zweierlei:

1. **Geeignetes Schreibmaterial in ausreichender Menge**

   Die ersten Schriftbesitzer benutzten *Tontafeln* (Mesopotamien), *Papyros* aus dem Mark der gleichnamigen Staude (Ägypten) und *Papier* aus Maulbeerbast (China ab etwa 140 v. Chr.). Europa behalf sich mit dem teuren *Pergament* aus Tierhäuten, bis über den Kontakt zur arabischen Welt im 11. Jahrhundert langsam das Papier Einzug hielt.

In Ermangelung von großen Mengen an Maulbeerbast verwendete man in Europa Lumpen zur Herstellung von Papier, was diese zum wertvollen Rohstoff machte, auf den es in vielen Ländern ein Ausfuhrverbot gab. Ab 1774 betrieb man auch Papierrecycling. 1834 erfand der sächsische Weber **Friedrich Gottlob Keller** (1816–1895) dann die Papierherstellung aus *Holzschliff*. Allerdings hatte er nicht das Geld, seine Idee zur Marktreife zu entwickeln, sodass er vom Siegeszug des billigen Holzschliff-Papiers nicht profitierte.

2. **Effektive Möglichkeiten der Vervielfältigung**

China erfand den *Tafeldruck* bereits im 9. Jahrhundert, den Druck mit beweglichen Lettern im 11. Jahrhundert. Eine Revolution gelang jedoch erst **Johannes Gutenberg** (um 1400–1468). 1452 erschien seine gedruckte Bibel, über 500 Jahre später, im Jahr 1989, brachte ein amerikanischer Konzern eine elektronische Bibel auf den Markt und läutete das Zeitalter der *E-Books* ein.

Sprachspiele

Auch bei der Entwicklung der Sprache hat die Bibel oft eine Vorreiterrolle gespielt. Dass Luther mit seiner Übersetzung ins Deutsche einen großen Beitrag zur Entwicklung einer einheitlichen deutschen Sprache geleistet hat, haben Sie vielleicht schon einmal gehört. Aber kennen Sie auch die Geschichte von **Bischof Wulfila** (um 311–383)? Er missionierte die Ostgoten und übersetzte für sie die Bibel ins Gotische. Dabei tat er, was unzählige Literaten vor und nach ihm auch taten: Um den Goten den aus einer völlig fremden Kultur stammenden Inhalt der Bibel emotional und intellektuell verständlich zu machen, suchte er nach passenden Wörtern in deren Sprache (etwa »Genesung« für Erlösung) oder schuf neue (etwa »Gebet«, von Bitte abgeleitet).

Wulfilas Bibel war das erste Buch in einer germanischen Sprache und dafür verantwortlich, dass das Gotische als einzige germanische Sprache heute noch einigermaßen nachvollzogen werden kann. Außerdem findet sich bei ihm der älteste Beleg für das Wort »thiudisco«, aus dem »deutsch« wurde. Es stand für Völker, konkret für alle nichtjüdischen Völker, die von den Aposteln missioniert wurden.

Auch **Shakespeare** (1564–1616) schuf nicht nur Texte, sondern erfand neue Wörter. Ihm wird die Schöpfung von über 1700 Begriffen zugeschrieben, von »addiction« (Sucht) über »belongings« (Besitztümer) und »gossip« (Klatsch) bis zu »worthless« (wertlos). Aus diesen schuf er dann gedrechselte Sätze voller unglaublichem Wortwitz, die sich seine Figuren in rasendem Tempo um die Ohren schlagen, nur um im nächsten Moment von höchster sprachlicher Finesse zu derbem Gossenslang zu wechseln.

Besonderen Gefallen an kunstvoll gedrechselter Sprache empfand man im Frankreich des 17. Jahrhunderts. Das Ganze nahm seinen Ausgang im Salon von **Catherine de Vivonne** (1588–1665), die praktisch die Erfinderin dieser zwanglosen Treffen war, bei denen sich Menschen jenseits höfischer Etikette und Standesschranken austauschen konnten. Die Gäste – die Marquise legte um der Kultiviertheit willen Wert auf einen hohen Frauenanteil – gefielen sich nicht nur in geistreicher Konversation und galanter Gelegenheitsdichtung, sondern auch darin, möglichst »preziös« zu formulieren. 1638 lobte der Literaturkritiker Jean Chapelain noch, nirgendwo auf der Welt gäbe es weniger Pedanterie und mehr gesunden Menschenverstand. Doch mit der Zeit nahm das preziöse Sprechen derart überkandidelte Züge an, dass sich der Dichter Molière in seinem Stück *Les Précieuses ridicules* (mehr dazu im Abschnitt »Endlose Liebe«) gnadenlos darüber lustig machte.

Woher kommen Wörter und wie verändern sie sich im Lauf der Zeit? 1838 machten sich **Jacob** und **Wilhelm Grimm** (die im Hauptberuf Sprachwissenschaftler waren, nicht Märchensammler) daran, ein Wörterbuch zu erstellen, das Herkunft und Gebrauch von jedem deutschen Wort erklärt. Sie finden es im Internet auf den Seiten der Uni Trier (`dwb.uni-trier.de/de/`).

Stilfigur

In der Antike gehörte die Rhetorik, die Redekunst, zusammen mit Grammatik, Logik, Musik, Geometrie, Arithmetik und Astronomie zu den *sieben freien Künsten*. Rhetorik war für jeden Politiker vonnöten, der in direkter Rede vor der Volksversammlung bestehen musste, für jeden Bürger, der sich vor Gericht zu verantworten hatte, für jeden Philosophen, der mit seinen Gedanken Anhänger gewinnen wollte. Kein Wunder also, dass die meisten Stilfiguren, mit denen sich gesprochene wie geschriebene Texte ausschmücken lassen, schon aus der Antike stammen.

✔ **Tropos (oder Trope):** Ein Wort wird durch ein anderes ersetzt, das eine neue Bedeutung bekommt.

Dazu gehören:

- **Metapher**, wenn Sie etwa den Umfang eines Buchs durch die Bezeichnung »Schinken« verdeutlichen wollen, weil auch ein Schinken (im Ganzen, nicht in Scheiben) ziemlich dick und prall ist;
- **Ironie**, wenn Sie das dicke Buch als »die paar Seiten« bezeichnen;
- **Hyperbel**, wenn Sie bewusst übertreiben, etwa von einem »tonnenschweren Wälzer« sprechen.

✔ **Wortfiguren:** Hierbei werden mehrere Wörter besonders wirkungsvoll kombiniert.

Dazu gehören:

- **Alliteration**, wenn Sie mehrere aufeinanderfolgende Wörter mit gleichem Anfangsbuchstaben benutzen wie bei Turnvater Jahns Motto »Frisch, fromm, fröhlich, frei«;
- **Tautologie**, wenn Sie zwei sinngleiche Wörter zur Verstärkung kombinieren, etwa »List und Tücke« oder »immer und ewig«;

Wenn Sie dagegen einem Wort ein Adjektiv hinzufügen, das schon im Wort selbst enthalten ist, wie »weißer Schimmel«, ist dies ein *Pleonasmus*.

- **Ellipse**, wenn Sie Wörter auslassen, etwa auf die Frage, was Sie getan haben, nur »gelesen« antworten.

✔ **Gedankenfiguren:** Hierbei soll die Art der Formulierung dem Leser oder Zuhörer einen Gedanken besonders eindringlich nahebringen.

Dazu gehören:

- **Rhetorische Frage**, wenn Sie einen Sachverhalt so in Frageform formulieren, dass das Gegenüber fast automatisch nickt;
- **Emphase**, wenn Sie statt Sätzen Ausrufe verwenden und die einzelnen Wörter vielleicht sogar wiederholen, um das Ganze eindringlicher zu machen;
- **Euphemismus**, wenn Sie einen Sachverhalt beschönigen und etwa ein Buch, das Ihnen nicht gefallen hat, als »interessant« beschreiben;
- **Oxymoron**, wenn Sie in einem Wort wie »bittersüß«, aber auch in einem Satz wie »Eile mit Weile« einen inneren Widerspruch verpacken.

Poetische Welten

Poesie bedeutet wörtlich »Erschaffung« und umfasste in der Antike die gesamte fiktionale Literatur, also Gedichte, Epen und Dramen. Heute – und auch hier – wird der Begriff meist nur für die Dichtung gebraucht und steht im Gegensatz zur Prosa.

Das lateinische Wort *Prosa* bedeutet »gerade heraus« und steht für eine ungebundene Sprache, während in der Poesie oder Dichtung die Sprache an bestimmte Regeln gebunden ist und etwa durch Reime oder Rhythmen gegliedert wird.

Zu Leier und Laute

Erinnern Sie sich noch an die neun Musen aus Kapitel 5? Polyhymnia, die Liederreiche, gilt als Muse des Leiergesangs – Musik also! Was hat sie dann hier im Kapitel über Literatur zu suchen? Doch Musik und Dichtung waren im antiken Griechenland nicht getrennt. *Lyrik*, das Fachwort für Dichtung, bedeutet wörtlich »zur Leier gehörend«. Lyrische Gedichte wurden also nicht einfach nur aufgesagt, sondern mit musikalischer Untermalung vorgetragen.

Im Jahr 2016 wurde Bob Dylan »für seine poetischen Neuschöpfungen in der großen amerikanischen Songtradition« als erstem Musiker der *Nobelpreis für Literatur* verliehen. Eine Entscheidung, die umstritten war. Die alten Griechen hätten sie völlig logisch gefunden!

Im Gegensatz zu vielen späteren Liedtexten und Gedichten reimte sich griechische Lyrik nicht. Sie wurde nur durch einen bestimmten Rhythmus gegliedert, das *Versmaß* oder *Metrum*, das wiederum aus Versfüßen besteht. Ein sehr häufig benutzter *Verfuß* ist etwa der *Trochäus* (griech. »schnell laufend«). Er besteht aus einer langen betonten und einer kurzen unbetonten Silbe. Je nachdem wie viele Trochäen in einer Zeile stehen, ergibt sich daraus als Versmaß ein drei-, vier- oder fünfhebiger Trochäus. So erhält Schillers *Ode an die Freude* ihren Rhythmus durch einen vierhebigen Trochäus (bei dem allerdings in jeder zweiten Zeile die letzte Silbe wegfällt).

»Freude, schöner Götterfunken,

Tochter aus Elisium.«

Dieses Versmaß hat auch die deutsche Nationalhymne. Oder das amerikanische Volkslied *Oh my darling, Clementine.* Das heißt: Man könnte theoretisch jedes dieser Lieder mit der Melodie des anderen singen – wenn man es denn kann.

Das Wort *Ode* heißt im Griechischen eigentlich nur »Lied«, steht aber für besonders feierliche Lyrik. Ein Rhapsode war ein wandernder Poet oder wörtlich einer, der »Gesänge zusammenfügt«; in der Musik ist die *Rhapsodie* eine sehr freie Komposition, die wie improvisiert klingt. Noch feierlicher ist der *Hymnus,* ein ursprünglich meist religiöser Lobgesang. Dagegen ist eine *Elegie* ein Klagegesang.

Die Verbindung von Dichtung und Musik ist jedoch keine Besonderheit der griechischen Antike. In vielen Kulturen waren Dichtung, Musik und Tanz ursprünglich eine Einheit. Was bei den Griechen der Rhapsode war, waren etwa in der keltischen Kultur die *Barden,* im europäischen Mittelalter *Troubadoure* und *Bänkelsänger,* im türkischen Raum die *Aşıks* und in Westafrika die *Griots.*

Wie poetische Sprache aussieht, ist aber von Kultur zu Kultur verschieden. Die Germanen zum Beispiel pflegten den *Stabreim.* Das bedeutet, dass die betonten Silben einer Zeile mit dem gleichen Buchstaben beginnen müssen.

In Deutschland kam der Stabreim im 9. Jahrhundert aus der Mode, in England und Skandinavien hielt er sich noch länger. Überall aber hat man noch heute eine Vorliebe für Alliterationen wie »Freund oder Feind« (engl. friend or foe) oder »Heim und Haus« (norw. hem og hus). Tolkien ließ in seinem *Herr der Ringe* das Volk der Rohirrim stabreimen, Wagner dagegen benutzte in seinem *Ring des Nibelungen* nur eine möglichst große Ansammlung von Alliterationen, keine wirklichen Stabreime.

Im 12. Jahrhundert setzte sich in der europäischen Lyrik dann weitgehend der *Endreim* durch – Walther von der Vogelweide benutzte ihn beispielsweise – und prägte die Vorstellung, wie ein Gedicht auszusehen hat, für Jahrhunderte.

Neben dem Endreim hatten die Gedichte jedoch weiterhin einen festen Rhythmus und wurden in der Regel in *Strophen* geteilt. Eine beliebte, sehr formalisierte Form war etwa das *Sonett* (Klanggedicht), das aus zwei vierzeiligen und zwei dreizeiligen Strophen bestand (später in England aus drei Vierzeilern und einem Zweizeiler). In den Strophen wurde der Gegenstand des Gedichts erst von der einen (*These*), dann von der anderen Seite (*Antithese*) beleuchtet, um in den kurzen Strophen zu einem Schluss (*Synthese*) zu kommen. Shakespeare etwa war auch für seine Sonette berühmt.

In Tabelle 6.1 finden Sie einige bekannte Gedichte und ihre Verfasser.

Werk	Verfasser
»Du siehst, wohin du siehst, nur Eitelkeit auf Erden«	**Andreas Gryphius** (1616–1664)
»Der Mond ist aufgegangen« (*Abendlied*)	**Matthias Claudius** (1740–1815)
»Was glänzt dort vom Walde im Sonnenschein« (*Lützows wilde Jagd*)	**Theodor Körner** (1791–1813)
»Müde bin ich, geh' zur Ruh'«	**Luise Hensel** (1798–1876)
»Das Wandern ist des Müllers Lust« (*Wanderschaft*)	**Wilhelm Müller** (1794–1827)
»Es war, als hätt' der Himmel« (*Mondnacht*)	**Joseph von Eichendorff** (1788–1857)
»Der Mai ist gekommen, die Bäume schlagen aus«	**Emanuel Geibel** (1815–1884)
»Sein Blick ist vom Vorübergehn der Stäbe« (*Der Panther*)	**Rainer Maria Rilke** (1875–1926)

Tabelle 6.1: Bekannte Gedichte und ihre Verfasser

Große Epen und klassische Balladen

Kommen wir zur nächsten Muse: Kalliope, die Schönstimmige, war für die epische Dichtung zuständig. *Epen* erzählen Geschichten – oft in sprichwörtlich »epischer Breite«. Sie sind Romane in Versen.

Vor der Erfindung des modernen Buchdrucks gab es eigentlich nur *Versromane.* Das hatte ganz praktische Gründe: Die Versform erleichterte den mündlichen Vortrag–und anders konnten die Geschichten damals kaum verbreitet werden. Allein durch das Lesen der wenigen Niederschriften hätten sie nie Allgemeingut der Kultur werden können.

Das klassische griechische Versmaß des Epos ist der *Hexameter* (Sechsmaß). Seine Zeilen bestehen aus sechs Versfüßen namens *Daktylus.* Jeder Daktylus wiederum setzt sich aus einer langen betonten und zwei kurzen unbetonten Silben zusammen, nur beim sechsten Daktylus fällt die letzte Silbe weg.

Die berühmtesten Epen der griechischen Antike sind die *Ilias* und die *Odyssee* von **Homer** (8. oder 7. Jahrhundert v. Chr.), noch älter ist das mesopotamische *Gilgamesch-Epos* (2. Jahrtausend v. Chr.). In Rom gehörten **Vergil** (*Aeneis*) und **Ovid** (*Metamorphosen*) zu den epischen Dichtern, aber auch »Sachbücher« wurden als Epen erzählt, etwa *De rerum natura* (Über die Natur der Dinge) von **Lukrez**.

Das Mittelalter war die Zeit der *Heldenepen.* Alte Stoffe wie der *Beowulf* (angelsächsisch, 8. Jahrhundert) oder das *Nibelungenlied* (deutsch, 12. Jahrhundert) wurden niedergeschrieben. Vor allem aber erfand der französische Kleriker **Chrétien de Troyes** (um 1140–1190) den epischen *Ritterroman.* Die meisten seiner Storys – *Erec und Enide, Lancelot oder der Karrenritter, Iwain oder der Löwenritter, Perceval oder die Erzählung vom Gral* sowie eine nicht erhaltene Geschichte um Tristan und Isolde – stammen aus dem König-Artus-Zyklus, und die Nachwelt wüsste nur zu gerne, ob er über heute unbekannte Quellen verfügte und wo er die eigene Fantasie bemühte. Er inspirierte damit deutsche Dichter wie *Hartmann von Aue* († um 1215, *Erec, Iwein, Der arme Heinrich*), Wolfram von Eschenbach (um 1170–1220, *Parzival*) und Gottfried von Straßburg († um 1215, *Tristan*).

Haben Sie sich bei Shakespeares Theaterstücken manchmal gefragt, ob die eigentlich in Poesie oder Prosa geschrieben sind? Shakespeare benutzt meistens den damals sehr beliebten *Blankvers*. Er ist ohne Reim und setzt sich aus fünf *Jamben* zusammen, Versfüßen, die aus einer kurzen und einer langen Silbe bestehen. »Zwei Häuser waren – gleich an Würdigkeit«, beginnt etwa *Romeo und Julia*. Allerdings entwickelte Shakespeare eine große Meisterschaft, sich vom Versrhythmus nicht einengen zu lassen, sondern damit zu spielen.

Dagegen ist die sogenannte *Reimprosa* ohne Versmaß, aber trotzdem gereimt. Der *Koran* etwa ist so verfasst.

Die *Ballade* war in der Welt der mittelalterlichen Troubadoure noch ein Tanzlied. Ab dem 18. Jahrhundert wurde der Begriff für kürzere Verserzählungen benutzt. Balladen sind im Allgemeinen ziemlich beliebt (wenn man sie nicht gerade in der Schule auswendig lernen muss), da die erzählte Story durch die knappe Gedichtform und die Sprachbilder einen besonderen Reiz bekommt.

Berühmte deutsche Balladendichter waren:

- ✔ **Johann Wolfgang Goethe** (1749–1832): *Der Fischer, Der Gott und die Bajadere, Der König in Thule, Der Schatzgräber, Der Zauberlehrling, Der Erlkönig, Das Tagebuch*
- ✔ **Friedrich Schiller** (1759–1805): *Der Gang nach dem Eisenhammer, Der Handschuh, Der Taucher, Die Bürgschaft, Die Kraniche des Ibykus, Kassandra*
- ✔ **Ludwig Uhland** (1787–1862): *Das Schloss am Meere, Der gute Kamerad, Der Königssohn, Der schwarze Ritter, Des Sängers Fluch, Schwäbische Kunde*
- ✔ **Annette von Droste-Hülshoff** (1797–1848): *Am Turme, Das Fräulein von Rodenschild, Das Hirtenfeuer, Der Fundator, Der Knabe im Moor, Die Vergeltung*
- ✔ **Heinrich Heine** (1797–1856): *Der Asra, Die Grenadiere, Die Lore-Ley, Die schlesischen Weber, Ein Jüngling liebt ein Mädchen, Marie Antoinette*
- ✔ **Theodor Fontane** (1819–1898): *Archibald Douglas, Die Brück' am Tay, Herr Ribbeck auf Ribbeck im Havelland, John Maynard, Lied des James Monmouth*
- ✔ **Bertolt Brecht** (1898–1956): *Ballade von der Hanna Cash, Die Legende von der Dirne Evlyn Roe, Die Seeräuber-Jenny, Legende vom toten Soldaten*
- ✔ **Erich Kästner** (1899–1974): *Der Handstand auf der Loreley, Fantasie von übermorgen, Kurt Schmidt, statt einer Ballade, Primaner in Uniform*
- ✔ **Marie Luise Kaschnitz** (1901–1974): *Ahasver, Der Leuchtturm, Die drei Wanderer, Die Ehegatten, Hiroshima*

Balladen gab es jedoch schon, bevor sie so genannt wurden. Die Literaturwissenschaft unterscheidet zwischen *Kunstballaden* (mit bekanntem Verfasser) und *Volksballaden*, die als anonyme Spielmannslieder weitergegeben wurden. Beispiele sind *Die schöne Bernauerin* oder *Es waren zwei Königskinder*. Erstere geht auf das tatsächliche Schicksal der Agnes Bernauer zurück, die 1435 von Herzog Ernst von Bayern-München ertränkt wurde, weil sie eine Beziehung mit seinem Sohn hatte, Letztere auf den griechischen *Mythos von Hero und Leander*.

Launige Reime und moderne Lyrik

Vielleicht geht es auch Ihnen so, dass Sie sich immer noch an Verse aus Ihren Kinderbüchern erinnern, oder an Lieder, die Sie seit Ewigkeiten nicht mehr gesungen haben, oder Poesiealbum-Verse, irgendwelche Fetzen aus gereimten Festtagsansprachen oder einer Büttenrede. Die Kombination von Versmaß und Reim ist ungeheuer einprägsam, vor allem wenn witzige und/oder plakative Inhalte dazukommen.

Viele Satiriker blieben auch in der Moderne dem traditionellen Reim treu, um ihn dann mit provokanten, unerwarteten Inhalten zu füllen: **Wilhelm Busch** (1832–1908) mit seinen Bildergeschichten etwa, **Christian Morgenstern** (1871–1914) , **Eugen Roth** (1895–1976) oder **Erich Kästner** (1899–1974).

Moderne Lyrik dagegen führt ein Nischendasein. Oft ist sie tatsächlich inhaltlich und auch sprachlich schwer zugänglich. Die US-amerikanische Dichterin **Gertrude Stein** (1874–1946) etwa wollte so dichten wie ihr guter Freund Pablo Picasso malte: kubistisch. Ihr bekanntester Satz lautet: »Eine Rose ist eine Rose ist eine Rose ist eine Rose.« Sie war überzeugt, dass die reine Wiederholung des Namens einer Sache im Kopf des Lesenden Bilder und Emotionen beschwört.

Suchen Sie doch mal im Internet nach *Sacred Emily*, dem Gedicht, aus dem der Rosen-Satz stammt! Steins radikale Absage an alle dichterischen Konventionen wurde von vielen Künstlern als inspirierend empfunden, gleichzeitig verkaufte sie kaum etwas und selbst ihre Fans meinten, zu Ende lesen könne man vor allem ihre Romane nicht.

Reime, feste Versmaße, Strophen: All das, was traditionelle Lyrik ausmachte, ist in der Moderne nicht mehr zwingend nötig. Stattdessen suchen die Dichter nach neuen Möglichkeiten, ihre Sprache poetisch zu gestalten:

- ✔ **Paul Celan** (1920–1970) etwa orientierte sich bei seiner berühmten *Todesfuge*, dem Gedicht über die Schrecken des Holocaust, an der musikalischen Form der Fuge: Ein Thema wird immer wieder aufgegriffen und variiert.
- ✔ In den Gedichten von Nobelpreisträgerin **Nelly Sachs** (1891–1970) sind die Zeilenumbrüche essenziell für Rhythmus und inhaltliche Bedeutung.

Der Wunsch nach neuen, möglichst knappen, möglichst dichten Ausdrucksformen in der Lyrik hat auch das Interesse an traditioneller Poesie aus anderen Ländern geweckt. Der Inhalt eines japanischen *Haikus* etwa muss in drei Zeilen à 5, 7 und 5 Silben untergebracht werden.

Auch die Themen änderten sich, sie sind oft nicht mehr im klassischen Sinne »poetisch«. **Gottfried Benn** (1886–1956) bedichtete die Leichenschau eines ersoffenen Bierfahrers in der Pariser Rue Morgue, Celan und Sachs den Holocaust. Vor allem aber ist viel unklarer – aber auch spannender – geworden, was die Lyriker mit ihren oft ungewöhnlichen und nicht leicht eingängigen Sprachbildern sagen wollen.

Doch nicht immer geht es um Inhalte. Vermutlich sind Sie schon einmal über **Ernst Jandls** Gedicht *ottos mops* (1970) gestolpert: eine Sprachspielerei, bei der nur der Vokal »o« benutzt wird. Es ist wahrscheinlich das bekannteste Beispiel für *Konkrete Poesie*. Ihr geht es um die Sprache an sich: die Buchstaben, den Klang, das Aussehen … *ottos mops* ist ein Klangkonstrukt. Christian Morgensterns Gedicht *Die Trichter* (1905) wird auch trichterförmig geschrieben; der letzte Reim geht quasi im Trichter unter, kann aber von jedem Leser leicht ergänzt werden.

Konkrete Poesie kann aber auch inhaltlich aussagekräftig werden. Im Textbild *Freiheitlich-demokratische Grundordnung* (1978) des Münchner Grafik-Designers **Wolfgang Lauter** wird der immer wieder wiederholte Begriff »Freiheitlich-demokratische Grundordnung« von Zeile zu Zeile mehr gebrochen und mit »Ordnung« überschrieben, bis am Ende nur noch »Ordnung« übrig bleibt.

In Kulturen mit einer ausgeprägten kalligrafischen Tradition wie China, Japan oder dem arabischen Raum zählte seit jeher außer dem Tonfall und Inhalt eines Gedichts auch seine äußere, geschriebene Gestalt.

Einer der renommiertesten Vertreter der Konkreten Poesie ist der Schweizer **Eugen Gomringer** (* 1925). 2017 wurde sein preisgekröntes Gedicht *ciudad*, das dem Anblick von Straßen, Frauen und Blumen huldigt, auf Verlangen der Studierenden von der Fassade der Alice-Salomon-Hochschule in Berlin entfernt. Es kam zu einer aufgeheizten öffentlichen Debatte um Zensur, bei der eine Sache total unterging: Das Gedicht hatte eine Wechselwirkung mit dem Raum, in dem es stand, entfaltet. Es wurde von Studentinnen nicht per se als frauenfeindlich angeprangert, sondern in einer Umgebung, in der sie sich nicht sicher fühlten, als zynisch empfunden.

Fantastische Geschichten

Der kunstfertige Umgang mit Sprache ist die eine Säule der Literatur, Fantasie die andere. Wobei Fantasie nicht gleich Fantasy ist. Fantasie stand im alten Griechenland sowohl für irreale Traumgebilde wie für die Vorstellungskraft: Vorstellungskraft, die fantastische Welten ersinnt, aber auch fiktive Geschichten ohne irreale Elemente. Vorstellungskraft, die neue Perspektiven findet, Alltägliches auf ganz besondere Art zu erzählen weiß und alte Stoffe neu interpretiert.

Ausflug in fremde Welten

Fantasievolle Erzählungen spielen in allen Kulturen eine große Rolle: in Gestalt von Fabeln, Märchen und Mythen, in Epen, Balladen und Theaterstücken.

Viele guten Storys sind dabei über erstaunliche Zeiträume und Entfernungen gewandert. So haben Forscher herausgefunden, dass von den 100 *Novellen* (wörtlich: kleine Neuigkeiten; laut Goethe: »unerhörte Begebenheiten«) in **Boccaccios** um 1350 verfasstem *Decamerone* die meisten ältere Wurzeln haben, teils sogar indische oder persische. Eine seiner Quellen war eine orientalische Novellensammlung namens *Die sieben Weisen*, die ab 1200 in Europa zirkulierte. Darin wird der Sohn des Sultans (wie der biblische Joseph) von seiner Stiefmutter der Vergewaltigung bezichtigt, nachdem er sie zurückgewiesen hat. Da er sieben Tage nicht sprechen darf, zögern der weise Sindbad und sechs andere das Todesurteil heraus, indem sie (wie Scheherazade in *Tausendundeine Nacht*) sieben Tage lang Geschichten erzählen.

Boccaccios Geschichten wiederum wurden von anderen Literaten benutzt, zum Beispiel von **Shakespeare** (*Ende gut, alles gut* und *Cymbeline*) oder **Lessing** (die Ringparabel in *Nathan der Weise*).

Mit dem Aufkommen des Buchdrucks konnten die Geschichten dann in der stets gleichen Form an die Leser weitergegeben werden, wurden also nicht mehr durch Erzähler und Sänger variiert. Die Vorliebe für abenteuerliche Ritterromane blieb. Ein Bestseller war *Amadis de Gaula*, eine aus Spanien stammende Geschichte, die sich in ganz Europa verbreitete, in vielen Bänden fortgeschrieben und dabei noch fantastischer, aber auch literarisch immer platter wurde.

1605 reagierte der spanische Ex-Soldat **Miguel de Cervantes** (1547–1616) mit der Parodie *Der sinnreiche Junker Don Quijote de la Mancha*. Die Geschichte vom verblendeten Helden, der als »Ritter von der traurigen Gestalt« gegen Windmühlenflügel kämpft, wurde zu einem der berühmtesten Romane der Weltliteratur. Ein weiterer früher Leserliebling war *Ein kurtzweilig Lesen von Dil Ulenspiegel*, um 1510 in Straßburg erschienen, das an den mittelalterlichen Schwank anknüpfte.

Die Geschichte von Till Eulenspiegel gilt als Prototyp des *Schelmenromans*, in dem ein Außenseiter die Gesellschaft vorführt. Weitere bekannte Vertreter dieses Genres sind:

- *Der abentheuerliche Simplicissimus Teutsch* (1669, Hans Jakob Christoffel von Grimmelshausen),
- *Kleider machen Leute* (Gottfried Keller, 1874),
- *Tom Sawyer* und *Huckleberry Finn* (1876 und 1884, Mark Twain),
- *Der brave Soldat Schwejk* (1923, Jaroslav Hašek),
- *Pippi Langstrumpf* (1945, Astrid Lindgren),
- *Die Blechtrommel* (1959, Günter Grass),

- *Einer flog über das Kuckucksnest* (1962, Ken Kesey),
- *Forrest Gump* (1986, Winston Groom),
- *Der Hundertjährige, der aus dem Fenster stieg und verschwand* (2009, Jonas Jonasson).

Besonders gern ließen sich die Leser seit jeher von Büchern in fantastische oder exotische Welten entführen – selbst wenn die Autoren selbst nie dort gewesen waren. Doch dem britischen Kaufmann **Daniel Defoe** (1660–1731) etwa, der 1719 mit seinem *Robinson Crusoe* einen Sensationserfolg landete, ging es in erster Linie auch gar nicht um Abenteuer und Exotik, sondern um den ausgesetzten Menschen, sein Ringen um Zivilisation und Religiosität und schließlich die »Erziehung« des Einheimischen Freitag zu einem Menschen westlicher Prägung. Und **Jonathan Swift** (1667–1745) schrieb *Gullivers Reisen* (1726) als bittere Satire, in der vor allem die pferdegestaltigen Houyhnhnms im wenig bekannten letzten Teil mit ihrer edlen, vernünftigen Kultur dafür sorgen, dass Gulliver sich schämt, ein Mensch zu sein. **Herman Melville** (1819–1891) war zwar selbst zwei Jahre mit einem Walfänger unterwegs und recherchierte für seinen *Moby Dick* (1851) die Erlebnisse anderer Walfänger, spickte seine Erzählung vom Kampf des finsteren Käpt'n Ahab mit dem weißen Wal dann aber mit vielen wissenschaftlichen Exkursen, essayartigen Abhandlungen und literarischen Anspielungen sowie massiver Religionskritik.

All diese Geschichten gelten heute als Kinder- und Jugendbücher, was daran liegt, dass sie meist in einer abgespeckten, kindgerechten Variante verbreitet werden, in der die eigentliche Intention der Autoren nicht mehr zu erkennen ist.

Mit der Aufklärung wurde der *Gesellschaftsroman* populär. Das Abenteuer liegt nicht mehr in fernen Ländern, sondern im Zurechtfinden in den gesellschaftlichen Verhältnissen. **Henry Fielding** (1707–1754) zum Beispiel ließ seine Leser mit dem Waisenjungen *Tom Jones* (1749) mitleiden (eine Geschichte, die großen Einfluss unter anderem auf **Charles Dickens** hatte). Während Tom Jones auf seinem Lebensweg aber noch recht spektakuläre Abenteuer erlebt, verstand es Fieldings Landsfrau **Jane Austen** (1775–1817), mit scharfer Beobachtungsgabe und eleganter Ironie sogar die Langeweile im Leben der Heldinnen von *Sinn und Sinnlichkeit* (1811), *Stolz und Vorurteil* (1813) und *Emma* (1816) zu großer Kunst zu machen. **Charlotte Brontë** (1816–1855) erzählte die Geschichte ihrer Heldin *Jane Eyre* (1847) als eine der Ersten in der Ich-Form.

Welch ungeheuer erfolgreiches Genre der Gesellschaftsroman ist, zeigt Tabelle 6.2, die nur einen kleinen Auszug darstellt.

Eng verwandt mit dem Gesellschaftsroman ist der *Entwicklungsroman*, in dessen Zentrum die Persönlichkeitsentwicklung des Helden oder der Heldin steht. Oft geht es um das Erwachsenwerden (*Coming of Age* im modernen Film-Jargon), teils aber auch um eine Wandlung. Diese Entwicklungen können in eine realistische Umgebung, aber auch in fantastische Welten eingebettet sein. Beispiele sind das *Gilgamesch-Epos*, der *Parzival*, Goethes *Wilhelm Meister* (1796), Rudyard Kiplings *Dschungelbuch* (1894), Lucy Maud Montgomerys *Anne auf Green Gables* (1908), Thomas Manns *Zauberberg* (1924), die meisten Romane von Hermann Hesse, Anna Seghers' *Transit* (1944), Max Frischs *Homo faber* (1957) oder die *Harry-Potter*-Romane von Joanne K. Rowling.

Werk(e)	Verfasser
Der Traum der Roten Kammer (Auflage rund 100 Millionen)	**Cao Xueqin** (um 1715–1763)
Jenny	**Fanny Lewald** (1811–1889)
Jahrmarkt der Eitelkeiten	**William Makepeace Thackeray** (1811–1863)
Stürmhöhe	**Emily Brontë** (1818–1848)
Middlemarch, Die Mühle am Floss	**George Eliot** (1819–1880)
Irrungen und Wirrungen, Frau Jenny Treibel, Effi Briest	**Theodor Fontane** (1819–1898)
Madame Bovary	**Gustave Flaubert** (1821–1880)
Die Kameliendame	**Alexandre Dumas der Jüngere** (1824–1895)
Krieg und Frieden, Anna Karenina	**Leo Tolstoi** (1828–1910)
Der Untertan	**Heinrich Mann** (1871–1950)
Die Buddenbrooks	**Thomas Mann** (1875–1955)
Der Mann ohne Eigenschaften	**Robert Musil** (1880–1942)
Menschen im Hotel	**Vicki Baum** (1888–1960)
Kleiner Mann – was nun?, Wer einmal aus dem Blechnapf frisst, Wolf unter Wölfen, Der eiserne Gustav	**Hans Fallada** (1893–1947)
Der Leopard	**Giuseppe Tomasi di Lampedusa** (1896–1957)
Jenseits von Eden, Früchte des Zorns	**John Steinbeck** (1902–1968)
Der Laden	**Erwin Strittmatter** (1912–1994)
Frauen vor Flusslandschaft	**Heinrich Böll** (1917–1985)
Was vom Tage übrig blieb	**Kazuo Ishiguro** (geb. 1954)

Tabelle 6.2: Erfolgreiche Gesellschaftsromane und ihre Verfasser

Zwei Frauen namens George

- **George Eliot** (1819–1880) hieß eigentlich Mary Anne Evans und war eine der führenden Autorinnen des viktorianischen Englands. Ihr hierzulande wenig bekannter Roman *Middlemarch* über eine Kleinstadt zu Beginn der Industrialisierung wurde 2015 von Literaturkritikern zum bedeutendsten britischen Roman überhaupt gewählt.
- **George Sand** (1804–1876) hieß eigentlich Aurore Dupin de Francueil und war eine illegitime Nachfahrin von August dem Starken. Sie war geschieden, hatte zahllose Affären, unter anderem mit dem Komponisten Chopin, rauchte Zigarren und schrieb am Fließband (teils skandalöse) Romane. Außerdem verfasste sie sozialkritische Artikel und war mit Heine, Balzac und Dostojewski befreundet, während andere Literaten sie ob der Qualität ihrer Romane verdammten.

Wie die beiden veröffentlichten damals viele Frauen ihre Werke (erst einmal) unter männlichen Pseudonymen, um überhaupt verlegt zu werden. Vor allem für George Sand aber war der Name weit mehr. Sie nahm sich auch sonst alle Freiheiten heraus, die die Männer ihrer Epoche hatten.

Echte Dramen

Von der eigenen Lebenswelt zu erzählen erschien lange wenig reizvoll. Das kannte man doch. Doch dann erschien 1774 Goethes *Die Leiden des jungen Werther*. Eigentlich passiert darin nichts Unerhörtes. Ein junger Mann verliebt sich in ein Mädchen, das er nicht haben kann, wird mit seinem Liebeskummer nicht fertig und erschießt sich. Das jedoch zum Gegenstand eines Romans zu machen, empfand die damalige Gesellschaft als unerhört. Goethe wurde Verherrlichung des Selbstmords vorgeworfen, das Buch verdammt und teilweise sogar verboten. Andererseits verfielen junge Leser in ein regelrechtes »Werther-Fieber«, kleideten sich wie ihr Held, ahmten seinen Stil nach und fühlten sich mit ihrem Leiden an den schnöden Realitäten endlich so richtig verstanden.

Der *Werther* gilt als *der* Roman des Sturm und Drang, doch er ist auch von der vorangegangenen Epoche der Empfindsamkeit beeinflusst. Empfindsamkeit bedeutete nicht Rührseligkeit oder Empfindlichkeit, sondern eine positive Bewertung von – auch offen gezeigten – Gefühlen, gerade vor dem Hintergrund der sehr vernunftgeprägten Aufklärung. Für die Künstler hieß das, ihren Figuren nicht plakativ Emotionen wie Liebe, Hass, Angst oder Mut zuzuschreiben, sondern echtes Seelenleben darzustellen. So schwärmte Goethe über den 1771 erschienenen Roman *Die Geschichte des Fräuleins von Sternheim* von Sophie von La Roche (der Großmutter von Bettina und Clemens Brentano), man urteile nicht über ein Buch, sondern über eine Menschenseele.

Bücher, die ebenfalls die Jugend ihrer Zeit an einem Nerv trafen, waren etwa Hermann Hesses *Steppenwolf* (1927), Jerome David Salingers *Fänger im Roggen* (1951), Ulrich Plenzdorfs *Die neuen Leiden des jungen W.* (1973) oder der Film *... denn sie wissen nicht, was sie tun* (1955) mit James Dean.

Der schon mit 23 Jahren an Typhus gestorbene **Georg Büchner** (1813–1837) versuchte, noch tiefere seelische Abgründe auszuloten und in seiner Erzählung *Lenz* die letzten Monate des an paranoider Schizophrenie erkrankten Sturm-und-Drang-Dichters und Goethe-Freunds Jakob Michael Reinhold Lenz aus der Perspektive des Erkrankten nachzuempfinden. Seitdem hat sich die Literatur immer wieder mit den Schattenseiten der menschlichen Psyche befasst (siehe auch *Schuld und Sühne* in Kapitel 16).

Auch soziale Dramen gerieten in den Fokus der Literatur. Von Februar 1837 bis April 1839 verfolgte die Leserschaft der britischen Literaturzeitschrift *Bentley's Miscellany* mit fasziniertem Schaudern, durch welchen Abgrund an Elend und Schurkerei sich der Held des neuen Fortsetzungsromans, der kleine Waisenjunge *Oliver Twist*, quälen musste – eine Realität, die der Autor **Charles Dickens** (1812–1870) zu guten Teilen aus eigener leidvoller Erfahrung kannte. Trotzdem griff er zum Mittel der *Sozialromantik* und verlieh seinen

Geschichten einen rundum sympathischen Helden und ein glückliches Ende. Der Franzose **Honoré de Balzac** (1799–1850) hatte weniger Erbarmen mit seinen Lesern. In seinem Lebenswerk, der aus 93 Bänden bestehenden *Comédie humaine,* schilderte er ungeschönt Elend und Verderbnis in allen Schichten der Gesellschaft. Nach seinem Vorbild konzipierte ab 1869 sein Landsmann **Émile Zola** (1840–1902) den 20-bändigen sozialkritischen Zyklus *Die Rougon-Macquart.* Am bekanntesten ist *Germinal* (1885), das den gleichnamigen französischen Revolutionsmonat bei den ausgebeuteten nordfranzösischen Kohlearbeitern schildert.

Ein kurioser Fall sind *Die Geheimnisse von Paris* (1843) von **Eugène Sue** (1804–1857). Der Sozialist Sue schilderte detailliert das proletarische Elend, verband es aber mit einer hanebüchenen Handlung. Damit beeinflusste er sowohl sozialkritische Schriftsteller wie auch die Verfasser von Trash-Abenteuern immens.

Neue Erzählweisen

In seiner Novelle *Leutnant Gustl* (1900) schildert **Arthur Schnitzler** (1862–1931) die Selbstmordpläne des Titelhelden als einen einzigen inneren Monolog. Der einzige Roman des Dichters **Rainer Maria Rilke** (1875–1926) *Die Aufzeichnungen des Malte Laurids Brigge* (1910) besteht aus fragmentarischen, ungeordneten Tagebuchaufzeichnungen, in denen der Schreiber die kaum zu ertragende Flut der extremen Eindrücke, die in der Großstadt Paris auf ihn einstürmen, beschreibt und zu verarbeiten sucht. Auch viele andere Autoren hatten zu Beginn des 20. Jahrhunderts das Gefühl, die Vielschichtigkeit und Zerrissenheit des modernen Lebens (und der eigenen Existenz) nicht mehr auf konventionelle Weise adäquat schildern zu können. **Alfred Döblins** (1878–1957) *Berlin Alexanderplatz* (1929) ist eine Montage von Eindrücken – durchsetzt mit ironischen Kommentaren aus einem unbestimmten Off –, die den haftentlassenen Franz Biberkopf umtreiben, während er wieder Fuß zu fassen sucht. **James Joyce** (1882–1941) lässt seinen modernen *Ulysses* (1922, mehr in Kapitel 16) genauso in einem Gewirr aus Assoziationen und Gedankenfetzen durch Dublin ziehen wie **Virginia Woolf** (1882–1941) ihre *Mrs. Dalloway* (1925) durch London. **Marcel Proust** (1871–1922) führt *Auf der Suche nach der verlorenen Zeit* (1927) auf über 4000 Seiten in ein verwirrendes Labyrinth aus – möglicherweise trügerischen – Erinnerungen.

Dagegen erzählt **Franz Kafka** (1883–1924) surrealistische, bedrohliche (»kafkaeske«) Geschehnisse, wie *Die Verwandlung* (1915) Gregor Samsas in einen Käfer oder den *Process* (1925) ohne Anklage gegen den Prokuristen Josef K., extrem nüchtern und sachlich. Bei **Ernest Hemingway** (1899–1961) dagegen steht der karge, lapidare Stil für die Abgeklärtheit oder sogar den Überdruss der vom Ersten Weltkrieg gezeichneten »verlorenen Generation« gegenüber dem Leben. Hemingways Ideal war ein Schreibstil, bei dem der größte Teil des Gehalts nicht zum Ausdruck gebracht wird, sondern wie bei einem Eisberg unter der Oberfläche des Texts verborgen bleibt, aber vom Leser trotzdem empfunden wird. So ist etwa *Der alte Mann und das Meer* (1952) weit mehr als der Kampf eines Fischers mit seinem Fang.

Als *Kurzgeschichte* wird in der Literaturwissenschaft nicht einfach jede kurze Geschichte bezeichnet, sondern eine Story, wie sie Hemingway, Edgar Allan Poe, Washington Irving, William Faulkner und andere moderne US-amerikanische Autoren entwickelten: pointiert und verdichtet, gerne mit direktem Einstieg »in medias res« und offenem Ende, lakonisch und ohne Wertungen erzählt, aber mit einer verborgenen Ebene. Bekannte deutschsprachige Autoren von Kurzgeschichten waren etwa

- ✔ Ilse Aichinger (1921–2016),
- ✔ Alfred Andersch (1914–1980),
- ✔ Wolfgang Borchert (1921–1947),
- ✔ Heinrich Böll (1917–1985),
- ✔ Marie Luise Kaschnitz (1901–1974),
- ✔ Siegfried Lenz (1926–2014),
- ✔ Wolfdietrich Schnurre (1920-1989),
- ✔ Erwin Strittmatter (1912–1994).

Anstelle der *Utopien* über ideale Welten früherer Jahrhunderte traten *Dystopien*, die sich die Gesellschaft der Zukunft extrem negativ und totalitär ausmalten. Die bekanntesten sind **Aldous Huxleys** (1894–1963) *Schöne Neue Welt* (1932) sowie *Die Farm der Tiere* (1945) und *1984* (1949) von **George Orwell** (1903–1950).

In Deutschland spielten nach 1945 natürlich auch der Nationalsozialismus und seine Verwerfungen eine große Rolle in der Literatur. Dazu nur ein paar Beispiele:

- ✔ **Anna Seghers** (1900–1983) beschwört in *Der Ausflug der toten Mädchen* (1946) die Erinnerung an einen Schulausflug aus dem Jahr 1913 und zeichnet das Schicksal der damals so unbeschwerten Kinder nach.
- ✔ **Hans Fallada** (1893–1947) erzählt in *Jeder stirbt für sich allein* (1947) vom vergeblichen Widerstandsversuch eines Berliner Arbeiter-Ehepaars auf Grundlage realer Prozessakten, eingebettet in ein breites Gesellschaftsbild.
- ✔ **Alfred Andersch** (1914–1980) erklärt in *Die Kirschen der Freiheit* (1952) seine Desertion und schildert in *Sansibar oder der letzte Grund* (1957) die Rettung einer Barlach-Statue im Jahr 1937, die auch fünf Menschen zu einer schicksalhaften Entscheidung zwingt.
- ✔ **Heinrich Böll** (1917–1985) thematisiert in *Billard um halb zehn* (1959) den Opportunismus vor, während und nach der NS-Zeit im Rahmen einer Familiengeschichte.
- ✔ **Rolf Hochhuth** (* 1931) prangert in seinem Stück *Der Stellvertreter* (1963) das Schweigen des Vatikans zum Holocaust an.
- ✔ **Siegfried Lenz** (1926–2014) beschreibt in *Heimatmuseum* (1978) die Lebensgeschichte des aus Masuren stammenden Zygmunt Rogalla, der die Erinnerungen an seine Heimat selbst zerstört, weil sie von anderen revanchistisch missbraucht werden.

Auch **Günter Grass** (1927–2015) beleuchtet den Nationalsozialismus, allerdings aus der surrealen Perspektive des Blechtrommlers Oskar Matzerath (mehr in Kapitel 16). Später beschreibt er das Geschlechterverhältnis durch den *Butt* (aus dem Märchen *Der Fischer und* *seine Frau*) vergiftet und die Vision einer ökologischen Katastrophe im Zwiegespräch mit einer *Rättin*.

In Südamerika wird dieser Mix aus Realem und Fantastischem, der seinen Fokus aber nichtsdestotrotz auf sehr reale Probleme wirft, als *Magischer Realismus* bezeichnet. So sind in **Gabriel García Márquez**' (1927–2014) Familienepos *Hundert Jahre Einsamkeit* (1967) die Gewaltherrschaft der US-Bananenfirmen und der Kolumbianische Bürgerkrieg eingebettet, in **Isabel Allendes** (* 1942) *Geisterhaus* (1982) die Pinochet-Diktatur.

Als Vertreter des Magischen Realismus gelten auch Marlen Haushofer (*Die Wand*), Salman Rushdie (*Die satanischen Verse*), Gioconda Belli (*Die bewohnte Frau*), Peter Høeg (*Fräulein Smillas Gespür für Schnee*), E. Annie Proulx (*Schiffsmeldungen*), Haruki Murakami (*Kafka am Strand*), Jonathan Safran Foer (*Alles ist erleuchtet*) oder Daniel Kehlmann (*Ruhm*).

Geliebte Trivialliteratur

Ich kann mir vorstellen, dass der eine oder die andere jetzt die Nase rümpft und sich fragt, ob es wirklich nötig ist, dass ich kostbaren Platz opfere, um mich mit schnöder Unterhaltungsliteratur zu befassen, wo doch noch so viele wertvolle Werke der Weltliteratur unerwähnt geblieben sind. Doch zum besonderen Gepräge einer Kultur tragen, wie bereits dargelegt, die weitverbreiteten, allgemein bekannten Dinge meist mehr bei als die Spitzenerzeugnisse. Das gilt gerade auch für die Literatur.

Genreliteratur und Groschenroman

Das lateinische Wort »trivialis« bedeutet zunächst einmal nur »gewöhnlich«. Trivial sind Dinge, die nicht außergewöhnlich und auch nicht kompliziert sind. Gelegentlich werden nur Groschenromane und andere ganz anspruchslose Werke als *Trivialliteratur* bezeichnet, aber im Folgenden geht es um das ganze Feld der Unterhaltungsliteratur.

Natürlich muss Unterhaltungsliteratur spannend sein, sonst würde sie niemand lesen. Aber die Spannung muss sich in Grenzen halten, darf auf keinen Fall das Wohlbefinden stören, nicht herausfordernd, kompliziert, deprimierend et cetera sein. Auch düstere Genres wie Horror oder Krimi sollen Lesegenuss bieten, indem sie das Erwünschte und Erwartete in attraktiver neuer Form liefern.

Im Buchhandel und der Verlagsbranche wird die Unterhaltungsliteratur gerne als *Genreliteratur* bezeichnet. Das kann irritieren, weil es natürlich auch in der »Hochliteratur« oder Dichtung verschiedene Genres gibt. Doch kein Mensch wird Goethes *Wilhelm Meisters Lehrjahre* vorwiegend deshalb lesen, weil er auf Entwicklungsromane steht. Das ist in der Unterhaltungsliteratur anders. Wer gerne romantische Liebesromane konsumiert, möchte keinen Erotic Thriller angedreht bekommen, wer harte Krimis mag, kein unterhaltsames »Whodunit« im englischen Landhaus. Deshalb werden in der Unterhaltungsliteratur die Genres, die bei den Kunden ankommen, möglichst genau definiert und dann auch bedient.

Werke der Unterhaltungsliteratur (aber auch unterhaltende Filme) tendieren deswegen

- ✔ zu Identifikationsfiguren, die dem potenziellen Publikum möglichst ähnlich sind beziehungsweise dessen Träume verkörpern. Heraus kommen dann spezielle Bücherreihen für Jungen und Mädchen, die Inflation der Superhelden und Prinzessinnen (mit Pferd und Zauberkräften), endlos ähnliche Frauenschicksalsromane, deren aufregend schöne, »starke« Heldinnen am Ende doch nur heiraten wollen et cetera. Das Potenzial der Literatur, sich in wirklich fremde Leben einzufühlen, wird nicht genutzt.
- ✔ zu Happy Ends oder zumindest runden, abgeschlossenen Geschichten. Diese Romanmuster sind so weit verbreitet, dass sie bei nicht wenigen Menschen die Sicht auf die Wirklichkeit beeinflussen. So gilt als größte Herausforderung in Sachen Liebe, jemanden »zu kriegen« und nicht miteinander zu leben. Und Siege werden als Ende aller Konflikte gesehen, obwohl es kaum etwas Gefährlicheres als gedemütigte Gegner gibt.
- ✔ dazu, fremde Kulturen bewusst nur als Kulisse zu verwenden, da zu viel Authentizität anstrengend und befremdlich sein könnte.
- ✔ dazu, ihre Helden gegen nicht aktuelle Normen rebellieren zu lassen, um sie als etwas Besonderes darstellen zu können, ohne dabei den gesellschaftlichen Mainstream zu verstören.

Abseits vom Buchmarkt erscheinen allein in Deutschland Woche für Woche rund 100 Romane in standardisierter Heftform und Genres wie »Ärzte«, »Fürsten«, »Schicksale«, »Heimat & Berge« oder »Western & Helden« zugerechnet. Geschrieben werden die *Groschenromane* von unzähligen anonymen Ghostwritern – streng nach Vorgabe. Die Charakteristika der Unterhaltungsliteratur gelten hier verschärft.

Abenteuer und Krimi

Wussten Sie eigentlich, dass »Abenteuer« und »Advent« die gleiche lateinische Wurzel haben und etwas Kommendes beschreiben? In den mittelalterlichen Ritterromanen war eine *Âventiure* eine abenteuerliche Unternehmung, die die Helden ganz bewusst auf sich nahmen.

Abenteuer waren seit jeher ein Lieblingsthema der Literaten und fast jedes herausragende Werk in diesem Sektor wurde imitiert. Daniel Defoes *Robinson Crusoe* zog eine Serie von *Robinsonaden* nach sich, James Fenimore Coopers *Lederstrumpf* (1823) machte *Indianergeschichten* populär. Der erste bekannte Groschenroman, den ein US-amerikanischer Drucker 1860 herausgab, war *Malaeska, die Indianerfrau des weißen Jägers* von Ann S. Stephens. Auch Robert Louis Stevensons Piratenabenteuer *Die Schatzinsel* (1881) machte Schule und durch Jules Vernes Bücher wurde das Genre der *Science-Fiction* populär.

1875 war die Geburtsstunde von Winnetou. Er tauchte als Nebenfigur in einer Erzählung auf, die der gerade frisch aus der Haft entlassene **Karl May** (1842–1912) für ein Unterhaltungsblatt geschrieben hatte. Diese ersten Erzählungen Mays sind noch ziemlich schablonenhafte Abenteuer, denen man teilweise deutlich anmerkt, aus welchen Werken der Gefängnisbibliothek er seine Inspirationen gezogen hat. Besonders häufig hat er beim damals sehr populären **Friedrich Gerstäcker** (1816–1872) Anleihe genommen. (Im Gegensatz zu May war der jahrelang als Holzfäller, Jäger, Matrose und Ähnliches in Nordamerika unterwegs gewesen.)

Old Shatterhand, das Alter Ego Karl Mays, tauchte 1880 das erste Mal auf. Eine Identifikationsfigur aus der eigenen Kultur, die den Lesern die Fremde näherbringt, findet sich sehr häufig in Unterhaltungsromanen. Karl May aber verrannte sich später in die Behauptung, er sei wirklich Old Shatterhand und habe alles, was er geschrieben habe, persönlich erlebt. Dagegen verzichtete etwa **Liselotte Welskopf-Henrich** (1901–1979), deren *Söhne der Großen Bärin* (1951) in der DDR erfolgreich mit Gojko Mitić verfilmt wurden, auf eine solche Mittlerfigur.

Als erster wirklicher Krimi gilt *Der Doppelmord in der Rue Morgue* (1841) von **Edgar Allan Poe** (1809–1849), der auch Horrorgeschichten schrieb. 1887 veröffentlichte dann **Arthur Conan Doyle** (1859–1930) seine erste Sherlock-Holmes-Geschichte: *Eine Studie in Scharlachrot.* Erste Bestseller-Autorin war die Amerikanerin **Mary Roberts Rinehart** (1876–1958), die ab 1909 mit weiblichen Serienermittlern wie Letitia Carberry und der Krankenschwester Hilda Adams aufwartete. Ab 1920 stieg die Britin **Agatha Christie** (1890–1976) mit ihrem Detektiv Hercule Poirot, zehn Jahre später auch mit Miss Marple in den Ring, während ihre Landsfrau **Dorothy L. Sayers** (1893–1957) ab 1923 Gentleman-Detektiv Peter Wimsey ermitteln ließ. Amerikas Antwort waren die »hardboiled detectives«, **Dashiell Hammetts** (1894–1961) Sam Spade (ab 1930) und **Raymond Chandlers** (1888–1959) Philip Marlowe (ab 1939) – abgebrühte, gebrochene Helden, die in finsteren Milieus ermittelten und in den Filmen der »Schwarzen Serie« gerne von **Humphrey Bogart** (1899–1957) gespielt wurden.

Jerry Cotton ist der Star des deutschen Groschenkrimis. Er ist FBI-Beamter, ermittelt seit 1954 und ist inzwischen bei weit mehr als 3000 Fällen angelangt. *Perry Rhodan* erblickte 1961 als US-Raumschiffkommandant im Kalten Krieg das Licht der Heftromanwelt und kämpft nunmehr im 6. Jahrtausend n. Chr. gegen kosmisches Chaos.

Endlose Liebe

In **Molières** Stück *Die lächerlichen Preziösen* wünschen sich die Heldinnen Madelon und Cathos nicht nur Verehrer mit mehr Sprachstil als die, die ihr Vormund für sie ausgesucht hat. Sie träumen auch davon, einen aufregenden Liebesroman zu erleben und wollen umworben werden wie Mandane von *Cyrus* oder *Clelia* von Arcone. Damit spielt Molière auf zwei Romane von **Madeleine de Scudéry** (1607–1701) an, die damals europaweite Bestseller waren und mit jeweils zehn Bänden zu den umfangreichsten Romanen gehören, die je geschrieben wurden.

In der Folge kamen vor allem in Frankreich, aber auch in England die *galanten Romane* in Mode. Das sind fast immer Liebesromane, häufig garniert mit haarsträubenden Abenteuern. Der Fokus liegt jedoch nicht auf Gefühlen, sondern dem Auftreten der Helden und Heldinnen, die witzig und wortgewandt und in jeder Lebenslage stilvoll bleiben müssen (etwa so wie der klassische James Bond). Die Autoren waren sehr häufig Frauen, wie etwa **Aphra Behn** (1640–1689), die selbst als Spionin für Karl II. von England aktiv war.

Dem aufstrebenden, aufgeklärten Bürgertum waren diese »höfischen« Romane dann zu frivol. Sie setzten auf tugendhafte, vernünftige Heldinnen wie das *Fräulein von Sternheim* von **Sophie von La Roche**. Die wehrt sich selbstbewusst gegen ihren Vormund und heiratet am Ende aus Liebe. In der trivialisierten Massenvariante, mit der die aufkommende und kritisch beäugte »Lesewut« im weiblichen Bürgertum gespeist wurde, ging es den Heldinnen dann weniger um Selbstbewusstsein, Vernunft und Tugend, sondern vor allem darum, vom Traummann »glücklich gemacht« zu werden. Eine Königin des Liebesromans in Deutschland war Eugenie John (1825–1887), die als **E. Marlitt** publizierte.

Marlitts Romane erschienen ab 1865 in der Zeitschrift *Gartenlaube*, die ihre Auflage bis zu Marlitts Tod vervierfachte. Damenkränzchen sollen sich freitagnachmittags getroffen haben, um gemeinsam die neuesten Folgen zu lesen, und Theodor Fontane schrieb 1879 (seine ganz großen Erfolge standen noch aus) erbittert an seine Frau, Leute wie die Marlitt würden womöglich noch ins Hinterindische übersetzt, um ihn aber kümmere sich keine Katze.

Auch ein Leipziger Dienstmädchen, die unehelich geborene und bei fremden Leuten aufgewachsene Ernestine Mahler war eine begeisterte Leserin von Marlitts Romanen. Im Alter von 17 Jahren wagte sie es, ihre erste selbst verfasste Geschichte an die Lokalzeitung zu schicken. Als **Hedwig Courths-Maler** (1867–1950) wurde sie dann eine der erfolgreichsten Romanautorinnen überhaupt. Ihre über 200 Lovestorys, die meist dem Aschenputtel-Muster (armes Mädchen gewinnt Prinzen) folgen, wurden begeistert gelesen, in den 1970er-Jahren auch verfilmt und bis heute als Heftromane verlegt. So entkam sie selbst ihrem Aschenputteldasein und führte während der Weimarer Republik einen Salon in Berlin, in dem zahlreiche prominente Schauspieler wie Emil Jannings und Adele Sandrock verkehrten.

Die Königin der Gothic Novel

1764 kamen in Großbritannien *Schauerromane* in Mode, dort *Gothic Novels* genannt (und gotische Ruinen waren tatsächlich eine beliebte Kulisse). **Ann Radcliffe** (1764–1823) mixte das Ganze mit Lovestorys und löste die scheinbar übernatürlichen Erscheinungen immer wieder auf – was nicht alle taten. Ihre stimmungsvollen Landschaftsbeschreibungen, für die sie sich von Gemälden inspirieren ließ, wurden sogar von Walter Scott gerühmt, die Charaktere der Heldinnen blieben eher flach, die Storys hanebüchen. Sie wurden aber von späteren AutorInnen viel zitiert. So zieht **Jane Austens** (1775–1817) *Northanger Abbey* seinen Witz daraus, dass die junge Catherine Morland unbedingt eine Radcliffe-Heldin werden möchte. Auch in den Romanen von **Joan Aiken** (1924–2004), **Georgette Heyer** (1902–1974) und anderen britischen Schriftstellerinnen wird immer wieder auf Werke à la Radcliffe angespielt. Und Fjodor Dostojewski gestand einmal, Radcliffes Geschichten, die ihm seine Eltern als kleinem Kind an langen Winterabenden vorgelesen hatten, hätten ihn bis in seine Träume verfolgt.

Die Welt der Comics

Die moderne Welt ist extrem visuell geprägt. *Bildergeschichten* erreichen deshalb auch Menschen, denen zu viele Buchstaben zu anstrengend sind, und sie haben eine alte Tradition. **Kaiser Trajan** ließ seine erfolgreichen Kriege gegen die Daker (im heutigen Rumänien) im Jahr 113 auf einem 200 Meter langen, um die 35 Meter hohe Trajanssäule gewundenen Bilderfries verewigen, der normannische **Herzog Wilhelm** seine Eroberung Englands auf den fast 70 Meter langen Teppich von Bayeux sticken.

Karikaturen (übertriebene Zeichnungen) und *Cartoons* (Zeichnungen, die eine Geschichte in einem einzigen Bild darstellen) gab es auch schon auf Flugblättern, aber ihre große Stunde kam im ausgehenden 18. und 19. Jahrhundert, als Satirezeitschriften wie der englische *Punch*, das französische *Journal amusant* oder in Deutschland die *Fliegenden Blätter*, der *Eulenspiegel*, der *Kladderadatsch*, der *Ulk* und der *Simplicissimus* entstanden. Gerade politische Karikaturen fanden international Beachtung und konnten für diplomatische Verstimmungen sorgen. **Heinrich Zille** (1858–1929) prägt mit seinen Cartoons das Berlin-Bild bis heute.

Auch Wilhelm Buschs Bildergeschichten erschienen anfangs in solchen Zeitschriften, wuchsen aber schnell darüber hinaus. Mit Storys wie *Max und Moritz, Hans Huckebein, der Unglücksrabe, Die fromme Helene, Abenteuer eines Junggesellen* sowie *Plisch und Plum* gilt er als Wegbereiter des Comics – auch wenn bei ihm die Texte für den Fortgang der Geschichte noch wichtiger sind als die Bilder.

Im angloamerikanischen Raum wurden die meist komischen Cartoons als »comics«, Bilderfolgen als »comic strips« bezeichnet. Der erste Comic, der in Heftform herauskam, war vermutlich 1930 *Tim im Lande der Sowjets* von **Hergé** (Georges Prosper Remi, 1907–1983), der zuvor in Fortsetzungen in der wöchentlichen Kinderbeilage einer belgischen Tageszeitung erschienen war. (Allerdings war der rasende Reporter Tim mit seinem Hund Struppi – im Original: Tintin und Milou – in den ersten Heften noch mit reichlich westlicher Überlegenheitsideologie unterwegs, sodass diese Hefte nicht nachgedruckt werden.)

Wussten Sie eigentlich, dass *Lucky Luke* Belgier ist? Der lässige Cowboy, der schneller als sein Schatten schießt, wurde 1946 von Maurice de Bevere – Künstlername **Morris** – erfunden. Ab 1955 wurden die Geschichte von dem Franzosen **René Goscinny** getextet, der 1959 zusammen mit dem Zeichner **Albert Uderzo** *Asterix* aus der Taufe hob.

Ebenfalls 1930 brachte die Disney-Company die ersten Comics mit Micky Maus heraus, der zwei Jahre zuvor sein Leinwanddebüt gegeben hatte. Donald Duck und das Entenhausen-Universum folgten 1936. 1938 fanden die beiden Freunde **Jerry Siegel** und **Joe Shuster** nach sechs Jahren endlich einen Verlag für ihren *Superman* und lösten damit den Boom an Superhelden aus, die wiederum Vorlagen für zahlreiche Filme und Computerspiele gaben, unter anderem *Batman* (1939), *Superwoman* (1941, beide DC Comics), *Captain America* (1941), *Der unglaubliche Hulk* (1962), *Die Fantastischen Vier* (1962), *Spider-Man* (1962), *Thor* (1962), *Iron Man* (1963) und *Daredevil* (1964, alle Marvel Comics).

In den 1990er-Jahren erlebte die Comic-Szene dann eine wahre Kulturrevolution durch die japanischen *Mangas*.

Die Manga-Kultur wird gerne bis ins Mittelalter zurückgeführt, doch im Grunde entstand sie zu Beginn des 20. Jahrhunderts als eine Synthese aus der großen grafischen Tradition Japans mit europäischen Comics.

Doch während die europäischen Comics im Kern komische Abenteuergeschichten für Kinder blieben, entwickelten sich die Mangas weit vielfältiger. So thematisiert zum Beispiel ein berühmter Manga aus dem Jahr 1983 – *Barfuß durch Hiroshima* von **Keiji Nakazawa** (1939–2012) – die Atombombenabwürfe von 1945. Weitere bedeutende Sparten sind die erotischen Mangas und die nichtfiktionalen Sachbuch-Mangas.

Auch grafisch ist das Spektrum extrem groß und reduziert sich nicht auf die großäugige, fransenhaarige Niedlichkeit der Figuren, die im Westen als typischer *Manga-Stil* gilt. Überhaupt ist es nur ein bestimmter, dem westlichen Comic nicht so unähnlicher Typus von Abenteuerserien, der hierzulande für den Manga-Boom sorgt.

IN DIESEM KAPITEL

Theater und Tanz

Darstellung, Regie und Drehbuch

Live und auf der Leinwand

Kapitel 7
Darstellende Kunst zwischen sakralem Tanz und Hollywood

In diesem Kapitel geht es um die *darstellende Kunst,* um Kunst also, die unter Einsatz des menschlichen Körpers geschaffen wird. Das sind vor allem das *Schauspiel* und der *Tanz.* Das Problem dabei: Diese Kunst ist vergänglich. Erst seit der Erfindung des Films kann der Augenblick eingefangen werden.

Das führt zu einer gewissen Schieflage. Spricht man über das Theater vergangener Epochen, stehen automatisch die Dramatiker im Mittelpunkt, die die Stücke schrieben, oder die Komponisten, die Tanzmusiken, Opern und Operetten schufen. Die Tänzerinnen und Tänzer, Schauspieler und Schauspielerinnen sind nahezu in Vergessenheit geraten, obwohl sie gefeierte Stars ihrer Zeit waren. Geht es dagegen um die Moderne, stehen die Darsteller im Rampenlicht, während Regisseure oder gar Drehbuchschreiber die zweite Geige spielen.

Vom Gebet zum Drama

Auch die darstellende Kunst hat religiöse Wurzeln. In vielen Kulturen finden sich Rituale, in denen mythologische Szenen nachgespielt oder getanzt wurden. Die Griechen entwickelten daraus das Schauspiel, das offen für die Darstellung aller möglichen neuen Geschichten ist.

Griechenland

Seit dem 6. Jahrhundert v. Chr. fanden in Athen im Frühling die *Dionysien* statt, ein mehrtägiges Fest zu Ehren des griechischen Weingotts Dionysos (römisch: Bacchus).

Vielleicht ist Ihnen der Ausdruck *Bacchanal* ein Begriff, der nicht für ein zivilisiertes Fest, sondern eine wilde Orgie steht. Tatsächlich war Dionysos ursprünglich ein archaischer Fruchtbarkeitsgott, um den im Laufe der Zeit viele verschiedene, sich widersprechende Mythen gewoben wurden. Sicher ist, dass die Dionysien, bevor sie ihren Weg nach Athen fanden, ländliche Fruchtbarkeitsfeste mit Flurumzügen waren. Vermutlich tanzten sich die Teilnehmer dabei, berauscht von Wein, der mit Drogen versetzt war, zu wilden Rhythmen in Ekstase.

Später existierte dann ein Mysterienkult, über den die wildesten Geschichten im Umlauf waren: Teilnehmer, die in Tierkostümen hemmungslosen Sex hatten und sich im Wahn gegenseitig zerfleischten. In Rom wurden im Jahr 186 v. Chr. Tausende von Teilnehmern hingerichtet und das Fest unter staatliche Kontrolle gestellt. In Griechenland könnte die Etablierung der städtischen Dionysien ein Versuch gewesen zu sein, den Kult in geordnete Bahnen zu lenken.

In dem Stück *Die Bakchen*, mit dem der Dichter **Euripides** im Jahr 405 v. Chr. (posthum) den Tragödienwettbewerb bei den Dionysien von Athen gewann, wird die Raserei der Anhängerinnen des Gottes (*Mänaden*) als Strafe gegen die Stadt Theben interpretiert. Am Ende wird der König von Theben von seiner eigenen Mutter zerfleischt. In der bildenden Kunst wurde der Gott meist in Begleitung von Mänaden und Satyrn beziehungsweise Faunen dargestellt. (Die griechischen Satyrn haben Eselschwänze und -ohren, die römischen Faune dagegen Hörner und Bocksbeine).

Teil der Athener Dionysien war ein Wettbewerb der Chöre, die Hymnen zu Ehren des Gottes deklamierten. Angeblich führte ein Wanderdichter namens **Thespis** im Jahr 534 v. Chr. als Erster einen Solodarsteller ein, der eine Dionysos-Maske trug und im Wechsel mit dem Chor agierte. Laut Überlieferung war es dann **Aischylos** (525–456 v. Chr.), der einen zweiten Schauspieler einsetzte, die beiden eine Geschichte entwickeln ließ und dem Chor nur noch eine das Geschehen kommentierende Nebenrolle zuwies. Die Darsteller trugen Masken und Plateauschuhe (*Kothurne*), um eindrucksvoller zu erscheinen.

Dionysos geriet dabei ins Abseits. Die meisten Stücke, die aufgeführt wurden, hatten mit ihm nichts mehr zu tun. Aischylos' erster großer Coup etwa war *Die Perser* im Jahr 472 v. Chr. Eigentlich müsste es *Die Perserinnen* heißen, denn er thematisierte die erst acht Jahre zurückliegenden Kriege gegen die Perser, an denen er höchstselbst teilgenommen hatte, aus der Sicht der persischen Witwen. Die Schuld am Krieg wird dem persischen König Xerxes gegeben, der durch seinen Hochmut (Hybris) die Götter herausforderte.

In vielen griechischen Stücken tritt am Ende der »*deus ex machina*« auf, ein Gott, der alle Verstrickungen löst (und dessen Darsteller mittels der Theatermaschinerie von oben hereinschwebte). Heute steht der Begriff für unerwartete, unwahrscheinliche Wendungen. In den *Persern* dagegen taucht kein Gott auf, dafür der verstorbene persische König Dareios, der seinem Sohn Xerxes – und dem Publikum – vor Augen führt, welch Vergehen Hybris gegen die Götter darstellt.

Kaum erfunden, erlebte das *griechische Theater* auch schon seine Blütezeit. Die wichtigsten Tragödienschreiber neben Aischylos waren **Sophokles** (um 496–406 v. Chr.) und **Euripides** (480–406 v. Chr.). Ihre Dramen werden auch heute noch oft aufgeführt. Sophokles inszenierte tragische Verstrickungen aus der griechischen Mythologie, etwa die Geschichte des *Ödipus* oder *Antigone* (mehr in Kapitel 9). Bei Euripides dagegen verstricken sich die Helden und Heldinnen in ihre eigenen Leidenschaften. Vor allem die Geschichte der *Medea*, die ihre eigenen Kinder tötet, um ihren untreuen Gatten Iason zu bestrafen, schockierte das Publikum – und inspirierte viele nachfolgende Künstler. Der beliebteste Komödiendichter war **Aristophanes** (um 450–380 v. Chr.), dessen bekanntestes Stück *Lysistrata* ist, in dem die Heldin die griechischen Frauen zum Sex-Streik auffordert, um den Peloponnesischen Krieg zu beenden, der damals seit 20 Jahren tobte.

Zur klassischen Zeit sahen die Dionysien so aus:

- ✔ Am ersten Tag gab es einen Festumzug, Opfer und den klassischen Wettbewerb der Chöre. Danach folgte der Theaterwettbewerb.
- ✔ Am zweiten Tag wurden fünf Komödien aufgeführt.
- ✔ Danach folgten je drei Tage mit jeweils einer Tetralogie – einem Komplex aus drei zusammengehörenden Tragödien eines Dichters plus einem auflockernden Satyrspiel.
- ✔ Am letzten Tag wurden die Gewinner geehrt.

Die Theateraufführungen fanden am Fuß der Akropolis, des Stadtbergs von Athen statt. Die Zuschauer nahmen anfangs einfach am Hang Platz, im Jahr 410 v. Chr. wurden hölzerne Sitzreihen errichtet, 333 v. Chr. die halbrunden, in den Hang gebauten Steintribünen, die zur charakteristischen Form griechischer Theater wurden. Manche, wie das gut erhaltene Theater von Epidauros, werden heute noch bespielt. Am hinteren Ende der halbrunden Bühne muss man sich noch ein hölzernes Bühnengebäude vorstellen.

Die Römer waren dann nicht mehr auf natürliche Hänge angewiesen. Dank ihrer Fähigkeiten im Bogen- und Gewölbebau konnten sie die Zuschauerränge künstlich abstützen.

Vor allem schufen die Römer die noch heute übliche Form der Sportarena, indem sie zwei Theater zum *Amphitheater* (beidseitiges Theater) zusammenfügten. Das größte Amphitheater der Antike war das *Kolosseum* in Rom mit rund 50.000 Plätzen. Noch größer war der *Circus maximus* mit bis zu 250.000 Plätzen, der aber eine langgestreckte Rennbahn (griech. »Hippodrom«) war, die nur an drei Seiten von Tribünen gesäumt war.

Commedia dell'arte und Bauernschwank

Im frühen Christentum spielte das Theater zunächst keine Rolle. Wenig verwunderlich, wenn man bedenkt, dass die römischen Amphitheater die Orte publikumswirksamer Hinrichtungen christlicher Märtyrer gewesen waren. In einem Manuskript aus dem 10. Jahrhundert findet sich dann aber ein dreizeiliger Dialog zwischen den Engeln und den Frauen am Grab Jesu, der am Ostermorgen in den liturgischen Gesang der Mönche eingebaut wurde. Daraus entwickelten sich im Lauf der Zeit umfangreiche *Osterspiele*, im 13. Jahrhundert kamen *Weihnachts-* und *Passionsspiele* hinzu (Letztere thematisierten die Passion, den Leidensweg

Jesu vor seinem Tod), aber auch weltliche – und meist sehr derbe – *Fastnachtsspiele* kamen auf. Im Spätmittelalter gehörten Theateraufführungen zu allen möglichen Festivitäten.

In deutschen Städten wurden sie vielfach von den Handwerksgesellen aufgeführt. Literarisch begabte Zunftgenossen verfassten die Stücke. Der Berühmteste von ihnen war der Nürnberger Schuhmacher **Hans Sachs** (1494–1576), dessen Schwänke weit über die zotige Burleske hinausgingen. Als Protestant nahm er besonders gerne die katholische Kirche ins Visier und schrieb etwa ein Stück über die angebliche Päpstin Johanna.

Ansonsten wurden die Stücke meist von wandernden Gauklertruppen aufgeführt. In der Gegend von Padua entwickelte sich daraus im 16. Jahrhundert die *Commedia dell'Arte,* Stegreiftheater mit standardisierten Figuren wie dem schillernden *Arlecchino (Harlekin)* im bunten Flickenkleid, der patenten *Columbina,* dem mehr gelehrt tuenden als gelehrten *Dottore* und dem alten Geizhals *Pantaleone.* Gespielt wurden gerne irgendwelche Eifersuchts- und Verwechslungskomödien. Wichtig war weniger die Story als vielmehr eine spritzige Darbietung mit schlagfertigen Dialogen, frechen Anspielungen und clownesken Späßen. Im Gegensatz zu anderen Theaterformen spielten auch Frauen mit. Die Commedia dell'Arte verbreitete sich über weite Teile Europas und manche Ensembles durften sogar bei Hof auftreten.

Auch die berühmte *Peking-Oper* hat ihre Wurzeln in herumziehenden Ensembles, die mit relativ standardisiertem Personal alte chinesische Mythen spielten. 1791 wurde anlässlich des 80. Geburtstags von Kaiser Quianlong das erste Stück tatsächlich in Peking aufgeführt und hatte solchen Erfolg, dass eine Unmenge von Theatergruppen entstanden.

Peking-Opern sind traditionell sehr lang. Manche dauern einige Tage, werden aber selten am Stück gezeigt. Auch sind sie extrem formalisiert. Das heißt, man muss wissen, was das Auftauchen einer gelben Fahne oder eine bestimmte Geste mit dem Ärmel bedeuten soll, um der Handlung folgen zu können.

Belustigung bei Hofe

In der Renaissance hielt das Theater auch an den Höfen der Fürsten Einzug. Doch der Adel amüsierte sich nicht nur über die Darstellungen der Komödianten (ernsthafte Stücke waren völlig out), sondern spielte auch gerne selbst. Vor allem die französische Regentin **Caterina de' Medici** (1519–1589) legte sich ins Zeug, um mit überwältigenden Inszenierungen – *Magnificiences* genannt –, die Turniere als Festtagsbelustigung zu verdrängen, die ihren Gatten, **König Heinrich II.**, das Leben gekostet hatten. Stattdessen »kämpften« auf Caterinas Festen die Höflinge, etwa als Griechen und Trojaner verkleidet, um eine Gruppe schöner Jungfrauen, die von einem Riesen auf eine verzauberte Insel entführt worden war.

Im 17. Jahrhundert begann der Siegeszug der Oper als höfische Belustigung (siehe Kapitel 5). Frankreichs starker Mann jedoch, der berüchtigte **Kardinal Richelieu**, bevorzugte das ernsthafte Theater und förderte einen jungen Dramatiker namens **Pierre Corneille** (1606–1684), der erst für eine Wandertruppe, dann für ein Vorstadttheater geschrieben hatte. 1636 erzielte er einen spektakulären Erfolg mit *Le Cid,* einem fiktiven Liebesdrama um den spanischen Nationalhelden Rodrigo Díaz de Vivar. Unter Sonnenkönig Ludwig XIV. sorgten dann **Jean Racine** (1639–1699), ebenfalls mit Historiendramen, und **Molière** (1622–1673) mit Komödien wie *Der eingebildete Kranke, Der Menschenfeind* oder *Tartuffe* für Furore.

Ganz anders war die Entwicklung in England. Kennen Sie Shakespeares *Sommernachtstraum*? In den Streit zwischen Elfenkönig Oberon und Königin Titania platzt eine tölpelhafte Handwerkertruppe, die ein Schauspiel proben möchte. Auch in anderen Stücken Shakespeares gibt es solche *Buffo-Szenen*, die zeigen, dass der vielleicht bedeutendste Dramatiker überhaupt vom Volkstheater kam. 1572 wurde verordnet, dass Schaustellertruppen in London nur auftreten durften, wenn sie unter der Patronage eines Adeligen standen. Was wie Gängelung klingt, wurde ein Erfolgsrezept. Denn die so geförderten Truppen brachten das Theater auf ein anderes Niveau. Allen voran **William Shakespeare** (1564–1616), der als Stückeschreiber der *Lord Chamberlain's Men* am städtischen Globe Theatre Karriere machte.

Sag's mit Shakespeare

Mit seinem unglaublichen Wortwitz wurde Shakespeare auch zum Schöpfer vieler geflügelter Worte. Aber wer sagte was?

- ✔ »Auch du, Brutus?«, fragt Julius Caesar seinen Mörder.
- ✔ »Da war der Wunsch Vater des Gedankens«, erklärt König Heinrich IV. seinem Sohn, der schon mal seine Krone aufprobiert.
- ✔ »Der Stoff, aus dem die Träume sind«, nennt Prospero seine Insel mit ihren Geisterwesen in *Der Sturm*.
- ✔ »Der Zahn der Zeit« sorgt laut dem Herzog von Wien in *Maß für Maß* für das Vergessen.
- ✔ »Ende gut, alles gut« heißt ein Stück, in dem die Heilerin Helena am Ende die unmöglichen Bedingungen erfüllen kann, die ihr Auserwählter als Voraussetzung für eine Ehe nannte.
- ✔ »Es war die Nachtigall und nicht die Lerche«, behauptet Julia, um Romeo nach einer Liebesnacht am Gehen zu hindern.
- ✔ »Es ist nicht alles Gold, was glänzt«, erklärt Portia im *Kaufmann von Venedig*, als ein Bewerber um ihre Hand bei einer Probe das falsche Kästchen wählt.
- ✔ »Gut gebrüllt, Löwe!«, witzelt Demetrius im *Sommernachtstraum* angesichts der Theateraufführung, in der Tischler Schnock einen Löwen gibt.
- ✔ »Ich bin heute nicht in Geberlaune«, weist der schurkische König Richard III. einen Bittsteller rüde ab. Als es eng für ihn wird, wünscht er sich: »Ein Pferd! Ein Königreich für ein Pferd!«
- ✔ »Komme, was kommen mag«, erklärt Macbeth, als ihm die schottische Krone prophezeit wird. Dann aber lässt er sich von seiner Frau zum Mord drängen und die klagt, »alle Wohlgerüche Arabiens« würden den Blutgeruch nicht mehr von ihren Händen vertreiben.

✔ »Sein oder Nichtsein« sinniert der schwermütige Dänenprinz Hamlet angesichts eines Schädels, den der Totengräber freilegt. In der Nacht zuvor hat ihn der Geist seines toten Vaters zur Rache aufgefordert, ist aber mit dem Satz »Mir dünkt, ich wittre Morgenluft« verschwunden. Zwei von Hamlets Freunden finden: »Etwas ist faul im Staate Dänemark.«

Auf den Brettern, die die Welt bedeuten

Im 18. Jahrhundert emanzipierte sich das Theater endgültig von Jahrmarktspektakel und Hofbelustigung, von Buffo-Humor und Göttermythen und begann Stücke auf die Bühne zu bringen, die etwas mit dem Leben des Publikums zu tun hatten.

Eine Wegbereiterin des ernsthaften Theaters in Deutschland war **Friederike Caroline Neuber** (1697–1760). Vor ihrem gewalttätigen Vater geflohen, hatte sie sich einer Theatertruppe angeschlossen und später mit ihrem Mann eine eigene Gesellschaft gegründet. »Die Neuberin« setzte sich bewusst von den Auftritten der fahrenden Komödianten ab. Sie engagierte nur die besten Schauspieler, bezahlte sie ordentlich und achtete auf strenge Disziplin. Auf dem Spielplan standen zunächst französische Stücke, später die der deutschen Aufklärer und solche, die sie selbst schrieb (die aber verschollen sind). 1737 verbannte sie in einer öffentlichkeitswirksamen Aktion die Figur des Hanswurst von der Bühne.

Der *Hanswurst* war die Hauptfigur der sogenannten »Haupt- und Staatsaktionen«. Das hieß: Man nahm einen bekannten, zugkräftigen Stoff, etwa das Libretto einer Oper oder ein französisches Historiendrama, und schmückte den ungefähren Kern der Handlung mit Nebenhandlungen und Slapstick-Einlagen des Hanswurst aus.

Die Dramatiker

Der Pfarrerssohn **Gotthold Ephraim Lessing** (1729–1781) sollte eigentlich auch Theologe werden, aber seine Leidenschaft galt dem Theater. Doch ernsthaftes Theater hieß damals in Deutschland Nachahmung der französischen Historiendramen; Lessing dagegen begeisterte sich für Shakespeare. Und er sah nicht ein, warum normale Bürger zwar in Komödien und rührseligen Stücken mit Happy End eine Rolle spielen durften, aber nicht als würdig erachtet wurden, Helden einer Tragödie zu sein. Die Fallhöhe sei nicht ausreichend, meinten die Theatertheoretiker seiner Zeit. Will heißen: Das Scheitern eines normalen Menschen würde das Publikum nicht ausreichend erschüttern. Lessing scherte sich nicht darum, sondern schrieb mit *Miss Sara Sampson* und *Emilia Galotti* die ersten *Bürgerlichen Trauerspiele*. Am berühmtesten ist er aber für sein Ideendrama *Nathan der Weise*, ein Plädoyer für religiöse Toleranz.

So wie *Nathan der Weise* für das Zeitalter der Aufklärung steht, so verkörpern *Die Räuber* von Friedrich Schiller den Sturm und Drang. Doch ein Gesetzloser als Held war für die Obrigkeit 1782 unerhört. Schiller musste aus Württemberg fliehen. Auch Goethes *Götz von Berlichingen* gehört (nicht nur wegen deftiger Sprüche) zum Sturm und Drang. Seine *Iphigenie auf Tauris*, Schillers

Wallenstein, Maria Stuart, Die Jungfrau von Orléans und *Wilhelm Tell* jedoch sind der Klassik zuzurechnen. **Heinrich von Kleist** (1777–1811, *Das Käthchen von Heilbronn, Der Prinz von Homburg*) dagegen gilt als nicht einordbar.

Im 19. Jahrhundert kam der *Naturalismus* auf: Menschen, ihr Leben, ihre Probleme und Schicksale sollten ungeschönt und realistisch dargestellt werden.

Als Vorläufer des Naturalismus gilt **Georg Büchner** (1813–1837) mit seinem *Woyzeck*. Büchner bezog sich dabei auf den Fall des Soldaten Johann Christian Woyzeck, der 1824 wegen Mordes an seiner untreuen Geliebten öffentlich hingerichtet worden war, obwohl er offenbar unter Wahnvorstellungen und Depressionen litt – die Büchner im Stil des Stückes nachzuempfinden sucht. Es blieb jedoch bei seinem frühen Tod 1837 als Fragment zurück und wurde erst später aus den Aufzeichnungen rekonstruiert und 1913 uraufgeführt.

Autoren des Naturalismus sind unter anderem

✔ **Henrik Ibsen** (1828–1906): *Nora oder ein Puppenheim, Gespenster, Peer Gynt* (nicht naturalistisch)

✔ **Anton Tschechow** (1860–1904): *Onkel Wanja, Drei Schwestern, Der Kirschgarten*

✔ **Gerhart Hauptmann** (1862–1946): *Vor Sonnenaufgang, Die Weber, Der Biberpelz*

Komödien waren nicht gerade die Stärke der deutschen Dramatiker – Ausnahmen sind Kleists *Zerbrochener Krug*, Büchners *Leonce und Lena* sowie Hauptmanns *Biberpelz*. Die beiden Iren **Oscar Wilde** (1854–1900) und **George Bernard Shaw** (1856–1950) dagegen schüttelten sie nur so aus dem Ärmel. Während Wilde jedoch die elegante Gesellschaftskomödie perfektionierte – sein bekanntestes Stück ist *Bunbury oder Ernst sein ist alles* –, bürstete der Satiriker Shaw, dem Wildes Stücke zu oberflächlich waren, gängige Genres gegen den Strich.

Bekannte Stücke des 20. Jahrhunderts finden Sie in Tabelle 7.1.

Stück(e)	Autor
Nachtasyl (1902)	**Maxim Gorki** (1868–1936)
Pioniere in Ingolstadt (1929)	**Marieluise Fleißer** (1901–1974)
Die Glasmenagerie (1944), *Endstation Sehnsucht* (1947), *Die Katze auf dem heißen Blechdach* (1955)	**Tennessee Williams** (1911–1983)
Tod eines Handlungsreisenden (1949)	**Arthur Miller** (1915–2005)
Die Mausefalle (1952)	**Agatha Christie** (1890–1976)
Warten auf Godot (1952), *Endspiel* (1954)	**Samuel Beckett** (1906–1989)
Der Besuch der alten Dame (1956), *Die Physiker* (1962)	**Friedrich Dürrenmatt** (1921–1990)
Eines langen Tages Reise in die Nacht (1956)	**Eugene O'Neill** (1888–1953)
Biedermann und die Brandstifter (1958), *Andorra* (1961)	**Max Frisch** (1911–1991)
Die Jagdgesellschaft (1974)	**Thomas Bernhard** (1931–1989)

Tabelle 7.1: Bekannte Stücke des 20. Jahrhunderts und ihre Verfasser

Die Regisseure

Kennen Sie das Meininger Staatstheater? Im 19. Jahrhundert wurde hier das moderne *Regietheater* erfunden. Verantwortlich war der regierende Herzog persönlich, **Georg II. von Sachsen-Meiningen** (1826–1914). Er war nicht nur ein politischer Reformer und kultureller Mäzen, sondern höchstpersönlich der künstlerische Leiter des Hoftheaters. Er entwarf Kostüme und Bühnenbilder und inszenierte Stücke. Zusammen mit seiner dritten Frau, der Schauspielerin Ellen Franz, und dem Schauspieler Ludwig Chronegk entwickelte er die *Meininger Prinzipien* für eine Theaterreform. 81 Gastspielreisen des Ensembles verbreiteten den neuen Stil in ganz Europa.

Bei diesen Prinzipien geht es vor allem darum, dass Theater keine Effekthascherei sein darf, sondern die schöpferische Arbeit des Dramatikers vollenden soll und dabei den Charakter des Stücks nicht verwischen darf. Gefordert werden intensive Proben, ein einheitlicher Stil und eine geschlossene Ensemble-Leistung statt Starallüren. Vor allem aber soll ein Regisseur die Hauptverantwortung für die Inszenierung tragen und dafür sorgen, dass aus allen Aspekten der Aufführung – dem Literarischen, dem Akustischen und dem Visuellen – ein Gesamtkunstwerk wird.

Zu den Meininger Prinzipien gehörte auch, ein Stück in Sachen Bühnenbild, Kostüm et cetera möglichst historisch korrekt darzustellen. Zusammen mit dem Naturalismus der Stücke kam damit echtes Leben auf die Bühne – aber zu wenig Theatralik, fand **Max Reinhardt** (1873–1943). Der Österreicher wollte den Menschen im Theater wieder mehr als die eigene Alltagsmisere bieten. Als Regisseur und Theaterdirektor setzte er neue Maßstäbe: durch moderne Stücke, opulente Inszenierungen, innovative Bühnentechnik und ein Talent, die besten Schauspieler zu finden und zu fördern. Er baute sich ein Imperium mit elf Theatern auf, darunter das Deutsche Theater und die Volksbühne in Berlin, rief die *Salzburger Festspiele* ins Leben und drehte auch Filme. 1937 emigrierte er in die USA, konnte sich aber mit dem dortigen Theatergeschmack nicht recht anfreunden.

Dagegen fand **Bertolt Brecht** (1898–1956), Theater solle politisch sein und die großen gesellschaftlichen Konflikte aufgreifen, sich dabei aber nicht in der Darstellung tragischer Einzelschicksale erschöpfen, sondern tatsächlich das Problem als solches zeigen. Zusammen mit dem Regisseur und Intendanten **Erwin Piscator** (1893–1966) entwickelte er das *Epische Theater*. Dieses soll nicht die Gefühle der Zuschauer ansprechen, sondern den Verstand, sie nicht in das Geschehen hineinziehen, sondern Distanz wahren und so zum Nachdenken zwingen. Ein Nachdenken, aus dem dann Empörung und Handeln entstehen, so hofften Brecht und seine Mitstreiter.

Auch **Heiner Müller** (1929–1995) wollte auf der Bühne gesellschaftliche Zustände analysieren, die konventionelle Form, die Brecht noch gewahrt hatte, jedoch überwinden. Seine Stücke sind Collagen, die Epochen und Kulturen verknüpfen, und dabei die ewig gleichen Verwerfungen aufdecken. Am bekanntesten ist die *Hamletmaschine*, in der Shakespeares Figuren Hamlet und Ophelia ihren Ekel und Hass auf die Welt ausleben.

Müller leitete damit das *postdramatische Theater* ein, das keine von Dramatikern geschriebenen Geschichten mehr spielt, sondern sich der künstlerischen Performance annähert. Schon die *Hamletmaschine* hat kaum gesprochenen Text, kann aber, je nach Inszenierung, bis zu sieben Stunden dauern. Eine Autorin, die Texte für diese Art von Theater verfasst, ist die österreichische Nobelpreisträgerin **Elfriede Jelinek** (* 1946). Teilweise werden die Stücke aber auch erst von den Ensembles, die sie spielen, erarbeitet. Bekannte Vertreter sind **Frank Castorf** (* 1951), **Christoph Schlingensief** (1960–2010) und die Intendantin **Shermin Langhoff** (* 1969).

Keine künstlerische Revolution, aber ein Versuch, das Theater populärer zu machen, ist die *Adaption* von erfolgreichen Filmen oder Büchern für die Bühne. So ist eines der aktuell meistgespielten Stücke *Tschick*, das auf Wolfgang Herrndorfs gleichnamigem Jugendroman beruht. 2011 wurde er für die Bühne adaptiert, 2015 von Fatih Akin verfilmt.

Die Schauspieler

Schauspielerei galt lange Zeit als kein ernsthafter Beruf. Schauspieler zählten zum fahrenden Volk und standen damit außerhalb der Ordnung. Ihre Kunst wurde mit Gaukelspiel auf eine Stufe gestellt und Schauspielerinnen als bessere Huren angesehen. Im 18. Jahrhundert jedoch begann sich das zu ändern.

August Iffland (1759–1814), ein Beamtensohn aus Hannover, der gegen den Willen seiner Eltern zum Theater gegangen war, feierte 1782 als Franz Moor in Schillers *Räubern* seinen ersten Triumph. Er wurde zum gefeierten Star und 1811 Direktor des königlichen Schauspiels in Berlin. Nach ihm ist der *Iffland-Ring* benannt, der jeweils dem besten zeitgenössischen deutschsprachigen Schauspieler auf Lebenszeit verliehen wird. 2019 ging er von **Bruno Ganz** (1941–2019) an **Jens Harzer** (* 1972).

Für die aktuell beste deutschsprachige Schauspielerin gibt es ein Art-déco-Collier, das **Tilla Durieux** (1880–1971) gestiftet hat. Es wird alle zehn Jahre vergeben. 2010 bekam es die Schweizerin **Judith Hofmann** (* 1967). Durieux spielte auf den Berliner Bühnen alle großen Rollen, war aber auch eine gefeierte Society-Lady. Sie finanzierte das von Erwin Piscator am Berliner Nollendorfplatz betriebene Avantgardetheater und musste 1933 wegen politisch linken Engagements emigrieren.

Dagegen wird der *Eysoldt-Ring* jedes Jahr für eine herausragende Leistung auf einer deutschsprachigen Bühne verliehen. Er ist benannt nach **Gertrud Eysoldt** (1870–1955), die in den 1920er-Jahren das Kleine Schauspielhaus in Berlin leitete und dort für einen handfesten Skandal sorgte, als sie das verbotene Stück *Der Reigen* von Arthur Schnitzler inszenierte.

Sarah Bernhardt (1844–1923), die Tochter einer wohlhabenden Kurtisane, erhielt dank eines hochgestellten Liebhabers ihrer Mutter eine Ausbildung an der *Comédie-Française*. Sie wurde als »die Göttliche« gefeiert. Tourneen durch Europa und die USA machten sie zu einem der ersten Weltstars. Sie spielte gerne auch männliche Rollen wie Hamlet, ihr größter Erfolg war jedoch die Kameliendame. Auch ihre Filme *Königin Elisabeth von England* (1912) und *Adrienne Lecouvreur* (1913) waren trotz ihres Alters noch riesige Erfolge. Es gab allerdings auch Kritiker, denen das ganze Gehabe der privat ziemlich schwierigen Bernhardt zu übertrieben war.

Eleonora Duse (1858–1924) sah Sarah Bernhardt 1882 in Turin und setzte danach alle Hebel in Bewegung, ebenfalls die Kameliendame spielen zu dürfen. Sie interpretierte die Rolle jedoch viel zurückhaltender, was nicht wenigen Kritikern besser gefiel. Ihre Fans feierten sie für die atemberaubende Natürlichkeit, die sie auf die Bühne brachte. Der Dramatiker Anton Tschechow etwa erklärte, er habe noch nie Gleichartiges gesehen.

Alexander Moissi (1879–1935) durfte wegen seines starken albanischen Akzents zunächst nur stumme Rollen spielen. Max Reinhardt jedoch gab ihm ab 1903 Hauptrollen und hielt trotz teils verheerender Kritiken an ihm fest, bis Moissi schließlich gerade wegen seiner exotischen und pathetischen Ausstrahlung zum Superstar wurde. Seine Glanzrollen waren zerrissene, gepeinigte und morbide Charaktere wie *Hamlet, Faust* oder *Jedermann.*

Helene Weigel (1900–1971) machte unter Max Reinhardt Karriere und wurde 1929 die zweite Frau von Bertolt Brecht. Sie inspirierte und spielte seine Frauengestalten, gründete 1949 das Berliner Ensemble und leitete ab 1954 dessen Spielstätte, das Theater am Schiffbauerdamm.

Ebenfalls mit Brecht-Rollen bekannt wurde **Therese Giehse** (1898–1975), die zeitweilige Lebensgefährtin von Erika Mann.

Das ganze Spektrum des Tanzes

Getanzt wurde in allen Kulturen. Möglicherweise zeigt schon eine an die 7000 Jahre alte indische Höhlenmalerei einen *Reigentanz.* Wie getanzt wurde, hing wesentlich davon ab, wie in einer Region musiziert wurde und welche Instrumente es gab. Allerdings sind die meisten traditionellen *Volkstänze* gar nicht so alt. Manche entstanden erst im 18. oder 19. Jahrhundert. Denn während bei zeremoniellen Tänzen und religiös motivierten Tanzritualen alles seine Bedeutung hatte, gab es bei Festtagstänzen keinen Grund, nicht immer wieder neuen Moden zu folgen.

Unter dem altmodischen Wort »Reigen« versteht man heute vor allem einen Rundtanz. Der Reigen leitet sich jedoch von dem altgriechischen Wort »Choreia« ab, das für einen Chor- beziehungsweise Gruppentanz stand. Ein Reigen kann deshalb alle Formationen umfassen:

- ✔ im Kreis,
- ✔ in Ketten, die sich in Figuren bewegen, sich oft auch trennen und immer wieder neu formieren,
- ✔ in gerader Reihe oder auch mehreren Reihen hintereinander oder gegenüber,
- ✔ als Formation mehrerer Paare oft mit Platztauschelementen.

Gesellschaftsfähig

Wie aber wurden aus Volkstänzen *Gesellschaftstänze*? Indem sich Komponisten ihrer annahmen und sie für die »feine Gesellschaft« aufpolierten. Das begann an den Höfen der

Renaissance. Aus größtenteils nicht mehr bekannten Volkstänzen wurden so neue höfische Tanzformen. Zu den bekanntesten gehören:

- ✔ **Gaillarde:** ein *Springtanz* aus dem 15. Jahrhundert, der meist mit der *Pavane*, einem langsamen feierlichen *Schreittanz*, kombiniert wurde (sowohl auf der Tanzfläche wie in Orchestersuiten)
- ✔ **Allemande**: ein im ersten Teil langsamer, dann schneller werdender Schreittanz aus dem 16. Jahrhundert, der wahrscheinlich aus dem alpenländischen *Landler* entstand
- ✔ **Courante**: ein sehr schneller, fröhlicher Tanz aus dem 16. Jahrhundert
- ✔ **Gigue**: ein sehr lebhafter Tanz aus dem 17. Jahrhundert, der seine Wurzeln wohl im britischen Gauklerwesen hat
- ✔ **Menuett**: ein graziöser, französischer *Hoftanz* aus dem 17. Jahrhundert
- ✔ **Sarabande**: ein langsamer, eleganter, höfischer Tanz aus dem 17. Jahrhundert
- ✔ **Quadrille**: ein *Kontertanz* aus dem späten 18. Jahrhundert, bei dem sich vier Paare gegenüber (contra) stehen und dann eine festgelegte Reihe von Figuren tanzen, wobei sich die Paare immer wieder trennen und neu finden

Ob Volkstanz oder Gesellschaftstanz, ist oft nicht wirklich zu unterscheiden. Nehmen Sie die *Polka*: schwungvolle Drehungen im Zweivierteltakt, getanzt im Wechselschritt mit kleinem Hüpfer. Trotz ihres Namens stammt die Polka nicht aus Polen, sondern aus Böhmen und wurde dort um 1830 bekannt. Doch wenn es darum geht, den Unterschied zu älteren ähnlichen Tänzen wie *Hopser* und *Schottisch* zu erklären, beginnen sich Fachleute zu widersprechen. Im Grunde, so meinen manche, wurde eine sehr weit verbreitete Tanzform um 1830 unter dem Namen Polka wieder modern. So modern, dass Walzerkönig Johann Strauss auch über 150 Polkas komponierte – und der Name Polka sich für diese Art zu tanzen durchsetzte.

Im späten 18. Jahrhundert kam es dann zu einer Revolution in den Tanzsälen. Erste Anzeichen waren Verbote von walzenden (drehenden) Tänzen im Alpenraum. Denn um die Fliehkräfte bei den schnellen Drehungen im Dreivierteltakt auszugleichen, wurde in bis dato unüblicher und nach Meinung der Obrigkeit unzüchtig enger Haltung getanzt. Doch die Verbote waren vergeblich. Der *Walzer* eroberte die Ballsäle.

Seinen endgültigen Durchbruch erlebte der Walzer während des Wiener Kongresses 1814/15, wo sich Diplomaten aus über 200 Staaten und Fürstentümern versammelten, um die Welt nach den Verwerfungen der Napoleonischen Kriege neu zu ordnen, jedoch – wie böse Zungen lästerten – mehr tanzten als tagten.

Mit dem Walzer setzte sich auf dem Parkett der *Paartanz* durch. Aber weil eine Mode die andere jagte, kam zu Beginn des 20. Jahrhunderts das Bedürfnis auf, einen Standard an Gesellschaftstänzen festzulegen, den jeder beherrschen sollte. Als Standardtänze gelten heute:

- ✔ langsamer Walzer,
- ✔ Wiener Walzer,

- Tango,
- Slowfox (im Englischen: Foxtrott),
- Quickstep.

Dazu kommen fünf lateinamerikanische Standardtänze:

- Samba (Brasilien),
- Rumba (Kuba),
- Cha-Cha-Cha (Kuba),
- Paso doble (Spanien),
- Jive (USA).

Warum aber gelten der spanische Paso doble und der amerikanische Jive als lateinamerikanische Tänze, der tatsächlich aus Argentinien und Uruguay stammende Tango aber nicht, ebenso wenig wie Mambo, Salsa oder Merengue? Bei der Unterscheidung geht es nicht um die Herkunft, sondern die Art des Tanzens. Bei Gesellschaftstänzen versucht das Tanzpaar, zu einer harmonischen Einheit zu werden, bei den »lateinamerikanischen« Tänzen dagegen steht mehr die Interaktion zwischen den Tanzpartnern im Vordergrund.

Klassisch

Als der klassische Bühnentanz gilt das *Ballett.* Die erste bekannte Aufführung fand 1581 am französischen Hof statt. Anlässlich der Hochzeit ihrer Schwester gab Königin Louise von Lothringen (die Schwiegertochter von Caterina de' Medici) ein fünfstündiges, prächtig ausgestattetes und immens teures Spektakel namens *Ballet comique de la reine* (Komisches Ballett der Königin) in Auftrag, bei dem sie und der König selbst mittanzten. Auch Ludwig XIV. war ein begeisterter Tänzer. Seinen Beinamen »der Sonnenkönig« verdankt er einer Ballettrolle als Sonnengott Apollo. Ludwig sorgte aber durch die Gründung der *Königlichen Tanzakademie* auch dafür, dass das Ballett jenseits des höfischen Vergnügens Verbreitung fand.

Das heutige Bild vom klassischen Ballett ist jedoch nicht durch Barock-Spektakel geprägt, sondern durch anmutige Ballerinen in weißen Tüllröcken (*Tutus*). Die sind typisches Merkmal des romantischen Balletts und waren erstmals zu sehen am 12. März 1832 im Theater der königlichen Musikakademie in Paris im Ballett *La Sylphide.* Darin verliebt sich ein junger Mann in eine Waldfee und geht darüber zugrunde.

Choreograf **Filippo Taglioni** (1777–1871) hatte seine Tochter Marie unbarmherzig gedrillt, bis sie als Sylphide auf der Fußspitze tanzend geradezu über die Bühne zu schweben schien. Ihr für die damalige Zeit skandalös kurzer Rock sollte ihre überragende Technik sichtbar machen. Der Coup gelang: **Marie Taglioni** (1804–1884) wurde zum europäischen Superstar des Balletts, der Begriff Sylphide zum Kompliment für besonders anmutige, ätherische Frauen und der Stil von *La Sylphide* in zahlreichen anderen Balletten kopiert. Zu den bekanntesten zählen

- ✔ *Giselle* (1841) von **Théophile Gautier** (Libretto) und **Adolphe Adam** (Musik). Die Titelfigur stirbt an gebrochenem Herzen, rettet aber dennoch ihren ehemaligen Verlobten als Geist vor anderen Geistertänzerinnen.

- ✔ *Schwanensee* (1877) von **Wladimir Begitschew** (Libretto), **Lew Iwanow** (Choreografie) und **Pjotr Tschaikowsky** (Musik): Ein Prinz verliebt sich in die zum Schwan verwandelte Prinzessin Odette, aber weil er sich von ihrer bösen Doppelgängerin Odile verführen lässt, bringt ihr die Liebe am Ende nicht Erlösung, sondern den Tod.

Pjotr Tschaikowsky schrieb die Musik für zwei weitere Ballette, die zu den bekanntesten überhaupt zählen:

1. *Dornröschen* (1890, Choreografie: **Marius Petipa**)

2. *Der Nussknacker* (1892, Choreografie: **Lew Iwanow**)

Obwohl auch hier ätherische Wesen wie Prinzessin Aurora (Dornröschen), tanzende Schneeflocken und eine Zuckerfee vorkommen, weisen sie schon über die klassische »Tragik-in-Weiß«-Phase des Balletts hinaus. Zu Dornröschens Hochzeit zum Beispiel tanzen allerlei Märchenfiguren wie Hänsel und Gretel, Aladin und der Froschkönig an (oder wen immer der jeweilige Regisseur haben möchte). Und der Nussknacker ist sowieso ein Ausflug ins Reich der Spielzeugfiguren, in der auch Zinnsoldaten und Lebkuchenmänner zu Tänzern werden.

Marius Petipa (1818–1910) war mehr als ein Choreograf. Der sehr erfolgreiche französische Tänzer floh 1847 wegen der Duellforderung nach Sankt Petersburg, stieg dort zum obersten Ballettmeister der kaiserlichen Theater auf und führte das russische Ballett in sein Goldenes Zeitalter.

1909 stellte der Impressario **Sergei Djagilew** (1872–1929) ein Ensemble der besten russischen Tänzer, das *Ballets Russes*, zusammen und unternahm mit ihnen Tourneen nach Westeuropa. Das klassische Ballett der Romantik ließ er dabei allerdings gründlich hinter sich und schrieb mit *Der Feuervogel* (1910), *L'Après-midi d'un faune* (1912), *Le Sacre du Printemps* (1913) und *Parade* (1916) Tanzgeschichte. Die Stars des Ensembles waren **Anna Pawlowa** (1881–1931) und **Vaslav Nijinsky** (1889–1950). Pawlowa konnte mit den modernen Aufführungen allerdings wenig anfangen und verließ das Ensemble bald.

1961 setzte sich der russische Tänzer **Rudolf Nurejew** (1938–1983) in den Westen ab und brachte zusammen mit der 19 Jahre älteren englischen Primaballerina **Margot Fonteyn** (1919–1991) das klassische Ballett wieder in Mode. Durch seine Ausstrahlung schaffte er es, die männlichen Tanzrollen aufzuwerten, sodass tatsächlich Paare miteinander tanzen und nicht die Primaballerina im Mittelpunkt des Geschehens steht.

Unbändig

Bühnentanz gab es auch in Operetten und in Musicals, in den eher einfachen Vaudeville Musiktheatern und unzähligen Varietés und Revuen. Die Grenzen zwischen erotischer Animation und tatsächlicher Kunst waren dabei oft fließend. Mitte des 19. Jahrhunderts eroberte der *Cancan* die Bühnen, ursprünglich ein aufsehenerregender Tanz mit artistischen

Sprungelementen für beide Geschlechter, bald von langen Reihen gleich gewandeter Showgirls mit wirbelnden Röcken und schwarzen Strümpfen präsentiert. Tonangebend war Paris mit Musiktheatern wie dem *Moulin Rouge*, dem *Folies Bergère* und *Le Chat Noir*.

Josephine Baker (1906–1975), aufgewachsen als Tochter einer farbigen Wäscherin und eines weißen Musikers in den Slums von St. Louis, wurde als kleiner Clown entdeckt, der am Ende einer Chorus Line mit Grimassen und abenteuerlichen Verrenkungen den anderen Girls die Show stahl. Zwei Jahre später war sie das bestbezahlte Revue-Girl der Welt, im Paris der verrückten 1920er-Jahre avancierte sie zum absoluten Superstar. Man solle in dem Geist bauen, wie sie tanze, schwärmte etwa der Stararchitekt Le Corbusier.

Josephine Baker gab zwar auf der Bühne das wilde Urwaldgeschöpf und tanzte *Charleston* nackt bis auf einen Bananengürtel – im wahren Leben war sie aber weit mehr als ein hoch bezahltes Showgirl. Während des Zweiten Weltkriegs versteckte sie als Mitglied der Résistance französische Widerstandskämpfer in ihrem Chateau und schmuggelte geheime Botschaften. Nach dem Krieg setzte sie sich gegen die Rassentrennung in ihrer Heimat ein und trat bei Martin Luther Kings Marsch auf Washington als Rednerin auf.

Bereits vor Josephine Baker hatte die US-Amerikanerin **Loïe Fuller** (1862–1928) Paris und seine Künstlerszene verzaubert. Die Schauspielerin aus Illinois hatte sich ohne Ausbildung auf das Tanzen verlegt und nie da gewesene – aber schnell kopierte – Choreografien mit flügelartigen Gewändern und spektakulären Lichteffekten entwickelt. Fuller unterhielt zeitweise auch eine japanische Tanzgruppe und förderte andere Tänzerinnen wie **Isadora Duncan** (1877–1927). Duncan lehnte das klassische Ballett als steril und unnatürlich ab. Es führe zu schwerer körperlicher Deformation, sei degeneriert und ein Ausdruck patriarchalischer Restriktionen, fand sie. Ihr Vorbild war der religiöse Tanz der griechischen Antike. Sie tanzte für gewöhnlich barfuß in weißen, griechisch inspirierten Gewändern zu klassischer Konzertmusik.

Auch ihr tragisches Schicksal trug nicht unerheblich zu Duncans Berühmtheit bei. 1913 starben ihre beiden Kinder samt Kindermädchen bei einem Autounfall. Die Tänzerin begann zu trinken, ehelichte 1922 einen 19 Jahre jüngeren, ebenfalls alkoholsüchtigen russischen Dichter – obwohl sie eigentlich geschworen hatte, nie zu heiraten – und starb mit 50, weil sich ihr langer Seidenschal in den Rädern eines Autos verfing und ihr das Genick brach.

Den größten Einfluss auf den modernen Bühnentanz übte jedoch die Amerikanerin **Martha Graham** (1894–1991) aus. Ihr ging es nicht um irgendwelche Tanzfiguren, sondern darum, Emotionen auszudrücken. »Tanz ist die verborgene Sprache der Seele«, lautete ihr Credo. Bei der Entwicklung ihrer Choreografien arbeitete sie mit Künstlern anderer Sparten zusammen und griff Einflüsse aus den unterschiedlichsten Zeiten und Kulturen auf. Zu ihren Schülern zählten Hollywood-Größen wie Bette Davis, Kirk Douglas, Gregory Peck und Liza Minnelli, aber auch die Sängerin Madonna.

Aber nicht nur auf der Bühne, auch auf dem Tanzparkett wurde die Kunst, sich zu Musik zu bewegen, ständig revolutioniert. Denken Sie nur an den Rock'n'Roll (ab 1955) oder den Breakdance.

Breakdance wurde in den frühen 1970er-Jahren von afroamerikanischen Jugendlichen in New York entwickelt und hieß dort anfangs *B-Boying*. Es ist nur eine, aber die bekannteste Richtung des Hip-Hop-Dancing. Weltweite Verbreitung fand er durch eine Breakdance-Szene in dem Film *Flashdance* (1983).

Faszination Film

Am 1. November 1895 fand im Berliner Varieté Wintergarten die erste kommerzielle Kinovorführung statt. Als letzte Nummer im Programm zeigten die Brüder **Max** (1863–1939) und **Emil Skladanowsky** (1866–1945) acht kurze Filmchen, darunter einen Mann, der mit einem Känguru boxt. Erste Meilensteine des erzählenden Films waren dann die fantastische Geschichte *Die Reise zum Mond* des französischen Filmpioniers **Georges Méliès** (1861–1938) im Jahr 1902 und der realistische, amerikanische *Große Eisenbahnraub* von **Edwin S. Porter** (1870–1941) im Jahr 1903. Seinen wahren Boom erlebte das neue Medium jedoch erst nach dem Ersten Weltkrieg.

Beide Produktionen, die gegensätzlicher kaum hätten sein können, sind in ihrer vollen Länge von 14 beziehungsweise 12 Minuten im Internet zu bewundern, ebenso wie viele frühe Animationsfilme wie *Gertie der Dinosaurier* oder Ausschnitte aus den Filmen von Lotte Reiniger (mehr dazu im nächsten Abschnitt).

Der frühe Kino-Boom

Das erfolgreichste Genre des frühen Films waren *Slapstick-Komödien*. Mit Slapstick wurde auch der Brite **Charlie Chaplin** (1889–1977) zum ersten Weltstar der Branche. Seine Figur ist der kleine Tramp: ein klein gewachsener Außenseiter, der sich verzweifelt um Würde bemüht, aber von einer grotesken Situation in die andere gerät.

> *»Der Spazierstock steht für die Würde des Menschen, der Schnurrbart für die Eitelkeit und die ausgelatschten Schuhe für die Sorgen.«*
>
> *Charlie Chaplin über seinen Tramp*

Angesichts seines riesigen Erfolgs erlaubten ihm die Produzenten schnell, selbst Regie zu führen. Dazu schrieb Chaplin in der Regel die Drehbücher, komponierte die Musik und schnitt die fertigen Filme. 1919 gründete er gemeinsam mit seinem Freund **Douglas Fairbanks** (1883–1939), dessen Frau **Mary Pickford** (1892–1979) und dem Regisseur **David Wark Griffith** (1875–1948) den unabhängigen Filmverleih *United Artists*. Künstlerisch blieb er lange dem Stummfilm treu, produzierte dabei aber so Bahnbrechendes wie *Der*

Vagabund und das Kind (1921), eine bis dato unbekannte Mischung aus Sozialdrama und Komödie, die er dem Kinderdarsteller Jackie Coogan auf den Leib geschrieben hatte, *Der Goldrausch* (1925), *Lichter der Großstadt* (1931) und *Moderne Zeiten* (1936). *Der große Diktator* (1940, mehr in Kapitel 17) war sein erster Tonfilm.

Mary Pickford ist heute vielen nur noch als Name eines Cocktails (weißer Rum mit Ananassaft, Grenadine und Maraschino) bekannt. Dabei war die blondlockige Kanadierin ein Megastar ihrer Zeit, die für ihre Filme sechsstellige Gehälter kassierte. Das Publikum liebte sie vor allem als süßes Mädchen. In *Little Lord Fountleroy* (1921) spielte sie sowohl den kleinen Lord wie auch dessen Mutter. Wie Charlie Chaplin hatte sie volle Kontrolle über ihre Filme, produzierte diese meist selbst und war nicht nur Mitbegründerin von United Artists, sondern auch der *Academy of Motion Picture Arts und Science*, die die Oscars verleiht.

Während in den USA mit **Buster Keaton** (1895–1966), dem »Mann, der niemals lachte«, **Stan Laurel** (1890–1965) und **Oliver Hardy** (1892–1957) – in Deutschland bekannt als *Dick und Doof* – sowie den **Marx Brothers** (Groucho, Harpo, Chico, Zeppo und Gummo) weitere Comedians zu den ersten Kinostars gehörten, war der Beginn der Filmgeschichte in Europa weniger von den Leinwandhelden geprägt als vielmehr von jenen, die diese Filme schufen. Überhaupt galten Filme, jedenfalls die anspruchsvollen, in erster Linie nicht als Unterhaltung, sondern als Kunst.

Das frühe expressionistische Kino prägten vor allem **Robert Wiene** (1873–1938) mit dem *Cabinet des Dr. Caligari* (1919) sowie **Fritz Lang** (1890–1976) und **Friedrich Wilhelm Murnau** (1888–1931).

- ✔ Lang drehte zwischen 1919 und 1964 mehr als 40 Filme verschiedener Genres. Zu den berühmtesten Werken des Österreichers gehören *Dr. Mabuse, der Spieler* (1922), *Die Nibelungen* (1924), *Metropolis* (1927, mehr in Kapitel 17), *M* (1931), *Das Testament des Dr. Mabuse* (1932), *Der Tiger von Eschnapur* (1959) und *Das indische Grabmal* (1959).

- ✔ Murnau wurde mit dem Horrorstreifen *Nosferatu – Eine Symphonie des Grauens* (1922) berühmt, einer nicht autorisierten und deshalb umbenannten Dracula-Verfilmung, die nicht in grell ausgeleuchteten Kulissen, sondern in realer Umgebung spielte und damit aufzeigte, dass das neue Medium mehr Potenzial hatte, als abgefilmtes Theater zu sein. Für seinen nächsten Film *Der letzte Mann* über das Doppelleben eines Hotelportiers mit dem populären Deutsch-Amerikaner **Emil Jannings** (1884–1950) in der Hauptrolle entwickelte Murnau mit seinem Kameramann Karl Freund die »fliegende Kamera«.

Bei der ersten Oscar-Verleihung im Jahr 1929 erhielt Murnaus neuester Film, das Ehedrama *Sonnenaufgang – Lied von zwei Menschen*, die Trophäen für die beste künstlerische Produktion, die beste Kamera und die beste Hauptdarstellerin (**Janet Gaynor**, 1906–1984). Emil Jannings wurde bester Hauptdarsteller, den Preis für den besten Film bekam *Flügel aus Stahl*, ein US-Kriegsfilm.

Die Wurzeln der Animation

In einem Spielfilm müssen jedoch nicht zwangsläufig reale Schauspieler auftauchen. 1928 schickte **Walt Disney** (1901–1966) Micky Maus auf die Leinwand. In *Steamboat Willie* lieferte sich Micky ein Duell mit Kapitän Black Pete (dt. Kater Karlo) und gibt mit Minnie ein verrücktes Tierkonzert. Der Film wurde ein Hit und legte den Grundstein zum internationalen Siegeszug des Disney-Imperiums. Animationsfilme gab es jedoch schon früher.

Im Grunde ist die Animation älter als die Filmtechnik. Wahrscheinlich haben Sie schon einmal ein Daumenkino in der Hand gehabt? Solche Bücher mit Zeichnungen, die sich nur um Nuancen unterscheiden, gab es schon um 1600. Durch das blitzschnelle Abblättern entsteht ein *Stroboskopeffekt* und für den Betrachter entsteht die *Illusion einer Bewegung* – genauso wie beim Film, der ja im Grunde auch nur eine schnelle Abfolge von Bildern ist.

- ✔ Bereits 1877 zeigte der französische Zeichner **Émile Reynaud** (1844–1918) erste Filmchen mit animierten Zeichnungen. Dafür benutzte er ein selbst erfundenes Gerät namens Praxinoskop, bei dem mit Hilfe von Spiegeln die Übergänge zwischen den einzelnen Bildern kaschiert wurden.
- ✔ 1906 stellte der britisch-amerikanische Regisseur **James Stuart Blackton** (1875–1941) mit *Humorous Phases of Funny Faces* den ersten – drei Minuten langen – vollständig animierten Film mit normaler Filmtechnologie vor.
- ✔ 1914 wurde *Gertie der Dinosaurier* von **Winsor McCay** (1871–1931), dem damals wohl populärsten Cartoonisten der USA, der erste tierische Trickfilmstar der Geschichte.

Doch vor allem wurden Zeichentrick und andere Animationstechniken in der Werbung benutzt. Auch Walt Disney, sein älterer Bruder Roy und der eigentliche Vater von Micky Maus, **Ub Iwerks** (1901–1971), machten sich 1920 erst einmal mit einem Zeichenstudio für Werbespots selbstständig. Auch die Berliner Künstlerin **Lotte Reiniger** (1899–1981) schuf Werbefilme und kurze Märchen mit animierten Scherenschnittfiguren. Ihre Idee, einen richtigen Animationsfilm zu machen, stieß überall auf Ablehnung. Niemand konnte sich vorstellen, dass sich das Publikum mehr als zehn Minuten lang von dergleichen unterhalten ließe. Reiniger ließ sich nicht entmutigen: *Abenteuer des Prinzen Achmed* (1925) ist der älteste bekannte abendfüllende Animationsfilm der Filmgeschichte und gilt mit den zauberhaften, filigranen Schattenfiguren vor farbigen Hintergründen bis heute als eines der zeitlosen Meisterwerke des Genres. Reiniger kam nach 1945 aus der Emigration nach Deutschland zurück und produzierte noch bis 1965 Filme.

Die große Zeit Hollywoods

Hollywood war im Jahr 1910 ein idyllisches Landstädtchen mit einigen Hundert Einwohnern, zehn Meilen östlich von Los Angeles. Die wunderschöne Umgebung bewog den New Yorker Regisseur David Wark Griffith , hier ein 17-Minuten-Melodram über die mexikanische Ära Kaliforniens zu drehen. Ein Jahr später siedelten 16 Filmunternehmen von New York nach Hollywood über.

Neben der schönen Umgebung punktete Kalifornien auch mit seinem Wetter, denn damals wurde ausschließlich mit Tageslicht gedreht. Doch vor allem wollten die Filmemacher New York entkommen. Denn dort kontrollierte der sogenannte *Edison-Trust* (offiziell *Motion Picture Patents Company*), in dem Erfinder Thomas Alva Edison sich mit allen anderen Haltern von Patenten in der Filmbranche zusammengeschlossen hatte, das gesamte Filmschaffen. Freie Filmschaffende wurden mit Prozessen überzogen und sogar von Schlägertrupps heimgesucht.

In den 1920er-Jahren begann Hollywood zur Traumfabrik aufzusteigen. Diese Träume wurden sehr systematisch produziert. Man bediente immer wieder erfolgreiche Genres und baute jeweils dazu passende Schauspieler als Stars auf. Beliebte Sparten waren:

- ✔ **Mantel- und Degenfilme** wie *Das Zeichen des Zorro* (1920), *Die drei Musketiere* (1921) und *Robin Hood* (1922) machten Douglas Fairbanks zu einem der ersten Hollywood-Stars. Später erweiterte sich das Genre um *Piratenfilme*. Douglas' gleichnamiger Sohn (*Der Gefangene von Zenda*, 1937; *Sindbad der Seefahrer*, 1947) sowie Errol Flynn (*Robin Hood, König der Vagabunden*, 1938; *Der Herr der sieben Meere*, 1940) traten in seine Fußstapfen.
- ✔ **Screwball-Komödien** sind nach einem raffinierten, angeschnittenen Wurf beim Baseball benannt. Sie zeichnen sich durch rasante Dialoge und ein Feuerwerk an Gags aus und inszenieren gerne den Krieg der Geschlechter. Klassische Screwball-Komödien sind *Es geschah in einer Nacht* (1934, Frank Capra, Besetzung: Clark Gable, Claudette Colbert), *Leoparden küsst man nicht* (1938, Howard Hawks, Besetzung: Cary Grant, Katharine Hepburn) oder *Ninotschka* (siehe Kapitel 17). Ein späterer Meister des Screwball war Billy Wilder mit Filmen wie *Manche mögen's heiß* und *Eins, zwei, drei*.

Ab 1934 machte der sogenannte *Hays-Code* den Filmproduzenten das Leben schwer. Er verbot obszöne, morbide und vulgäre Inhalte, Gotteslästerung, ausführlich dargestellte Gewalt und überhaupt alles, was geeignet sein könnte, die moralischen und sozialen Verhaltensnormen zu verderben. In ernsten Filmen war einiges erlaubt, wenn das dargestellte Verhalten durch die Handlung sanktioniert wurde, aber sexuelle, ungesetzliche oder politische Anspielungen in einer Komödie waren eine Gratwanderung. Manche Schauspieler jedoch, wie Skandalnudel **Mae West** (1893–1980), machten sich geradezu einen Spaß daraus, der Zensur mit subtilen Zweideutigkeiten ein Schnippchen zu schlagen.

- ✔ **Musik- und Tanzfilme** wie *Ich tanz mich in dein Herz hinein* (1935) und *Swing Time* (1936) waren die Domäne von **Fred Astaire** (1899–1987) und **Ginger Rogers** (1911–1985), wobei er vor allem als eleganter Tänzer punktete, während sie die bessere Schauspielerin war und mit ihrem Temperament die Handlung tragen musste.

Rogers und Astaire waren – jeder für sich – auch Modeikonen ihrer Zeit. Als Rogers allerdings für den Tanz zum Lied *Cheek to Cheek* (von Irving Berlin) in *Ich tanz mich in dein Herz hinein* ein weißes Straußenfederkleid entwarf, meinte Astaire, sie sehe aus wie ein Huhn nach dem Angriff eines Kojoten. Die Federn wurden ein Running Gag zwischen den beiden, das Publikum aber liebte den Look. Überhaupt war damals »das große Weiße« schwer angesagt.

- **Melodramen** wie *Vom Winde verweht* (1939 mit **Vivien Leigh**, 1913–1967, und **Clark Gable**, 1901–1960).

Das Melodram entwickelte sich im 18. Jahrhundert auf der Bühne als populäre Version der klassischen Tragödie: meist plakativer und mit klarer beziehungsweise klischeehafter Rollenverteilung, teils durch heitere Elemente aufgelockert, gerne mit zentraler Liebesgeschichte, auf jeden Fall spannend, mit großen Emotionen und mindestens so großer Bedeutung aufgeladen, aber am Ende doch mit einer glücklichen oder jedenfalls für das Publikum befriedigenden Wendung.

- **Western** wurden vor allem mit den Filmen von **John Ford** (1894–1973) zum Klassiker: *Ringo* (1939 mit John Wayne), *Faustrecht der Prärie* (1946 mit Henry Fonda), *Der schwarze Falke* (1956 mit John Wayne) und *Der Mann, der Liberty Valance erschoss* (1962 mit John Wayne und James Stewart). Und natürlich: *High Noon* (1952 von Fred Zinnemann, mit Gary Cooper).

- **Thriller** sollten die Zuschauer durch ein Höchstmaß an Spannung auf ihren Stühlen erschaudern lassen (engl. »thrill« = Schauer, Erregung). Der ungekrönte Meister des Genres war **Alfred Hitchcock** (1899–1980) mit Filmen wie *Riff-Piraten* (1939), *Rebecca* (1940), *Bei Anruf Mord, Das Fenster zum Hof* (beide 1954), *Der Mann, der zuviel wusste* (1956), *Zeugin der Anklage* (1957), *Vertigo* (1958), *Der unsichtbare Dritte* (1959), *Psycho* (1960) und *Die Vögel* (1964).

- **Film noir** nannten die Filmkritiker die Verfilmungen der hartgesottenen US-Krimis mit ihren zynischen Privatermittlern und ästhetischen Anleihen beim expressionistischen deutschen Kino, etwa *Die Spur des Falken* (1941) mit **Humphrey Bogart** (1899–1957) nach einer Vorlage von Dashiell Hammett.

Grace und Marilyn

Hollywood hatte viele Göttinnen, aber zwei sorgten besonders für Schlagzeilen:

1. **Marilyn Monroe** (Norma Jean Baker, 1926–1962) wurde von Hollywood zur Sexikone aufgebaut und ist darüber auf ebenso tragische wie öffentlichkeitswirksame Weise menschlich zerbrochen. Als Schauspielerin war sie schwierig, bewies unter anderem in *Blondinen bevorzugt* (1953), *Das verflixte 7. Jahr* (1955) und *Manche mögen's heiß* (1959) aber großes komödiantisches Talent und bestand in *Misfits – Nicht gesellschaftsfähig* (1961) auch in einer ernsten Rolle. Verheiratet war sie unter anderem mit dem Baseball-Star Joe DiMaggio und dem Schriftsteller Arthur Miller.

2. **Grace Kelly** (1929–1982) wurde mit Filmen wie *High Noon* (1952), *Mogambo* (1953), *Ein Mädchen vom Lande, Bei Anruf Mord, Das Fenster zum Hof* (alle 1954) und *Über den Dächern von Nizza* (1955) binnen kurzer Zeit zum Superstar. Doch die persönlich unkomplizierte Kelly hasste das Haifischbecken Hollywood. Überraschend nahm sie 1956 einen Heiratsantrag von Fürst Rainier III. von Monaco an, heiratete ihn vor den Augen von 30 Millionen Fernsehzuschauern und machte als Fürstin Gracia Patricia dank ihrer Kontakte den verschuldeten Zwergstaat zum Jetset-Paradies.

Ein anderer Megastar der Goldenen Ära Hollywoods ist hierzulande so gut wie unbekannt: **Shirley Temple** (1928–2014). Als steppender Kinderstar verzauberte sie mit Filmen wie *Oberst Shirley* (1935), *Rekrut Willie Winkie* oder *Heidi* (beide 1937) Amerika und war zeitweise die umsatzstärkste Schauspielerin überhaupt. Besonders populär waren ihre Duette mit dem schwarzen Stepptänzer **Bill Robinson** (1877–1949) – aber in den Südstaaten wurden Szenen herausgeschnitten, in denen die beiden zu vertraut wirkten. Was sie tatsächlich waren. Sie blieben lebenslange Freunde und Temple meinte später, Robinson sei der Einzige gewesen, von dem sie sich damals ernst genommen fühlte. Sie selbst verlor aufgrund von Fehlspekulationen ihres Vaters ihr Vermögen, ging in die Politik (für die Republikaner) und wurde US-Botschafterin bei der UNO, in Ghana und bis 1992 in der Tschechoslowakei.

Doch die immer weiter um sich greifende Verbreitung des Fernsehens brachte auch die Traumfabrik in die Krise. Sie reagierte mit

- ✔ **Monumentalepen** wie *Quo vadis?* (1951), *Die zehn Gebote* (1956), *Ben Hur* (1959) oder *Cleopatra* (1963), die nur auf der Leinwand wirken,
- ✔ **Verfilmungen zeitgenössischer Literatur** wie *Endstation Sehnsucht* (1951) nach dem Drama von Tennessee Williams (1947) oder *Wer hat Angst vor Virginia Woolf?* (1966) nach dem Stück von Edward Albee (1962),
- ✔ **neuen, unverbrauchten Schauspielern**, die den Geist der Zeit verkörperten wie Marlon Brando (1924–2004), James Dean (1931–1955) oder Audrey Hepburn (1929–1993),
- ✔ **Filmen jenseits der gewohnten Genres.** Zu den Produktionen, die den Ruf von New Hollywood begründeten, werden so unterschiedliche Filme gezählt wie *Bonnie und Clyde* (1967), *Die Reifeprüfung* (1967), *Easy Rider* (1969), *Rosemaries Baby* (1968), *M*A*S*H* (1970), *Harold und Maude* (1971), *Uhrwerk Orange* (1971), *Der Pate* (1972), *Einer flog über das Kuckucksnest* (1975), *Taxi Driver* (1976), *Der Stadtneurotiker* (1977) oder *Apocalypse Now* (1979).

1975 leitete **Steven Spielberg** (* 1946) mit *Der weiße Hai* eine neue Ära der *Blockbuster* ein.

Europas neuer Film

Auch in Europa gab es nach dem Zweiten Weltkrieg das weitverbreitete Gefühl, dass Kino mehr als gute Unterhaltung sein müsse.

- ✔ Der *Italienische Neorealismus* versuchte mit Filmen wie *Rom, offene Stadt* (1945 von Roberto Rossellini), *Fahrraddiebe* (1948 von Vittorio de Sica) oder *La Strada* (1954 von Federico Fellini) ungeschönte Realität zu zeigen, daraus aber auch Hoffnung für eine menschlichere Zukunft zu schöpfen.
- ✔ In Schweden widmete sich **Ingmar Bergmann** (1918–2007) existenziellen Themen wie Tod, Sinnsuche, Einsamkeit und dysfunktionalen Beziehungen.
- ✔ Den Regisseuren der französischen *Nouvelle Vague* wie Claude Chabrol, Jean-Luc Godard, Éric Rohmer oder François Truffaut ging es vor allem darum, eine neue künstlerische Handschrift zu entwickeln, indem sie etwa ohne Beleuchtung und mit Handkamera agierten.
- ✔ In Deutschland gilt **Rainer Werner Fassbinder** (1945–1982) mit Werken wie *Katzelmacher* (1969), *Die bitteren Tränen der Petra von Kant* (1972), *Angst essen Seele auf* (1973) und *Berlin Alexanderplatz* (1980) als Hauptvertreter des gesellschaftskritischen, unabhängigen Films der 1960er- und 1970er-Jahre.

Fiktion im Fernsehen

Die flächendeckende Einführung des Fernsehens nach dem Zweiten Weltkrieg – sowohl in der BRD wie der DDR ab 1952 – veränderte die Filmkultur. Nicht nur dass es sich viele Menschen zu Hause vor der Glotze bequem machten und sich nicht mehr so leicht ins Kino locken ließen. Das Fernsehen erreichte auch ein anderes Publikum. Oft mehr als der Kinofilm, aber vor allem alle zur gleichen Zeit, sodass das Gezeigte bestens als Gesprächsstoff taugte. Meistens war ein Verkauf ins Ausland überhaupt nicht geplant und die Produktionen orientierten sich stärker an der Kultur und den Vorlieben des Publikums im Sendebereich.

Sehen auch Sie sich gelegentlich gerne alte Folgen des *Tatorts* oder von *Polizeiruf 110* an? Nicht unbedingt wegen der Krimihandlung, sondern vor allem wegen des Ambientes: der Tapeten und Möbel, der Kleidung, Autos und Umgangsformen? Die Alltagskultur von damals schlug sich in solchen Produktionen meist viel deutlicher nieder als in Kinofilmen, die oft in einer sehr viel artifizielleren Umgebung spielten, und machte die alten Folgen zu regelrechten Soziogrammen. Den BRD-*Tatort* gibt es übrigens schon seit 1970, der DDR-*Polizeiruf-110* wurde ein Jahr später eingeführt.

Vor allem aber konnte das Fernsehen mit anderen Formaten arbeiten als die Kinobranche, etwa mit *Serien*. Bereits 1954 wurde in der BRD *Familie Schölermann* gestartet. Die Serie um die kleinen Alltagssorgen der äußerst konventionellen Familie diente als eine Bestärkung der kulturellen Verhältnisse der Wirtschaftswunderzeit. Dagegen inszenierten die *Hesselbachs* (ab 1949 im Rundfunk, ab 1960 im Fernsehen) Familienglück und bundesrepublikanischen Alltag mit viel Ironie und in breitestem Hessisch.

Ein Meister des bösen Humors war Drehbuchautor **Wolfgang Menge** (1924–2012). 1970 sorgte er mit *Das Millionenspiel* für Aufregung, einer vermeintlichen Show, in der ein Kandidat die Aufgabe hat, sieben Tage lang einer auf ihn angesetzten Killerbande zu entgehen. Schafft er es am Ende heil ins Studio, winkt ihm eine Million D-Mark. Nicht jeder durchschaute, dass das Ganze Satire war. Tausende protestierten beim Sender, andere wollten sich für die nächste Folge bewerben.

Drei Jahre später legte Menge mit dem Fernsehspiel *Smog* nach, einer fiktiven Sondersendung über eine gefährliche Wetterlage im Ruhrgebiet, bei der sich angeblich Nylonstrümpfe im Säurenebel auflösen. Wieder hielten nicht wenige Zuschauer das für Realität. Daneben hatte Menge die meisten Drehbücher für die Krimiserie *Stahlnetz* (1958–1968) geschrieben und die höchst erfolgreiche Serie *Ein Herz und eine Seele* rund um den Antihelden »Ekel Alfred«.

In den 1970er-Jahren brachte eine Flut von US-Serien amerikanische Kultur (oder jedenfalls deren Inszenierung im Fernsehen) in die deutschen Wohnzimmer. Besondere Aufreger waren *Dallas* (ab 1981) und *Denver-Clan* (ab 1983), die sich um zwei schwerreiche Öldynastien drehten und von fiesen Intrigen nur so wimmelten. Deutschland war gespalten zwischen jenen, die die Serien heiß und innig liebten, und jenen, die sie als kompletten Schrott verachteten. Ähnlich verhielt es sich im Fall der deutschen Produktion *Die Schwarzwaldklinik* (ab 1984).

Als *Seifenopern* werden nicht besonders schmierige Serien bezeichnet, sondern solche, die auf eine im Prinzip endlose Sendedauer angelegt sind. Die ersten »Soaps« liefen ab 1932 vormittags im US-Hörfunk, waren für Hausfrauen gedacht und mit entsprechender Werbung gespickt. Die erste »Daily Soap« im deutschen Fernsehen war *Gute Zeiten, schlechte Zeiten* (ab 1992). Die typisch südamerikanische *Telenovela* dagegen hat zwar auch Hunderte von Folgen, steuert jedoch auf ein dramaturgisches Ende zu.

Die ab 1985 ausgestrahlte Serie *Lindenstraße* stürzte ihr Serienpersonal zwar von einem existenziellen Drama ins Nächste, nahm aber auch Bezug auf das, was die Gesellschaft bewegte: Aids, Neofaschismus, Auslandseinsätze der Bundeswehr, homosexuelle Eheschließungen, Umweltbewegung, Sterbehilfe … Das Ganze hielt sich 35 Jahre und vor allem in der Anfangszeit war klar, dass Fans der Serie sonntags ab 18:50 Uhr unabkömmlich waren.

Silvester ohne *Dinner for One*? Seit 1972 undenkbar in Deutschland! »The same procedure as every year.« Auch in einigen anderen Ländern, vor allem in Nordeuropa, ist der Sketch des britischen Komikerpaars **Freddie Frinton** (1909–1968) und **May Warden** (1891–1978) ein Muss zum Jahreswechsel. In Großbritannien, wo ihn Frinton in den Jahren nach 1945 mit großem Erfolg in Varietés aufführte, ist er dagegen heute so gut wie unbekannt. *Dinner for One* wurde 1963 bei einer Aufführung in Hamburg speziell für das deutsche Fernsehen produziert, allerdings in Englisch, da Frinton aufgrund seiner Kriegserinnerungen eine deutsche Fassung verweigerte.

Teil III
Die Macht des Geistigen

IN DIESEM TEIL ...

... geht es um den Sinn des Lebens. Um religiöse und nicht religiöse Weltbilder, um bunte Mythen und tiefschürfende Philosophien.

Ich möchte Ihnen zeigen, wie spannend diese Theorien sind, ob man nun an sie glaubt oder nicht.

Denn welche Antworten die Menschen auf die essenziellen Fragen des Lebens gefunden haben, hatte zu allen Zeiten einen immensen Einfluss auf Gesellschaft und Kultur.

IN DIESEM KAPITEL

- Religion grundsätzlich
- Religionen im Detail
- Religion und Weltanschauung

Kapitel 8
Religion – die Frage nach dem Überirdischen

Religionen polarisieren. Einerseits geht es um Grundsätzliches, andererseits ist nichts beweisbar. Im Namen von Religionen wurden Kriege geführt und Gräuel begangen, aber auch Gewalt überwunden und Gutes getan. Für nicht wenige Menschen im Westen ist Religion etwas, was nicht mehr in die moderne Welt passt. Doch vielfach treten an ihre Stelle Weltanschauungen, die genauso Glaubenssache sind. Und weltweit ist der Einfluss der Religionen sogar wieder im Wachstum begriffen, jedoch oft nicht in der tolerantesten Variante. Doch was ist Religion eigentlich?

Die Erklärung des Unerklärlichen

Bei der *Religion* geht es – wie bei eigentlich jeder Weltanschauung – um die sogenannten »großen Fragen« der Menschheit:

- ✔ der Sinn des Lebens,
- ✔ die Unvermeidlichkeit des Todes,
- ✔ die Verantwortung den Mitmenschen gegenüber,
- ✔ inwieweit man durch seine Handlungen schuldig werden kann,
- ✔ das Wesen der menschlichen Seele,
- ✔ das Verhältnis von Zeit und Ewigkeit,
- ✔ ob es außerhalb der physisch erfahrbaren Welt noch etwas gibt.

Religionen beantworten diesen letzten Punkt mit »Ja«.

Für die »jenseitige« Welt wird oft das Wort »Transzendenz« gebraucht. Wörtlich bedeutet das »Übersteigen«. Und in der Tat geht es dabei um das, was die Möglichkeiten menschlicher Erfahrung übersteigt.

Das Wesen der Religion

Das Wort »religio« bedeutet im Lateinischen »Rückbindung«, im weiteren Sinne »Vergewisserung« oder »Achtsamkeit«. Das Wesen der Religion ist also nicht nur der Glauben an die Existenz einer göttlichen Sphäre, sondern auch die Überzeugung, dass dieses Göttliche Bedeutung für das Leben der Menschen hat, derer sich der Einzelne immer wieder vergewissern muss. Wie aber soll das gehen, wenn die göttliche Sphäre eben gerade das Übersinnliche, die menschlichen Erfahrungsmöglichkeiten Übersteigende ist?

Jede Religion bedarf deswegen einer *Offenbarung*. Diese kann geschehen durch

- ✔ **Propheten** (etwa Mohammed), die überzeugt sind, eine göttliche Offenbarung erhalten zu haben,
- ✔ **Seher** oder **Schamanen** (etwa Siddharta Gautama), die überzeugt sind, von sich aus Kontakt zur transzendenten Welt aufnehmen beziehungsweise von den Göttern geschickte Zeichen deuten zu können,
- ✔ **Avatare** (etwa Jesus von Nazareth), die ihren Anhängern als fleischgewordener Gott gelten.

Die verschiedenen Religionen zeichnen sich dadurch aus, dass ihre Anhänger an eine gemeinsame Offenbarung glauben. In den meisten Religionen werden Gott beziehungsweise die Götter als Personen gedacht.

Grundsätzlich unterscheidet man:

1. **Polytheistische Religionen,** die eine Vielzahl von Göttern verehren
2. **Monotheistische Religionen**, die davon ausgehen, dass es nur einen Gott gibt

Bei genauem Hinsehen ist die Unterscheidung jedoch nicht so klar, wie sie zunächst scheint. Oft gelten die vielen Götter in polytheistischen Religionen nur als Manifestation des einen göttlichen Geistes oder sind von dem einen Schöpfergott hervorgebracht und erfüllen eine ähnlich dienende Funktion wie Engel im Christentum oder Islam.

Was aber sind für die Gläubigen die Folgen religiöser Erkenntnis?

- ✔ Sie können die Götter durch Opfer gnädig stimmen.
- ✔ Sie können durch das Gebet Dinge von den Göttern erbitten.
- ✔ Sie erhalten einen Leitfaden für ihr Leben.
- ✔ Sie erhalten Einblick in die göttliche Ordnung.

- Sie können durch Verehrung der Götter Teil dieser göttlichen Ordnung werden.
- Sie erhalten eine Vorstellung über das Leben nach dem Tod und einen Leitfaden, wie sie Erlösung, das ewige Leben, den Zugang zum Paradies et cetera erringen können.

Für einen gläubigen Menschen sind die Götter und Gebote seiner Religion die oberste Autorität. Wie ist das aber mit der Forderung zu vereinbaren, an erster Stelle müssten Grundgesetz und Menschenrechte stehen? Es ist überall dort kein Problem, wo Menschen religiöse Überzeugungen haben, die mit diesen Menschenrechten vereinbar sind. Sie müssen die weltlichen Gesetze nicht als oberste Norm sehen, sie müssen sie nur befolgen. Ansichten jedoch, die der freiheitlich-demokratischen Grundordnung zuwiderlaufen, sind in einem weltanschaulich neutralen Land nicht durch das Gebot der Toleranz und das Grundrecht auf Meinungsfreiheit gedeckt, ganz egal ob sich jemand auf angeblich göttliche Gebote beruft oder auf irgendetwas anderes.

Die Bedeutung des Kultes

Für einen gläubigen Menschen ist die Ausübung einer Religion nicht nur ein kultureller Akt, sie ist Kult in seinem ursprünglichsten Sinn. Schließlich geht es für ihn oder sie in der Beziehung zu Gott um die diesseitige und jenseitige Existenz, um mehr als das eigene Leben.

Der wohl elementarste Zweck des religiösen Kultes ist es, die Götter gnädig zu stimmen. Ihr Groll soll vermieden, ihr Wohlwollen gewonnen werden. Das traditionelle Mittel, dies zu erreichen, sind *Opfer*. Geopfert werden können

- Wertvolles, etwa Kunstwerke (siehe Kapitel 4),
- Naturalien (meist Tiere, aber auch andere Lebensmittel),
- Menschen,

In manchen Religionen mussten besonders »wertvolle« Menschen geopfert werden, etwa die eigenen Kinder. Das ist zum Beispiel von den *Kanaanitern* und *Karthagern* bekannt. Die oft als anstößig empfundene biblische Geschichte, dass Abraham bereit war, seinen Sohn zu opfern, letztlich aber von Gott daran gehindert wurde, sollte vermutlich die Abkehr von diesem Brauch als gottgewollt legitimieren. In anderen Kulturen ging es nur um das vergossene Blut. So glaubten die *Azteken*, mit Blutopfern die Sonne in Gang halten zu müssen, und führten Kriege nur, um ausreichend Gefangene zu machen. Eine dritte Variante des Menschenopfers war der Brauch, verstorbenen Herrschern Dienstboten und/oder Ehefrauen mit ins Grab zu geben. Diese Art des Opfers entwickelte sich vor allem dort, wo die Herrscher ursprünglich göttlichen Status hatten.

Haben Sie von dem alten Brauch gehört, im Fundament eines Hauses müsse etwas Lebendiges vergraben werden, damit die Mauern halten? Tatsächlich gibt es eine Fülle von Märchen und Sagen, die darauf anspielen – bis hin zu Theodor Storms *Schimmelreiter*, in dem ein Opfer für den Deich gefordert wird. Archäologen haben auch viele *Bauopfer* gefunden, aber in der Regel nur wertvolle

Gegenstände. Tiere sind die Ausnahme, Menschenopfer noch seltener. Trotzdem beflügelte der »alte Glaube«, dass Mauern ein lebendiges Opfer bräuchten, nicht nur die Fantasie. Gelegentlich wurden in viel späterer Zeit tatsächlich solche Opfer gebracht, etwa ein Hund, der im 14. Jahrhundert unter dem Tor von Schloss Burgk im Saaletal eingemauert wurde.

- ✔ das eigene Wohlbefinden, etwa durch bewusstes Zufügen von Schmerzen, nicht tödliche Blutopfer, Tempelprostitution, Wachen und Fasten,
- ✔ Zeit, durch Anwesenheit im Heiligtum, durch ausgiebiges Beten und Pilgerfahrten, aber auch durch die Übernahme von Pflichten und Arbeiten als »Gottesdienst«,
- ✔ Verehrung, Liebe, Dankbarkeit,
- ✔ Befolgen eines Regelwerks.

Dieses Regelwerk speist sich zum Teil aus der jeweiligen religiösen Offenbarung. Daneben – oder oft in der Hauptsache – werden aber auch bestehende soziale Normen zum göttlichen Willen erklärt (mehr dazu im Abschnitt »Die Wucht der religiösen Normen«).

Eine »Garantie« auf göttliche Gnade wird in den meisten Religionen mit den Opfern jedoch nicht verbunden. Zu den Ausnahmen gehörte das katholische *Ablasswesen* im ausgehenden Mittelalter, das regelrechten Geschäftscharakter annahm und Martin Luther so erboste, dass er die *Reformation* einleitete.

Luther erteilte der Vorstellung, der Mensch könne Gottes Wirken beeinflussen, eine komplette Absage. Selbst durch noch so viele gute Werke erlange der Mensch nicht die Erlösung, sondern nur durch Gottes Gnade (*sola gratia*) und den eigenen Glauben (*sola fide*) an diese Gnade.

Ein weiteres wichtiges Element des religiösen Kultes ist der Versuch, mit Gott in Kontakt zu kommen beziehungsweise seine Offenbarung besser zu verstehen. Dazu dienen

- ✔ Gebete,
- ✔ Meditationstechniken,
- ✔ das Bemühen, in Trance oder Ekstase zu geraten.

Die Auffassungen, wie nahe man damit dem Göttlichen kommen kann, sind auch innerhalb der einzelnen Religionen sehr verschieden. Sie reichen bis zu der Vorstellung, dass während der *Trance* ein Gott oder Geist Besitz vom Körper eines Menschen ergreift.

Meditation wird im Allgemeinen mit den ostasiatischen Religionen in Verbindung gebracht, *Ekstase* mit »Naturreligionen«. Doch es gibt beides etwa auch im Sufi-Islam, dem chassidischen Judentum oder der christlichen Mystik. Letztere sucht die unmittelbare *Gotteserfahrung* in der tiefen Versenkung und war ein bedeutendes Element der mittelalterlichen Spiritualität.

Auch die Erinnerung an Taten und Worte des Religionsgründers ist ein wichtiges Element religiöser Kulte. So wird der christliche *Gottesdienst* in erster Linie als Erinnerung an das letzte Abendmahl Jesu mit seinen Jüngern und den folgenden Kreuzestod gefeiert.

Erinnerungsfeste im Christentum:

- **Weihnachten:** Geburt Christi
- **Karfreitag:** Tod Christi
- **Ostern:** Auferstehung Christi
- **Pfingsten:** Stärkung (Firmung) der Jünger durch den Heiligen Geist

Erinnerungsfeste im Judentum:

- **Pessach:** Befreiung der Juden aus der Knechtschaft in Ägypten
- **Chanukka:** Lichterfest zur Wiedereinweihung des Zweiten Tempels 164 v. Chr.
- **Purim:** Rettung der Juden vor den Persern gemäß dem *Buch Ester*

Erinnerungsfeste im Islam:

- **Opferfest:** Erinnerung an die Bereitschaft Abrahams, seinen Sohn (im Islam den älteren Ismael, nicht den jüngeren Isaak) zu opfern
- **Aschura:** für die schiitischen Muslime Erinnerung an den Tod des Prophetenenkels Husain in der Schlacht von Kerbala 680 n. Chr.

Ein weiterer Teil des religiösen Kults sind *Segensrituale*, die bestimmte Aspekte des Lebens unter besonderen göttlichen Schutz stellen sollen, etwa die Felder, eine Eheschließung, eine Reise et cetera. Nicht zuletzt dient religiöser Kult auch der Pflege der Gemeinschaft. Ein besonders wichtiger Teil davon sind *Initiationsriten*, die Kinder und andere »Neulinge« in die Gemeinschaft einführen. So erfolgt in den christlichen Kirchen durch die *Taufe* die Aufnahme in die Gemeinschaft. Mit der Feier der *Ersten Heiligen Kommunion* beginnt die Teilnahme am zentralen Ritus. Mit der *Firmung* oder *Konfirmation* gelten die jungen Christen als erwachsen. Auch beim Abschied von Verstorbenen ist es in den meisten Religionen extrem wichtig, dass er nach den religiösen Riten erfolgt. So wurden im Christentum früher bestimmte Gruppen – Selbstmörder, Exkommunizierte, ungetaufte Kinder, teils auch gesellschaftliche Außenseiter – durch die Verweigerung einer christlichen *Bestattung* bestraft und viele muslimische Migranten ließen ihre verstorbenen Angehörigen in den Heimatländern beerdigen, weil die westlichen Friedhofsvorschriften mit den Anforderungen einer islamischen Beerdigung (sofort, Richtung Mekka, ohne Sarg, ewiges Ruherecht) kollidierten.

Die Rolle der Vermittler

In fast allen Religionen bildete sich mit der Zeit eine *Priesterschaft* heraus, die eine Mittlerfunktion zwischen Gott und den Menschen einnimmt. Oft wird dafür eine besondere »Heiligkeit« gefordert. Moses und andere jüdische Patriarchen etwa wurden nach den Berichten der *Tora* von Gott auserwählt. Im alten Ägypten oder China oblag die Mittlerfunktion den Herrschern, die einen göttlichen Status hatten, aber wohl nicht direkt als Götter angesehen wurden. Auch heute noch gibt es die Überzeugung, dass Priester mit besonderen Gaben ausgestattet sind. Im Christentum ist es die Fähigkeit, Sakramente spenden zu können.

Ein *Sakrament* (heiliges Geheimnis) ist nach christlicher Vorstellung ein göttliches Wirken, das garantiert eintritt, wenn ein Priester das entsprechende Ritual durchführt, etwa dass Brot und Wein in Leib und Blut Christi verwandelt werden. Die Wurzel sind biblische Berichte, Jesus habe zwölf namentlich genannten Jüngern die Vollmacht übertragen, Dämonen auszutreiben, Kranke zu heilen und Sünden zu vergeben. »Wem ihr die Sünden vergebt, dem sind sie vergeben; wem ihr die Vergebung verweigert, dem ist sie verweigert«, heißt es im Johannes-Evangelium.

Als Sakrament gelten in der katholischen und orthodoxen Kirche:

- ✔ Taufe,
- ✔ Firmung,
- ✔ Eucharistie,
- ✔ Buße,
- ✔ Krankensalbung,
- ✔ Priesterweihe,
- ✔ Eheschließung.

Das Taufsakrament kann bei akuter Lebensgefahr des Täuflings auch von Laien gespendet werden. In allen anderen Situationen sind die Gläubigen von den Priestern abhängig. Ohne sie können sie nicht durch die Taufe aufgenommen werden, nicht am wichtigsten Ritual, der Eucharistie, teilnehmen, bekommen ihre Sünden nicht vergeben und können keine kirchlich anerkannte Ehe eingehen.

In der katholischen und orthodoxen Kirche herrscht die Vorstellung, dass die Vollmacht, Sakramente spenden zu können, in einer ununterbrochenen Sukzession seit den Tagen der zwölf Apostel in der Priesterweihe weitergegeben wurde. Durch die Reformation wurde diese Kette teilweise unterbrochen, weil nur wenige Bischöfe (die allein Priester weihen dürfen) konvertierten. Das führt zu der absurden Situation, dass nach katholischer und orthodoxer Vorstellung protestantische Priester, die ihre Weihe auf diese Bischöfe zurückführen können, weiter in der Sukzession stehen, alle anderen aber nicht. Die Protestanten selbst gehen indes davon aus, dass jeder Priester bei seiner Weihe die entsprechende Vollmacht direkt von Gott erhält. Bei ihnen werden auch nur Taufe und Eucharistie (Abendmahl) als Sakramente angesehen.

In anderen Religionen brauchen die religiösen Autoritäten keine übersinnlichen Fähigkeiten, aber spezielles Wissen und spezielle Fähigkeiten. So galten zum Beispiel im frühen Hinduismus Opfer nur dann als gültig, wenn sie nach einem komplizierten Ritual durchgeführt wurden, das nur ausgebildete *Brahmanen* beherrschten. Das bescherte diesen nicht nur religiöses Ansehen, sondern auch Reichtum und weltliche Macht.

Eine weitere Mittlerfunktion, vor allem in den »Schriftreligionen«, ist die der *Religionsgelehrten*. Sie deuten die Offenbarung, entwickeln daraus eine umfassendere Theologie und leiten religiöse Gebote ab. Diese Gelehrten brauchen nicht unbedingt Priester zu sein. Im sunnitischen Islam zum Beispiel gab es nie Priester, im Judentum wurden sie durch die Zerstörung des Tempels und die damit verbundene Abkehr vom Opferkult quasi arbeitslos. Den Gelehrten kommt jedoch in beiden Religionen eine zentrale Rolle in der religiösen *Rechtsprechung* zu: Wenn Gläubige im Zweifel sind, wie sie sich in einer bestimmten Situation gemäß den religiösen Gesetzen (jüd. »Halacha«, musl. »Scharia«) verhalten sollen, holen sie sich bei einem *Rabbiner* beziehungsweise *Imam* ihres Vertrauens ein Gutachten ein.

Im Judentum gibt es drei Hauptrichtungen: das orthodoxe, das konservative und das Reformjudentum. Sie führen eine zwar nicht spannungsfreie, doch friedliche Koexistenz. Jeder Jude ist frei, sich einer Gemeinde der von ihm gewählten Richtung anzuschließen. Im Islam gibt es acht anerkannte Rechtsschulen, die aber alle schon aus dem frühen Mittelalter stammen.

Daneben fungieren Rabbiner und Imame auch als *Gemeindeleiter*. Doch im Prinzip kann jeder gläubige Muslim das Freitagsgebet in der Moschee leiten, ebenso wie bei der Versammlung der Juden in der Synagoge jeder nach seiner *Mündigkeitsfeier* (Bar Mitzwa für Jungen, Bat Mitzwa für Mädchen) aus der *Tora* lesen darf. Im Hinduismus und teilweise auch im Buddhismus ist es üblich, dass die Gläubigen sich einen religiösen Lehrer (*Guru* oder *Lama*) wählen. Bei der Wahl sind sie frei, doch danach – so war es zumindest traditionell – unterwarf man sich völlig deren Autorität.

Auch anderswo beanspruchen religiöse Führer häufig eine unfehlbare, über jeden Zweifel erhabene Autorität. Damit jedoch geht der eigentliche Charakter der Religion, nämlich die Rückbindung an eine höhere Instanz, das ständige Sich-Fragen und Vergewissern, was der göttliche Wille sein könnte, komplett verloren.

Wie religiöse Führer sich in ihrem *Allmachtsanspruch* über den Gott, an den sie angeblich glauben, erheben und ihn quasi entmündigen, hat niemand besser beleuchtet als der russische Schriftsteller **Fjodor Dostojewski**. In seinem Roman *Die Brüder Karamasow* (1880) verstört Iwan seinen frommen Bruder Aljoscha (und die Leser) mit der Erzählung vom Großinquisitor. Darin kommt Jesus auf die Erde zurück. Der Inquisitor lässt ihn einkerkern und legt ihm in einem langen nächtlichen Monolog dar, wie sehr er die Menschen mit seiner Lehre überfordert habe und warum die Kirche zu Recht anders handle. Das Ganze ist gleichzeitig hochphilosophisch und tiefgründig, einerseits entlarvend und andererseits fällt es doch schwer, den Inquisitor zu widerlegen – bis man versteht, dass dieser den Glauben an Gott längst verloren hat und es ihm nur noch um die beste Art geht, das religiöse Bedürfnis der Menschen zu steuern.

Der Papst

Kaum ein Kirchenvertreter hat eine so herausgehobene Stellung wie der katholische Papst. In den Evangelien heißt es, dass Jesus seinen Jünger Simon den Felsen (lat. »Petrus«) nannte, auf den er seine Kirche bauen werde.

> *»Ich werde dir die Schlüssel des Himmelreiches geben; was du auf Erden binden wirst, das wird auch im Himmel gebunden sein, und was du auf Erden lösen wirst, das wird auch im Himmel gelöst sein.«*

Der Überlieferung nach wurde Simon Petrus der erste Bischof der Gemeinde in Rom und erlitt unter Kaiser Nero den Märtyrertod. Gesichert ist das nicht, führte aber dazu, dass die Bischöfe von Rom eine Sonderstellung für sich beanspruchten, die jedoch von den christlichen Ostkirchen nie anerkannt wurde. Auch in der lateinischen Westkirche wurden Entscheidungen anfangs von einer *Bischofssynode* gemeinsam getroffen. Erst **Gregor VII.** forderte im 11. Jahrhundert, den Papst als unfehlbar zu betrachten.

Das *Unfehlbarkeitsdogma* aus dem Jahr 1870 dagegen bescheinigt dem Papst keine vollkommene Unfehlbarkeit, sondern nur wenn er etwas »ex cathedra« verkündet. Angewandt wurde es so gut wie nie. Nur **Pius XII.** glaubte im Jahr 1950, auf diese Weise die leibliche Aufnahme Marias in den Himmel verkünden zu müssen.

Religionen im Wandel

Jede Religion spiegelt auch immer die *Lebensumstände* der Menschen wider, die ihr anhängen. Deshalb lassen sich oft erstaunliche Parallelen zwischen Glaubensüberzeugungen entdecken, die in ganz verschiedenen Ecken der Erde entstanden sind, deren Kulturen sich aber vom Entwicklungsstand, Alltag und den Problemen der Menschen her ähneln. Verändern sich aber Kulturen, dann wandeln sich zwangsläufig auch die Vorstellungen über das Göttliche.

Bärengott und Liebesgöttin

Die Lebensumstände der Menschen in der Frühzeit waren:

- ✔ Sehr große Abhängigkeit von der Natur bei vergleichsweise geringer Möglichkeit, Einfluss zu nehmen,
- ✔ Geburt und Tod als unerklärliche Elementarerfahrung,
- ✔ teils sehr verlässliche Ereignisse wie der Tag-Nacht-Rhythmus,
- ✔ teils schwer zu durchschauende Ereignisse wie Fruchtbarkeit, das Auftauchen von nützlichen beziehungsweise gefährlichen Tieren oder die Bahnen der Gestirne,
- ✔ teils völlig unvorhersehbare Ereignisse mit Katastrophencharakter wie Wetter- und Klimafaktoren (Blitzschlag, Dürre et cetera), aber auch Krankheiten und Unfälle.

Wenn man die archäologischen Funde mit den Spuren in den Mythen und den Vorstellungen jüngerer Naturreligionen in Beziehung setzt, dann ist es wahrscheinlich, dass die Menschen der Frühgeschichte eher an eine göttlich beseelte Natur als an personale Götter glaubten.

Die Vorstellung, dass alles in der Natur – Pflanzen, Tiere, Berge, Hügel, Gewässer, Gestirne, aber auch Phänomene wie Blitz und Donner – eine Seele haben, wird als *Animismus* bezeichnet. Im Animismus gibt es keinen Donner-, Meeres- oder Bärengott. Der Donner, das Meer und der Bär haben neben ihrer realen Erscheinung eine göttliche Natur.

Diese Natur war – ganz offensichtlich – *Gesetzmäßigkeiten* unterworfen, von denen man sich ein Bild zu machen suchte, um sich bestmöglich einzufügen. Dazu dienten Verhaltensregeln und Verbote, aber auch Riten, religiöse Kunst (siehe Kapitel 4) und möglicherweise auch schon die Vermittlung von Schamanen. Beerdigungsriten deuten darauf hin, dass man den Tod als Eingang in eine andere Welt sah und möglicherweise auch Ahnengeister verehrte.

Naturreligionen heute

Als *Naturreligionen* beziehungsweise *ethnische* oder *traditionelle Religionen* werden heute Religionen bezeichnet, die nur von einer begrenzten ethnischen Gruppe ausgeübt werden und auf rein mündlicher Tradition beruhen. Der Naturbezug spielt meist eine sehr große Rolle. Weltweit gibt es noch einige Tausend solcher Religionen, vor allem in Afrika, den Berggebieten Südostasiens, dem äußersten Norden von Nordamerika und Sibirien sowie in Ozeanien. Teilweise gehören die Mitglieder einer großen Religionsgemeinschaft an, praktizieren daneben aber ihren traditionellen Glauben.

Mit der Sesshaftigkeit wurden dann andere Tiere wichtig und statt der Verehrung von Bären und Hirschen hatten nun *Stierkulte* Konjunktur. Die steigende Souveränität gegenüber dem Unbill der Natur ließ wohl die Vorstellung menschenähnlicher, personaler Götter aufkommen und die Herausbildung von Führungsstrukturen in der eigenen Gesellschaft die Idee der *Stammesgötter*, die oberste Souveräne, aber auch Beschützer ihres Volkes sind.

Das Leben in den ersten Hochkulturen war dann geprägt von

- ✔ dem Eingebundensein in eine soziale Ordnung,
- ✔ der Abhängigkeit von der Gnade und den Launen der Höhergestellten,
- ✔ der Gruppendynamik auf engstem Raum, etwa in der Familie oder Nachbarschaft,
- ✔ dem Wechsel von Krieg und Frieden,
- ✔ neuen wichtigen Lebensfeldern, etwa Handel oder Metallverarbeitung.

Mit den Hochkulturen hielten die typischen *Götterfamilien* Einzug: hierarchisch gestufte Clans, in denen jedes Mitglied seine Zuständigkeit hat und wo oft höchst menschliche Konflikte herrschen (mehr dazu in Kapitel 9).

Das Wesen der Weltreligionen

Heute dominieren die großen *Weltreligionen*. Das sind Religionen, die so groß und weit verbreitet sind, dass sie weltweit Bedeutung haben. In der Regel wird dieser Status fünf Glaubensüberzeugungen zugebilligt:

1. **Christentum** (etwa 1,9 Milliarden Anhänger)
2. **Islam** (etwa 1,8 Milliarden Anhänger)
3. **Hinduismus** (etwa 1 Milliarde Anhänger)
4. **Buddhismus** (etwa 0,5 Milliarden Anhänger)
5. **Judentum** (etwa 0,015 Milliarden Anhänger)

Streng genommen erfüllen nur Christentum und Islam die Kriterien wirklich. Hinduismus und Buddhismus sind zu sehr auf eine Region beschränkt, das Judentum hat zu wenige Anhänger.

Schaut man genauer hin, dann bilden die fünf Religionen zwei grundverschiedene religiöse Komplexe:

1. Judentum, Christentum und Islam glauben auf verschiedene Weise an den gleichen Gott, den »Gott Abrahams«.
2. Hinduismus und Buddhismus teilen die Vorstellung vom Kreislauf der Wiedergeburten.

Das Judentum

Das Judentum ist die älteste der *abrahamitischen Religionen*. Es begann sich im 13. Jahrhundert v. Chr. im judäischen Bergland zu bilden und hat seine Wurzeln in der phönizisch-kanaanitischen Religion. Diese war einerseits in der ganzen Region ähnlich, andererseits wurden überall eigene Stadt- und Stammesgötter verehrt. Der El von Ugarit etwa war nicht gleich dem El von Byblos.

El war der Name des nahöstlichen Schöpfergottes. Sein Name wurde in vielen semitischen Sprachen, so im Hebräischen (»Elohim«) und Arabischen (»Allah«), zum allgemeinen Begriff für Gott. Er steckt auch im Namen Israel, was »Gottesstreiter« bedeutet.

In den Texten des *Tanach*, die über Jahrhunderte hinweg verfasst wurden, ist zu erkennen, dass die Juden ihren Stammesgott anfangs als einen eifersüchtigen Gott begriffen, der die Verehrung anderer Götter nicht duldete. Erst später setzte sich dann der Monotheismus durch, also der Glaube, dass es keinen anderen Gott gibt. Dieser Gott hatte im Tempel in Jerusalem sein Haus, wo ihm Opfer dargebracht wurden. Im Jahr 70 n. Chr. jedoch zerstörten die Römer den Tempel und vertrieben die Bevölkerung.

Die Römer waren im Prinzip in religiösen Angelegenheiten tolerant. Fremde Kulte wurden geduldet, teilweise sogar übernommen – so waren der ägyptische Isis- und der persische Mithras-Kult in Rom zeitweise extrem populär. Doch sie verlangten von allen unterworfenen Völkern, sich an den öffentlichen Riten der römischen Religion, dem »Staatskult«, zu beteiligen, was für die monotheistischen Juden (und später auch die Christen) einen Verrat an ihrem Glauben bedeutete. Sie wurden deshalb mit besonderer Inbrunst verfolgt.

Dieses Ereignis veränderte den jüdischen Kult radikal. Anstelle der Opfer trat nun die Versammlung in Bethäusern (Synagogen) mit der Lesung der Schrift, die von den Rabbinern immer wieder ausgelegt und neuen Prüfungen unterzogen wird. Kern des Glaubens blieb aber die unbedingte Treue zu dem einen Gott. Damit waren die Juden eine religiöse Ausnahme, bis die »Tochterreligionen« Christentum und Islam aufkamen.

Die heilige Schrift der Juden ist der *Tanach*, der weitgehend dem christlichen Alten Testament entspricht. Sein wichtigster Teil ist die *Tora* (Fünf Bücher Mose) mit dem »mosaischen Gesetz«, dessen Vorschriften (unter anderem die Zehn Gebote) grundlegend für den jüdischen Glauben und den jüdischen Kult sind. Der *Talmud* ist eine Sammlung wichtiger Auslegungen aus dem 3. und 4. Jahrhundert.

Das Christentum

Das *Christentum* sollte eigentlich keine neue Religion werden. Der Prediger Jesus von Nazareth griff zwar die religiösen Autoritäten an, erklärte jedoch ausdrücklich, er wolle kein »Jota« (griechisches J) an der Schrift ändern. Doch seine Lehre wich in wesentlichen Punkten von der jüdischen ab:

- ✔ Anstelle der Treue zu Gott und seinem Gesetz erhob er tätige *Nächstenliebe* bis hin zur Feindesliebe zur Kernforderung an die Gläubigen.
- ✔ Er predigte ein *Leben nach dem Tod* und ein *Weltengericht*, bei dem die Taten zu Lebzeiten beurteilt und mit ewiger Verdammnis (Hölle) bestraft beziehungsweise ewiger Glückseligkeit (Paradies) belohnt würden. Im Judentum gab es traditionell keine solchen Jenseitsvorstellungen, allerdings waren sie nach und nach, vermutlich unter persischem Einfluss, aufgekommen.
- ✔ Er erklärte, der im Judentum verheißene *Messias* zu sein. Allerdings erwarteten die Juden vom Messias eine sofortige Rettung aus aller irdischen Bedrängnis, keine Anleitung für ein ewiges Leben im Jenseits.

Nachdem Jesus im Jahr 30 oder 31 hingerichtet worden war, erklärten seine Anhänger, er habe durch seinen freiwilligen Kreuzestod einen neuen Bund zwischen Gott und der Menschheit geschlossen, der den alten Bund zwischen Gott und den jüdischen Patriarchen ersetze. Vor allem der Missionar **Paulus von Tarsus** entwickelte in vielen Briefen eine Theologie, in deren Zentrum der Glaube steht, dass Jesus Sohn Gottes und zugleich eines Wesens mit Gott sei und durch seinen Tod die Welt erlöst habe.

Die christliche Bibel besteht aus dem jüdischen Tanach als »Altem Testament«, da die Mehrheit der Kirchenväter im 2. bis 4. Jahrhundert die dort geschilderten Ereignisse als Teil der Heilsgeschichte sah, und dem »Neuen Testament«, das aus vier Evangelien über das Leben Jesu, der Apostelgeschichte über die Urkirche, mehreren Apostelbriefen (vor allem von Paulus) und einer Vision vom Weltende (Apokalypse oder Offenbarung des Johannes) besteht.

Die christlichen Kirchen

Im 5. Jahrhundert trennten sich die altorientalischen Christen (ägyptische Kopten, Syrer, Äthiopier, Armenier und Inder) von der römischen Reichskirche. 1054 kam es zum Bruch zwischen griechischer (orthodoxer) und lateinischer (katholischer) Kirche. 1517 forderte Martin Luther eine Reformation der katholischen Kirche, die zur Entwicklung der protestantischen Kirchen führte. Zu diesen gehören (evangelische) Lutheraner, Reformierte, Baptisten, Presbyterianer, Anglikaner, Pietisten, Pfingstler, Puritaner, Quäker, Mennoniten, Methodisten, Adventisten, Herrnhuter Brüder, die Heilsarmee und viele andere.

Der Islam

Der *Islam* existiert nach muslimischer Überzeugung seit Anbeginn der Welt. Die jüdischen Patriarchen, aber auch Jesus von Nazareth gelten als Propheten, die von ihren Anhängern jedoch teilweise falsch verstanden worden seien. Mohammed wird als letzter und endgültiger Prophet betrachtet, dem der Erzengel Gabriel den *Koran* (und damit den wahren Glauben) Stück für Stück auf die Zunge legte – weshalb dieser nicht als Menschenwerk, sondern als göttlich gilt.

Die Quelle für islamische *Gesetze (Scharia)* und islamische *Rechtsprechung (Fiqh)* sind der *Koran* und die *Sunna* (Handlungsweise des Propheten). Die Sunna, nach der sich die sunnitischen Muslime benennen, ist in den *Hadithen* niedergeschrieben. Einzelne Hadithe, aber auch der Umgang mit den Hadithen insgesamt sind unter den Rechtsgelehrten umstritten.

Wie das Christentum glaubt der Islam an Himmel, Hölle und Jüngstes Gericht. Extreme Bedeutung hat die »Einheit Gottes« (*Tauhid*), weswegen die christliche Vorstellung von der *Dreieinigkeit* (Gott als ein Wesen in den drei Personen Vater, Sohn und Heiliger Geist) vehement abgelehnt wird. Trotzdem gelten Christen, Juden und andere monotheistische »Schriftbesitzer« traditionell nicht als Ungläubige.

Die interne Spaltung zwischen Sunniten und Schiiten rührt aus Führungskämpfen im 7. Jahrhundert her, war aber nicht immer so bedeutend wie in der Gegenwart. Der mystische Sufi-Islam ist teils schiitisch, teils sunnitisch, teils keiner der beiden Richtungen zuzuordnen.

Der Hinduismus

Hinduisten glauben, dass die Menschen in einen Kreislauf der *Wiedergeburten (Samsara)* eingebunden sind. Indem sie sich durch ethisch gute Taten sowie die Erfüllung religiöser und sozialer Pflichten gemäß der *rechten Ordnung* (*Dharma*) verhalten, können sie gutes *Karma* für eine bessere Wiedergeburt sammeln. Ziel ist jedoch, alles Karma zu überwinden und letztendlich die *Erlösung (Moksha)* zu finden. Diese findet statt, wenn ein Mensch die Einheit seiner *unsterblichen Seele (Atman)* mit *Brahman*, der unveränderlichen, göttlichen Weltseele, erkennt. Welche Götter jemand anbetet, ist im Grunde belanglos, denn alle gelten als Aspekte von Brahman.

Die ältesten heiligen Texte der Hindus sind die *Veden*, die zwischen 1200 bis 900 v. Chr. entstanden. Die vedische Religion war im Kern eine simple Opferreligion – mit sehr komplizierten Riten. Das zyklische Weltbild stammt erst aus den *Upanishaden* (700–200 v. Chr.), die insgesamt sehr viel komplexer und philosophischer sind. Für den Volksglauben sind auch mythologische Epen sehr bedeutend, etwa das *Ramayana* (über die Liebe von Prinz Rama zur schönen Sita) und die Erzählungen über den Schelmengott Krishna.

Yoga, hierzulande eine angesagte Form der Gymnastik, ist im Hinduismus eine religiöse Übung. Die körperlichen Übungen (*Asanas*) sind nur ein Element, um am Ende eine mystische Versenkung und eine geistige Vereinigung mit dem Göttlichen zu erreichen.

Der Buddhismus

Der *Buddhismus* entstand als Reform des Hinduismus. Sein Gründer, **Prinz Siddhartha Gautama** (um 563–483 v. Chr.) lehrte, dass es weder Götter noch Priester braucht, um sich aus dem Kreislauf der Wiedergeburten zu befreien. Derjenige, dem es gelinge, alle irdischen Begierden zu überwinden, finde die Erleuchtung (*Bodhi*) und gehe ins *Nirwana* ein, einen Zustand, der vor allem durch das Verwehen alles Weltlichen gekennzeichnet ist.

Zu den Begierden, die überwunden werden müssen, gehört auch die Begierde nach Erleuchtung. Außerdem muss man sich von der Vorstellung lösen, über ein unveränderliches Ich zu verfügen.

Weitere große Religionsgemeinschaften

- ✔ **Shintoismus:** japanischer Ahnenkult, der teilweise parallel zu anderen Religionen ausgeübt wird. Zentral ist der Besuch von religiösen Stätten (Schreinen), wo Priester Schutz- und Reinigungsrituale durchführen.
- ✔ **Jainismus:** dem Buddhismus ähnliche indische Religion, die noch strengere Askese und absolute Gewaltlosigkeit fordert.

- **Sikhismus:** von Guru Nanak Dev (1469–1539) aus dem Hinduismus heraus begründet. Eine monotheistische Religion, vor allem im Punjab beheimatet, wo die Sikhs den Charakter einer ethnischen Gruppe angenommen haben.
- **Bahai:** monotheistische Religion, die den iranischen Prediger Mirza Husain-Ali Nuri, genannt Baha'u'llah (1817–1892) als Propheten ansieht, aber auch Mohammed, Jesus, Buddha, Zarathustra, Moses und andere als Propheten verehrt.

Die Wucht religiöser Normen

Soziale Normen sollen das Miteinander der Menschen in Gemeinschaften regeln. Sie schaffen eine Ordnung, an der alle Mitglieder ihr Handeln orientieren können, legen dem Einzelnen aber auch Fesseln an. *Religiöse Normen* entfalten noch einmal besondere Wucht. Schließlich geht man davon aus, dass Gott es so will.

Religionen wälzen deshalb Bestehendes oft komplett um, wenn sie sich in einer Kultur neu durchsetzen, wirken aber in der Regel extrem konservativ, wenn sie sich einmal etabliert haben. Denken Sie nur an die Französische Revolution: Obwohl deren Forderung nach Freiheit, Gleichheit und Brüderlichkeit viel besser zur urchristlichen Lehre passte als der barocke Absolutismus, verteidigte die Kirche mit aller Macht die bestehenden, extrem ungerechten Verhältnisse und die »gottgewollte« Stellung der Fürsten.

Traditionell erstrecken sich in vielen Gesellschaften religiöse Normen auf alle Bereiche des Lebens und jede Kritik daran gilt als Tabu.

Das Wort »Tabu« stammt aus dem Polynesischen und bedeutet »unberührbar«. Dinge, die tabu waren, mussten gemieden werden, weil sie für den Menschen gefährliche Kräfte besitzen – heiliger Boden etwa oder das Fleisch von den heiligen Tieren eines Clans (Totemtiere), das nicht gegessen werden durfte. Auch bestimmte Heiraten (nicht nur unter Verwandten) wurden mit Tabus belegt. Tabu steht für eine Sache, die so kategorisch verboten ist, dass sie keine Begründung braucht.

Doch längst nicht jede religiöse Norm leitet sich wirklich von den religiösen Vorstellungen ab. Im Gegenteil: Soziale Normen können auch nachträglich eine religiöse Fundierung bekommen und werden so zu Gottes Willen erklärt.

So stammt die Einteilung der indischen Gesellschaft in *Kasten* zum Beispiel schon aus der vedischen Zeit. Die Vorstellung, dass jeder Mensch seine Stellung in der Welt durch sein Karma aus den früheren Leben selbst verschuldet beziehungsweise verdient hat, ist jünger. Doch sie hat dafür gesorgt, dass die soziale Spaltung in der indischen Gesellschaft besonders tief verankert ist. Aber auch in christlichen Gesellschaften fand sich die Vorstellung, dass Armut, Krankheit und Behinderung gottgewollt sind, obwohl Jesus Kranke heilte und von seinen Anhängern forderte, all ihr Vermögen den Armen zu geben.

Wie der Umgang der christlichen Kirche mit der Armut oder die vielen Kriege im Namen eines »allbarmherzigen« Gottes zeigen, entfernen sich Religionsgemeinschaften oft extrem weit von ihren Wurzeln, ja sie konterkarieren die Forderungen ihrer Religionsstifter geradezu. Oft geschieht das auf Betreiben der religiösen Autoritäten beziehungsweise der weltlichen Herrscher, die die Religion für sich zu vereinnahmen wissen, doch der Impuls kann auch von den Volksmassen kommen.

So wurde die Vorstellung, dass es Hexen gäbe, bis ins späte Mittelalter von der christlichen Kirche zurückgewiesen und als heidnischer Aberglauben des ungebildeten Volkes angesehen. Im Zuge der mittelalterlichen *Ketzerverfolgungen* infiltrierte er dann auch den Klerus und paarte sich dort auf unheilvollste Weise mit der vorhandenen Frauenfeindlichkeit, sodass die Kirche in der frühen Neuzeit eine treibende Rolle bei den *Hexenverfolgungen* spielte. Durchgeführt wurden sie aber von weltlichen Autoritäten beziehungsweise Fürstbischöfen, die neben der geistlichen auch weltliche Autorität hatten.

In Dostojewskis Legende vom Großinquisitor wirft dieser Jesus vor, er habe die Menschen mit der vollen Freiheit und Verantwortlichkeit für ihre Taten überfordert. In der Tat sind die Forderungen, die der historische Jesus von Nazareth stellte, immens. Seine Anhänger sollen sogar ihre Feinde lieben und ihr ganzes Vermögen den Armen geben. Im Grunde, so argumentiert der Großinquisitor, sei es barmherzig von der Kirche, den Menschen diese Freiheit wieder genommen und ihnen rigide, aber erfüllbare Normen gegeben zu haben.

Ob man genügend Nächstenliebe geübt hat, um die göttliche Gnade zu finden, wird wohl kaum ein Gläubiger für sich beantworten können. Sehr viel leichter ist es dagegen, hinter religiöse Gebote wie den sonntäglichen Kirchgang, sexuelle Enthaltsamkeit oder sogar die Teilnahme an einem als heilig deklarierten Krieg einen Haken zu machen. Auch im Sozialen gibt der Glaube an konkrete Normen (egal wie rigide) denjenigen, die sie befolgen, die beruhigende Gewissheit, »alles richtig« gemacht zu haben. »Und sie werden unsere Entscheidung mit Freuden glauben, weil sie durch diese von der großen Sorge und der furchtbaren Qual freier persönlicher Entscheidung befreit sein werden«, sagt Dostojewskis Großinquisitor.

Im Islam gibt es fünf zentrale Forderungen, die als die Säulen des Glaubens gelten:

1. **Das islamische Glaubensbekenntnis (Schahada)**
2. **Das rituelle Pflichtgebet (Salat)**
3. **Die Gabe von Almosen (Zakat)**
4. **Das Fasten im Ramadam (Saum)**
5. **Die Pilgerfahrt nach Mekka (Haddsch)**

Atheismus

Für nichtreligiöse Menschen sind all die Dinge, von denen in den vergangenen Abschnitten die Rede war, lediglich menschliche Projektionen. Allerdings bedeutet die Tatsache, dass jemand keiner Religion angehört und nicht an Gott beziehungsweise Götter glaubt, noch lange nicht, dass er keine *Weltanschauung* hat. Denn da sind ja noch die eingangs erwähnten »großen Fragen«, die sich allen Menschen stellen.

Manche Denker, wie etwa der deutsche Theologe **Friedrich Schleiermacher**, waren überzeugt, dass ein religiöses Gefühl wegen dieser großen Fragen in jedem Menschen angelegt ist. Religion sei erst einmal nur »Sinn und Geschmack für das Unendliche«, schrieb Schleiermacher 1799 in seinem Werk *Über die Religion – Reden an die Gebildeten unter ihren Verächtern*. Kultiviert werde sie nicht durch religiöse Normen und Vorstellungen, sondern indem man das große Ganze (bei Schleiermacher »Universum«) betrachte und sich davon berühren lasse. Alle tatsächlichen Religionen seien dann nur ein Ausfluss dieser Haltung. Aber natürlich kann man auch zu der Überzeugung kommen, dass es in diesem Universum keinen Gott gibt.

Schleiermacher war auch der Meinung, dass religiöse Gemeinschaften wichtig seien, weil religiös berührte Menschen zwangsläufig den Austausch mit Gleichgesinnten suchten. Die organisierten Großkirchen aber seien eher etwas für Einsteiger als für wahrhaft religiöse Menschen, meinte er, da sie mit starren Lehrsätzen und geistlosen Riten individuelle Entfaltung verhinderten. Trotz dieses Verdikts war Schleiermacher selbst evangelischer Theologe und zu seiner Zeit der beliebteste Prediger Berlins.

Der Abschied vom personalen Gott

Atheismus heißt wörtlich »ohne Gott«. Aber die Vorstellung, dass es keinen personalen Gott gibt, bedeutet noch lange nicht, dass Menschen nicht an eine transzendente Welt oder »etwas Göttliches« glauben.

Sogar der Buddhismus ist im Prinzip eine »gottlose« Religion. Er lehrt, dass es eine Transzendenz (das Nirwana) gibt, die der Mensch erkennen und erreichen kann. Doch dies ist keinem wie immer gearteten göttlichen Willen unterworfen. Ob die Erlösung erreicht wird, liegt allein am Menschen selbst. Schaut man sich die religiöse Praxis in buddhistischen Ländern an, dann erscheint diese Religion keineswegs gottlos. Religionsgründer **Siddharta Gautama** wird als *Buddha* gottähnlich verehrt. Zudem gibt es noch eine Vielzahl von Geistwesen, die teils die Namen hinduistischer oder anderer regionaler Gottheiten tragen. Sie gelten im Buddhismus jedoch nur als eine Art »Meditationshilfen«, die zum Beispiel bestimmte Aspekte des Mitgefühls verkörpern. Daneben werden *Bodhisattvas* verehrt: Erleuchtete, die auf das Nirwana verzichten, solange andere Menschen ihren spirituellen Beistand brauchen.

Im tibetischen Buddhismus wird nach *Tulkus* gesucht, das sind Reinkarnationen dieser Bodhisattvas. Der *Dalai-Lama*, das religiöse Oberhaupt, ist nur einer von rund 500 Tulkus.

Pantheisten glauben, dass es überhaupt keine transzendente Sphäre außerhalb der physisch erfahrbaren Welt gibt, aber dass im Universum ein göttlicher Geist wohnt und somit alles (pan) Gott (theos) ist. Diese Göttlichkeit kann – durchaus im Sinne Schleiermachers – erkannt und erfahren werden. Der Pantheismus ist damit dem Animismus verwandt, allerdings glauben Pantheisten nicht, dass einzelne Berge, Bäche oder Tiere ihre eigene Seele haben, sondern eine »Weltseele« in allem (also auch den Bergen, Bächen und Tieren) waltet. Der bekannteste Vertreter war der niederländische Philosoph **Benedict Baruch de Spinoza** (1632–1677). Der Mensch, so forderte Spinoza, müsse die Welt »unter dem Gesichtspunkt der Ewigkeit« betrachten. Dann erkenne er deren göttliche Ordnung und könne ihr gemäß handeln.

Auch die beiden chinesischen Weltanschauungen *Taoismus* und *Konfuzianismus* fordern ein Erkennen und eine Einordnung in die göttliche Weltordnung. Während **Konfuzius** (vermutlich 551–479 v. Chr.) eher eine Art Sittenlehre formulierte, ist der Taoismus, der sich aus den beiden Schriftsammlungen *Tao-Te-King* und *Zhuangzi* (4. Jahrhundert v. Chr.) speist, eine hochkomplexe Angelegenheit. Beide kommen im Prinzip ohne Götter aus, doch praktisch werden sie oft mit der Verehrung traditioneller Gottheiten verbunden.

Viele Menschen, die zwar an Transzendenz, aber nicht an einen personalen Gott glauben, ordnen sich jedoch gar keiner speziellen Richtung oder Weltanschauung zu. Sie sind einfach überzeugt, dass da »irgendetwas« ist, beziehungsweise glauben verspürt zu haben, dass es eine transzendente Kraft gibt, die ihnen Halt und Schutz gibt oder ihrem Leben – gerade wenn es nicht so gut läuft – Sinn verleiht.

Auch nichtreligiöse Weltanschauungen haben oft eine quasireligiöse Komponente, die dann »Bestimmung« oder »Schicksal« heißt und den eigenen Anschauungen einen transzendenten Segen gibt. Nicht immer zum Guten! So waren auch die Nationalsozialisten überzeugt, gemäß einer höheren Bestimmung zu handeln, und vor allem Heinrich Himmler war eifrig bestrebt, aus allerlei (angeblich) germanischen Versatzstücken eine Art neue Religion zu zimmern, die als oberstes Prinzip keinen Gott, sondern die »Bestimmung der germanischen Rasse« hatte.

Die Welt als bloße Materie

Gelegentlich bezeichnen sich Menschen schon als Atheisten, wenn sie nicht an einen personalen Gott glauben. In seiner strengsten Auslegung bedeutet Atheismus jedoch die Absage an jede Form von Transzendenz.

Als *Agnostiker* (griech. »ohne Erkenntnis«) dagegen werden Menschen bezeichnet, die die Frage, ob es einen Gott gibt, offenlassen. Entweder weil sie sie für irrelevant halten oder weil sie der Überzeugung sind, dass sie nicht beantwortbar ist.

Atheismus und Agnostizismus sind im Wesentlichen ein Phänomen der modernen, säkularen Industriegesellschaften. Allerdings ist es auch fast nur dort möglich, sich dazu zu bekennen. Mit einiger Sicherheit gibt es auch in anderen Kulturen Menschen, die nicht an Gott glauben, dies jedoch nicht zu sagen wagen. Zudem ist es wahrscheinlich, dass innerhalb etablierter Religionsgemeinschaften viele Menschen die Riten als Teil ihrer Kultur zelebrieren, sich aber nie ernsthaft die Frage gestellt haben, ob sie wirklich an die Existenz eines Gottes glauben.

Andererseits zeigt sich die Tendenz, auf möglichen göttlichen Trost im Jenseits zu verzichten, vor allem dort, wo das diesseitige Leben Erfüllung bietet. Brechen scheinbar sichere Ordnungen zusammen oder kommt es zu persönlichen Schicksalsschlägen, findet oft eine Rückbesinnung auf die Religion statt. In generell von Not und Elend geprägten Gesellschaften ist eine atheistische Haltung für die meisten Menschen völlig unverständlich.

Das Wort »säkular« kommt vom lateinischen »saeculum« (Zeitalter). Die säkulare, weltliche Zeit wurde früher als das Pendant zur göttlichen Ewigkeit gesehen. Heute steht der Begriff für »Verweltlichung«. Ein *säkularer Staat* ist jedoch nicht zwangsläufig ein religionsloser, sondern einer, der weltanschaulich neutral ist und alle Weltanschauungen und Religionen toleriert, die nicht gegen Staatsgrundsätze wie etwa die freiheitlich-demokratische Grundordnung verstoßen.

Natürlich hat auch die *Wissenschaft* dem Atheismus in die Karten gespielt. Das meiste, was früher als Gottes wunderbare Schöpfung galt, ist heute wissenschaftlich erklärt: Der Mensch stammt vom Affen ab, die Erde erscheint als Nichts angesichts von Raum und Zeit des Kosmos und selbst an der Erklärung von Urknall und Ewigkeit wird geforscht. Auch Regungen der vermeintlich unsterblichen menschlichen Seele wie Liebe, Glück, Angst oder Wut können heute biochemisch durch Hormonausschüttungen erklärt werden und die Hirnforscher beschäftigen sich ernsthaft mit der Frage, ob der Mensch überhaupt einen freien Willen hat oder ob all sein Handeln zur Gänze von seinem Körper und den darauf wirkenden Umwelteinflüssen bestimmt wird. Das würde bedeuten, dass die gesamte Menschheit nichts als ein selbstlernendes System wäre, nicht viel anders als die künstliche Computerintelligenz, nur aus anderem Material, biologische Intelligenz gewissermaßen, allerdings nicht programmiert, sondern durch die Evolution gesteuert.

Ein solches Weltbild stellt natürlich die fundamentalen Fragen nach dem Sinn des Lebens, Verantwortung für die Welt und ethischen Grundhaltungen völlig neu. Theoretisch jedenfalls. Doch so wie bei Weitem nicht alle religiösen Menschen den göttlichen Geboten wirklich gehorchen, so verwandeln sich auch nicht alle in eigensüchtige Egoisten, wenn keine Belohnung im Jenseits mehr winkt oder unterlassene Nächstenliebe nicht mehr mit Höllenqualen bedroht wird (mehr dazu in Kapitel 10).

Der Humanismus

Als *Humanismus* werden seit der Renaissance geistige Strömungen bezeichnet, die den Menschen in den Mittelpunkt ihrer Überlegungen stellen und Freiheit, Selbstverwirklichung und Wohlergehen für die Gesamtheit der Menschen als oberstes Ziel haben. Der Humanismus ist eng mit der Entwicklung der allgemeinen Menschenrechte verknüpft. Heute wird Humanismus meist als säkulare Weltanschauung gesehen, doch das ist nicht zwingend. Viele Humanisten der Vergangenheit haben gerade aus ihrem Glauben heraus humanistische Ideale vertreten.

Moderne Esoterik

Das altgriechische Wort »Esoterik« bedeutet wörtlich »innerlich« und umfasste in der Antike solche Lehren, die nur innerhalb einer Philosophenschule oder Akademie gelehrt wurden, während das allgemein zugängliche und nach außen kommunizierte Wissen als *exoterisch* bezeichnet wurde. In der Moderne wird *esoterisch* vor allem für transzendente Vorstellungen gebraucht, die von der Umwelt als besonders krude und versponnen angesehen werden.

Schaut man sich das Ganze sachlicher an, ergeben sich folgende Schwerpunkte:

- ✔ **Spiritismus:** Seine Anhänger glauben, mit Geistern kommunizieren zu können. Spiritismus war Bestandteil vieler traditioneller Religionen und erlebte in der zweiten Hälfte des 19. Jahrhunderts ein Revival, bei dem *Séancen* mit Tischrücken und Alphabettafeln geradezu zum Gesellschaftsspiel wurden. Doch auch heute bekennen sich noch Millionen Menschen zum Spiritismus, vor allem in Südamerika, wo die Lehre des französischen Spiritisten **Allan Kardec** (1804–1869) viele Anhänger hat. Kardec lehrte, dass alle Menschen wiedergeboren werden und zwischen ihren Wiedergeburten den Lebenden spirituell helfen können. Seine Lehren sah er mit dem Christentum vereinbar.

  Auch viele *Engelskulte* tragen spiritistische Züge, da die Engel, die im Christentum und Islam nur Gottesboten sind, als eigenständig handelnde Wesen mit quasigöttlichen Kräften angesehen werden.

- ✔ **Paraphysik:** Deren Anhänger gehen davon aus, dass es transzendentale Phänomene gibt, die wie physikalische Naturgesetze funktionieren, allerdings nach anderen, von der Wissenschaft noch nicht entdeckten Gesetzmäßigkeiten. Grundsätzlich sind diese aber erkennbar von keinem göttlichen Willen abhängig und daher beherrschbar, weshalb es sich eigentlich um den Glauben an *Magie* handelt.

- ✔ **Neuheidentum:** Viele Menschen sind fasziniert von längst ausgestorbenen Religionen und entdecken diese für sich wieder. Da man über diese Religionen wenig weiß, werden in der Regel Versatzstücke nach eigenem Gutdünken gemischt, neu interpretiert und ergänzt. Beispiele sind moderne *Druiden* oder die ebenfalls keltisch inspirierte Hexenreligion *Wicca*.

- ✔ **Satanismus:** Die Verehrung des Teufels oder des Bösen ist eigentlich ein Vorwurf, den man in der Geschichte immer wieder den religiösen Gegnern gemacht hat. So malte etwa der Mönch **Heinrich Institoris** (um 1430–1505) in seinem *Hexenhammer* einen satanischen Kult aus, auf dessen angebliche Mitglieder er und unzählige andere Hexenverfolger Jagd machten. Spätestens ab dem 18. Jahrhundert gab es aber Gruppen, die sich selbst als Satanisten sahen, wobei immer die Frage blieb, wie viel davon Attitüde, wie viel Ernst war.

Sekten

Eigentlich steht das Wort »Sekte« für eine Abspaltung von einer Glaubensgemeinschaft. So wurde das Christentum zum Beispiel anfangs als jüdische Sekte wahrgenommen. Da viele Abspaltungen kleine, streitbare, nach außen abgeschlossene, nach innen oft rigide Gruppierungen sind, wurden auch die religiösen Jugendbewegungen, die in den 1970er-Jahren in den westlichen Industrieländern en vogue waren, Sekten genannt, obwohl es sich eher nicht um Abspaltungen bestehender Religionen handelte. Inzwischen versucht man, den Kampfbegriff »Sekte« zu vermeiden und genau hinzuschauen, ob eine neue religiöse Gruppierung gefährlich ist oder nicht.

IN DIESEM KAPITEL

Von Adam und Eva

Von Göttern und Helden

Von Ammenmärchen und Tatarenmeldungen

Kapitel 9
Mythologie – mehr als bunte Götterwelten

Gehören auch Sie zu jenen Menschen, die in ihrer Kindheit oder Jugend begeistert diverse Götter- und Heldensagen verschlungen haben? Geschichten von Zeus und Europa, Romulus und Remus, Herakles und Achilles, Siegfried dem Drachentöter und Wieland dem Schmied? Falls das nicht der Fall war, sind Ihnen die Namen wahrscheinlich trotzdem bekannt, weil diese Geschichten unzählige Male in der Kunst abgebildet, nacherzählt oder auf andere Weise aufgegriffen wurden. *Mythologie* ist deshalb ein fester Bestandteil der Allgemeinbildung. Aber sie ist noch mehr.

Erzählungen vom Beginn der Dinge

Das altgriechische Wort »Mythos« heißt übersetzt ganz einfach »Geschichte«. Aber schon in der Antike stand der Mythos im Gegensatz zum *Logos*. Bei diesem handelte es sich um eine Wahrheit, die sich – logisch – beweisen lässt, während der Wahrheitsgehalt eines Mythos zumindest zweifelhaft ist.

Heute steht Mythos für

- eine Erzählung über etwas, das als so herausragend empfunden wird, dass es immer weitererzählt und dabei zumindest verklärt, oft aber auch entstellt wird;
- eine Behauptung, deren Unwahrheit erwiesen ist, die aber früher einmal geglaubt wurde beziehungsweise die von manchen immer noch geglaubt wird;
- eine religiöse Erzählung, die nicht (mehr) als religiöse Wahrheit gilt.

Die Gesamtheit der religiösen Erzählungen einer Kultur wird als Mythologie bezeichnet. Um diese Mythologien wird es im Folgenden gehen.

Was ist ein Mythos?

Zum Mythos wird etwas immer erst aus dem Blickwinkel der Nachwelt. Die Schöpfer der Mythen sind natürlich von deren Plausibilität überzeugt.

Die klassischen Mythen stellen die ersten Erklärversuche der Menschheit dar; einer Menschheit, die noch keine Ahnung von Naturwissenschaft hatte und auch noch nicht im hochkomplexen, philosophischen Denken geübt war. Die Fragen, die sie hatte, waren jedoch dieselben, die später wissenschaftlich oder hochphilosophisch beantwortet wurden. Etwa: Warum gibt es Sommer und Winter? Warum müssen Menschen sterben?

Solche Geschichten lieferten aber nicht nur eine befriedigende Erklärung für Naturphänomene, sie waren auch Teil der Religion. Hatte man verstanden, wie die Götter tickten und wie sie die Welt organisierten, dann gab es auch eine Chance, die Dinge zu beeinflussen. Nach einem Mythos der Azteken zum Beispiel waren bereits vier Welten vergangen. Damit dies der fünften nicht passiert, hat sich der Gott Tonatiuh geopfert, um in Gestalt der Sonne Licht und Wärme zu spenden. Doch damit ihm die Kraft nicht ausgeht, muss er ständig mit Blut gestärkt werden. Die Geschichte von Tonatiuh gehört zu den *Schöpfungsmythen.* Aus der Art, wie die Welt erschaffen wurde – hier durch ein Opfer –, werden Folgerungen gezogen, wie ihre Ordnung bewahrt werden kann. Sehr verbreitet sind auch Mythen, die erzählen, wie eine Gesellschaft zu ihren wichtigsten Errungenschaften kam. Diese werden oft durch einen halbgöttlichen *Kulturheros* gebracht, wie der griechische Prometheus, der für die Menschen den Göttern das Feuer stahl. In anderen Mythen lehren Kulturheroen die Menschen wichtige Techniken oder beschenken sie mit den zentralen Agrarprodukten einer Kultur. *Gesellschaftsmythen* liefern eine Begründung für die soziale Ordnung beziehungsweise wichtige Teile dieser Ordnung. Daneben gehören zur klassischen Mythologie *Göttergeschichten*, die versuchen, dem Wesen und dem Treiben der himmlischen Mächte auf den Grund zu kommen, und Erzählungen über Helden mit besonderen Kräften oder zumindest halbgöttlichem Status.

Märchen & Co.

Verwandt mit dem Mythos sind:

- ✔ **Sage:** nur regional verbreiteter Mythos, der mit einem konkreten Ort verbunden ist, meist in Form einer eher einfachen, in sich stimmigen Geschichte
- ✔ **Legende:** mythologische Heiligengeschichte
- ✔ **Märchen:** ausdrücklich unwahre, traditionell überlieferte Geschichten mit fantastischen Elementen
- ✔ **Fabel:** ausdrücklich unwahre Erzählung mit belehrendem Charakter

Wie entsteht ein Mythos?

Klassische Mythen wurden über Jahrhunderte und manchmal Jahrtausende mündlich weitergegeben. Das lässt sie oft extrem vielschichtig werden. Sie enthalten meist Elemente aus verschiedenen Epochen sowie ganz verschiedener Art, wie etwa

- ✔ reale Geschehnisse,
- ✔ Erklärungen, die man sich zurechtgelegt hat,
- ✔ Elemente aus der realen sozialen und religiösen Ordnung,
- ✔ von Ängsten Diktiertes,
- ✔ von Sehnsüchten und Idealvorstellungen Diktiertes,
- ✔ gängige Erzählmuster (Topoi),
- ✔ nachträgliche Korrekturen wie etwa die Beseitigung von Unstimmigkeiten, »Berichtigungen« im Hinblick auf die geänderten Verhältnisse und Ordnungen, die Zusammenführung verschiedener Mythen bei der Herausbildung größerer Kulturen und Ausschmückungen.

Wenn man nicht davon ausgeht, dass Mythen wahr sind, dann braucht es einen Anlass, aus dem heraus sie entstehen. Das können Naturphänomene sein, historische Ereignisse, aber auch bereits bestehende Normen und Gewohnheiten, die mit dem Mythos »erklärt« werden. So gibt es beispielsweise zahlreiche Mythen, die die *Teilung der Gesellschaft* in verschiedene Schichten rechtfertigen.

- ✔ In den indischen Veden entstehen die Kasten aus dem Selbstopfer eines Wesens namens Purusha. Aus seinem Mund werden die Brahmanen (Priester), aus seinen Armen die Kshatriyas (Kämpfer), aus seinen Schenkeln die Vaishyas (Kaufleute) und aus seinen Füßen die Shudras (Arbeiter).
- ✔ In der germanischen Mythologie zeugt ein Gott (Heimdall oder Rigr) mit verschiedenen Frauen drei Söhne: Jarl, Karl und Thraell, die Stammväter der Adeligen, der Bauern und der Knechte werden.
- ✔ In der chinesischen Mythologie formt die Göttin Nü Gua die chinesischen Adeligen sorgsam aus gelber Erde, den Rest der Menschheit aus Schlammbrocken, die von einem herumgewirbelten Seil abfallen.

Man darf getrost davon ausgehen, dass niemand sich solche Mythen in einer Zeit ausgedacht hat, in der es keine Standesordnung gab, sondern dass erst die Hierarchien bestanden und dann die Mythen aufkamen, die sie rechtfertigten. Aber natürlich wirkten solche Mythen dann (genau wie die religiösen Normen aus Kapitel 8) zementierend, da sie die Diskriminierungen als gottgewollt und von Anbeginn bestehend darstellten.

Ändern sich die Verhältnisse jedoch grundlegend, dann werden Mythen auch angepasst. Wahrscheinlich kennen Sie das Ende der Nibelungen: Nachdem Hagen von Tronje und ihre Brüder ihren Gatten Siegfried umgebracht haben, heiratet Krimhild den Hunnenkönig Etzel. Nach einiger Zeit lädt sie ihre Brüder ein und sorgt dafür, dass diese getötet werden.

In einer älteren skandinavischen Version der Sage, dem *Atlilied*, ist es Etzel (Atli), der Krimhilds (hier: Gudruns) Brüder in die Falle lockt und umbringen lässt. Obwohl auch in der skandinavischen Variante die Brüder Gudruns ersten Mann (hier: Sigurd) getötet haben, rächt sie nicht ihren Gatten, sondern ihre Brüder. Sie schlachtet die beiden gemeinsamen Söhne, setzt sie Atli vor und bringt schließlich Atli selbst um.

Die Frage, wem die Loyalität einer Frau in einer patriarchalen Gesellschaft zu gelten hat – der Herkunftsfamilie oder dem Ehemann –, hat sich also von der älteren zur neueren Fassung komplett umgedreht.

Eigentlicher Held des Nibelungenlieds ist jedoch Siegfried. Das Lied kombiniert den weit verbreiteten *Drachentötermythos* mit Fetzen historischer Begebenheiten. Dass eine burgundische Fürstentochter wie Krimhild den Hunnenkönig heiratet und germanische Fürsten wie Rüdiger von Bechlarn mit ihm verbündet sind, erscheint im Nibelungenlied ganz selbstverständlich. Tatsächlich spiegelt das die historische Realität aus dem 5. Jahrhundert wider. Der reale Hunnenkönig Attila starb 453 in der Hochzeitsnacht mit der Germanin Ildico.

Der Drachentötermythos gibt dagegen Rätsel auf. Er existiert in einer Vielzahl von Kulturen und die Drachen sehen sich relativ ähnlich. Wie kann das sein, da es nun mal – die Dinosaurier waren schon lange tot – keine drachenähnlichen Wesen als Vorbilder gab? Manche Mythenforscher meinen, dass die allgemeine Urangst vor Schlangen ins Riesenhafte vergrößert wurde. Tatsächlich sind alte Drachendarstellungen meist schlangenähnlicher als jüngere. Im christlichen Europa wurde der Sieg über den Drachen als Sieg über den Teufel umgedeutet.

Berühmte Drachentötergeschichten:

- ✔ In der babylonischen Mythologie besiegt Hauptgott Marduk die drachengestaltige Urmutter Tiamat.
- ✔ In der griechischen Mythologie besiegen sowohl der Gott Apollo wie auch die Helden Herakles, Kadmos, Iason und Perseus Drachen.
- ✔ Im Christentum wurde der heilige Georg, ein Märtyrer aus dem 3. Jahrhundert, ab der Zeit der Kreuzzüge als Drachentöter verklärt.
- ✔ Eine der wenigen weiblichen Drachenbezwingerinnen ist die heilige Margareta von Antiochia.

Auch den Trojanischen Krieg hat es wahrscheinlich gegeben, als strategischen Konflikt um die Meerengen zwischen Mittelmeer und Schwarzem Meer. Wann der Mythos aufkam, es sei um die schöne Helena gegangen, ist nicht festzustellen. Sicher ist nur, dass es keine Erfindung von Homer war, denn neben seiner berühmten *Ilias* berichten andere Epen davon, die aber teilweise nur in Bruchstücken oder indirekt erhalten sind. Aber natürlich waren es solche Ausschmückungen wie der Raub der Helena, die dafür sorgten, dass der Kriegsbericht zum Mythos wurde, der schon in der Antike seinen Niederschlag in zahllosen Kunstwerken fand und bis heute immer wieder aufgegriffen wird.

Überhaupt ist das Faszinierende an Mythen ihre emotionale Komponente. Auch wenn sie in längst vergangenen Zeiten und weit entfernten Kulturen entstanden sind, erzählen sie von den immer gleichen Sehnsüchten, Träumen und Ängsten der Menschen.

Beliebte Mythen wie die über den Trojanischen Krieg, Kain und Abel, Orpheus in der Unterwelt (siehe Kapitel 5), den untergegangenen Kontinent Atlantis oder König Artus und seine Tafelrunde wurden nicht nur immer weitererzählt, sondern auch unzählige Male neu bearbeitet. Damit sind sie zum *Stoff* von Kunst und Literatur geworden. Als *Motiv* gelten anonyme Plots wie »die verfeindeten Brüder« (wozu Kain und Abel gehören), »Liebe mit Hindernissen« oder »allein gegen alle«.

Wie entschlüsselt man einen Mythos?

Mythen einfach als faszinierende Geschichten und Stoff für immer neue Erzählungen, Filme und Kunstwerke zu betrachten, ist das eine. Der Wunsch zu erfahren, was dahintersteckt, das andere. Auch Wissenschaftler hoffen, aus Mythen wertvolle Hinweise über frühere Kulturen zu erhalten. Doch das ist überaus tückisch.

Vielleicht kennen sie die Geschichte, dass der spanische Eroberer **Hernán Cortés** bei der Eroberung des Aztekenreichs im Jahr 1529 deshalb so leichtes Spiel hatte, weil **König Moctezuma II.** ihn für den weißhäutigen, bärtigen Gott Quetzalcoatl hielt, dessen Rückkehr alte Mythen prophezeiten? Inzwischen ist sich die Forschung ziemlich sicher, dass die Story selbst ein Mythos ist, fabriziert vermutlich von Cortés aus irgendwelchen Versatzstücken über einen wiederkehrenden Gott. In der Folge wurde er dann so ausgeschmückt, dass sich die Wissenschaft irgendwann ernsthaft fragte, ob – da die mittelamerikanischen Ureinwohner nun mal nicht hellhäutig und bärtig sind – die Wikinger um das Jahr 1000 nicht nur in Neufundland, sondern auch in Mexiko gelandet waren und dort Pate für Quetzalcoatl standen.

Die Verwirrungen um Quetzalcoatl gehen aber noch weiter. Denn übersetzt bedeutet der Name »Grünfederschlange« und diese ist ein seit Urzeiten in ganz Mittelamerika verehrter Gott. In den aztekischen Quellen taucht Quetzalcoatl jedoch als König der toltekischen Stadt Tula auf. Da er außergewöhnlich friedlich gewesen sei und Menschenopfer ablehnte, sei er vertrieben worden, zum Meer gezogen und dort zum Morgenstern geworden, heißt es. Ein realer toltekischer König also, der im 10. Jahrhundert herrschte und entweder nach Quetzalcoatl benannt war oder später von den Azteken mit ihm identifiziert wurde, befanden viele Forscher und vermuteten, dass der vertriebene König in Wahrheit in die Maya-Stadt Chichén Itzá auf der Halbinsel Yucatán zog, da deren Kultur der von Tula ähnlich war. Doch irgendwie passte das alles nicht so recht. Vor allem war die Kultur von Chichén Itzá nicht friedlich, sondern kriegerischer als jemals in der Geschichte der Mayas.

Inzwischen gibt es Wissenschaftler, die die ganze Tolteken-Story für einen Mythos der Azteken halten. Diese wanderten wohl im 14. Jahrhundert in Zentral-Mexiko ein, fanden die großartigen Ruinen von Tula vor und kamen zu dem Schluss, dass hier ihre mythologischen Vorfahren gehaust haben mussten. Also verbanden sie ihre Mythen mit den Relikten der Tula-Kultur, ohne irgendetwas über diese zu wissen.

Man sollte sich also nie zu sicher sein, wenn es um Mythen geht. Andererseits gibt es durchaus Muster, die sich in vielen Mythen finden:

- ✔ Göttergeschichten werden mit realen Plätzen und Zeiten verknüpft, wie die Mythen der Azteken mit den Ruinen von Tula.
- ✔ Umgekehrt können reale Heldengestalten mit der Zeit vergöttlicht werden.
- ✔ Mythen können den Wandel religiöser Vorstellungen – und damit auch gesellschaftliche Umwälzungen – aufzeigen.

In den mesopotamischen Mythen etwa beginnt Marduk, der Stadtgott von Babylon, eine Hauptrolle zu spielen, als das früher unbedeutende Provinznest zur Reichshauptstadt wurde. Was die germanische Mythologie angeht, gibt es Theorien, dass das etwas nebelhafte Göttergeschlecht der *Wanen* auf ältere Fruchtbarkeitsgötter zurückgeht, während – das ist unzweifelhaft – die dominanten *Asen* ein indoeuropäischer Import sind. Die gute Nachricht: Asen und Wanen lebten nach anfänglichen Kämpfen in friedlicher Koexistenz.

- ✔ Mythen offenbaren oft auch eine völlig neue Seite, wenn man die handelnden Götter nicht als Menschen betrachtet, sondern die Prinzipien ansieht, für die sie stehen. In der griechischen Mythologie etwa kämpfen Zeus und seine Geschwister gegen den eigenen Vater und dessen Geschwister, die Titanen. Man kann die Geschichte aber auch so lesen, dass eine (im Olymp) organisierte Gesellschaft mit Führung (Zeus), technischen Errungenschaften (Hephaistos), Weisheit (Athene), Landwirtschaft (Demeter) und der Beherrschung der Meere (Poseidon) die ungezügelten Naturkräfte besiegt hat. Auch Schürzenjäger Zeus verliert seine Zwielichtigkeit, wenn man ihn als Schöpferkraft sieht, die mit Mnemosyne (Erinnerung) die neun Musen hervorbringt, mit Metis (kluger Rat) die Weisheit (Athene) und mit Themis (rechte Ordnung) die Gerechtigkeit (Dike), das Gesetz (Eunomia) und den Frieden (Eirene).

Vorsicht ist überall dort geboten, wo Storys zu gut sind. Auch die Menschen in der Frühzeit liebten schon Drama und Herzschmerz, Sex and Crime, möglichst personalisierte Geschichten und klare Fronten.

Ebenfalls ein Alarmzeichen ist ein sogenannter Topos beziehungsweise eine ausführlichere Wanderlegende – ein stereotypisches Motiv, das immer wieder verwendet wird. Zum Beispiel:

- ✔ Jemand nimmt Rache, indem er dem Feind dessen Kinder zum Essen vorsetzt, wie Gudrun im *Atlilied* oder König Atreus in der griechischen Mythologie (oder Arya Stark in der Serie *Game of Thrones*).

- ✔ Jemand ist bereit, das eigene Kind zu opfern, wie Abraham seinen Sohn Isaak in der Bibel oder Agamemnon seine Tochter Iphigenie in der *Ilias*.
- ✔ Ein Kind wird ausgesetzt, weil ihm prophezeit wurde, den eigenen Vater/Großvater zu töten, aber es wird gerettet und die Prophezeiung erfüllt sich letztlich, wie etwa in der *Ödipussage*.

Die traditionellen Mythologien

Jede Volksgruppe hat ihre eigene Mythologie und jede ist unendlich bunt und faszinierend. Ich habe für dieses Buch die Götterwelten ausgewählt, die für die europäische Kultur eine besondere Rolle spielten.

Oft gibt es erstaunliche Ähnlichkeiten zwischen den Mythen verschiedener Kulturen, die nicht das Geringste miteinander zu tun hatten, so zum Beispiel die Geschichten, die sich um die *Plejaden* ranken. Die sieben hellen Sterne, die auch auf der *Himmelsscheibe von Nebra* zu sehen sind, hatten in vielen Kulturen immense Bedeutung als Kalendergestirn. Ihr Auftauchen und Verschwinden am Nachthimmel signalisierte je nach Region den Beginn des Frühlings, den Start der Regenzeit oder das Ende der Jagdsaison. In der griechischen Mythologie waren sie die sieben Töchter des Atlas, die vor den Nachstellungen des wilden Jägers Orion fliehen mussten und deshalb von Zeus an den Himmel versetzt wurden. Bei den Indianern Kaliforniens fliehen die Plejadenschwestern vor ihrem gemeinsamen Mann und bei den australischen Aborigines vor einem lüsternen Unwesen namens Niyuru.

Ägyptisch

Wahrscheinlich denken Sie bei der Erwähnung ägyptischer Götter sofort an deren Tierköpfe. Die Köpfe sind wahrscheinlich ein Relikt aus einer Zeit, in der tatsächlich Tiergeister verehrt wurden. Auch darüber hinaus herrschte im ägyptischen *Pantheon (Göttergesamtheit)* ein besonders buntes Gewimmel. Rund 1500 altägyptische Götter sind heute noch bekannt. Einige wurden nur regional verehrt, andere erlangten in ganz Ägypten Kultstatus.

Anderswo hat man aus den Göttern verschiedener Herkunft irgendwann Familien gebildet, in Ägypten nur ansatzweise. Mehr noch: Die Verhältnisse konnten wechseln. So ist die Göttin Hathor sowohl Mutter wie Kind des Sonnengottes, dazu Mutter und Gemahlin des falkengestaltigen Gottes Horus, der aber auch Isis' Sohn ist.

Auch Zuständigkeiten waren keineswegs fix. Hathor ist Toten- und Liebesgöttin, Muttergottheit, Beschützerin des Landes und der schönen Künste, Herrin des Tanzes, der Musik und der Trunkenheit. Sie wurde in allen weiblichen Belangen um Hilfe gebeten, vor allem wenn es um Fruchtbarkeit und Mutterschaft ging, aber auch als Beistand beim Gang durch das Totenreich oder Herrscherin über Ägypten. In alten Zeiten wurde sie meist als Kuh dargestellt, später nur noch mit Hörnern, manchmal aber auch als Nilpferd, Löwin oder Uräusschlange (Kobra).

Angesichts solch vielgestaltiger Götter ist es kein Wunder, dass sich die Mythen widersprechen. Aber offensichtlich hatten die Ägypter kein Problem damit, verschiedene Varianten nebeneinander gelten zu lassen. Das gilt besonders für die Schöpfungsmythen. Die wichtigsten sind:

- ✔ **Mythos von Heliopolis:** Urgott Atum erschafft alles aus sich selbst heraus.
- ✔ **Mythos von Hermopolis:** Vier Götterpaare zeugen die Schöpfung.
- ✔ **Mythos vom Memphis:** Handwerkergott Ptah gestaltet die Welt.

Diese drei Mythen stehen für drei Prinzipien der Schöpfung, die in vielen Mythologien zu finden sind:

1. Der allmächtige Urgott (oft auch eine Urmutter)
2. Das Heilige Paar
3. Der Demiurg (göttlicher Handwerker)

Weitere Varianten sind der Urozean und das Ei. Gerne wird auch kombiniert: So entsteigen sowohl Atum wie die acht Götter von Hermopolis dem Urozean.

Eine der wenigen, halbwegs in sich geschlossenen Göttererzählungen ist der Mythos von Isis und Osiris. Er geht so: Osiris wird von seinem missgünstigen Bruder Seth ermordet, zerstückelt und über ganz Ägypten verteilt. Seine Frau und Schwester Isis sucht die Stücke und setzt sie mithilfe des schakalköpfigen Totengottes Anubis wieder zusammen. Dann verwandelt sie sich in einen Raubvogel, fächelt Osiris' totem Körper für einen Moment Leben ein und kann Horus empfangen. Dieser bekämpft Seth und wird schließlich Herrscher über das schwarze fruchtbare Land entlang des Nils, während für Seth nur die rote unfruchtbare Wüste bleibt. Osiris aber bleibt in der Unterwelt und fungiert dort als Totenrichter.

Haben Sie sich schon einmal gewundert, dass die ägyptischen Götter auf alten Darstellungen oft eine Art Henkelkreuz in der Hand tragen? Es ist das *Anch-Symbol*, das für das körperliche Weiterleben im Jenseits steht. Es wurde später auch in der christlich-koptischen Kirche und in diversen neueren esoterischen Zusammenhängen verwendet.

Weitere bedeutende Götter Ägyptens

- ✔ **Re:** Sonnengott und Vater aller Götter, teils mit Atum gleichgesetzt, wichtigster Gott des Alten Reiches, Vater des Pharao, manchmal falkenköpfig, die Obelisken sollten als steingewordene Sonnenstrahlen ebenso wie die Pyramiden eine Verbindung zu ihm schaffen
- ✔ **Amun:** Fruchtbarkeitsgott aus Theben, um 2100 v. Chr. mit Re zum neuen Reichsgott Amun-Re verschmolzen

- ✔ **Aton:** die Sonnenscheibe, von Pharao Echnaton im 14. Jahrhundert v. Chr. kurzzeitig zum alleinigen Gott erhoben
- ✔ **Maat:** Verkörperung der rechten Ordnung und damit elementar für das altägyptische Denken, mit Straußenfeder dargestellt
- ✔ **Apophis:** Schlangendämon, Widersacher des Re, der ihn (die Sonne) während seiner (ihrer) nächtlichen Fahrt durch die Unterwelt zu vernichten droht
- ✔ **Nut:** Himmelsgöttin, wölbt sich auf Darstellungen mit ihrem nackten oder sternenbesäten Leib über die Erde (Erdgott Geb ist ihr Brudergemahl)
- ✔ **Chnum:** widderköpfiger Schöpfer- und Töpfergott aus Oberägypten
- ✔ **Thot:** ibisköpfiger Schreiber der Götter
- ✔ **Sachmet:** löwenköpfige Kriegs- und Heilgöttin, oft mit Uräusschlange als Symbol für den Kampfesmut der Pharaonen
- ✔ **Apis:** ein lebender heiliger Stier, der ursprünglich als Fruchtbarkeitssymbol und Seele des Ptah galt, später zu einer Verkörperung des Osiris wurde, bei seinem Tod herrschte Staatstrauer

Jüdisch-christlich

Jüdisch-christliche Mythologie? Das klingt gewöhnungsbedürftig. Natürlich glaubt kaum jemand mehr daran, dass die Menschheit wirklich von Adam und Eva abstammt. Aber normalerweise werden nur die religiösen Erzählungen »heidnischer« Kulte als Mythen abgetan, nicht jedoch die eigenen.

Die Wunder Jesu oder seine Auferstehung sind für die meisten Christen tatsächlich religiöse Wahrheit und nicht etwas, was man mit der Auferweckung des Osiris und der germanischen Götterdämmerung in einen Topf werfen kann.

Um religiöse Gefühle nicht zu verletzen, vermeidet man daher im Allgemeinen den Begriff Mythologie für die Erzählungen noch lebendiger Religionen. Doch in Sachen Allgemeinbildung interessieren die Geschichten aus dem Alten und Neuen Testament jenseits religiöser Überzeugungen als Gegenstände der Kunst. Deshalb habe ich mich dafür entschieden, sie hier einzuordnen.

Die Erzählungen des Alten Testaments beginnen mit dem Buch Genesis (Entstehung) und der *Erschaffung der Welt*. Schaut man genau hin, dann gibt es zwei Schöpfungsgeschichten. Zuerst jene, die von der Erschaffung der Welt in sechs Tagen berichtet, dann eine andere, in der Adam aus Staub und Eva aus Adams Rippe erschaffen wird. In der Kunst findet sich vor allem der sogenannte *Sündenfall*, als Adam und Eva von der verbotenen Frucht essen (die Tradition hat daraus einen Apfel gemacht) und aus dem Paradies verjagt werden.

Die Schlange verheißt Eva, wenn sie von der Frucht esse, werde sie wie Gott und könne zwischen Gut und Böse unterscheiden. Nach dem Fruchtgenuss empfinden Adam und Eva ihre Nacktheit dann als anstößig und bedecken sich mit Feigenblättern. Ein Dilemma für die Maler: Einerseits wollten sie die Verführung vor dem Sündenfall malen, nicht die Beschämung danach, andererseits hatten auch sie ein Problem mit der paradiesischen Nacktheit. Deswegen zeigen die meisten Bilder Adam und Eva noch vor dem Apfelbiss, aber bereits mit Feigenblättern.

Die wichtigsten Stationen danach:

- ✔ **Brudermord:** Kain erschlägt aus Eifersucht seinen Bruder Abel.
- ✔ **Sintflut:** Noah rettet auf Geheiß Gottes ein Paar jeder Tierart in seiner Arche.
- ✔ **Turmbau zu Babel:** Gott vereitelt das Unterfangen der Menschen, einen Turm bis zum Himmel zu bauen, indem er ihre Sprachen verwirrt.
- ✔ **Sodom und Gomorrha:** Die beiden Städte werden ob der Sünden ihrer Bewohner vernichtet. Nur Lot kann mit seiner Familie fliehen, aber seine Frau wird zur Salzsäule, weil sie sich umdreht. Lots Töchter schlafen mit ihrem betrunkenen Vater, weil es keine anderen Männer mehr gibt, von denen sie Kinder bekommen können.
- ✔ **Abraham:** Auf Geheiß Gottes will er seinen einzigen Sohn Isaak opfern, was ein Engel jedoch im letzten Moment verhindert.
- ✔ **Joseph:** Abrahams Enkel flieht vor seinen Brüdern nach Ägypten und arbeitet für einen gewissen Potiphar, dessen Frau ihn zu verführen sucht. Er landet im Kerker, dem er wieder entkommt, weil er die Träume des Pharao zu deuten weiß.
- ✔ **Moses:** Seine Mutter setzt ihn in einem Körbchen auf dem Nil aus, um ihn vor dem Pharao zu retten, doch ausgerechnet Pharaos Tochter zieht ihn groß. Er begegnet Gott im brennenden Dornbusch, beschwört sieben Plagen auf Ägypten herab, bis der Pharao das Volk Israel gehen lässt. Dieses zieht durch das Rote Meer, das sich teilt (die ägyptischen Verfolger jedoch überflutet), und wird von Gott auf dem Sinai mit geheimnisvollem Manna gespeist. Moses empfängt zwei Steintafeln mit den Zehn Geboten, doch das Volk betet unterdessen ein Goldenes Kalb an.

Eine besondere Relevanz für die Kunst hatten auch:

- ✔ **Samson** (Buch der Richter): Kämpfer gegen die feindlichen Philister, der seine Kraft verliert, als ihm seine Frau Delila, eine Philisterin, das lange Haar abschneiden lässt.
- ✔ **David** (1. und 2. Buch Samuel, 1. Buch der Könige): Von Gott zum König auserwählt, besiegt er den riesenhaften Philister Goliat mit einer Schleuder. Später lädt er schwere Schuld auf sich, als er die schöne Bathseba beim Baden erblickt, sie verführt und ihren Mann absichtlich in den Tod schickt.

Davids und Bathsebas erster Sohn stirbt zur Strafe, der zweite ist der weise Salomo. Sein legendäres Urteil, ein umstrittenes Kind der Frau zuzusprechen, die lieber verzichtet, als diesem wehzutun, griff zum Beispiel Bertolt Brecht in seinem Stück *Der kaukasische Kreidekreis* auf. Die Maler interessierte eher der Besuch der märchenhaft reichen Königin von Saba bei Salomo.

- **Judit** (Buch Judit): Die schöne, tugendhafte Witwe begibt sich mit ihrer Magd in das Lager des assyrischen Hauptmanns Holofernes, der ihr Volk zu vernichten droht. Sie macht ihn betrunken und schlägt ihm dann den Kopf ab. Laut Bibel kam es zuvor nicht zum Sex.

Frauen mit abgeschlagenen Männerköpfen scheinen eine seltsame Faszination auf die Künstler aller Epochen ausgeübt zu haben. Vielleicht noch öfter wurde Salome gemalt. Ihre Geschichte stammt aus dem Neuen Testament: Salome tanzt für ihren Stiefvater Herodes und verlangt als Belohnung das Haupt Johannes des Täufers. Laut Bibel steckt ihre Mutter dahinter, deren Ehe Johannes für Sünde hielt. In der Kunst – ob nun in der Malerei, der Literatur oder auf der Bühne – wird meist unterstellt, Salome sei Johannes verfallen gewesen und habe sich für dessen Zurückweisung rächen wollen.

- **Hiob** (Buch Hiob): Mit extremen Leiden geschlagen, weigert sich Hiob einerseits, Gott deswegen zu verfluchen, andererseits aber auch, die Leiden als Strafe für irgendwelche Sünden zu akzeptieren. Am Ende belohnt ihn Gott für seine Standhaftigkeit.

Die Hiobgeschichte inspirierte weniger die bildende Kunst als die Literatur und Philosophie.

- **Jona** (Zwölfprophetenbuch): Der Prophet versucht, sich dem Auftrag Gottes zu entziehen. Auf seiner Flucht wird er von einem großen Fisch verschlungen, aber heil wieder ausgespuckt – das Maler-Motiv. Später rechtet er mit Gott, weil dieser die sündige Stadt Ninive letztlich doch verschont – der philosophische Teil der Geschichte.

Im Neuen Testament erzählen die vier Evangelien das Leben Jesu. In der Kunst sind vor allem seine Geburt im Stall von Bethlehem, sein Leidensweg, der Tod am Kreuz, Begräbnis und Auferstehung relevant. Dabei haben auch Elemente aus nicht kirchlich anerkannten (apokryphen) Evangelien Eingang gefunden, wie etwa Ochse und Esel.

Den vier Evangelisten werden in der Kunst vier (vermutlich aus der babylonischen Mythologie stammende) Symbole zugeordnet:

1. **Markus: Löwe**
2. **Matthäus: Mensch/Engel**
3. **Lukas: Stier**
4. **Johannes: Adler**

Eine besondere Rolle spielt die *Apokalypse* oder *Offenbarung des Johannes*, eine Vision vom Weltende, auf die verschiedene Motive zurückgehen:

- ✔ Der thronende Christus mit einem Schwert im Mund
- ✔ Das Buch mit den Sieben Siegeln
- ✔ Die vier apokalyptischen Reiter Ehrsucht, Krieg, Hunger und Tod
- ✔ Sieben Posaunen verkünden sieben Plagen der Endzeit
- ✔ Maria mit Sternenkrone, auf der Mondsichel stehend, im Strahlenglanz der Sonne
- ✔ Ein »Tier« mit sieben Köpfen und zehn Hörnern
- ✔ Das triumphierende Lamm auf dem Berg Zion
- ✔ Die sieben Schalen des Zorns
- ✔ Die Hure Babylon
- ✔ Das Weltgericht
- ✔ Das himmlische Jerusalem

Griechisch

Auf zum Olymp! Wahrscheinlich wissen Sie, dass dieses real existierende Gebirge als Sitz der griechischen Götter gesehen wurde. Die zwölf Olympier sind (in den Klammern die römischen Namen):

1. **Zeus** (Jupiter): Himmels-, Haupt- und Wettergott
2. **Hera** (Juno): Beschützerin von Ehe und Geburt, Schwester und Gattin des Zeus
3. **Poseidon** (Neptun): Meeresgott, Bruder des Zeus
4. **Demeter** (Ceres): Göttin der Fruchtbarkeit und Landwirtschaft, Schwester des Zeus
5. **Hestia** (Vesta): Beschützerin des Herdfeuers, Schwester des Zeus
6. **Athene** (Minerva): Göttin der Weisheit und Strategie, Tochter des Zeus
7. **Apollon** (Apollo): Gott des Lichts und der Künste, Sohn von Zeus und Leto
8. **Artemis** (Diana): Göttin der Jagd und des Waldes, Apollons Zwillingsschwester
9. **Ares** (Mars): Kriegsgott, Sohn von Zeus und Hera
10. **Aphrodite** (Venus): Göttin der Liebe, Schönheit und Sexualität, Tochter des Zeus

11. **Hermes** (Merkur): Götterbote, Gott der Reisenden und Kaufleute, Sohn von Zeus und Maia

12. **Hephaistos** (Vulcan): Götterschmied, Gott des Handwerks, Sohn von Zeus und Hera

Hades (Pluto), ein weiterer Bruder des Zeus, zählt nicht zu den Olympiern, da er als Gott der Unterwelt dort selbst regiert. Im Übrigen galt er auch als Herr über die unterirdischen Reichtümer. Sein römischer Name leitet sich vom griechischen Wort für Reichtum ab. Unter *Plutokratie* verstanden die Griechen die Herrschaft des Geldes.

Daneben gibt es eine Unzahl anderer Götter und göttlicher Wesen, die vermutlich aus den verschiedensten Epochen und Regionen stammten. Erdgöttin Gaia, die Stammmutter aller Götter, könnte auf eine frühgeschichtliche Muttergottheit zurückgehen. Die Nymphen, die mit Bergen, Bäumen, Grotten, Quellen, Gestirnen und als Najaden mit dem Meer verbunden sind, dürften ursprünglich animistische Naturgeister gewesen sein, bevor Mythologie und Kunst aus ihnen neckische Gespielinnen der Götter gemacht haben. Göttervater Zeus hat indoeuropäische Wurzeln, Poseidon und Hera waren Hauptgötter der mykenischen Kultur und Aphrodite steht in der Tradition der mesopotamischen Ischtar.

Spätestens der Dichter **Hesiod** (7. Jahrhundert v. Chr.) hat in seiner *Theogonie* einen Stammbaum erstellt, in den er das ganze Gewimmel packte. Die Folge: das wilde Sexualleben der Götter, dem auch Ungeheuer und andere seltsame Wesen entsprangen. All das gehört zu den beliebtesten Stoffen der Kunstgeschichte.

Besonders gerne gemalt oder in Stein gehauen wurden folgende Mythen:

- ✔ Zeus entführt in Gestalt eines Stiers die phönizische Königstochter Europa (der Name leitet sich wohl von einem Wort für Abend, Westen, Sonnenuntergang ab) nach Kreta, wo er mit ihr unter anderem den kretischen König Minos zeugt.
- ✔ Zeus fällt der eingekerkerten Danae als goldener Regen in den Schoß. Das Ergebnis ist der Held Perseus. Der wiederum befreit später die an einen Felsen gekettete Andromeda, die einem Ungeheuer geopfert werden soll.
- ✔ Zeus verführt Leda in Gestalt eines Schwans und zeugt mit ihr die Zwillinge Kastor und Polydeukes (Castor und Pollux).
- ✔ Aktaion beobachtet die nackte Göttin Artemis beim Baden. Diese verwandelt ihn in einen Hirsch und lässt ihn von seinen eigenen Hunden zerreißen.

Beliebter Theaterstoff war:

- ✔ Zeus nähert sich der schönen Alkmene in Gestalt von deren Gatten Amphitryon und zeugt mit ihr den Helden und Halbgott Herakles.
- ✔ Ödipus ist ein schuldlos Verfluchter, der – ohne es zu wissen – seinen Vater umbringt und seine Mutter heiratet. Als er erkennt, was er getan hat, sticht er sich die Augen aus und zieht als Bettler herum.
- ✔ Antigone, die Tochter des Ödipus, ist eine standhafte Heldin, die den unrechten Geboten ihres Onkels Kreon widersteht und dafür sterben muss.

Sprichwörtlich wurden:

- ✔ **Achillesferse:** Der Held Achilles wurde von seiner göttlichen Mutter ins Feuer (oder den Unterweltfluss Styx) gehalten, um unverwundbar zu werden – nur seine Ferse blieb durch ein Versehen ausgespart.
- ✔ **Argusaugen:** Hera ließ Io, die in eine Kuh verwandelte Geliebte ihres Gatten Zeus, von dem hundertäugigen Riesen Argos bewachen.
- ✔ **Basiliskenblick:** Der Basilisk war (wie auch bei *Harry Potter*) ein Schlangenkönig, dessen Blick versteinert.
- ✔ **Narzissmus:** Die Selbstverliebtheit ist nach einem schönen Jüngling benannt, den die Götter ertrinken ließen, weil er nur sein eigenes Spiegelbild im Wasser liebte.
- ✔ **Odyssee:** Das gleichnamige Epos von Homer erzählt, wie Odysseus nach dem Ende des Trojanischen Krieges weitere zehn Jahre für die Heimfahrt braucht, weil ihn Stürme und andere Widrigkeiten in immer neue Abenteuer treiben.
- ✔ **Phönix aus der Asche:** Der Vogel Phönix, der seine Wurzeln in der ägyptischen Mythologie hat, konnte sich selbst verbrennen und wurde danach wieder lebendig.
- ✔ **Zwischen Skylla und Charybdis:** Ein Ungeheuer und ein Strudel, zwischen denen es praktisch kein Durchkommen gab (Odysseus schaffte es aber doch!).
- ✔ **Sirenengesang:** Diese weiblichen Mischwesen rissen Seefahrer mit ihrem Gesang ins Verderben (nicht aber Odysseus, der sich am Mast hatte festbinden lassen, während seine Mannschaft Wachs in den Ohren hatte).
- ✔ **Tantalusqualen:** Weil er die Götter erzürnt hat, muss Tantalus in der Unterwelt schmachten, umgeben von Speisen und Getränken, die knapp außerhalb seiner Reichweite sind.

Germanisch

Wenn von der germanischen oder nordischen Mythologie die Rede ist, dann meist von jenen Geschichten, die im 13. Jahrhundert in Island in einer Sammlung von Götter- und Heldengesängen (*Lieder-Edda*) und einer Nacherzählung des Gelehrten **Snorri Sturluson** (*Snorra-Edda*) festgehalten wurden.

Inwieweit das der Mythologie früherer Epochen und anderer germanischer Regionen gleicht, darüber kann nur spekuliert werden, da es sonst nur äußerst spärliche Überlieferungen gibt. Denn die Germanen hatten erst ab etwa 200 n. Chr. eine Schrift – die *Runen* – und haben von dieser zudem nur wenig Gebrauch gemacht.

Wie die griechische, so hat auch die germanische Mythologie vorwiegend indoeuropäische Wurzeln und das führt zu einer Reihe von Parallelen, etwa:

- ✔ Die zwölf obersten Götter leben – wie die Olympier – gemeinsam, aber hier in Asgard.
- ✔ Thor (bei den Südgermanen: Donar) ist ein Wettergott wie Zeus, allerdings steht er nicht an der Spitze des Pantheons und ist insgesamt viel volkstümlicher: stark, jähzornig, fehlerhaft und oft sogar komisch.
- ✔ In der Unterwelt herrscht die Göttin Hel, deren Name genauso »das Verborgene« bedeutet wie der des griechischen Hades. Sie ist durch den Fluss Gjöll (griech. Styx) von der Welt der Lebenden getrennt und wird von dem Höllenhund Garm (griech. Zerberus) bewacht.
- ✔ Die drei Nornen sind Schicksalsgöttinnen wie die griechischen Moiren (und die römischen Parzen).
- ✔ Der oberste Gott wird von zwei Raben namens Hugin und Munin beraten. Ihre Namen bedeuten »Gedanke« und »Erinnerung«. Ebenso heißen Zeus' erste Frauen Metis und Mnemosyne.
- ✔ Die Göttin Ostara, die für den Osten, das Morgenlicht und den Frühling steht, findet sich in der griechischen Eos (sowie in der römischen Aurora und der indischen Ushas) wieder.

Aber es gibt auch große Unterschiede. So ist die Mythologie der *Edda* in eine Kosmologie eingebettet. Im Mittelpunkt steht ein *Weltenbaum*, die Esche Yggdrasil, die die Sphäre der Götter mit der *Mittelerde (Midgard)*, wo die Menschen wohnen, und der *Unterwelt* verbindet. In anderen indoeuropäischen Vorstellungen findet man nichts Vergleichbares, aber zum Beispiel in der Mythologie Mesopotamiens mit dem »Heiligen Baum von Eridu«. Anderswo verbindet ein Berg, eine Leiter oder ein Seil die Welten (oder verband sie, bis es durch ein mythologisches Ereignis gekappt wurde).

In die germanische Kosmologie sind auch Wesen eingebunden, die man so ähnlich in westeuropäischen Märchen wiederfindet, die jedoch eher wenig mit den griechischen Nymphen, Zentauren et cetera gemein haben. Es sind *Elfen (Alben), Zwerge (Schwarzalben)* und verschiedene Arten von *Riesen (Jötunn)*, wie die Reifriesen (Hrimthursen).

Was jedoch nicht vorkommt, sind die in der skandinavischen Folklore so beliebten *Trolle*. Vermutlich war »Troll« einst eine Sammelbezeichnungen für alle Arten von unheimlichen Wesen, bis daraus eine Art zwielichtiger Zwerg wurde.

Sehr eigen ist auch der oberste Gott Odin (bei den Südgermanen: Wotan). Sein Name bedeutet wahrscheinlich »Raserei« und die Eigenschaften, die ihm zugeschrieben werden, haben vor allem mit der Suche nach Weisheit und Magie, Dichtung und Tod zu tun. Er reitet ein achtbeiniges Pferd namens Sleipnir, hat ein Auge geopfert, um Weisheit zu erringen, und hängt neun Tage, von seinem eigenen Speer verwundet, im Weltenbaum, um die Runen zu bekommen. Er zieht verkleidet durch die Welt, um die Menschen auf die Probe zu stellen, und lässt ehrenhaft Gefallene (*Walr*) durch die *Walküren* auswählen (küren) und in die Festhalle *Walhall* bringen.

Odin gilt teilweise auch als Anführer der *Wilden Jagd*, untoten Jägern, die vor allem in den Winternächten durch die Lüfte brausen und traditionell mit allen Winterübeln in Verbindung gebracht werden. Doch erstens sind die Sagen um die Wilde Jagd regional sehr verschieden, zweitens ist es möglich, dass ältere Sagen um ein unheilvolles Totenheer erst später mit Odins Kriegern in Verbindung gebracht wurden. Denn die Walr bedrohen eigentlich nicht die Menschen, sondern warten auf den Weltuntergang.

Die *Götterdämmerung (Ragnarök)* ist vielleicht das merkwürdigste Element der germanischen Mythologie. Weil Menschen wie Götter durch besonders ehrlose *Neidingstaten* Schuld auf sich geladen haben, verödet die Welt schließlich im dreijährigen *Fimbulwinter*. Yggdrasil verdorrt, Sonne und Mond werden von Wölfen verschlungen und die Sterne fallen vom Himmel. In diesem Chaos sammeln sich alle Unholde wie der betrügerische Feuergott Loki, der Höllenhund Garm, der Fenriswolf, die Midgardschlange, die Riesen und Schwarzalben und kämpfen gegen die Götter und die Helden aus Walhall, doch am Ende gehen alle zusammen unter.

Was weniger bekannt ist: Aus dem Wasser steigt eine neue Erde und die Sonne schickt ihre Tochter, sie zu beleuchten. Außerdem steht der sanfte Frühlingsgott Baldur von den Toten auf und regiert über eine neue, friedliche Welt. Auch das Menschengeschlecht wird durch ein überlebendes Paar – Lif (Leben) und Lifprasir (der nach Leben strebende) – neu begründet.

Richard Wagners Oper *Götterdämmerung* hat mit diesem Untergang wenig zu tun, wie überhaupt der ganze vierteilige Zyklus *Der Ring des Nibelungen* ein Patchwork aus Elementen der Nibelungensage, Versatzstücken der germanischen Mythologie und Wagners eigener Fantasie ist.

Immer neue Mythen

Mythologien sind ein Relikt der Vergangenheit, *Mythen* keineswegs. Zu allen Zeiten und bis heute geistern langlebige Irrtümer, hartnäckige Lügen, falsche Heldenstorys, verzerrte Wahrheiten und einseitige Narrative in großer Anzahl durch die Kulturen dieser Welt.

Mythen jenseits der Götter

Vielleicht haben Sie sich gewundert, dass im Abschnitt »Die traditionellen Mythologien« nur die Griechen, aber nicht die Römer auftauchten. Sie hatten wenige eigene Göttergeschichten und haben irgendwann die der Griechen (mit römischen Namen) übernommen. Mythen gab es auch bei den Römern, doch sie bezogen sich auf den Staat.

- **Herkunftsmythos:** Die Römer führen sich auf den trojanischen Helden Aeneas zurück, der laut *Ilias* nach dem Fall der Stadt Richtung Westen fliehen konnte. Da Aeneas ein Sohn der Liebesgöttin Aphrodite mit einem Sterblichen gewesen sein soll, verschaffen sich die Römer so göttliche Wurzeln. Das Geschlecht der *Iulier*, dem auch Caesar angehörte, führt sich ganz direkt auf Aeneas' Sohn Iulus zurück.

- **Gründungsmythos I:** Im Jahr 753 v. Chr. sollen die Zwillinge Romulus und Remus die Stadt Rom gegründet haben. Die beiden sind ausgesetzte und von einer Wölfin gesäugte Söhne einer Nachfahrin des Aeneas und des Kriegsgottes Mars. Bei der Gründung spielen wichtige römische Prinzipien eine Rolle, etwa die Weissagung aus dem Flug der Vögel oder die Tatsache, dass kein Außenstehender die Stadtmauern überwinden darf – auch nicht im Spaß (weshalb Romulus Remus erschlägt).

- **Gründungsmythos II:** Da in Rom fast nur Männer leben, rauben die Römer die unverheirateten Töchter der benachbarten Sabiner. Die wollen Rache, doch laut Mythos stellen sich die Frauen zwischen die beiden Parteien, erzwingen eine Versöhnung – und legitimieren den Raub.

- **Gründungsmythos III:** Der Sohn des über Rom herrschenden etruskischen Königs vergewaltigt die schöne, tugendhafte Lucretia. Diese tötet sich daraufhin selbst, fordert aber zuvor von Vater und Ehemann, sie zu rächen. Die Römer vertreiben daraufhin die Etrusker und gründen die Republik.

- **Ordnungsmythos I:** Im Jahr 660 v. Chr. fechten Drillinge aus Rom – die Horatier – einen Stellvertreterkampf gegen die Curatier, Drillinge aus dem benachbarten Alba Longa, aus, den nur Publius Horatius überlebt. Seine Schwester Camilla jedoch trauert um einen der Curatier, mit dem sie verlobt war. Publius tötet sie und erklärt, keine römische Frau solle je über den Tod eines Feindes von Rom trauern.

- **Ordnungsmythos II:** Im Jahr 494 v. Chr. verlassen die Angehörigen der Unterschicht, die Plebejer, in einer Art Generalstreik die Stadt, um mehr Rechte zu erzwingen. Der Konsul Agrippa Menenius Lanatus erzählt ihnen eine Fabel: Eines Tages hätten die Glieder des Körpers beschlossen, dem vermeintlich faulen Magen nicht mehr zu dienen – und seien dann gemeinsam mit ihm verhungert. Angeblich hat das die Plebejer zum Einlenken gebracht.

- **Opfermythos:** Im Jahr 362 v. Chr. soll ein Erdbeben inmitten des Forums einen tiefen Graben aufgerissen haben. Die Auguren (Seher) verkündeten, er werde sich erst wieder schließen, wenn die Götter das bekommen, wovon Rom am meisten abhängt. Darauf soll sich ein Soldat namens Marcus Curtius in den Spalt gestürzt haben. Denn von nichts hänge Rom mehr ab als vom Opfermut seiner Soldaten.

Aus Mythen wie diesen wurden dann Pflichten für die Nachkommen abgeleitet: Römer und Römerinnen mussten sich ihrer edlen Abkunft würdig erweisen, die Gründung des Romulus bewahren, das Opfer der Lucretia ehren (die Republik wurde nie abgeschafft, auch nicht während der sogenannten Kaiserzeit), dem römischen Gemeinwesen dienen und sich notfalls auch dafür opfern.

Ähnliche Mythen gibt es in den meisten anderen Kulturen; es geht darin um die angeblichen Wurzeln der Gemeinschaft, die Verpflichtungen auferlegen, um die Opfer und Taten vergangener Helden oder Heldinnen, derer man sich als würdig zu erweisen hat, und Normen, an denen nicht gerührt werden darf. Dazu kommen – was bei den Römern nicht so die Rolle spielte – *Feindmythen*, die den jeweiligen Gegner (oder einen auserwählten Sündenbock) verteufeln.

Mythen sind identitätsstiftend für Gemeinschaften, im Positiven wie im Negativen. Der gemeinsame Glaube schweißt zusammen – insbesondere wenn er von der Umwelt nicht geteilt wird. Doch auch wenn es um Ideologien, Verschwörungstheorien und andere politische oder soziale Mythen geht, bilden sich »Glaubensgemeinschaften«, und teilweise definieren sie sich primär über ihre Gegnerschaft zur andersdenkenden Außenwelt.

Im Fall der Römer dienten die Staatsmythen zunächst dem internen Zusammenhalt – bis sie dann aus dem Glauben an ihre Überlegenheit eine aggressive *Eroberungspolitik* begannen, die ebenfalls essenzieller Bestandteil des römischen Identitätsgefühls wurde.

Gerade *politische Mythen* können immense Folgen haben. Denken Sie nur an die angebliche jüdische Weltverschwörung, die Dolchstoß-Legende oder den Langemarck-Mythos. Solche Mythen können

- ✔ komplett erfunden sein wie die jüdische Weltverschwörung;
- ✔ die Fakten verdrehen wie die Dolchstoß-Legende, die die Schuld an der deutschen Niederlage im Ersten Weltkrieg von den Politikern, die den Krieg beschlossen, und den Militärs, die ihn geführt hatten, auf die »Heimatfront« abwälzte;
- ✔ Tatsachen umdeuten wie der Langemarck-Mythos, der besagt, dass die jungen Kriegsfreiwilligen in der Schlacht von Langemarck am 10. November 1914 das Deutschlandlied singend und mit äußerster Tapferkeit in den Tod gegangen seien. Es gibt berechtigte Zweifel, ob die Freiwilligenverbände wirklich gesungen haben und ob sie einen bedeutenden Beitrag zum Kriegsgeschehen leisteten (der angestrebte Durchbruch durch die französischen Linien gelang am Ende nicht). Das Entscheidende ist, dass der Tod der jungen Kriegsfreiwilligen in der Folge nicht etwa als »Verheizen« kaum ausgebildeter Truppen in einem sinnlosen Krieg gesehen wurde, sondern von den Nationalsozialisten und anderen Militaristen zu einem patriotischen Opfergang verklärt wurde, dem neue Generationen nacheifern sollten, um letztlich doch noch zu siegen und dem Tod der Langemarck-Gefallenen damit einen Sinn zu geben.

Im Gegensatz zu einer simplen Lüge werden solche Mythen immer wieder aufgewärmt, geglaubt und weitergesponnen. Oft ist das Bild, das von einem bestimmten Ereignis über lange Zeit weitererzählt und kultiviert wird, jedoch nicht grundsätzlich falsch, aber parteiisch, eindimensional oder in anderer Weise verzerrt. In solchen Fällen spricht man von einem *Narrativ* (Erzählweise).

Neue Heldenmythen

Wenn ein Promi zum »Mythos« oder zur »Legende« erklärt wird, wird ausnahmsweise nicht an der Authentizität gezweifelt, wie das sonst bei Mythen der Fall ist. Stattdessen wird er oder sie in den Rang der »ganz Großen« erhoben, vergleichbar den Helden alter Sagen. Zu Mythenbildungen kommt es dabei in der Regel aber trotzdem. Oder glauben Sie, dass Elvis noch lebt?

Glorifiziert wird jedoch lange nicht jeder, der über ein herausgehobenes Amt oder eine besondere Fähigkeit verfügt, sondern nur diejenigen, die das gewisse Etwas haben, das die Fantasie und das Interesse der Massen beflügelt. Dann aber gibt es oft kein Halten mehr. Es entsteht eine *Kunstfigur*, die mit der realen Persönlichkeit oft wenig zu tun hat:

- ✔ **Die Leistung wird überhöht.** Elvis Presley war dann irgendwann nicht mehr nur ein herausragender Sänger, Performer und Produzent, sondern der »King of Rock'n'Roll«, obwohl er keinen seiner Songs selbst komponiert und geschrieben hatte.
- ✔ **Negatives wird ignoriert, entschuldigt oder interessiert einfach nicht.** Etwa, dass Exzesse und Drogen bei einem Rockmusiker »einfach dazugehören«.
- ✔ **Die eigentliche Leistung gerät in den Hintergrund.** Um sich für den »King« zu interessieren, ist es völlig irrelevant, was jemand von dem Musiker Elvis Presley hält. Man muss seine Musik nicht gut finden, ja nicht einmal kennen.
- ✔ **Im Mittelpunkt des Interesses steht die Persönlichkeit des Promis.** Die Öffentlichkeit fordert intimste Details und hat wenig Hemmungen, Lücken durch Spekulation zu ergänzen: Wie war Elvis' Verhältnis zu seinen Eltern? War Priscilla die richtige Frau für ihn? Welche Krankheiten hatte er? Keine Facette von öffentlichen Helden ist so privat, dass sie nicht breitgetreten wird, und auch das gesamte Umfeld wird hemmungslos in Mitleidenschaft gezogen. Andererseits interessieren auch banalste Dinge – und werden Trend –, nur weil sie mit einem solchen modernen Helden verbunden sind.

In der Regel ist die betroffene Person selbst beziehungsweise ihr Management an der Bildung einer Kunstfigur beteiligt. Zum einen, um für eine möglichst positive Darstellung in der Öffentlichkeit zu sorgen. Zum anderen, um die eigene Privatsphäre zu wahren, die hinter dem fiktiven und ganz und gar nicht mehr privaten »Privatleben« der Kunstfigur verschwindet.

- ✔ **Die erschaffene Kunstfigur wird instrumentalisiert.** Im Falle von Elvis hauptsächlich für gute Geschäfte, im Falle der jungen Gefallenen von Langemarck oder anderer militärischer Opfer aber für neue Kriege. Es hat für eine Kultur immense Folgen, wer, wie und warum zum Helden und Vorbild erklärt wird.
- ✔ **Dem »Hosianna!« folgt oft schnell das »Kreuzigt ihn!«.** Laut Johannes-Evangelium lagen nur fünf Tage zwischen dem triumphalen Einzug Jesu in Jerusalem (dem am Palmsonntag gedacht wird) und seinem Prozess, bei dem die Einwohnerschaft der Stadt leidenschaftlich seinen Tod forderte. Auch andere Helden werden in den

Himmel gehoben und dann oft – wenn offenbar wird, dass sie doch nicht so unfehlbar sind, wie ihre Fans gerne glauben wollten – umso tiefer fallen gelassen. In anderen Fällen leben Menschen, denen der ganze Rummel missfällt, ihren Ärger durch hemmungslose Kritik an der Person aus, der der Rummel gilt.

Während ich an diesem Buch geschrieben habe, war in den Feuilletons der Maler **Emil Nolde** ein großes Thema. Denn neuere Forschungen haben ergeben, dass er sich dem NS-Regime – allerdings vergeblich – anzudienen versuchte. Hinterher stilisierte er sich dann zum Opfer – ein Mythos, dem etwa **Siegfried Lenz** aufsaß, als er Nolde zum Vorbild für den Maler Max Ludwig Nansen in seinem Roman *Deutschstunde* nahm. Teilweise wurden nun Forderungen laut, Nolde-Gemälde abzuhängen. Aber ist Kunst weniger wert, wenn der Künstler schäbig handelte? Hier kommt wieder der alte Mythos zum Tragen, dass Kunst angeblich veredelnd wirkt. Aber ist es möglich, Kunstwerk und Künstler zu trennen? Kann man Noldes Werke genießen ohne das Bewusstsein, dass ein großer Geist sie schuf; Wagner wunderbar finden, ohne dessen Antisemitismus in Rechnung zu stellen; Chanel tragen und dabei ihre Kollaboration mit den Nazis ausklammern; Musik, Filme und Bücher von Künstlern genießen, die sich an Frauen und Kindern vergangen haben? Andererseits: Was bliebe von der Kunst, würde man alle Künstler ohne einwandfreies Führungszeugnis in Acht und Bann tun?

Heldentypen der klassischen Mythologie

- ✔ **Herakles** gilt als der größte Held der griechischen Antike. Die Mythen über ihn sind ungeheuer vielschichtig und stammen wahrscheinlich aus verschiedenen Traditionen. Demnach ist Herakles kein dumpfer Schlagetot, sondern entscheidet sich bewusst für den steinigen Pfad der Tugend. Trotzdem scheitert er immer wieder und wird Opfer seines Jähzorns. Seine zwölf berühmten Taten etwa muss er genauso als Sühnewerk vollbringen wie einen dreijährigen Dienst in einer Frauenrolle für die lydische Königin Omphale.

  Die Nachwelt jedoch feiert vor allem den Kraftkerl, der jedes Ungeheuer besiegt. Zahllose Künstler verlustierten sich an seinen Muskelmassen inklusive dem abgezogenen Fell des Nemeischen Löwen als Erkennungszeichen und absolute Fürsten wie Ludwig XIV. ließen sich als neuer Hercules (so der römische Name) feiern.

- ✔ **Achilles** erscheint in der *Ilias* als glänzendster Kämpfer des Trojanischen Krieges. Schaut man sich die Storys genauer an, dann entdeckt man, dass er sich vor allem von seinen privaten Motiven leiten lässt und teilweise äußerst brutal agiert. In anderen Situationen folgt er jedoch einer Art Ritterkodex und gibt etwa die Leiche seines getöteten Feindes Hektor zurück.

Teilweise wird er von der Nachwelt dafür gefeiert und sein Zorn als »göttlich« gerechtfertigt, doch zu allen Zeiten gab es auch jene, die ihn gerade wegen der Verklärung der anderen umso kritischer sahen, wie etwa der Philosoph Sokrates, fast alle römischen Dichter und Geistesgrößen (da Rom sich von dem Trojaner Äneas ableitete), Shakespeare (in *Troilus und Cressida*) oder Christa Wolf (in *Kassandra*).

- **Odysseus** ist der »Listenreiche«, der mithilfe des Trojanischen Pferdes den bereits zehn Jahre dauernden Krieg gegen Troja beendet hat. Er entspricht dem Typ des *Tricksters*, der in den Mythologien weltweit gar nicht so selten ist. Denn in vielen Kulturen glaubten die Menschen, dass den mächtigen Göttern anders nicht beizukommen ist – während heute der Rebellenstatus der Trickster sexy rüberkommt.

Oft ist der Trickster ein Kulturheros, der den Menschen wertvolle Gaben beschert, die er den Göttern abgeluchst hat. Trickster können auch Tiere sein wie der Kojote bei den Navaho-Indianern oder der Wolf Glooskap bei den Algonkin.

- **Ikaros** (griech.) ist ein gescheiterter Held, der mit seinen künstlichen Flügen der Sonne zu nahe kam und abstürzte. Heute verkörpert er zu hochfliegende Träume.

Urban Legends and Fake News

Moderne Mythen verbergen sich unter vielen Namen, hier eine kleine Typologie:

- **Ammenmärchen:** Die Schöpfer dieses Begriffs gingen davon aus, dass Ammen ungebildete Frauen vom Land waren, die den betreuten Kindern irgendwelches dummes Zeug erzählten. Teils weil sie es nicht besser wussten, teils um die Kinder ruhigzustellen. Typische Ammenmärchen sind einerseits Erzählungen über allerlei Unholde, die unartige Kinder holen, andererseits unzutreffende Alltagsweisheiten wie »Beim Schielen können die Augen stehen bleiben« oder »Wenn man Obstkerne verschluckt, keimen sie im Magen«.

- **Zeitungsente:** eine Falschmeldung in den Medien, die längere Zeit unentdeckt bleibt und sich weiterverbreitet. In der Regel unterläuft sie eher unabsichtlich. Woher der Name kommt, ist umstritten.

- **Tatarenmeldung:** Diese Meldungen gehen angeblich auf einen britischen Journalisten zurück, der während des Krimkriegs Nachrichten erfand, die bei einem abgefangenen »tatarischen Kurier« gefunden worden sein sollen. Tatarenmeldungen sind teils völlig erfundene oder zumindest entstellend aufgebauschte Meldungen, die bewusst in Umlauf gebracht werden, um die Öffentlichkeit in Angst und Schrecken zu versetzen beziehungsweise die öffentliche Meinung zu manipulieren.

- **Hoax:** Das Wort bedeutet eigentlich »Scherz« und wird meist für Falschmeldungen benutzt, die eine Art Aprilscherz – ohne 1. April – darstellen. Im Gegensatz zum Aprilscherz schicken die Macher aber meist keine Entwarnung hinterher. Im Englischen wird der Begriff auch für böswillige »Scherze« beziehungsweise Tatarenmeldungen benutzt.

- **Urban Legends** oder **Großstadtlegenden**: Das sind Storys, die viel und gerne weitererzählt werden, überzeugend klingen, aber falsch sind. Etwa dass in der New Yorker Kanalisation Krokodile leben. Manche dieser Geschichten sind ziemlich harmlos, nur eben nicht richtig. Andere Urban Legends kratzen auch an der Grenze zu Verschwörungstheorien und Volksverhetzung, etwa die von dem Mann, der nach einer durchzechten Nacht mit einer Niere weniger aufwacht, oder vom China-Restaurant, in dem angeblich Hundefutter serviert wurde.

- **Fake News:** Das sind die modernen Tatarenmeldungen, also falsche, bewusst gestreute Meldungen zur Manipulierung der öffentlichen Meinung. US-Präsident Donald Trump allerdings hat aus dem Begriff ein Schimpfwort für alle Dinge gemacht, die ihm nicht gefallen und die er nicht als wahr akzeptieren möchte.

IN DIESEM KAPITEL

Über die Erkenntnis der Welt

Über das rechte Miteinander

Über den Sinn des Lebens

Kapitel 10

Philosophie – wenn Denken an Grenzen geht

Philosophie gilt gemeinhin als ein sehr schwieriges Wissensfeld. Wenn Sie darin bisher wenig bewandert sind, dann überlegen Sie womöglich sogar, ob Sie dieses Kapitel nicht lieber überspringen sollten. Tun Sie es bitte nicht! Denn die Philosophie ist äußerst faszinierend und immens wichtig für die Entwicklung der menschlichen Kultur. Die Grundlagen sind auch gar nicht so schwer zu verstehen und die komplizierten Teile definitiv nicht Teil der Allgemeinbildung.

Gerade nach der Mythologie kommt die Philosophie wie ein Gegenentwurf daher. Mythologien sind zwar auch nicht ohne Nachdenken entstanden, haben aber in der Regel hochemotionalen Charakter. »Gedacht« wird eher mit dem Bauch und am Ende gehen viele dieser Geschichten über Liebe und Verrat, Begierde, Rachsucht und Leidenschaft nicht gerade gut aus. Die Philosophie dagegen betrachtet alles mit nüchternem Verstand – auch Liebe, Leidenschaft und die ganzen anderen wilden Emotionen.

Sapere aude – die Entdeckung des Verstandes

Sapere aude bedeutet: »Wage es, einsichtig zu sein!« Die Redewendung stammt aus einem Brief des römischen Dichters **Horaz** (65–8 v. Chr.) und wurde von **Immanuel Kant** in seinem berühmten Aufsatz *Beantwortung der Frage: Was ist Aufklärung?* (1784) zum Leitspruch eben jener Aufklärung gemacht. Der Slogan könnte aber auch als Leitspruch der gesamten Philosophie dienen.

Philosophie bedeutet nicht einfach nur Nachdenken; philosophieren heißt, die Dinge ganz konsequent bis zum Ende zu denken und nicht da stehenzubleiben, wo es schwierig oder unangenehm wird, bisherige Überzeugungen ins Schwimmen geraten und sich mehr Fragen als Antworten auftun. Oder wie der britische Philosoph **John Stuart Mill** (1806–1873) sagte:

»Niemand kann ein großer Denker werden, so lange er nicht einsieht, dass die erste Tugend eines Denkers die ist, seinem Verstand zu folgen, egal zu welcher Schlussfolgerung er ihn auch führt.«

Der Anspruch der Philosophie ist nicht in erster Linie, Lösungen zu bieten, sondern Erkenntnisse zu gewinnen. Und es ist völlig normal, wenn einer Erkenntnis viele neue Fragen folgen. Das klingt erst einmal nicht sehr verlockend, aber Philosophie ist auch nicht für triviale Alltagsfragen gedacht, sondern für Grundsätzliches wie

- ✔ den Sinn des Lebens,
- ✔ die Grenzen der menschlichen Erkenntnis,
- ✔ das Wesen der Gerechtigkeit oder
- ✔ die Verantwortung für das eigene Handeln.

Um solche Fragen zu beantworten, muss man angebliche Gewissheiten anzweifeln und sich mit dem befassen, was nicht mehr offensichtlich und scheinbar naheliegend ist.

Der Begriff »Philosophie« bedeutet wörtlich »Liebe zur Weisheit«. Die ersten Philosophen gebrauchten ihn jedoch nicht, sondern nannten sich *Sophisten* (Weise). **Sokrates** (469–399 v. Chr.) dagegen – von dem auch der Ausspruch »Ich weiß, dass ich nichts weiß« stammt – meinte, zur wahren Weisheit könnten die Menschen gar nicht kommen, sondern nur deren Liebhaber sein.

Sokrates ist nicht nur einer der ersten und berühmtesten Philosophen, sondern auch einer, dessen Lehre ohne Vorbildung verständlich ist. Er zog einst durch die Straßen Athens und nervte die Menschen mit tiefschürfenden Fragen, um sie zum Nachdenken zu zwingen. Er nannte das *Maieutik (Hebammenkunst)* und sagte von sich selbst, die Götter hätten ihn geschickt, um wie eine Stechmücke oder ein Sporn ein edles, aber etwas träges Pferd zu reizen. Wie er dabei vorging, lässt sich bestens in den *Dialogen* nachlesen. Im Abschnitt »Schwieriges Gegenüber« werde ich näher darauf eingehen.

Griechische Weisheiten

Viele naturwissenschaftliche und mathematische Erkenntnisse, die man früher den alten Griechen zuschrieb, stammen – wie man heute weiß – schon aus den mesopotamischen Hochkulturen. Denken und forschen konnten diese also auch schon ziemlich gut, aber erst die griechischen Philosophen machten sich Gedanken über das Denken. Dafür stehen vor allem die Namen **Platon** und **Aristoteles**. Ihre Frage »Was kann der menschliche Verstand überhaupt erkennen und wie tut er das?« begründete die *Erkenntnistheorie*, eine der zentralen Disziplinen der Philosophie.

Platon (427–347 v. Chr.), ein Schüler des Sokrates, hielt vollkommene Erkenntnis für möglich. Wie man sich das vorzustellen hat, schilderte er in seinem berühmten *Höhlengleichnis.*

Darin malt er aus, wie die Menschen gefesselt in einer Höhle sitzen. Hinter ihrem Rücken brennt ein Feuer und das Einzige, was sie zu sehen bekommen, sind die Schatten von Gegenständen, die hinter ihnen vorbeigetragen werden. Es folgt eine dramatische Schilderung, wie ein Gefangener losgebunden und gezwungen wird, erst ins Feuer, dann ins helle Tageslicht und schließlich sogar in die Sonne zu sehen. Platons Schlussfolgerung: Alltägliche Wahrnehmung verhält sich zu echter Erkenntnis wie die Schatten in der Höhle zur Sonne, und wer ein Philosoph werden will, der muss sich seiner Ketten entledigen und den schweren Weg nach oben ins Licht antreten.

Der Kern von Platons Philosophie ist seine *Ideenlehre.* Deren Ausgangspunkt ist die Feststellung, dass Menschen etwa Blumen oder Pferde, aber auch Schönheit und Güte erkennen, obwohl diese je nach Situation und Erscheinungsform ziemlich verschieden sein können. Platon folgert daraus, dass die Menschen eine gemeinsame Idee von Pferden und Blumen, Schönheit und Güte haben müssen. Diese Ideen sind bei ihm eine Art *unveränderliche Muster,* die in der geistigen Welt existieren und mit dem Verstand zu erkennen sind. Wer wissen will, wie Güte, Tapferkeit oder Gerechtigkeit wirklich beschaffen sind, der muss die Idee dahinter erkennen.

Platons Schüler Aristoteles (384–322 v. Chr.) war ein Forscher, der sich intensiv mit der Natur beschäftigte. Er untersuchte, beschrieb und systematisierte zum Beispiel über 500 Tierarten. Aber er systematisierte auch so ziemlich alles andere, etwa die Disziplinen der Philosophie oder die Arten der Dichtung oder die verschiedenen Staatsformen. Von ihm stammt auch die Einteilung der fünf menschlichen Sinne in Sehen, Hören, Riechen, Schmecken und Tasten. Aristoteles war der Meinung, dass es keine Welt der Ideen gibt, die losgelöst von der materiellen Welt ist. Seiner Meinung nach erkennt man, was ein Pferd, eine Blume, Schönheit oder Güte ist, indem man die konkreten *Erscheinungsformen* eingehend erforscht. Letztlich, so seine Überzeugung, beruht alles Denken auf *Sinneseindrücken.*

Damit traten die beiden einen Konflikt los, der sich durch die ganze Philosophiegeschichte zieht: Ist der Verstand oder die Erfahrung das Werkzeug der Erkenntnis? Findet sich die Wahrheit in der physischen Welt oder einer »metaphysischen«? Soll sich die Philosophie primär mit abstrakten Ideen beschäftigen oder lieber mit der realen Welt?

Die *Metaphysik* (jenseits der Physik) ist der Bereich der Philosophie, der sich mit Dingen jenseits der sinnlich erfahrbaren Welt beschäftigt. Fragen nach der Existenz eines Gottes und der Unsterblichkeit der Seele gehören natürlich dazu, ebenso Platons Reich der Ideen, die Freiheit des menschlichen Willens, das menschliche Bewusstsein und das Sein an sich (im Gegensatz zum physisch greifbar Seienden). Kurz gesagt: die komplizierten Sachen. **Immanuel Kant** meinte, Metaphysik als Wissenschaft sei theoretisch unmöglich, praktisch aber notwendig.

Es gibt jedoch auch Philosophen, die eine metaphysische Ebene für nichtexistent und Metaphysik demzufolge für Unsinn halten. Metaphysik wäre der Versuch, in einem dunklen Zimmer eine schwarze Katze zu fangen, die sich gar nicht darin befindet, spottete etwa **Bertrand Russell**.

Die Vorsokratiker

Als *Vorsokratiker* werden alle griechischen Philosophen bezeichnet, die vor Sokrates lebten beziehungsweise noch nicht von seinem Gedankengut beeinflusst waren. Der Begriff ist gängig, aber nicht gerade glücklich, denn diese Philosophen waren weder bedeutungslos noch Vorläufer von Sokrates. Viele haben sich mit dem Wesen der Natur beschäftigt.

- ✔ **Thales von Milet** (um 623–544 v. Chr.) ist vor allem als Mathematiker bekannt. Als Philosoph ging er davon aus, dass das wahre Wesen der Dinge nicht in ihrem Äußeren, sondern im Inneren zu finden ist und Gott in allen Dingen ist.
- ✔ **Heraklit von Ephesos** (um 535–475 v. Chr.) von Ephesos konstatierte, dass alles sich ständig verändere, und postulierte, dass diese Veränderungen Gesetzmäßigkeiten unterliegen müssten. Von ihm stammen der Ausspruch »Panta rhei« – »Alles fließt« – und die Erkenntnis, dass niemand zweimal in denselben Fluss steigen kann, weil es gar keine Flüsse gebe, sondern nur fließendes Wasser.
- ✔ **Leukipp** und sein Schüler **Demokrit** (um 460–371 v. Chr.) kamen zu der Überzeugung, dass alle Materie aus unteilbar kleinsten Teilen, den Atomen, und der sie umgebenden Leere zusammengesetzt sei. Jegliche Veränderung sei durch die Bewegung dieser Teilchen und ihre stets neuen Verbindungen zu erklären.

Die wichtigste Erkenntnis der *Naturphilosophie* war jedoch die, dass sich verlässliche Erkenntnisse über die Natur nur durch wissenschaftliche Forschung erzielen lassen. Damit allerdings machte sie sich teilweise überflüssig. Heute stehen der verantwortungsvolle Umgang mit der Natur und naturwissenschaftliche Erkenntnisse im Mittelpunkt der Naturphilosophie.

Die Erben der Hellenen

Zu den berühmtesten Aussprüchen der Philosophiegeschichte gehört »Cogito ergo sum« – »Ich denke, also bin ich« – von **René Descartes** (1596–1650). Der Satz ist Teil eines Gedankenexperiments, das der französische Philosoph im Jahr 1641 machte.

Descartes war (wie viele Philosophen) auch Mathematiker und sein Bestreben war es, in der Philosophie genauso unumstößliche Gewissheiten zu erlangen wie in der Mathematik. Aber, fragte er sich, welchen Beweis gibt es eigentlich für die eigene Existenz? Es könne doch sein, dass ihm nur ein böser Dämon vorgaukle, dass er gerade im Winterrock vor dem Kamin sitze. Die ganze Welt, die er wahrzunehmen meine, könnte auch nur eine Sinnestäuschung sein. Descartes kommt zu dem Schluss, dass nur eines nicht anzuzweifeln sei, nämlich dass er denke und zweifle. Da er dies aber unzweifelhaft tue, müsse er auch existieren.

Descartes gilt damit als Begründer des *Rationalismus.* Rationalisten sind überzeugt, dass der Verstand (lat. »ratio«) die primäre Quelle der Erkenntnis ist, da Sinneseindrücke trügen können. Um diese beurteilen zu können, müsse man bereits zuvor (»a priori«) die Maßstäbe des Verstandes in sich tragen. Die Rationalisten gehören damit zu den Erben Platons. Bedeutende Vertreter waren etwa **Benedikt Baruch de Spinoza** (1632–1677) und **Gottfried Wilhelm Leibniz** (1646–1716).

Eine Spielart des Rationalismus ist der *Idealismus*. Für die Idealisten sind das Denken und die Idee hinter den Dingen (im Sinne Platons) das Fundament der Wirklichkeit. Denn erst dadurch wird die geistige Welt geschaffen beziehungsweise die physische Welt geordnet und mit Bedeutung aufgeladen. Der Idealismus stand vor allem in Deutschland während der Romantik hoch im Kurs. Zu seinen Vertretern gehören **Johann Gottlieb Fichte** (1762–1814), **Friedrich Wilhelm Joseph Schelling** (1775–1854) und vor allem **Georg Wilhelm Friedrich Hegel** (1770–1831).

Die Gegenposition ist der *Empirismus*, der in der Tradition von Aristoteles steht. Die Empiristen sind der Meinung, dass der Mensch geistig als unbeschriebenes Blatt (Tabula rasa) zur Welt kommt. Erkenntnis bilde sich erst nach und nach durch die Sinneserfahrungen (Empirie). Frühe Empiriker wie **John Locke** (1632–1704) waren noch der Meinung, dass der Mensch von Geburt an über einen Verstand verfüge, der dann mit empirischen Erkenntnissen gefüllt werde. Später machte sich dann die Überzeugung breit, dass das, was allgemein Verstand genannt wird, überhaupt erst durch die Erfahrung gebildet wird, der Verstand also erst im Nachhinein (»a posteriori«) urteilen könne. Es fällt auf, dass die meisten frühen Empiristen Briten waren, neben Locke zum Beispiel **Francis Bacon** (1561–1625) und **David Hume** (1711–1776).

Immanuel Kant (1724–1804) ist deshalb so bedeutend, weil er die ganze Philosophie seiner Zeit noch einmal auf den Prüfstand gestellt und ihr dabei viele neue Impulse gegeben hat. Hinsichtlich der Möglichkeiten der Erkenntnis war er skeptisch. Er meint, die Menschen könnten weder physische noch geistige Dinge so erkennen, wie sie sind, sondern nur so, wie sie in ihrem Bewusstsein erscheinen. Alle Erkenntnis sei damit immer relativ. Mit den Rationalisten glaubte Kant, dass es im Bewusstsein a priori Kategorien oder Formen der Erkenntnis gibt, die die Beurteilung der empirischen Erfahrungen bestimmen. Bis auf wenige Ausnahmen, wenn es um rein geistige Dinge gehe, entstehe Erkenntnis aber immer durch die Vereinigung von Verstand und Erfahrung, Ratio und Empirie.

Erkenntnisse für heute

Erkenntnisphilosophie hat Enormes für die Entwicklung der Wissenschaften geleistet. Dass die Naturwissenschaften ein Kind der Naturphilosophie sind, habe ich bereits erwähnt. Aber auch die *Soziologie* wurde von den Philosophen entwickelt. Zu den Initiatoren gehörte der französische Mathematiker und Philosoph **Auguste Comte** (1798–1857). In der Philosophie begründete Comte den *Positivismus*. Das heißt, er plädierte dafür, sich nur mit sinnlich wahrnehmbaren und überprüfbaren Dingen zu beschäftigen. Also nicht über Gott und die Welt, den Sinn des Lebens und den Wert der Arbeit zu philosophieren, sondern herauszufinden, was das alles konkret für die Menschen bedeutet, und dabei Gesetzmäßigkeiten aufzuspüren, die helfen, Entwicklungen vorauszusagen und zu steuern.

Eher ein skurriles Randphänomen ist die *positivistische Religion*, die Comte gründete. Diese Religion betete keinen Gott an, sondern huldigte den Prinzipien Altruismus (Selbstlosigkeit), Ordnung und Fortschritt, war in ihrem Kult aber teils extrem eng an katholischen Ritualen orientiert. Weil die Gründer der brasilianischen Republik 1822 Positivisten waren, ist das Motto »Ordem e progresso« (Ordnung und Fortschritt) heute auf der brasilianischen Nationalflagge zu finden.

Doch die Philosophie hat der Wissenschaft nicht nur Disziplinen beschert, sondern auch Methoden. An erster Stelle steht die bereits von Aristoteles entwickelte *Logik*. Uns heute erscheint es nur logisch, dass Philosophen und Wissenschaftler logisch denken müssen. Doch die Regeln der Logik mussten erst einmal entwickelt werden. Außerdem ist nicht alles wirklich logisch, was auf den ersten Blick so erscheint.

Die Logik als wissenschaftliche Disziplin beschäftigt sich damit, ob Argumente ihrer Struktur nach gültig sind. Die Inhalte spielen dabei keine Rolle, sondern werden durch Platzhalter ersetzt. Wichtig sind nur die Relationen der einzelnen Elemente einer Argumentation zueinander.

Das bekommt oft etwas ziemlich Mathematisches und in der Tat waren viele Philosophen, die sich auf diesem Feld ausgezeichnet haben, gleichzeitig Mathematiker. Zu ihnen gehören zum Beispiel **Gottfried Wilhelm Leibniz** , **Gottlob Frege** (1848–1925), **Edmund Husserl** (1859–1938), **Bertrand Russell** (1872–1970) und **Alfred North Whitehead** (1861–1947). Von ihren Arbeiten gingen nicht nur wichtige Impulse für die Philosophie, sondern auch für die Mathematik aus.

Ein berühmtes und gut verständliches Beispiel für die Anwendung der Logik ist Russells *Barbier-Paradoxon*: Der Barbier einer Stadt rasiert alle Männer (und nur die), die sich nicht selbst rasieren wollen. Wer aber rasiert den Barbier? Sie werden sehen, dass sich die Frage nicht widerspruchsfrei beantworten lässt. Das liegt daran, dass die Definition über die Tätigkeit des Barbiers in sich unlogisch ist. Weder in der Logik noch in der Mathematik darf eine Menge sich selbst als Element enthalten – was in diesem Fall bedeutet: Der Barbier darf nicht zu der Menge der von ihm rasierten Männer gehören.

Eine weitere Erkenntnis der Philosophie ist der Wert der *Skepsis* und des *Zweifels*. Ist der GAU erst einmal eingetreten, dann ist es zu spät, sich zu fragen, ob man sich genügend Gedanken über die Sicherheit einer neuen Technik gemacht hat. Vor allem da – auch das ein Ergebnis der Philosophie – sich Dinge zwar in der Mathematik und mit den Regeln der Logik beweisen lassen, nicht aber wenn es um die physische Welt geht. Dass ein Experiment hunderttausend Mal zu dem gleichen Ergebnis geführt hat, ist noch keine Garantie für das hunderttausendunderste Mal. Lange Zeit zum Beispiel hätten die meisten Menschen in Europa Stein und Bein darauf geschworen, dass Schwäne immer weiß sind – bis Australien und seine schwarzen Trauerschwäne entdeckt wurden.

Wie aber soll man praktisch damit umgehen, dass nichts wirklich sicher ist? **Karl Popper** (1902–1994) entwickelte zum Beispiel die Methode der *Falsifikation*. Dass bedeutet, dass man sich alle Mühe geben soll, seine Annahmen (Hypothesen) zu widerlegen. Gelingt das nicht, ist die Wahrscheinlichkeit, dass man von den richtigen Voraussetzungen ausgeht, viel größer, als wenn man diese nur zu bestätigten versucht.

Grundlegend für die Geisteswissenschaften ist die *Hermeneutik*. Sie wurde in Ansätzen schon in der Antike praktiziert, dann aber vor allem von **Friedrich Schleiermacher** (1768–1834), **Wilhelm Dilthey** (1833–1911) und **Hans-Georg Gadamer** (1900–2002) weiterentwickelt. Die Hermeneutik ist im Kern die Lehre vom Verstehen von Texten, kann aber auch auf Kunstwerke, Gesetze und Normen, religiöse Lehren, geschichtliche Taten et cetera angewandt werden. Dabei geht es darum, möglichst umfassend das Entstehen dieses Werkes nachzuvollziehen: aus seiner Zeit heraus, den Umständen der Produktion, den Intentionen des Schöpfers und so weiter.

Zur Hermeneutik gehört, zu verstehen, wie Sprache verwendet wurde. Denn diese ändert sich über die Zeit, wird oft aber auch von Mensch zu Mensch verschieden gebraucht. Die Untersuchung der Sprache hat in der Philosophie ab Beginn des 20. Jahrhunderts eine solche Bedeutung angenommen, dass von einem »linguistic turn«, einer *sprachwissenschaftlichen Wende* die Rede ist. Sie ist vor allem mit dem Namen **Ludwig Wittgenstein** verbunden (siehe Kapitel 6).

Dialektik für Idealisten und Materialisten

Ein sehr schönes Beispiel dafür, dass philosophische Methoden nicht mit irgendwelchen Ansichten und Meinungen verbunden sind, ist die *Dialektik*. Dialektik bedeutet, dass jede Veränderung eine Gegenreaktion hervorruft und daraus etwas Neues entsteht, das wieder zu einer Gegenreaktion und in der Folge zu einem veränderten Zustand führt, der neue Reaktionen provoziert. Dialektisch kann (oder sollte) eine Diskussion sein, aber auch reales Geschehen. Als Vater der Dialektik gilt **Georg Wilhelm Friedrich Hegel**. Er war Idealist und glaubte, dass sich durch den dialektischen Prozess immer mehr Widersprüche auflösen und die Welt immer besser wird. Sein Schüler **Karl Marx** (1818–1883) aber benutzte die Dialektik, um nachzuweisen, dass die ungerechten Produktionsverhältnisse zwangsläufig zu einer proletarischen Revolution führen müssen.

Goldene Regeln – das menschliche Miteinander

Eine weitere zentrale Disziplin der Philosophie ist die *Ethik*. Dabei geht es um das moralisch gute Handeln, allerdings nicht im Sinne von Geboten. Vielmehr werden die Gebote von Religionen oder anderen Autoritäten hinterfragt und Grundsätze für ein ethisches Handeln aus einem philosophisch begründeten Weltbild heraus entwickelt.

Schwieriges Gegenüber

Sicher kennen Sie das Sprichwort »Was du nicht willst, das man dir tut, das füg auch keinem anderen zu«. Der Satz findet sich so ähnlich im Alten und Neuen Testament, den Schriften des Konfuzius, dem Hindu-Epos *Mahabharata*, den Lehren Buddhas und diversen anderen

Quellen. Das Prinzip ist auch als *Goldene Regel* der Ethik bekannt. Es mag simpel und selbstverständlich klingen, doch sie konsequent umzusetzen, ist ein anspruchsvolles Vorhaben.

Vor allem aber erfordert sie etwas, was in der Philosophie grundlegend für ethisches Handeln ist: *Reflexion*. Wer gemäß der Goldenen Regel handeln will, muss erst einmal über seine eigenen Ansprüche an die Umwelt nachdenken und dann auch noch bemerken, wenn er diesen Standard im Umgang mit anderen verletzt. Das ist aber gar nicht so einfach! Die meisten Menschen merken im Alltag, wenn der andere laut oder verletzend wird, nicht aber, dass sie als Erstes die Stimme erhoben oder Schärfe in die Diskussion gebracht haben. Dann heißt es: »Ich hab doch nur …« und »Warum muss der denn gleich …?«. Außerdem kommt die Goldene Regel an ihre Grenzen, wenn jemand sie zu wörtlich nimmt: wenn jemand etwa Steuern hinterzieht, weil er das auch keinem anderen verbieten würde, oder um Mitternacht laut Musik hört, weil ihn das auch bei seinem Nachbarn nicht stören würde.

Immanuel Kant hat deshalb die Goldene Regel zum *Kategorischen Imperativ* weiterentwickelt. Dieser lautet: »Handle stets so, dass die Maxime deines Wollens jederzeit zugleich als Prinzip einer allgemeinen Gesetzgebung gelten könnte.« Wenn man allgemeine Gesetze für richtig hält, die ein ungehemmtes Ausleben der eigenen Wünsche auf Kosten anderer verbieten, kann man nicht guten Gewissens nachts um zwölf die Musikanlage voll aufdrehen, wenn es Nachbarn gibt, die das eventuell stört. Oder Steuern hinterziehen, wenn man gleichzeitig findet, dass die Gesetze ein Ausnutzen des Staates unterbinden sollen.

Der erste große Ethiker war **Sokrates**. Eigentlich war er nur Ethiker. Naturphilosophie etwa interessierte ihn überhaupt nicht. Wie solle er etwas derart Großes erkennen, rechtfertigte er sich, wenn er noch nicht einmal sich selbst, also den Menschen, verstehe? Also stellte er unablässig menschliches Handeln und Argumentieren infrage.

Sokrates' Philosophie findet sich vor allem in den *Dialogen* seines Schülers Platon wieder. Darin diskutiert Sokrates mit Schülern und Freunden. Doch nur die älteren Werke (*Apologie, Charminides, Kriton, Euthyphron, Gorgias, Hippias minor, Ion, Laches* und *Protagoras*) gelten als »original Sokrates«. In den späteren Werken legte Platon seinem verehrten Lehrer eigene Gedanken in den Mund. Lesenswert sind die Dialoge aber alle!

Eine grundsätzliche Frage ist natürlich, warum Menschen überhaupt ethisch handeln sollten. Im Dialog *Gorgias* stellt ein gewisser Kallikles die Anforderungen an die allgemeine Moral infrage:

> *»Wer richtig leben will, muss seine Begierden so groß wie möglich werden lassen, ohne ihnen einen Zügel anzulegen; sind sie aber so groß wie möglich, so muss er imstande sein, ihnen mit Tapferkeit und Klugheit zu dienen und alles, wonach sich die Begierde richtet, zur Stelle schaffen.«*

Da die Masse dazu aber nicht imstande sei, lege sie den Großen und Starken durch Gesetze und Moralvorschriften Zügel an und lobe die eigene Feigheit als Mäßigung.

Ähnlich argumentiert später **Friedrich Nietzsche** (1844–1900). Doch Sokrates treibt Kallikles so lange mit spitzfindigen Fragen in die Enge, bis klar wird, dass dieser zwar keine Regeln gegen sich wünscht, es aber gerne verbieten möchte, dass die Masse sich gegen ihn zusammenschließen darf, und dass er zudem gar nicht so recht sagen kann, worin die angebliche »Größe und Stärke« des Starken besteht. Sokrates entlarvt damit das Konzept des »Übermenschen« als einen bloßen Wunsch, der platzt, sobald die Umwelt ihn nicht duldet.

Die größte Herausforderung für seine Kunst, mit Menschen umzugehen, sei seine Frau, befand Sokrates laut seinem Schüler Xenophon (in dessen *Symposium*). Die Nachwelt überbot sich dann mit Anekdoten wie der, Xanthippe habe Sokrates auf offener Straße mit Putzwasser übergossen, sodass ihr Name zum Synonym für eine unausstehliche, zänkische Frau wurde.

Sokrates' Schüler erwähnen aber auch ihre Fürsorge für die drei Söhne und ihren großen Schmerz über den Tod ihres Mannes. In Xenophons *Memorabilia* findet sich eine Szene, in der der älteste Sohn Lamprokles seine Mutter, die ihn gescholten hat, als unausstehlich bezeichnet. Sokrates geht nicht darauf ein, ob die Standpauke gerechtfertigt war oder nicht. Stattdessen nötigt er den Sohn zu dem Eingeständnis, dass der sehr wohl weiß, dass ihn seine Mutter trotz der bösen Worte über alles liebt und alles für ihn tut.

Ethik zwischen Ideal und Realität

Doch auch wenn man entschlossen ist, sich moralisch gut und richtig zu verhalten, stellt sich die Frage, was eigentlich »das Gute« ist. In der christlich geprägten Gedankenwelt gibt es einen *Dualismus*: Auf der einen Seite steht das Gute, auf der anderen das Böse. Es gilt, sich für das Gute zu entscheiden (oder sich diesem zumindest möglichst weit anzunähern). Freigiebigkeit etwa ist gut, Geiz schlecht, Friedfertigkeit gut, Wut nicht.

Bei **Aristoteles** sieht die Sache anders aus: Er sucht das Gute in der rechten Mitte zwischen zwei Extremen. Es gilt also, sich für das *rechte Maß* an Freigiebigkeit oder Friedfertigkeit zu entscheiden beziehungsweise, wenn es in der jeweiligen Situation angemessen ist, auch für wohldosierten Geiz oder ein gerüttelt Maß an Wut. Als Maßstab jedoch gilt nicht das eigene Wohlbefinden, sondern die *rechte Weltordnung* – die natürlich auch erst einmal reflektiert sein will.

Todsünden und Kardinaltugenden

In der Literatur findet man oft die Behauptung Hochmut, Geiz, Wollust, Zorn, Völlerei, Neid und Faulheit würden im Christentum als die *sieben Todsünden* angesehen. Doch das stimmt so nicht. Sie werden als die *Laster* angesehen, aus denen am leichtesten Todsünden resultieren. Etwa, wenn man im Zorn jemanden verletzt oder gar tötet, aus Wollust vergewaltigt, aus Hochmut oder Neid Ungerechtigkeiten begeht, anderen aus Faulheit oder Geiz seinen Beistand verweigert oder Völlerei betreibt, während andere Menschen darben. In einer mittelalterlichen Schrift, *Der Welsche Gast* von **Thomasîn de Zerclaere** (um 1186–1238), wird der Weg vom Laster zur Sünde als Treppe mit ganz flachen, glatten Stufen geschildert, die man fast ohne es zu merken Stück für Stück abwärtsgleitet.

Den sieben Hauptlastern stehen traditionell sieben *Kardinaltugenden* gegenüber (»kardinal« bedeutet wörtlich Dreh- und Angelpunkt). Vier von ihnen stammen aus der griechischen Philosophie:

- ✔ Gerechtigkeit (Dike),
- ✔ Weisheit (Sophia),
- ✔ Tapferkeit (Andreia),
- ✔ Mäßigung (Sophrosyne).

Drei stammen aus der christlichen Ethik:

- ✔ Glaube,
- ✔ Liebe,
- ✔ Hoffnung.

Immanuel Kant vertrat eine kategorische (unbedingte) *Gesinnungsethik*. Das bedeutet, dass eine als richtig erkannte *Handlungsmaxime (Imperativ)* ohne Einschränkungen gilt, auch wenn sie am Ende negative Folgen hat. Denn es komme beim ethischen Handeln auf das richtige Wollen an, nicht auf das Ergebnis. Das aber würde zum Beispiel bedeuten, dass man, wenn man die Lüge verurteilt, auch einen Verbrecher oder Tyrannen nicht belügen oder täuschen dürfte.

Das könne ja wohl nicht sein, befanden andere Philosophen wie **Jeremy Bentham** (1748–1832) und **John Stuart Mill** (1806–1873) und setzten Kants Gesinnungsethik das Prinzip des *Utilitarismus* entgegen. Es besagt, dass jene Tat die moralisch beste ist, die das größtmögliche Glück für die Gesellschaft bedeutet, also den insgesamt größten Nutzen bringt.

Das klingt natürlich erst einmal vernünftig, doch stellen Sie sich vor, jemand würde vorschlagen, Sie oder mich zu töten, weil mit unseren Organen irgendwelche Genies gerettet werden könnten, deren Forschung immensen Nutzen für die gesamte Menschheit hat. Viele Utilitaristen würden einwenden, dass man nicht zu sehr auf den vordergründigen Nutzen schauen dürfe, sondern alle Aspekte einer Entscheidung berücksichtigen müsse. Und wenn das Vertrauen verloren gehe, dass eine Staatsführung das Lebensrecht der Bürger respektiere, dann sei das langfristig für die Gemeinschaft viel verheerender als zum Beispiel der Verlust noch so genialer Wissenschaftler.

Wie schwierig das Abwägen im Einzelfall ist, zeigt das *Trolley-Problem* von **Philippa Foot** (1920–2010): Soll – und darf – ein Weichensteller, der eine außer Kontrolle geratene Straßenbahn (engl. »trolley«) auf fünf Personen zurasen sieht, eine Weiche verstellen und die Bahn auf ein Gleis umleiten, wo sie nur eine Person ummäht, die ohne sein Eingreifen aber am Leben geblieben wäre?

Eine zu konstruierte Situation? Sie wurde nach den Anschlägen vom 11. September 2001 höchst aktuell, als die Frage aufkam, ob ein Flugzeug mit unschuldigen Passagieren abgeschossen werden darf, um einen Terroranschlag mit ungleich mehr Opfern zu verhindern. Das Bundesverfassungsgericht urteilte 2006 mit »Nein«, da eine solche Abwägung gegen die in Artikel 1 des Grundgesetzes gewährte Menschenwürde verstoße. Aber es gibt nicht wenige Menschen, die diese Sache utilitaristischer sehen und meinen, ein Abschuss wäre gerechtfertigt.

Politische Ordnungen

Auch in der *politischen Philosophie* geht es um ein möglichst gutes Zusammenleben der Menschen und letztlich um moralische Werte. Schon **Platon** beschäftigte sich mit dem Thema und entwarf in seiner Schrift *Politeia* (Der Staat) ein seiner Ansicht nach ideales Staatsgebilde. Dieses ist ziemlich autoritär organisiert. Ähnlich wie viele spätere Polit-Utopisten glaubte er, dass die unvernünftige Masse von den Herrschenden (die bei Platon Philosophen sind) in Schach gehalten werden muss.

Zum Namensgeber für (nicht nur) politische Utopien wurde der Roman *Utopia* (1516) des späteren englischen Lordkanzlers und Heiligen **Thomas Morus** (1478–1535).

Der englische Gelehrte **Thomas Hobbes** (1588–1679) war bezüglich der Massen noch skeptischer. Vor dem Hintergrund des englischen Bürgerkriegs schrieb er in seinem Hauptwerk *Leviathan* (benannt nach einem biblischen Meeresungeheuer), dass im Naturzustand ein Krieg aller gegen alle herrsche und der Mensch dem Menschen ein Wolf sei. Deshalb könne nur ein starker Staat mit einem absoluten Herrscher für Ordnung sorgen. In ein ähnliches Horn hatte zuvor **Niccolò Machiavelli** (1469–1527) gestoßen, der dem Fürsten sogar jede Unmoral zugestand, wenn dieser dadurch die allgemeine Ordnung aufrechterhalten kann. Während Machiavellis Schrift *Il Principe* (Der Fürst) aber eine Art Handlungsanweisung für skrupellosen Machterhalt ist, brachte Hobbes eine völlig neue Legitimation für Herrschaft ins Spiel. Im Prinzip läge die Souveränität bei jedem einzelnen Menschen. Doch da der anarchische Naturzustand unhaltbar sei, hätten die Menschen die Souveränität in einer Art imaginärem Gesellschaftsvertrag an den Herrscher übertragen. In einer Zeit, in der sich Fürsten durch Gottesgnadentum, Erbrecht oder schlicht durch faktische Macht legitimiert fühlten, war das tatsächlich eine gedankliche Revolution.

Diese Idee vom *Gesellschaftsvertrag* griffen **John Locke** (1632–1704) und **Jean-Jacques Rousseau** (1712–1778) auf. Sie gehen jedoch davon aus, dass der Mensch von Natur aus über unveräußerliche Rechte verfügt, die ihm kein Staat und auch kein Vertrag nehmen darf, wie Freiheit, Gleichheit und Unverletzlichkeit der Person. Daraus wurden die *Menschenrechte* entwickelt, die dann 1948 in einer UN-Resolution verabschiedet wurden.

Locke und vor allem Rousseau hatten ein wesentlich positiveres Menschenbild als Hobbes. Rousseau war sogar der Meinung, dass der Mensch von Natur aus gut ist und erst durch falsche Erziehung und gesellschaftliche Missstände korrumpiert wird. In seinem Buch *Émile* beschreibt er deshalb eine seiner Meinung nach ideale Erziehung fernab der Gesellschaft, die das Kind so lange wie möglich im unschuldigen Naturzustand belässt. Rousseaus Name wird deshalb oft mit dem Schlagwort »Zurück zur Natur!« verbunden.

Auch sonst gestanden die beiden dem Staat weniger Rechte zu, den Bürgern aber ein *Widerstandsrecht* für den Fall, dass die Obrigkeit ihre Naturrechte nicht schützt, sondern verletzt. Damit Machtmissbrauch aber gar nicht erst entstehen kann, entwickelten Locke und **Charles de Montesquieu** (1689–1755) das Prinzip der *Gewaltenteilung*, das grundlegend für moderne *Demokratien* ist. Dabei liegen die wesentlichen Staatsaufgaben bei verschiedenen Organen, die einander kontrollieren.

1. Die Gesetzgebung (Legislative) beim Parlament.
2. Die Umsetzung (Exekutive) bei der Regierung.
3. Die Rechtsprechung (Judikative) bei den Gerichten.

Zwar hatte es bereits zuvor Demokratien gegeben – etwa in Athen, auf Island oder in der Schweiz –, doch dies waren verhältnismäßig kleine Gebilde, in denen direkte Volksversammlungen möglich waren. Die Konzepte einer modernen Demokratie wurden erstmals 1776 bei der *Unabhängigkeitserklärung* der Vereinigten Staaten umgesetzt.

Sowohl in Athen wie in den anderen frühen Demokratien bestand das Volk (»demos«) nur aus den freien Männern. Im Vorfeld der Unabhängigkeitserklärung der USA hatte es durchaus heftige Diskussionen gegeben, ob die Sklaverei mit der Demokratie vereinbar sei. Doch letztlich setzten sich diejenigen durch, die befürchteten, dass eine Aufhebung zum wirtschaftlichen und in der Folge auch zum politischen Kollaps führen würde. Noch viel selbstverständlicher wurde der Ausschluss der Frauen hingenommen.

Platon und Thomas Morus hatten den Frauen in ihren Utopien deutlich mehr Rechte eingeräumt, als es zu ihrer Zeit üblich war, jedoch nicht volle Gleichberechtigung. Die erste Denkerin, die vehement eine politische Teilhabe für die Frauen forderte, war **Olympe de Gouges** (1748–1793) im Zuge der Französischen Revolution. Sie wurde (nicht nur deshalb) hingerichtet. Bis die Demokratie wirklich eine Demokratie, also eine *Herrschaft des Volkes* und nicht nur eine Art aufgeblähte *Oligarchie* (Herrschaft der wenigen) wurde, dauerte es noch beträchtliche Zeit.

Die Sache mit dem Privateigentum

Zu den einflussreichen politischen Denkern gehört natürlich auch **Karl Marx**. Und ja, er war ein Philosoph, nicht nur politischer Agitator. Die Idee, Privateigentum abzuschaffen, hatten vor ihm übrigens schon andere – und zwar nicht nur hinsichtlich der Produktionsmittel. Bei Thomas Morus gibt es gar kein Privateigentum, bei Platon ist es für die obersten beiden Stände abgeschafft (Bauern und Handwerker hielt er noch nicht reif genug dafür).

Bei Platon gibt es in den obersten Ständen auch keine Familien mehr. Männer und Frauen werden so verpaart, dass sie möglichst ideale Kinder zeugen, die dann von allen gemeinsam aufgezogen werden. Platon stellte sich vor, dass die Eltern ihre eigenen Kinder nicht mehr erkennen, wenn man sie ihnen direkt nach der Geburt wegnimmt, sodass jedes Kind der Gemeinschaft ihnen wie das eigene gilt.

Rousseau zählte das *Recht auf Privateigentum* zwar zu den Naturrechten, hielt es aber trotzdem für extrem problematisch. Er forderte, die Verhältnisse müssten so geregelt werden, dass niemand so reich sei, dass er andere kaufen könne, und niemand so arm, dass er sich verkaufen müsse.

Neue Herausforderungen

Die Frage nach dem Privateigentum zeigt, wie schnell politische Debatten ins Ideologische umschlagen können und Argumente vor allem als Munition zur Verteidigung der eigenen Position benutzt werden, nicht in einem tiefschürfenden Diskurs nach philosophischen Regeln. Wie aber diskutiert man eine Frage, bei der es extrem unterschiedliche Interessengruppen gibt? Zum Beispiel welche Konsequenzen der Satz »Eigentum verpflichtet« haben sollte? Oder allgemeiner: Was ist gerecht? Der US-amerikanische Philosoph **John Rawls** (1921–2002) schlug dazu ein Gedankenexperiment vor: Man stelle sich vor, alle Menschen würden die Regeln für ihr künftiges Zusammenleben a priori diskutieren. Also bevor sie wissen, ob sie als reicher Fabrikerbe, Migrant oder mit Behinderung geboren werden. Klingt illusorisch? Aber genau diesen geistigen Abstand zur eigenen Situation gilt es so gut wie möglich herzustellen, wenn man zu Antworten kommen will, die jenseits des konkreten Einzelfalls gelten.

Zwei Erkenntnisse, die Rawls aus seinen Überlegungen zog, waren:

1. Die Freiheit des Einzelnen darf nur eingeschränkt werden, wenn dadurch die Freiheit aller größer wird.
2. Ungleichheit ist nur erlaubt, wenn auch der Schwächste noch einen besseren Lebensstandard hat, als dies bei vollkommener Gleichheit der Fall wäre.

Einen gerechten Idealstaat von oben herab definieren und verordnen zu wollen, wie es etwa Platon und Thomas Morus in ihren Utopien versuchten, sei illusorisch, befand Karl Popper, gerade in einer modernen, pluralen Gesellschaft. Er setzte das *Konzept der offenen Gesellschaft* dagegen. Ein System, das ständig infrage gestellt und angepasst werde, könne die Anforderungen an einen möglichst idealen Staat wesentlich besser erfüllen als eine noch so gut gemeinte Wohlfahrtsdiktatur. Doch damit die Offenheit nicht ausgenutzt wird, muss die große Mehrheit überzeugt sein, dass sie mehr Vor- als Nachteile davon hat.

Wie ein offenes System funktioniert, lässt sich gut an der Online-Enzyklopädie Wikipedia veranschaulichen. Jeder und jede kann sich einbringen, muss sich aber an Spielregeln halten und mit den anderen Aktiven einigen. Das Ganze funktioniert nur, weil es mehr Menschen gibt, die sich konstruktiv daran beteiligen (oder wenigstens das von den anderen Geschaffene, das ihnen ja nutzt, respektieren), als solche, die Vandalismus betreiben.

Welche grundlegend neuen Fragen stellen sich heute für die Philosophie?

- **Die Frage nach dem gerechten Krieg.** Traditionell wurde ein Krieg als legitim angesehen, wenn er von einer befugten Autorität beschlossen wurde, einem »gerechten Grund« wie der Verteidigung oder der Hilfe für einen Angegriffenen diente und in der Wahl der Mittel verhältnismäßig war. Wie aber lassen sich diese Kriterien auf eine asymmetrische Bedrohung durch Terror anwenden?
- **Die Würde des Menschen gilt als unantastbar.** Aber wann beginnt sie und wie verhält sich dieser Grundsatz zu all den neuen Möglichkeiten der Medizin, speziell der Gentechnik?
- **Tieren wird eine personale Würde nicht zugestanden.** Aber ist das gerechtfertigt, nachdem man weiß, dass manche Tiere ein Intelligenzniveau haben, das dem von Kleinkindern entspricht?
- **Die technische Entwicklung stößt in Bereiche vor, die immer weniger überschaubar sind.** Wie ist es da um das Verhältnis von Risiken und Nutzen bestellt?
- **Wie sieht eine gerechte Lösung aus, wenn die Interessen verschiedener Gruppen aufeinanderprallen?** Zum Beispiel die der heute lebenden Menschen und die künftiger Generationen?

Der Naturphilosoph **Hans Jonas** (1903–1993) formulierte für diesen Fall einen neuen Kategorischen Imperativ: »Handle so, dass die Wirkungen deiner Handlungen verträglich sind mit der Permanenz echten menschlichen Lebens auf Erden.«

- **Wie ist es in Zeiten globaler Vernetzung um die Verantwortlichkeit von Staaten, Institutionen, aber auch des Einzelnen bestellt?**
- **Welche Prinzipien sollten für den Umgang mit denjenigen gelten, die sich anderen Prinzipien als Demokratie und Toleranz verpflichtet fühlen?**

Warum? – Der Sinn des Lebens

Viele Fragen, mit denen sich früher Philosophie und Religion herumgeschlagen haben, sind inzwischen von den Naturwissenschaften geklärt worden. Nicht aber die Frage nach dem *Sinn des Lebens*. Denn man kann sehr wohl feststellen, dass das Universum seit dem Urknall immer komplexer geworden ist und der Zweck der Evolution eine möglichst gute Anpassung an die Verhältnisse ist (die manchen Arten gelingt, anderen nicht), aber eine zielgerichtete und sinnhafte Entwicklung ist darin nicht zu erkennen. In dieser Hinsicht ist der Mensch immer noch auf sich selbst angewiesen.

Die Frage nach dem höchsten Gut

Was also ist der Sinn des Lebens? Und: Kann man diese Frage überhaupt pauschal beantworten oder nur jeder für sich selbst? »Das Glück geben sowohl die gewöhnlichen Leute an als auch die Gebildeten«, meinte einst **Aristoteles**, »wobei gutes Leben und gutes Handeln mit dem Glücklichsein gleichgesetzt werden. Aber was das Wesen des Glücks ist, darüber ist man unsicher ... Die Menge stellt sich etwas Offenkundiges und Augenfälliges darunter vor, beispielsweise Lust, Reichtum und Ehre.« Und die Philosophen?

Aristoteles definierte Glück als einen Zustand, der keine Steigerung oder Vermehrung mehr erfahren kann. Glücklichsein bedeute, nichts mehr zu brauchen. Trotzdem konnte er sich kein statisches Glück vorstellen. Für ihn lag die höchste Erfüllung im ständigen Streben der Seele nach diesem Glück und letztendlich im Philosophieren. Für Platon dagegen hatte das Philosophieren den Zweck, die Idee des vollkommenen Guten zu erkennen.

Im zehnten und letzten Teil seines Werkes *Der Staat* vergleicht Platon die menschliche Seele mit dem griechischen Meeresgott Glaukos. Dessen Gestalt sei kaum zu erkennen, weil er teils von den Wellen zerschlagen und zerstoßen sei, teils mit Muscheln, Seemoos und Gestein überwuchert. Auch die Seele werde erst ihre wahre Gestalt und Schönheit erlangen, wenn sie aus dem Meer entsteige, allen Ballast abstreife und mit ungeteilter Kraft die Erkenntnis des Guten suche. Platon erscheint hier gedanklich nicht allzu weit von der buddhistischen Erleuchtung entfernt.

Epikur (um 314–271 v. Chr.), ein weiterer griechischer Philosoph, nennt das Streben nach Genuss (Hedone) den höchsten Daseinszweck des Menschen. Den *Hedonisten* wird oft vorgeworfen, sie seien oberflächliche Egoisten, die nur das eigene Wohl schert. Doch so hat Epikur das nicht gemeint. Wahrer Genuss bedeutet für ihn *Seelenfrieden* – und der sei ohne Tugenden wie Gerechtigkeit oder Mäßigung nicht zu erreichen. Dagegen seien Unehrlichkeit, Betrug und Gier unbedingt zu meiden, da sie eine krank machende innere Unruhe mit sich brächten. Allerdings hatte Epikur nicht den Anspruch, die ganze Welt zu retten. Er riet seinen Anhängern, ein zurückgezogenes Leben im Kreise gleichgesinnter Freunde zu leben und Dinge, an denen man nichts ändern könne, bestmöglich zu meiden.

Auch die *Stoiker* betrachteten es als das größte Glück, Seelenfrieden zu erlangen. Der Weg dahin bestand für sie darin, allen Dingen, an denen sie nichts ändern konnten – etwa Krankheit, Tod, Verlust von Besitz und Ansehen, Gewalterfahrungen oder Verleumdung –, mit der sprichwörtlich stoischen Gelassenheit zu begegnen. Stattdessen solle man sich an dem freuen, worüber man frei verfügen könne: die eigenen Gedanken und Tugenden.

Und die *Kyniker* sahen den Sinn ihres Lebens darin, die übrige Welt mit Zynismus zu betrachten? Nein, das taten sie nicht, auch wenn diese spöttische Haltung nach ihnen benannt ist. Die Kyniker – der berühmteste ist **Diogenes von Sinope** (um 405–320 v. Chr.), der Philosoph, der angeblich in einer Tonne lebte – sahen den Sinn des Lebens in größtmöglicher *Freiheit*. Deshalb lebten sie weitgehend besitzlos und lehnten alle sozialen Konventionen, religiösen Kulte, den Staat an sich, aber auch Ehe und Privateigentum ab. Ihr Name bedeutet übrigens wörtlich »Hunde« und sie kokettierten auch damit, obwohl er sich wohl von einem Athener Gymnasium namens Kynosarges (heller Hund) herleitete.

Philosophie versus Religion

Für religiöse Menschen, so sollte man meinen, ist die Frage nach dem Sinn des Lebens einfach. Sie müssen glauben, was ihre Religion ihnen sagt. Doch Religionen sind keineswegs so eindeutig, wie es oft den Anschein hat. So sind sowohl die *Bibel* wie auch der *Koran* extrem widersprüchliche Bücher – auch wenn Religionsvertreter gerne anderes behaupten – und vieles bleibt äußerst vage. Wie stellt sich zum Beispiel das im Abschnitt »Ethik zwischen Ideal und Realität« erwähnte Trolley-Problem aus christlicher, jüdischer oder muslimischer Sicht dar? Tatsächlich anders als für einen Atheisten oder Agnostiker?

Kein Wunder, dass auch innerhalb von Religionen zum Mittel der Philosophie gegriffen wird – und die Antworten dann nicht nur für Glaubensgenossen von Interesse sind!

- ✔ So vertrat der berühmteste der christlichen Denker des Mittelalters **Thomas von Aquin** (1225–1274) die Meinung, dass ein gutes und sinnvolles Leben unbedingt *teleologisch* (das heißt auf einen Endzweck hin gerichtet) sein müsse. Alles, was diesem Endzweck diene, sei sinnvoll; alles, was von ihm hinwegführe, falsch.
- ✔ Der Däne **Søren Kierkegaard** (1813–1855), ein tiefreligiöser Protestant, unterstellte allen, die nicht nach einem solchen Endzweck ihres Lebens suchen, eine unreflektierte, spießbürgerliche Scheinexistenz, die zwangsläufig mit einer ständigen, unterschwelligen Verzweiflung einhergehe. Erst durch die ernsthafte, bewusste Wahl eines Lebensziels werde der Mensch er selbst.
- ✔ Der deutsch-schweizerische Philosoph **Karl Jaspers** (1883–1969), der auch ein bedeutender Psychiater war, sprach vom »eigentlichen« (bewussten, gewählten, vernünftigen) Leben und dem »nichteigentlichen« Dahinleben.

Man könnte meinen, dass für die religiösen Denker das Ziel natürlich Gott ist. Aber auch das ist nicht ganz so klar. Thomas von Aquin zum Beispiel meinte, dass der Mensch natürlich auf das Ziel hinlebe, *Glückseligkeit (beatitudo)* zu erfahren. Für ihn war dies gleichbedeutend mit einer Schau Gottes im Jenseits. Kierkegaard dagegen meinte, das Ziel sei gar nicht so wichtig. Entscheidend sei, überhaupt eines zu wählen:

> *»Wenn die Wahl nur erst gesetzt ist, kehrt alles Ästhetische wieder, und Du wirst sehen, dass damit erst das Dasein schön wird und es einem Menschen erst auf diesem Wege gelingen kann, seine Seele zu retten und die ganze Welt zu gewinnen, die Welt zu gebrauchen, ohne sie zu missbrauchen.«*

Durch ständige Reflexion finde man irgendwann auch das richtige Ziel. **Friedrich Schleiermacher** meinte, sinnvoll erscheine ein Leben dann, wenn es einer idealen Wertvorstellung entspräche.

Mensch ohne Götter

»Gott ist tot«, verkündete **Friedrich Nietzsche** (1844–1900). Für den Menschen bedeute das, dass er einerseits nicht mehr an die religiösen Moralvorstellungen gebunden sei, andererseits aber nun selbst in Ermangelung einer höheren Instanz das Maß aller Dinge sei. Er dürfe sich deshalb nicht einfach treiben lassen, sondern müsse Willen zur Macht beweisen und zum Übermenschen werden. **Jean-Paul Sartre** (1905–1980) drückte es so aus, dass der Mensch zur Freiheit verurteilt sei. Eigentlich sei er niemandem Rechenschaft pflichtig, legt Sartre in seinem Hauptwerk *Das Sein und das Nichts* dar. Andererseits gibt es auch niemanden mehr, dem man die Verantwortung zuschieben kann – außer sich selbst. Nehme der Mensch diese Verantwortung aber nicht wahr, dann finde er nicht zur »Essenz« seiner Person, sondern bleibe rohe »Existenz« und leide unter dem, was ihm zur wahren Persönlichkeit fehle. Ähnlich wie Kierkegaard und Jaspers unterscheidet auch er zwischen einer sinnvollen, bewusst gewählten Existenz, dem »Für sich sein«, und einer triebgesteuerten, nicht reflektierten, dem »An sich sein«.

Jean-Paul Sartre war mit seiner Lebensgefährtin **Simone de Beauvoir** (1908–1986) und seinem Freund **Albert Camus** (1913–1960) einer der Vordenker des *Existenzialismus*. Der Standpunkt der Existenzialisten ist: Da es keine göttliche oder sonstige metaphysische Weltordnung gibt, gibt es auch keine Bestimmung des Menschen, etwa als göttliches Geschöpf oder Vernunftwesen. Stattdessen stehe die pure menschliche Existenz am Anfang. Erst aus dieser Existenz sowie der Begegnung mit sich selbst und der Welt schaffe sich der Mensch eine *Bestimmung*.

Camus versucht in seiner berühmten Schrift *Der Mythos des Sisyphos* zu zeigen, dass sogar eine vollkommen absurde Existenz – Sisyphos ist dazu verurteilt, einen Stein auf einen Berg zu rollen, der kurz vor dem Ziel immer wieder hinabrollt – sinnvoll sein kann. »Darin besteht die verborgene Freude des Sisyphos«, heißt es. »Sein Schicksal gehört ihm. Sein Fels ist seine Sache … Wir müssen uns Sisyphos als einen glücklichen Menschen vorstellen.«

Sowohl religiöse wie nichtreligiöse Philosophen sind also der Meinung, dass ein sinnvolles Leben vor allem in einer bewussten Entscheidung besteht, wie und auf welches Ziel hin man leben möchte. Aber warum kann einfaches Dahinleben nicht auch glücklich machen und als sinnvoll empfunden werden? Sartre sieht den entscheidenden Unterschied in einer kritischen Distanz zu sich selbst:

- Wer bewusst lebe und sein Leben reflektiere, der erkenne auch, dass er nicht alles richtig mache beziehungsweise nicht alles in der Hand habe.
- Wer dagegen »aus dem Bauch heraus« lebe, der sei von dem Bedürfnis getrieben, immer mit sich im Reinen zu sein. Deshalb gerate er in Gefahr, jeden, der ihn störe, zum Feind zu erklären, nehme jede Veränderung als Bedrohung wahr und sehe jedes Vorurteil als unumstößliche Wahrheit an. Alles, was sein instinktives, unreflektiertes Weltbild störe, werde entweder ausgeblendet oder verteufelt.

Theodor W. Adorno (1903–1969) und **Max Horkheimer** (1895–1973) führten in ihrem berühmten Werk *Dialektik der Aufklärung* NS-Faschismus und Terrorherrschaft auf die Tatsache zurück, dass die Menschen aufgehört hätten, sich als verantwortliche Urheber der Gesellschaft zu sehen. Stattdessen hätten sie die gesellschaftlichen Verhältnisse, auch die Entwicklung des Faschismus, als eine Art natürliches Faktum hingenommen. Ähnlich sah **Hannah Arendt** (1906–1975) den NS-Verbrecher Adolf Eichmann. Er weigere sich, eine Person zu sein, analysierte sie sein Verhalten in ihrer Schrift *Eichmann in Jerusalem*, das heißt ein für seine Taten Verantwortung übernehmendes Wesen. Sie nannte das die »Banalität des Bösen«.

Natürlich gibt es auch noch die *Nihilisten*, die verneinen, dass es so etwas wie einen Sinn des Lebens gibt. Doch kein Philosoph sah sich selbst als Nihilist, sondern diffamierte höchstens das Denken anderer als nihilistisch. Denn welchen Sinn sollte das Philosophieren haben, wenn das Leben selbst keinen hat?

Die Philosophen sind Ihnen zu vernunftgesteuert? Ist denn keiner unter ihnen, der auch mal eine Lanze für die Emotionen und Leidenschaften bricht? Da kann ich – trotz des vielleicht abschreckenden Titels – zur Lektüre von Friedrich Schillers Schrift *Über die ästhetische Erziehung des Menschen* raten. Darin bezeichnet er den Spieltrieb als den Versöhner zwischen Vernunft und Leidenschaften.

Teil IV
Was den Alltag prägt

IN DIESEM TEIL ...

... geht es um die schöngeistigen Aspekte des alltäglichen Lebens.

Mode und Ernährung, Umgangsformen, Feste und Sport bekommen eine neue Dimension, wenn sie auf ihre kulturelle Funktion hin betrachtet werden.

Last, but not least, werde ich den enormen kulturellen Einfluss der Medien und die digitale Revolution, die gerade die gesamte menschliche Kultur erfasst, unter die Lupe nehmen.

IN DIESEM KAPITEL

Kleider machen Leute

Du bist, was du isst

Der Ton macht die Musik

Kapitel 11
Mode, Ernährung und Benimm: Alltagskultur zwischen Genuss und Klischee

Wie Menschen sich kleiden, was sie essen und welchen Umgangsregeln sie folgen, das gehört zu den besonders prägnanten Unterschieden zwischen den Kulturen. Natürlich sind diese Dinge nicht in dem Maß »lebenswichtig« wie etwa Toleranz und persönliche Freiheit, für die kulturelle Identifikation dagegen spielen sie eine eher noch größere Rolle, denn

- ✔ auf diesen Gebieten unterscheiden sich selbst Länder oft deutlich, die politisch, wirtschaftlich und sozial demselben System angehören,
- ✔ diese Dinge vereinen Menschen, die ansonsten sehr verschieden sind,
- ✔ der kulturelle Austausch gelingt hier oft besonders gut. Gerade die landestypische Küche ist vielfach die erste Annäherung an eine fremde Kultur.

Einiges in diesem Kapitel wird aber auch ein Nachtrag zum Thema Kunst sein. Natürlich sind die Spitzenerzeugnisse der Mode und der Haute Cuisine »Gebrauchskunst«. Aber das ist Baukunst auch. Trotzdem tauchen Architekten ganz selbstverständlich in Werken über bedeutende Künstler auf, nicht jedoch **Coco Chanel** oder **Paul Bocuse**.

Vom Fellröckchen zur Haute Couture

Kulturelle Entwicklung entsteht oft durch Probleme (siehe auch Kapitel 1): Die Notwendigkeit, sich gegen die Witterung zu schützen, wurde ein solches, als die Menschen in immer unwirtlichere Klimazonen vorstießen. Heute, wo eher zu billige »Wegwerfmode« für

Probleme sorgt, gerät leicht aus dem Blick, wie immens aufwändig die Herstellung von Bekleidung früher einmal war. Der Anreiz, neue Wege zu finden, war in diesem Bereich besonders groß und sorgte in der Geschichte für kulturelle Umwälzungen und Verwerfungen, die weit über den schöngeistigen Bereich hinausgingen.

Überall dort aber, wo Kleidung aufhörte, ein Luxusgut zu sein, wurde erheblicher Aufwand getrieben, um sie doch wieder zu etwas Besonderen – und damit einem *kulturellen Statement* – zu machen.

Mode als Notwendigkeit

Der erste Mensch, dessen Garderobe komplett erhalten ist, ist Ötzi, die Eismumie vom Hauslabjoch. Er – und seine Klamotten – sind zwar nur etwa 5250 Jahre alt und außerdem gehörte er einer bäuerlichen Kultur an. Trotzdem dürfte sich das, was er trug, nicht sehr von der Bekleidung der Jäger und Sammler in den Jahrtausenden zuvor unterschieden haben:

- ✔ Ein bis zu den Knien reichender Lendenschurz aus Schaffell, gehalten von einem Gürtel aus Kalbsleder,
- ✔ am Gürtel befestigte Beinlinge, die sehr aufwändig und sorgfältig aus einer Vielzahl kleiner Ziegenfellstücke in Patchwork-Technik mit Tiersehnen genäht waren,
- ✔ eine Felljacke aus Ziegen- und Schaffellstreifen in verschiedenen Brauntönen, die in ihrer Farbgebung bewusst designt wirkt,
- ✔ eine Mütze aus Bärenfell,
- ✔ sehr aufwändig gestaltete Schuhe mit einem Schaft aus Rinderfell, einer Sohle aus Bärenleder, die durch quer verlaufende Lederstreifen »profiliert« war, dazu Schnürsenkel aus Lindenbast und ein Innenschuh aus verdrilltem Gras, der zusätzlich mit feinerem Süßgras gepolstert war.

Während Ötzi seine Schafe noch schlachten musste, um an ihr Fell zu kommen, war es in Vorderasien bereits gelungen, *Wollschafe* zu züchten. In Europa verbreitete sich die *Wollwirtschaft* im 3. Jahrtausend v. Chr. und gewann dort noch größere Bedeutung als im wärmeren Orient. Doch während in den arbeitsteiligen und verstädterten Hochkulturen *Textilherstellung* eine eigene Profession war (die wohl in der Regel an Sklavinnen delegiert wurde), wurde sie im bäuerlichen Europa dem weiblichen Aufgabenbereich zugeschlagen. Spinnen und Weben wurden zur typischen Winterbeschäftigung der Frauen. Wie sehr sie die weibliche Lebensrealität bis weit in die Neuzeit prägten, zeigt ihr Niederschlag in unzähligen Märchen, Gedichten und Volksliedern, von Rumpelstilzchen, über »Spinn, spinn, meine liebe Tochter« bis zum singenden, spinnenden Gretchen in Goethes Faust.

Ein weiterer wichtiger Rohstoff für Bekleidung waren *Pflanzenfasern*. Auch wenn Ötzi kein Hemd trug, war das Verarbeiten und Weben von Flachs zu Leinwand zu seiner Zeit bereits bekannt. Die ältesten Fundstücke sind über 32.000 Jahre alt.

Die Gewinnung von Fasern aus Lein, aber auch Hanf und Nessel ist extrem aufwändig. Um die Fasern aus dem Stängel zu lösen, muss dieser eine bestimmte Zeit feucht »geröstet« und dann gebrochen werden. Beim *Flachsschwingen* werden die Fasern vom Holzkern des Stängels getrennt, dann durch *Hecheln* gesäubert und gekämmt, bevor sie versponnen und gewebt werden können. Auch wenn die Arbeitsschritte heute industrialisiert sind, ist *Leinen* deshalb nach wie vor erheblich teurer als Baumwolle.

Begehrte Luxusgüter waren bereits in der Frühgeschichte:

- **Seide:** Die Chinesen entdeckten das Geheimnis der *Seidengewinnung* im 3. Jahrtausend v. Chr. Andere Völker wie die Perser oder die Römer waren fasziniert von der Feinheit und den leuchtenden Farben, aber auch von der Tatsache, dass ein Seidenhemd im Krieg Schutz vor Pfeilen bot, da das Gewebe nicht riss. Die Begehrlichkeit im Westen führte im 2. Jahrhundert v. Chr. zur Etablierung der *Seidenstraße* von China ans Mittelmeer (auf der aber natürlich nicht nur Seide gehandelt wurde).

- **Baumwolle**: Der griechische Historiker Herodot überlieferte, es gebe in Indien »wildwachsende Bäume, aus deren Frucht man Wolle gewinnen kann, die die Schönheit und Qualität der Schafwolle weit übersteigt«. Tatsächlich waren die Inder wohl schon vor rund 8.000 Jahren in der Lage, *Baumwollstoffe* herzustellen. Während man im Mittelalter auch im arabischen Raum hochwertige Baumwolltextilien produzierte, gelang es den Europäern lange nicht, die kurzen Fasern zu verspinnen, weshalb Baumwolle ein Luxusgut blieb.

Auch in den frühen Hochkulturen Amerikas wurden feine Baumwollstoffe hergestellt, ohne dass es irgendeinen kulturellen Austausch mit Indien gegeben haben kann. Vermutlich wurden die Baumwollsamen spätestens im 5. Jahrtausend v. Chr. mit Meeresströmungen von Asien an die amerikanische Pazifikküste getragen.

Grundsätzlich war die Kleidung der Frühzeit sehr einfach. Sowohl bei Römern wie Griechen war eine *Tunika* beziehungsweise ein *Chiton* üblich, die aus geraden Stoffstücken bestanden, die nur durch Schulter-Fibeln und Gürtel zusammengehalten wurden. Bei Männern reichte sie bis knapp über die Knie, bei Frauen bis zu den Knöcheln. Angenähte Ärmel, wie man sie in Vorderasien kannte, wurden genauso als barbarisch betrachtet wie die Hosen, die reitende Völker trugen. In Ägypten war bei Männern sogar nur ein *Lendenschurz* üblich.

Dem Bedürfnis nach Attraktivität wurde auf andere Art Rechnung getragen:

- **Eleganter Faltenwurf:** Bei einer korrekt drapierten römischen *Toga* hatten die einzelnen Falten sogar Namen!

- **Schmuck:** Durchbohrte Muscheln, Schneckengehäuse und Tierzähne sowie geschnitzte Anhänger aus Knochen, weichem Stein und Bernstein zeigen, dass die Menschen schon in der Altsteinzeit begannen, Schmuck zu tragen. Der älteste bekannte Goldschmuck stammt aus bulgarischen Fürstengräbern aus dem 5. Jahrtausend v. Chr. Sowohl in der ägyptischen wie der mesopotamischen Hochkultur war das Niveau der Goldverarbeitung extrem hoch.

Das wichtigste Schmuckstück der frühen Geschichte war die *Fibel*, eine sicherheitsnadelähnliche Spange zum Zusammenhalten der Kleidung. Sie war ungefähr von 1400 v. Chr. bis 1400 n. Chr. massenhaft in Gebrauch und wurde je nach Region, Epoche und Wohlstand des Trägers reich und fantasievoll geschmückt.

- ✔ **Borten:** Gemusterte bunte Gürtel und Bordüren können mithilfe kleiner, durchlöcherter Brettchen gewebt werden. Die Technik ist möglicherweise um die 5.000 Jahre alt und wurde in so verschiedenen Kulturen wie dem bronzezeitlichen China und dem keltischen Europa ausgeübt.
- ✔ **Kosmetik**: Vor allem die Frauen im alten Ägypten trugen ein aufregendes Augen-Make-up. Aber auch in den anderen Hochkulturen spielte Kosmetik eine wichtige Rolle. Der *Lippenstift* zum Beispiel wurde vermutlich Mitte des 4. Jahrtausends v. Chr. in Mesopotamien erfunden – und sowohl von Männern wie Frauen verwendet. In erster Linie sollte das Make-up die Haut vor der intensiven Sonne schützen, doch nur in Griechenland galt es als unschicklich, Cremes mit Farbe zu mischen. Verschiedene Höhlenmalereien deuten daraufhin, dass sogar schon die Steinzeitmenschen ihre Körper bemalten. Auch *Haarfärbemittel* und *Parfums* spielten in der Antike eine große Rolle.
- ✔ **Körpermodifikationen** wie Tätowierungen, Ziernarben, Piercings, Ohr- und Lippenpflöcke, Schädeldeformationen, Zahndeformationen et cetera.

Körpermodifikationen gelten gemeinhin als Bräuche, mit denen sich verschiedene Gruppen gegeneinander abgrenzen und die oft im Rahmen von religiösen Handlungen – etwa Initiationsriten von Jugendlichen – durchgeführt werden. Weibliche Körpermodifikationen wie Lippenteller oder »Giraffenhälse« wurden nach Ansicht einiger Forscher einst eingeführt, um die Frauen des eigenen Stammes für Außenstehende unattraktiv zu machen und vor Raub zu schützen. In der eigenen Gesellschaft wurde die Modifikation dann als Ausweis besonderer Schönheit kultiviert. In anderen Fällen stand das Ertragen von Schmerz im Mittelpunkt, mit dem die Jugendlichen ihre Reife beweisen sollten. Im Judentum und Islam ist die männliche Beschneidung ein Zeichen religiöser Zugehörigkeit. Die Verkrüppelung der Füße im alten China war ein Erkennungszeichen von Frauen der Oberschicht, die nicht zu arbeiten brauchten. Teilweise wurden Modifikationen aber auch als Mode weitergegeben. So übernahmen zum Beispiel im 5. Jahrhundert germanische Stämme zwei bis drei Generationen lang von den Hunnen die Sitte, Babys die Köpfe zu bandagieren und so hohe »Turmschädel« zu erzeugen. Auch Piercings und Tattoos in den modernen Gesellschaften hatten anfangs vor allem den Zweck, zu provozieren und anders zu sein, wurden mit der Zeit aber weitgehend akzeptierte Mode – was diejenigen, die schockieren wollen, zu immer extremeren Modifikationen treibt.

Mode als Identitätsausweis

In nahezu allen Kulturen ist Kleidung mehr als Notwendigkeit und ihr Zusatznutzen beschränkt sich nicht darauf, ihrem Träger Attraktivität zu verleihen. Stattdessen soll Kleidung auch zeigen, was man ist (oder sein will). In Mesopotamien etwa verbot ein Gesetz aus dem 12. Jahrhundert v. Chr. Sklavinnen und Prostituierten das Tragen eines Schleiers. Die

Verhüllung war ehrbaren, verheirateten Frauen vorbehalten. Bei den nordamerikanischen Prärieindianern durfte nur derjenige eine Federkrone tragen, der sich diese Federn auch alle einzeln mit besonders tapferen Taten verdient hatte.

Im alten China war Gelb die Farbe des Kaisers.

Die Aufmachung eines Menschen kann so aussagekräftig sein, dass manche Soziologen Kleidung und alles, was dazugehört, sogar als ein Kommunikationsmittel einstufen. In den westlichen Kulturen sind die Menschen heutzutage gewohnt, alles tragen können, was sie wollen (und was der Geldbeutel und die Figur erlauben). Traditionell war dies jedoch anders. Die meisten Kulturen hatten ihre *Dresscodes*. Diese konnten sich auf verschiedene Aspekte beziehen:

1. **Sozialer Status:** Ein Reicher kann sich andere Kleider leisten als ein Armer – und tut das in der Regel auch. Im Europa des frühen Mittelalters schien sich diese Frage noch weitgehend über das Einkommen reguliert zu haben. Doch im Hochmittelalter besserte sich die wirtschaftliche Gesamtsituation und prompt tauchten Kleidervorschriften auf, die dafür sorgen sollten, dass auch reiche Bauern äußerlich Bauern blieben und nicht mit »besseren Leuten« verwechselt werden konnten. Ihnen wurden nicht nur bunte Farben, teure Stoffe, Schmuck und Pelze verboten, sie mussten auch bewusst unvorteilhafte Frisuren (über den Ohren kurz abgeschnitten) und Kleiderschnitte (keine eingesetzten Keile vorn und hinten) tragen. Ständig neue Verordnungen und Klagen zeigen aber, dass diejenigen, die es sich leisten konnten, sich trotz empfindlicher Strafen über die Vorschriften hinwegsetzten.

2. **Besondere Funktion:** Keine Frage, es ist praktisch, wenn man einen Rettungssanitäter gleich erkennt oder eine Polizistin. Aus gutem Grund tragen deshalb viele Menschen eine *Uniform* beziehungsweise eine standardisierte Berufskleidung. Aus demselben Grund stellten Kleidung und *Rangabzeichen* früher eindeutig klar, wer die Herzogin war, wer der Bürgermeister und wer der Priester. Nicht nur beim Militär verrät die Uniform haargenau, wer wem gegenüber weisungsbefugt ist. Auch die Kleidung der *Mandarine*, der Beamtenschaft des kaiserzeitlichen Chinas, spiegelte die zahlreichen Rangabstufungen wider.

Wissen Sie, warum Priester »Rock« tragen? Weil es die Römer auch getan haben. In den ersten Jahrhunderten des Christentums trugen die Priester dieselbe spätantike Kleidung wie die Gläubigen. Als dann die germanische Kleidung die römische zu verdrängen begann, machten sie diese Entwicklung nicht mit. Schließlich waren sie üblicherweise nicht zu Pferd unterwegs und brauchten deshalb keine Hosen zum Reiten. Auf diese Weise trennten sich *liturgische* und *profane Kleidung*. Auch die Trachten der verschiedenen Orden beruhen auf bewusst einfacher Alltagskleidung der Spätantike beziehungsweise Witwentrachten.

3. **Ethnische Zugehörigkeit:** Klar, dass Gruppen, die für sich leben, auch einen eigenen Modestil entwickeln. Was aber passiert, wenn sie sich öffnen? Dann finden sich alle Varianten vom Aufgeben der eigenen *Tracht* bis zu einer bewussten Kultivierung der Unterschiede. Teils wird das auch »von oben« geregelt: So schaffte zum Beispiel der türkische Staatsgründer **Atatürk** die traditionelle osmanische Kleidung ab und schrieb ab 1925 insbesondere vor, dass Männer keine andere Kopfbedeckung als den

westlichen Hut tragen dürfen. Auch wenn es keine Gesetze gab, haben vielfach Männer, die durch ihre Berufe aus der traditionellen Umgebung herausgeführt wurden, ihre Tracht meist schneller abgelegt als die Frauen, die zu Hause blieben. (Dass Frauentrachten stärker von dem beeinflusst waren, was in einer Gesellschaft als »anständige« Kleidung galt, mag eine zusätzliche Rolle gespielt haben.)

Als die Mandschuren im Jahr 1644 China eroberten, befahlen sie bei Todesstrafe, dass jeder Chinese den *mandschurischen Zopf* tragen musste. Die Chinesen sollten so zu Mandschu und von diesen nicht unterscheidbar werden. Dass die Mandschuren insgesamt viel mehr von der chinesischen Kultur übernahmen als umgekehrt, steht auf einem anderen Blatt.

In vielen anderen Fällen dagegen wurde durch Verordnungen von oben eine *bewusste Separierung* der Volksgruppen betrieben, etwa durch die mittelalterlichen Kleidervorschriften für Juden.

4. **Religiöse Zugehörigkeit:** In der Regel gilt für »religiöse« Kleidung dasselbe wie für ethnische; sie hat sich in relativer Abgeschlossenheit entwickelt. So stammt etwa der berühmte *Schwarzwälder Bollenhut* ursprünglich aus einer evangelischen Enklave, während die katholische Mehrheit schwarze Bänderhauben oder weiße Strohhüte mit schwarzen Bändern trug. Mit der Religion an sich hatte das aber nichts zu tun. Oft pflegte man auch verschiedene Trachten, um zu wissen, wen man vor sich hatte (schließlich gab es ja interreligiöse Heiratsverbote). In den albanischen Bergen etwa trugen nur Muslime Grün. Wirklich aus der Religion herrührende Kleidungsvorschriften dagegen sind eher selten.

Im Judentum zum Beispiel werden Quasten am Gewand (*Zizit*) schon in der *Tora* – also von Gott –gefordert. Dagegen kam die *Kippa* im 16. Jahrhundert als Zeichen religiöser Zugehörigkeit auf. Auch hat traditionelle Frauenkleidung in islamischen Ländern meist wenig mit den heute üblichen Varianten der *Verschleierung* zu tun. Im Christentum forderte der **Apostel Paulus** von Frauen, ihr Haar beim Beten zu bedecken, woraus im Mittelalter eine generelle *Haubenpflicht* wurde. Männer dagegen mussten laut Paulus generell mit unbedecktem Kopf beten und durften auch keine langen Haare haben – woran sich gerade der Adel meist nicht hielt.

5. **Geschlecht:** In fast allen Kulturen gibt es unterschiedliche Männer- und Frauenkleidung. Teils bestand die Möglichkeit, mit der Kleidung auch die Geschlechterrolle zu wechseln. So konnten etwa auf dem Balkan »Eingeschworene Jungfrauen« als Männer leben, durften aber kein Sexualleben führen. Dagegen gab es in vielen asiatischen Kulturen, aber auch unter den nordamerikanischen Indianern die Möglichkeit, sich durch das Tragen von Frauenkleidern der typisch männlichen Rolle zu entziehen.

6. **Familienstatus:** Eheringe zeigen an, ob jemand vergeben ist. Traditionell trugen ihn nur die Frauen, in den angloamerikanischen Kulturen ist das teilweise bis heute so. Auch die traditionellen Trachten zeigen meist den Familienstatus der Frau an, sehr selten dagegen den des Mannes. »Subtile Codes«, etwa wie die Dirndlschleife gebunden oder das Taschentuch eingesteckt wird, sind meist eine Spielerei aus späterer Zeit.

Kopfbedeckungen spielten in früherer Zeit eine wesentlich größere Rolle als heute, und zwar nicht nur bei Kronen oder Uniformmützen. Häufig konnte man an der Art, wie eine Frau ihre Haube trug, erkennen, aus welchem Dorf sie kam und ob sie verheiratet oder Witwe war. Und es brauchte keinen zweiten Blick auf den Anzug eines Mannes, um seinen sozialen Stand zu erraten. Ein viel deutlicheres Indiz war, ob er einen hochherrschaftlichen Zylinder, einen einfachen, flachen Filzhut oder gar nur die Schiebermütze eines Arbeiters trug.

Mode als Kunstform

All die aufwändigen Roben, in die sich Fürsten und Fürstinnen, der hohe Adel und die städtische Oberschicht kleideten, wurde von einem Heer weitgehend anonymer Schneider und Schneiderinnen, Hutmacher, Modistinnen, Handschuhmacher et cetera gefertigt. Eine der Ausnahmen ist **Rose Bertin** (1747–1813). Sie kam aus ärmlichen Verhältnissen, machte aber nach einer Lehre in Paris als Putzmacherin auf sich aufmerksam. 1772 wurde sie von einer ihrer adeligen Kundinnen der Kronprinzessin vorgestellt. Danach fertigte sie zweimal pro Woche neue Roben für Marie-Antoinette an beziehungsweise entwarf sie und ließ sie von ihren 30 Mitarbeitern nähen. Sie kreierte eine Mode, die immer ausladender wurde, dazu die bis zu einem Meter hohen Frisuren, in die ganze Szenerien eingebaut wurden. An den europäischen Höfen zerriss man sich den Mund über die neuesten Kreationen – und rätselte, was die Trägerin damit sagen wollte.

Eine *Putzmacherin* oder *Modistin* fertigte vor allem weiblichen Kopfputz: Hüte, Häubchen, Schleier et cetera, aber auch Krägen, Schleifen, Rüschen, Schultertücher und andere Dinge, mit denen Kleider modisch »herausgeputzt« werden konnten. Denn noch bis ins 20. Jahrhundert hinein war es üblich, wenige, gut gearbeitete Kleider jahrelang zu tragen, sie aber immer wieder von der Modistin überholen zu lassen.

Rose Bertin brachte – bevor die Französische Revolution ihrem Geschäft ein Ende machte – Paris als Zentrum der Mode in aller Munde. Puppen, in ihre neuesten Modelle gekleidet, kursierten an den Höfen Europas. Trotzdem wird vielfach der Brite **Charles Frederick Worth** (1825–1895) als Begründer der *Haute Couture* angesehen.

Auch Worth kam als Sohn eines verkrachten Rechtsanwalts aus kleinen Verhältnissen. Mit 13 Jahren begann er eine Lehre als Textilverkäufer. Später spezialisierte er sich auf hochwertige Seidenstoffe, ging 1845 nach Paris und lernte dort seine Frau Marie Augustine Vernet kennen. Worth begann, Kleider zu entwerfen, die seine Frau als erstes Model potenziellen Kundinnen vorführte. Als es ihr gelang, die Frau des österreichischen Botschafters für eine Kreation ihres Mannes, ein Tüllkleid mit Gänseblümchen, zu begeistern, war das Glück der beiden gemacht. Denn **Pauline Metternich** galt als Stilikone mit einem sicheren Gespür für originelle Trends. Kaum hatte **Kaiserin Eugénie** das Kleid gesehen, wollte auch sie eine Kreation von Worth. Ihr folgte alles, was Rang und Namen hatte: Königinnen und Fürstinnen, aber auch gefeierte Sängerinnen und Schauspielerinnen. Auch der goldbesetzte, weiße Tüll, den **Kaiserin Elisabeth von Österreich** auf dem berühmten Porträt mit den Diamantsternen im Haar trägt, ist eine Kreation von Worth.

Als *Haute Couture* (gehobene Schneiderei) dürfen nur Modehäuser ihre Kreationen bezeichnen, die der 1868 gegründeten *Chambre Syndicale de la Haute Couture* angehören. Um aufgenommen zu werden, müssen die Häuser bestimmte Kriterien erfüllen und von einem Mitglied empfohlen werden. 2017 gab es nur noch 17 Mitglieder, während es in den 1950-er Jahren noch über 100 waren.

Kaiserin Elisabeth wurde zur gefeierten Schönheitsikone, aber bequem war es natürlich nicht, was die Modeschöpfer im ausgehenden 19. Jahrhundert über Korsett und Krinoline zauberten. Das Verdienst, eine Mode geschaffen zu haben, in der eine moderne, berufstätige Frau auch zum Bus rennen kann, gebührt **Gabrielle »Coco« Chanel** (1883–1971). Chanel, die im Waisenhaus das Nähen gelernt hatte, begann ihre Karriere damit, dass sie für die Bekannten ihres reichen Liebhabers aus *Baumwolljersey*, der bis dato der Unterwäsche vorbehalten war, lockere Sommerkleider für den Strandurlaub schneiderte. Doch es dauerte nicht lange, bis sie Paris eroberte. Ihre Freundin, die Society-Lady **Misia Sert** (1872–1950), befand:

> *»Fort waren Flitter und Rüschen, wie durch ein Wunder verschwunden, genau wie der Unterrockpanzer und die erstickend eng geschnürten Mieder. Die Körper bekamen eine neue Form, die Busen verflüchtigten sich, während die Beine … sichtbar wurden.«*

Weil sie während des Zweiten Weltkriegs mit den Nazis sympathisiert hatte, fiel Coco Chanel danach bei den Franzosen in Ungnade. Außerdem träumten die Kundinnen nicht mehr von Emanzipation, sondern von heiler Welt. Statt ihrer eroberte **Christian Dior** (1905–1957) mit der verschwenderischen Eleganz seines »New Look« die Modewelt: sehr feminine Kleider mit figurbetonten Oberteilen, schmaler Taille und weiten, schwingenden Röcken. Wie kein Modeschöpfer vor ihm, diktierte Dior jede Saison neue Trends.

Doch Modetrends müssen nicht »von oben« bestimmt werden. Die vielleicht noch stärkeren Impulse kommen von der Straße. Etwa von den aufmüpfigen jungen Frauen, der 1960er-Jahre, die sich nicht mehr wie ihre Mütter kleiden wollten, sondern bunt, frech und praktisch. **Mary Quant** (* 1934), studierte Kunstlehrerin mit kleiner Boutique in der Londoner King's Road, gab ihnen das, was sie wollten. Vor allem den Minirock, aber auch witzige Hängekleidchen, bunte Strumpfhosen, Hotpants sowie Mäntel und Stiefel aus PVC. Und damit sich das auch jede leisten konnte, brachte sie ihre Mode in den Versandhandel, entwarf für Ladenketten und bot Schnittmuster zum Selbernähen an.

Mary Quant trieb damit auch den Trend zum *Prêt-à-porter* in der Haute Couture voran. Darunter versteht man Kollektionen, die in größerer Stückzahl in Standardgrößen gefertigt werden, »bereit zum Tragen« (so die wörtliche Übersetzung), und damit nicht ganz so hochpreisig wie die maßgeschneiderten Einzelentwürfe der führenden Modemacher.

Ein Jahrzehnt später wurde, ebenfalls in der King's Road, wieder eine schneidernde Ex-Lehrerin aktiv: **Vivienne Westwood** (* 1941) kreierte den von zahlreichen Tabubrüchen geprägten Stil des Punkrock. Ihre erste professionelle Kollektion im Piraten-Look brachte sie 1982 nach Paris. Später trat sie selbst als Königin Elizabeth I. auf. Sie wolle beeindruckende Kleidung schaffen, die die Trägerin oder den Träger verwandelt, erklärte sie.

Sich verwandeln und inszenieren, das wollen auch die zahlreichen Fashion-Ikonen aller Zeiten, die zwar nicht selber schneidern, aber durch gekonnte Auswahl und Kombination, passender (oder gerade nicht passender) Stücke, Make-up, Auftreten und Accessoires für Aufsehen sorgen – so wie es auch unzählige Influencerinnen und Influencer in den sozialen Medien versuchen. Und die professionelle Modewelt schaut genau hin, um daraus wieder Inspirationen für ihre Kollektionen zu schöpfen. Denn Kleidung mag vor allem praktisch sein, Mode ist aber immer ein kulturelles Statement.

Wissen Sie, welche Frau 35-mal für den Oscar nominiert war und ihn achtmal gewonnen hat? Ihr Name ist **Edith Head** (1897–1981). Sie stand jedoch nicht selbst auf der Bühne, sondern kleidete zwischen 1936 und 1976 die legendären Hollywood-Göttinnen ein: Marlene Dietrich, Hedy Lamarr, Elizabeth Taylor, Sophia Loren, Audrey Hepburn und viele andere. Der Film und seine Stars, später auch die Popmusik, waren natürlich auch immer modische Influencer ersten Ranges.

Von der Mammutkeule zum Sternemenü

»Liebe geht durch den Magen«, heißt es. Die Liebe zu einer Kultur beginnt auch oft auf dem Teller. Andererseits erwecken vertraute Gerichte so leicht wie kaum etwas anderes Heimatgefühle und Erinnerungen an die Kindheit.

Ernährung und Entwicklung

Kochen gehört zu den elementaren menschlichen Fähigkeiten. Jedenfalls gibt es Forscher – einig sind sie sich nicht –, die davon überzeugt sind, dass der Mensch nie ein so großes und komplexes Gehirn ausgebildet hätte, das ihm dann all die typisch menschlichen Kulturleistungen ermöglichte, wenn er nicht angefangen hätte, seine Nahrung zu kochen.

Voraussetzung für das Kochen war die *Beherrschung des Feuers*. Nun ist es etwas schwierig, einer Brandstelle anzusehen, ob das Feuer von einem Menschen, einem Blitz oder durch Selbstzündung entstanden ist, weshalb der Zeitpunkt dieser Erfindung umstritten ist. Als ältester sicherer Beleg gelten Spuren aus Afrika, die 1,7 Millionen Jahre alt sind. Wie lange die Menschen dann noch brauchten, um herauszufinden, dass die gefährlichen Flammen nicht nur Wärme und Licht spenden, sondern auch aus zähem Mammut ein leckeres Gulasch und aus harten Körnern und Wurzeln weichen Brei machen, ist ungewiss. Eindeutige Funde aus dem Nahen Osten sind etwa 800.000, aus Europa rund 400.000 Jahre alt.

Kochen …

- ✔ lässt das Eiweiß im Fleisch gerinnen und das Bindegewebe gelieren, was das Ganze besser verdaulich macht und den Nährwert erhöht.
- ✔ verkleistert Stärke, was ebenfalls zur besseren Verdaulichkeit beiträgt und viele stärkehaltigen Pflanzen erst genießbar macht, etwa Kartoffeln, aber auch so manche Wurzel.

- ✔ tötet viele Giftstoffe ab und erweiterte so das Nahrungsangebot, unter anderem um Hülsenfrüchte wie Erbsen, Bohnen und Linsen, die mit ihrem hohen Eiweißgehalt zu den wertvollsten Lebensmitteln überhaupt gehören.
- ✔ reduziert den Aufwand beim Kauen, was dazu führte, dass sich der menschliche Kauapparat verkleinerte und mehr Platz für den »Sprechapparat« vorhanden war.
- ✔ tötet viele gefährliche Viren, Bakterien und Parasiten ab.

Ein weiterer wichtiger Schritt auf dem Weg zur Kochkunst war die *Neolithische Revolution*, die vor etwa 11.000 Jahren im Nahen Osten begann. Die Menschen wurden sesshaft und fingen an, Vieh zu halten und Pflanzen zu kultivieren.

Im Nahen Osten folgte die Einführung der *Töpferei* auf die Sesshaftwerdung. Sie bescherte den Menschen nicht nur Koch-, Transport- und Vorratsgefäße, sondern auch eine Möglichkeit, sich künstlerisch zu betätigen. Die Verzierung von Keramikgefäßen ist die erste *Gebrauchskunst*, die überliefert ist. Töpfern wurde ein eigenständiger Beruf, vor allem als Ende des 4. Jahrtausends v. Chr. die *Töpferscheibe* eingeführt wurde. Die etwa gleichzeitige Entwicklung besonders heißer Öfen zum Brennen der Keramik sorgte dann wohl auch für die Entdeckung der *Metallschmelze.*

Unterernährung führt nicht nur zu körperlicher Hinfälligkeit, sondern schwächt auch das Immunsystem, die Wundheilung, die Leistungsfähigkeit des Gehirns und die psychische Stabilität. Frauen werden unfruchtbar, Kinder bleiben klein und im Extremfall geistig zurückgeblieben. An historischen Skeletten lässt sich ablesen, wie oft ein Mensch während seiner Wachstumsphase hungern musste.

Bauern waren über lange Phasen der Geschichte im Schnitt deutlicher kleiner als der Adel. Im 19. Jahrhundert betrug der Unterschied zwischen den Studenten der königlichen Sandhurst Military Academy in Großbritannien und den Angehörigen der Marine, die vornehmlich aus den unteren Ständen kamen, im Schnitt sagenhafte 22 Zentimeter.

Ernährung und Psychologie

»Essen und Trinken hält Leib und Seele zusammen«, sagt ein altes Sprichwort. Als moderne Variante hat sich der Begriff »*Soul Food*« eingebürgert. Vielfach wird er für typische »Tröster« aus der Kindheit wie etwa Grießbrei verwendet. Im Grunde aber hat jeder Mensch seine eigene Seelenkost, die für ihn eine Extraportion Wohlbefinden bedeutet.

Erfunden wurde der Begriff »Soul Food« im Süden der USA. Die Afroamerikaner bezeichneten damit Gerichte, die sie als Teil ihrer Identität sahen und die es so in der »weißen Küche« nicht gab. Heute haben viele davon wie Chickenwings, Spareribs oder gebackene Süßkartoffeln längst international Karriere gemacht.

In der Tat gibt es wenig, was ein so unmittelbares Gefühl von kultureller Zugehörigkeit erzeugt, wie die gewohnte Küche. Einwanderergruppen sorgen möglichst schnell dafür, dass es Läden und kleine Restaurants mit der heimischen Küche gibt, Deutsche vermissen vor allem ihr Brot, wenn sie für längere Zeit außer Landes weilen.

Umgekehrt erzeugen fremde Zutaten oft Ekel. Wer würde hierzulande beispielsweise Hunde- oder Affenfleisch oder Insekten essen? Auch säkulare Muslime oder Juden empfinden oft noch Abscheu vor Schweinfleisch. All das ist kulturell anerzogen. Aber wieso geht der Ekel so tief? Weil der Hund dem Menschen in der westlichen Welt zu nahe ist, sagen einige Psychologen. Doch die Schmusehasen der Kinder wurden früher mit schöner Regelmäßigkeit gegessen – wenn auch sicher oft unter Tränen.

Wissenschaftler, die sich mit *Nahrungstabus* in den verschiedensten Kulturen beschäftigt haben, haben festgestellt, dass diese sich nur in den seltensten Fällen auf pflanzliche Nahrung beziehen, sondern so gut wie immer auf Tiere. Über die jeweiligen Gründe kann in der Regel nur spekuliert werden. So gibt es zum Beispiel die These, dass Kühe in Indien wegen des steten Bevölkerungswachstums als Zugtiere vor dem Pflug sowie als Dung- und Milchlieferanten so wertvoll wurden, dass ihr Verzehr als unsozial galt – zumal ein Großteil der Buddhisten sowieso jeden Fleischgenuss ablehnte. Das jüdische und später auch muslimische *Schweinefleischverbot* wird dagegen damit erklärt, dass Schweinehaltung sich nicht mit der dünnen Vegetationsdecke im judäischen Hügelland vertrug.

Würden Sie Pferdefleisch essen? Und wenn nein, warum nicht? Die mangelnde Beliebtheit wird oft an Papst Gregor III. festgemacht, der im Jahr 732 Pferdefleisch für Christen verbot. Andererseits hat das Verzehrverbot für Hasenfleisch, das Gregors Nachfolger Zacharias im Jahr 751 aussprach, niemanden wirklich interessiert (Zacharias fürchtete, der Fleischgenuss würde rammelig machen). Vielleicht lag es doch eher daran, dass auch das Pferd vielen Menschen emotional nahe ist? Aber warum haben dann die pferdeliebenden Germanen sie gegessen – was wohl der Grund für das Verbot Gregors III. war? Oder wurden die Tiere nur mit einem Nahrungstabu belegt, weil sie zu wertvoll waren? Das aber würde wiederum nicht erklären, dass es heute noch wirkt.

Möglicherweise gibt es auch einen Grundekel, Tiere zu essen, der aber wirksam ausgeschaltet wird, wenn man eine Fleischart schon von klein auf gewohnt ist.

Die krasseste Form des Fleischessen ist *Kannibalismus*. Wie verbreitet er früher war, ist umstritten. Ein Indiz sind Hackspuren an Knochen, die aber auch von Begräbnisritualen herrühren könnten. In den meisten bekannten Kulturen war es mit einem Tabu belegt, Menschen zu essen. Eine Ausnahme waren die Azteken, die nicht nur exzessiv Menschen opferten, sondern die Leichname anschließend auch aßen. Eine weitere Ausnahme bildeten verschiedene ozeanische Völker – was möglicherweise einer oft prekären Nahrungssituation geschuldet war. Berichte von Kannibalismus im Rahmen extremer Hungersituationen gibt es dagegen aus allen Zeiten und Kulturen. Eine Sonderrolle spielten magische Bräuche wie etwa der, das Herz des Feindes zu essen, um seine Stärke zu erben, oder dem Blut bestimmter Personen Heilkräfte zuzusprechen.

Genetische Gründe für Unterschiede im Speisezettel verschiedener Kulturen sind vor allem Alkohol- und *Laktoseintoleranz* (*Milchzuckerunverträglichkeit*). So vertragen rund drei Viertel der Erwachsenen weltweit keine Milch, weil ihr Körper das zur Verdauung nötige Enzym nach der Kindheit nicht mehr in ausreichendem Maße produziert. Dabei gibt es eine ausgeprägte regionale Verteilungen: In Nord- und Westeuropa können fast alle Menschen problemlos Milch trinken, auch in

Nordafrika, Nordindien, bei den afrikanischen Massai und den nordamerikanischen Indianern ist die Quote relativ hoch, während in China, Südostasien und vielen Gegenden Afrikas so gut wie alle Menschen laktoseintolerant sind. Auch die Alkoholintoleranz ist bei ostasiatischen Völkern besonders hoch, nicht aber im arabischen Raum, wo das islamische Alkoholverbot seine Wurzeln hat.

Ernährung und Kreativität

Was halten Sie von gebackenen Schollen mit Ei? Legen Sie die Schollenfilets auf ein Backblech oder in eine Form. Vermischen Sie dann Wein, Öl, etwas Liquamen (Anchovis-Paste oder Austernsauce), klein geschnittenen Lauch und Koriandersamen und kochen Sie alles auf. Mischen Sie zehn rohe Eier, etwas Pfeffer und Oregano darunter, verrühren Sie es zu einer glatten Masse und gießen Sie das Ganze über die Schollen. Dann backen Sie den Auflauf auf kleiner Flamme, bis die Masse fest geworden ist, und bestreuen sie vor dem Servieren noch einmal mit Pfeffer.

Dieses Rezept stammt aus dem Buch *De re Coquinaria* (Über die Kochkunst) eines gewissen **Caelius Apicius**. Es entstand in der Spätantike und ist damit das älteste erhaltene Kochbuch Europas. Sie erfahren darin auch, wie man gefülltes Schweineeuter zubereitet oder Flamingo brät oder Arme Ritter macht (die allerdings damals noch nicht so hießen). Und wenn Sie schon immer einmal wissen wollten, wie man Hundeleber im Brustfett eines Wolfes knusprig brät, dann werden Sie im noch ein paar Jahrhunderte älteren *Liji* (Buch der Riten) aus dem alten China fündig.

Das Bedürfnis nach feiner Küche und raffinierten Rezepten ist uralt. In Rom war es Prestigesache, einen (meist griechischen) Koch zu beschäftigen, der imstande war, neue und ausgefallene Speisen zu kreieren. Ein feines Essen begann mit einer Vielzahl kleiner, leichter Vorspeisen, die *Promulsis* hießen, weil dazu *Mulsum* gereicht wurde, ein gewürzter Wein, der mit Honig vergoren war. Die Hauptgerichte hatte man gerne effektvoll, zum Beispiel ein am Stück gegrilltes »Trojanisches Schwein«, aus dem Obst und Früchte quollen, wenn man es aufschnitt. Oder eben Flamingo.

Entgegen weit verbreiteter Vorurteile ging es bei römischen Gelagen nicht darum, möglichst viel ins sich hineinzustopfen. Man schätzte sogar leichte Gerichte besonders, weil man dann länger tafeln konnte. Die Illusion wüster Orgien entstand durch *Das Gastmahl des Trimalchio* von **Titus Petronius Arbiter** (um 14–66), aber dabei handelt es sich um eine Satire, die das Geprotze eines vulgären Neureichen persifliert.

Der berühmteste römische Gourmet war **Lucius Licinius Lucullus**, Namensgeber »lukullischer« Genüsse. Er war ein erfolgreicher Militär, schlug 64 v. Chr. König Mithridates VI. und eroberte das Königreich Pontos am Schwarzen Meer für Rom. Von dort brachte er die ersten Kirschbäume nach Rom, die sich schnell in ganz Europa verbreiteten.

Auch in kulinarischen Dingen war in der Renaissance Italien eine Klasse für sich. Caterina de' Medici brachte dann ihre Köche mit nach Frankreich, als sie 1533 den künftigen König Heinrich II. heiratete. Sonnenkönig Ludwig XIV. beschäftigte nicht nur die berühmtesten

Baumeister, Gartenkünstler und Innenausstatter, sondern auch einen legendären Koch, **François Vatel** (1631–1671), der pompöse Banketts samt Kulissen und Show-Programm für ihn inszenierte. Er soll sich umgebracht haben, weil eine Fischlieferung ausblieb und das perfekte Arrangement einen Makel zu bekommen drohte.

Von den Essensgewohnheiten des gehobenen Bürgertums zeugen eine Reihe von Kochbüchern, wie etwa das der **Philippine Welser** (1527–1580). Die Augsburger Patriziertochter, die eine heimliche Ehe mit einem österreichischen Erzherzog einging, erhielt den Band mit ersten Rezepten als Geschenk im Alter von etwa 18 Jahren, fügte später aber eigene Kreationen hinzu.

Während es in den gehobenen Kreisen beim Kochen um Originalität und immer neue Rezepte und Kreationen ging, kam es in den diversen Regionalküchen eher darauf an, Klassiker zu perfektionieren. Wenn man es sich schon einmal leisten konnte, einen Schweinebraten oder eine Gans auf den Tisch zu bringen, machte man damit keine Experimente, sondern verließ sich auf bewährte Hausrezepte, gerne die in der Familie überlieferten, die nie niedergeschrieben wurden.

Nach der Französischen Revolution eröffneten viele der Köche, die für Adelsfamilien gekocht hatten, Restaurants und schufen die *Haute Cuisine*. Zu ihren berühmtesten Vertretern gehört **Auguste Escoffier** (1846–1935). Er erfand unter anderem den Hummer à l'americaine, die Birne Helene zur Premiere der Offenbach-Operette *Die schöne Helena* und den Pfirsich Melba (für die australische Sängerin Nellie Melba). Sein *Guide Culinaire* gilt noch heute als Standardwerk.

In den 1970er-Jahren propagierte dann **Fernand Point** (1897–1955) die *Nouvelle Cuisine* aus frischen, regionalen Zutaten, die möglichst kurz gekocht und nicht von schweren Saucen erschlagen werden. Verbunden ist diese Küche vor allem mit Points Meisterschüler **Paul Bocuse** (1926–2018).

Heute heißt der neueste Schrei *Molekularküche*. Mit dem klassischen Kochen hat die Zubereitung der Speisen nicht mehr viel zu tun. Stattdessen werden immer neue physikalische und chemische Verfahren getestet, um neue überraschende Geschmackserlebnisse zu produzieren. Die Frage, ob sich einiges davon – wie das bereits in den 1970-er Jahren entwickelte Vakuum- oder Sous-vide-Garen – auch auf breiter Ebene durchsetzen wird, steht noch aus.

Auch früher beschränkte sich Innovation in der Küche nicht unbedingt auf neue Rezepte. Eine technische Pionierin war zum Beispiel **Agnes Marshall** (1855–1905). Die Britin führte eine Kochschule und eine Vermittlung von Küchenpersonal. Sie war sozial engagiert und Frauenrechtlerin. Vor allem aber war sie ein großer Fan von *Speiseeis*. Das gab es zwar schon vor mehreren Tausend Jahren in China und Persien, aber Marshall sorgte für eine völlig neue Verbreitung dieses Luxusprodukts, indem sie Eismaschinen, Kühltruhen und Eisformen entwickelte. Auch schlug sie – kaum dass Carl Linde das Herstellungsverfahren erfunden hatte – vor, verflüssigte Luft für die Herstellung zu verwenden.

Zu guter Letzt veröffentlichte sie vier Bücher mit Rezepten. Ihre *Margaret Cornets*, Waffelhörnchen aus Mandelteig, die halb mit Ingwer-, halb mit Apfeleis gefüllt werden, waren vielleicht die ersten Eiswaffeln überhaupt.

»König Alkohol«

Vermutlich noch älter als die Esskultur ist die *Trinkkultur*. Bereits in den sumerischen Stadtstaaten des 4. Jahrtausends v. Chr. gab es Kneipen, die meist von Frauen geführt wurden, so wie auch in vielen anderen Kulturen Brauen traditionell Frauensache war. Man kannte mehrere Sorten Bier und eine Biergöttin namens Ninkasi beziehungsweise Siduri. Im *Gilgamesch-Epos* begegnet ihr der Held in einem Garten voller Edelsteinbäume, wo sie ihre Kneipe führt. Sie rät ihm, seine Suche nach dem ewigen Leben aufzugeben und lieber sein Leben zu genießen. »Fülle Deinen Leib, ... feire jeden Tag ein Freudenfest!« Eine Wirtin, die schlechtes Bier ausschenkte, konnte getötet werden, allerdings war der Gerstensaft wohl generell eine recht unappetitlich aussehende, ungefilterte Brühe, die man mit einem Strohhalm trank, um den darin schwimmenden Spelzen zu entgehen. Überhaupt war es ein nicht zu unterschätzender Pluspunkt des Brauens, dass man dazu minderwertiges Getreide verwenden konnte, das zum Essen nicht mehr taugte.

Vielleicht haben Sie schon einmal gehört, dass man früher selbst Kleinkindern Bier zu trinken gab. Das klingt verrückt, ergab aber durchaus Sinn, denn in Zeiten, in denen es selten sauberes Trinkwasser gab, war schwach alkoholisches Bier das gesündere Getränk.

Die alten Ägypter, aber auch später die Perser, Griechen und Römer, hielten sich lieber an den Wein. In all diesen Kulturen spielten Trinkgelage eine große Rolle. Bei den Griechen hießen sie *Symposium* und schlossen sich an ein Festmahl an. In der gleichnamigen Schrift Platons wird bei dieser Zusammenkunft hochphilosophisch diskutiert, aber ein Symposium konnte durchaus auch das Ziel haben, möglichst betrunken zu werden – obwohl man den Wein verdünnte.

In vielen Kulturen, so auch bei den Germanen, wurden den Göttern alkoholische *Trankopfer* gebracht – je mehr, desto mehr Methörner konnte man selber kippen. Davon hat sich der Brauch erhalten, auf bestimmte Dinge zu trinken.

Knigge & Co.

Bestimmt haben Sie das auch schon erlebt: Sie begrüßen einen Menschen, haben aber nicht mit einem Handschlag gerechnet. Bevor Sie reagieren können, hat der andere, in dem Bestreben sich Ihnen anzupassen, sie schon wieder zurückgezogen, während nun Sie mit einseitig ausgestreckter Hand dastehen. Eine etwas peinliche Situation, die früher nicht passiert wäre. Denn da war es klar, dass man sich zur Begrüßung die Hand gab. Die Feinheiten allerdings waren ziemlich kompliziert, und wenn man diese nicht beherrschte, dann war das viel peinlicher als ein kleines Missverständnis heute. Die *Benimmregeln* zu beherrschen galt als ein zentrales Kriterium, ob jemand Kultur hatte.

Überlebensstrategien

Das Etikett kennen Sie als Preisauszeichnung oder Hinweisschild an einem Kleidungsstück, auf einer Weinflasche oder einem anderen Gegenstand. Tatsächlich bedeutete das französische Wort auch nur »Zettel«, und der Ursprung der *Etikette* sind Zettelchen, auf denen die Hofbeamten notierten, wer gemäß seiner Rangfolge wo zu stehen oder zu sitzen hatte.

Die Etikette umfasst jedoch nur den förmlichen *Verhaltenskodex*, der in bestimmten Situationen gilt. Doch im Grunde geht es bei Umgangsformen nicht um irgendwelche Förmlichkeiten, sondern um richtiges *Sozialverhalten*. Wie elementar sie sind, das zeigt sich schon daran, dass sie auch im Tierreich immense Bedeutung haben. Zu wissen, wann Drohgesten, wann vorsichtiges Beschnuppern und wann eine Unterwerfungshaltung angesagt sind, gehört zu den Überlebensvoraussetzungen in jedem Rudel.

Vielleicht kennen Sie ja auch **Arthur Schopenhauers** *Parabel von den Stachelschweinen*: An einem kalten Tag rücken die Stachelschweine eng zusammen, um sich gegenseitig zu wärmen. Doch sie müssen feststellen, dass sie sich, je näher sie sich kommen, desto ärger pieksen. Bleiben sie jedoch in sicherer Entfernung voneinander, dann frieren sie. Im Umgang miteinander gilt es also für die Stacheltiere, die richtige Balance zwischen Nähe und Distanz zu finden. Gleiches gilt für die Menschen – auch ganz konkret. Denn Menschen haben zwar keine Stacheln, finden es aber meist trotzdem unangenehm, wenn ihnen jemand zu nahe kommt.

Im Schnitt werden Fremde als aufdringlich empfunden, wenn der Abstand weniger als 1,2 Meter beträgt. Bei Freunden sind es etwa 35 Zentimeter. Wahrscheinlich fallen Ihnen unzählige Situationen ein, in denen es einfach nicht möglich ist, einen derartigen Abstand zu seinen Mitmenschen zu halten. Doch es gibt Strategien, einer solchen erzwungenen Nähe das Konfrontative zu nehmen, etwa den Blick zu senken. Wenn sich zwei Menschen allein auf freiem Feld begegnen, ist es völlig normal, dass sie einander neugierig mustern, während ein Anstarren in einer überfüllten U-Bahn leicht als Grenzverletzung empfunden wird. Deshalb haben Großstädter oft sehr routinierte Strategien, um mit Enge umzugehen, die auf Personen vom Land abweisend wirken. Während aber in Europa Blickkontakt im Prinzip als etwas sehr Positives gesehen wird, gilt er in Asien vielfach generell als unhöflich, vor allem Höhergestellten gegenüber.

Auch *Körpersprache* ist eine Sprache. Soziologen haben sogar herausgefunden, dass die nonverbalen Signale, die jemand aussendet, oft sogar stärker wirken als seine Worte. Sie haben das bestimmt auch schon erlebt: Ein Redner gibt nur Plattitüden von sich, nimmt sein Publikum aber durch sein gutes Aussehen, den Klang seiner Stimme und eine gekonnte Gestik für sich ein, während die schlagenden Argumente des anderen wirkungslos verpuffen, nur weil sein Auftreten nicht überzeugt.

Andererseits kann man aus der Körpersprache auch Dinge lesen, die der andere gar nicht verraten will. Besonders verräterisch ist die *Mikromimik*, also das kurzzeitige Aufblitzen von den sieben *Grundemotionen* Angst, Ärger, Ekel, Freude, Traurigkeit, Überraschung und Verachtung. Um diese wahrnehmen zu können, muss das Gegenüber jedoch sehr aufmerksam sein und auch über Empathie verfügen.

Eigentlich sind nonverbale Sprache und die sieben Grundemotionen etwas, was allen Menschen kulturübergreifend gemeinsam ist. Doch die Antworten, wie man das Dilemma der Stachelschweine löst, fallen und fielen höchst unterschiedlich aus, sodass Benimmregeln etwas sind, was Kulturen voneinander trennt.

Im Jahr 1867 wurde auf den Fidschi-Inseln ein britischer Missionar erschlagen und anschließend verspeist, weil er den Kopf des Häuptlings berührt haben soll. Was möglicherweise als christliche Segensgeste gemeint war, war in der dortigen Gesellschaft ein absolutes Tabu. 2003 gaben die Bewohner des Dorfes dann ein großes Fest für die Nachfahren des Ermordeten und entschuldigten sich feierlich für das kulturelle Missverständnis 136 Jahre zuvor.

Soziale Ordnungen

Die formale Etikette hatte in der Vergangenheit vor allem den Zweck in einer ständischen Gesellschaft, jedem Menschen seinen ihm gebührenden Platz zuzuweisen. Damals war es von enormer Wichtigkeit, bei jeder Begegnung die genaue Rangfolge zu kennen und sich ihr entsprechend zu verhalten. Ohne Vorstellung ging sowieso gar nichts und ein Gespräch durfte nur der Höhergestellte beginnen. Auch der Umgang der Geschlechter war gespickt mit Dos and Don'ts.

Doch auch in einer egalitären Gesellschaft, in der alle Menschen grundsätzlich gleichberechtigt sind, haben sich Reste davon gehalten. Vor allem, aber nicht nur dort, wo Hierarchien herrschen.

- ✔ Auf dem diplomatischen Parkett geht es noch höchst formell zu – aber niemand erwartet, dass ein Außenseiter die Spielregeln kennt. Wenn Sie jemals zu einem Staatsempfang geladen werden, wird es jemanden geben, der Ihnen im Vorfeld erklärt, wie Sie sich zu verhalten haben.
- ✔ Auch Firmen sind in puncto Hierarchie oft altmodisch. Da empfiehlt es sich aufzustehen, wenn jemand von der Chefetage das Zimmer betritt, die Initiative zur Begrüßung und zum Gespräch aber ihm oder ihr zu überlassen.
- ✔ Träger eines akademischen Titels wie der Doktor und die Professorin werden in formellem Rahmen auch mit diesem angesprochen, Würdenträger aus Kirche und Verwaltung nur, wenn man Ihnen in Ausübung ihres Amtes begegnet. Falls Sie der Bundeskanzlerin auf einer Privatparty begegnen, dürfen Sie also Frau Merkel zu ihr sagen.
- ✔ In vielen Ländern sind die sozialen Ordnungen strenger als im Westen und richtiges Benehmen wichtiger. Das gilt für Hierarchien, den Umgang der Geschlechter und der verschiedenen Lebensalter, geschäftliche Beziehungen, aber oft auch für private Einladungen. Wer nicht nur als Tourist ins Ausland fährt oder gute Freunde besucht, sollte sich daher im Vorfeld diesbezüglich informieren.

Menschen fühlen sich generell wohl, wenn das Gegenüber die gleichen Umgangsformen hat. Wer selbst in Sachen Etikette noch recht formal aufgewachsen ist, wird zum Beispiel einen Bewerber um einen Job, der offensichtlich »eine gute Kinderstube« hatte, leicht mehr Vertrauen entgegenbringen als einem anderen mit glänzenden Referenzen.

Auch dort, wo es scheinbar leger zugeht, herrscht oft ein unausgesprochener Benimmcode, da nun einmal jeder Mensch seine Vorstellungen von richtig und falsch, angenehm und unpassend hat. Da kann es durchaus passieren, dass der Neuling versichert bekommt, alles gehe hier ganz zwanglos zu, und plötzlich muss er bemerken, dass man ihn mit verständnislosen Seitenblicken mustert und »Das geht ja gar nicht« getuschelt wird.

Überhaupt ist der Abschied von der Etikette eine zweischneidige Sache. Einerseits ist das Leben einfacher geworden als früher, andererseits ist vieles auch nicht mehr geregelt – was aber noch lange nicht heißt, dass es egal ist. Da helfen nur aufmerksames Beobachten und Fingerspitzengefühl.

Gut möglich, dass jemand, der dergleichen nicht gewohnt ist, Panik bekommt, wenn er bei einem feinen Essen eine Unmenge von Besteck und Gläsern neben seinem Teller sieht. Was ist nun wofür gedacht? Doch das müssen in erster Linie die wissen, die den Tisch decken. Die Gäste beginnen einfach mit den Werkzeugen, die ganz außen liegen, beziehungsweise dem Glas, das am weitesten rechts steht, und arbeiten sich dann Gang für Gang bis zum Dessert vor, für das sie das Besteck oberhalb des Tellers finden.

Geschultes Taktgefühl

Im Jahr 1788 veröffentlichte der sprichwörtlich gewordene Benimmpapst **Adolph Freiherr Knigge** sein Werk *Über den Umgang mit Menschen*. Entgegen der landläufigen Meinung schreibt er nicht darüber, wie man mit einer Hummerzange hantiert, wer wem die Türe aufhalten muss und wann man Smoking tragen muss.

Der *Smoking* hat seinen Namen bekommen, weil die Männer im 19. Jahrhundert, bevor sie sich nach dem Essen in das Rauchzimmer zurückzogen, den Frack gegen eine andere Jacke wechselten. Wenn sie sich dann später wieder zu den Damen begaben, wurde die verrauchte Smoking-Jacke wieder abgelegt. Im späten 19. Jahrhundert wurde es dann üblich, eine solche Jacke (aber natürlich frisch, nicht verraucht) auch zu Dinnereinladungen zu tragen.

Als Kammerjunker in Diensten der Landgrafen von Hessen-Kassel und der Herzöge von Weimar war der Freiherr von Leuten umgeben, die die nötige Etikette eigentlich gut genug beherrschten. Oft aber nicht mehr. In einem seiner satirischen Romane, die er auch schrieb, zog Knigge heftig über »die erbärmlichen Hofschranzen« und das »Hofgeschmeisse« her. Während aber so ein »äußerst leerer Mensch« oft trotzdem in Gesellschaft zu glänzen verstehe, weil er über gewandte Umgangsformen verfüge, sehe man oft die klügsten, verständigsten

Menschen im gemeinen Leben Dinge tun, worüber man nur den Kopf schütteln könne. Diesen gutwilligen, aber ungeschickten Menschen wolle er mit seinem Buch auf die Sprünge helfen, erklärt Knigge und gibt zu, dass er viele der Fehler, vor denen er warnt, einst selbst gemacht hat.

Knigges Buch ist aber auch keine Ansammlung von Kniffen und Tricks, wie man besonders gut ankommt, sondern genau das, was der Titel sagt: ein Ratgeber für den Umgang mit Menschen. Es gibt Kapitel zum Verhalten in Gesellschaft, im Umgang mit allen Arten von schwierigen Menschen, gegenüber Dienstboten, aber auch in der Ehe und im Umgang mit sich selbst. Ganz modern mahnt er, dass derjenige, der sich selbst nicht wertschätze, auch anderen nicht gerecht werden könne.

Was die Ehe angeht, plädiert er nicht unbedingt für eine Liebesheirat, aber entschieden für eine freie Wahl beider Seiten. Das eheliche Miteinander sieht er jedoch sehr pragmatisch:

»Wichtig ist die Sorgfalt, welche Eheleute anwenden müssen, wenn sie sich so täglich sehn und sehn müssen und also Muße und Gelegenheit haben, einer mit des anderen Fehlern und Launen bekannt zu werden, und, selbst durch die kleinsten derselben, manche Ungemächlichkeit zu leiden.«

Damit man sich nicht gegenseitig lästig, langweilig und gleichgültig werde oder gar Ekel und Abneigung zu empfinden beginne, sei es nötig, weise Vorsicht im Umgang miteinander walten zu lassen. Etwa höflich bleiben und sich nicht zu Hause allerlei Unmanierlichkeiten leisten, die man in Gesellschaft nie begehen würde, und dann noch dafür geliebt werden zu wollen. Oder immer für neue geistige Anregung zu sorgen, damit man sich nicht den ganzen Tag in tödlicher Langeweile gegenübersitze.

Veränderte Lebensrealitäten brauchen auch neue Umgangsformen. Etwa die *Netiquette*, ein Umgangskodex für respektvolles Verhalten im elektronischen Kontakt. Dazu gehört zum Beispiel:

- ✔ Die Regeln der Höflichkeit und des Respekts gelten bei E-Mails, Chats oder Posts genauso wie beim direkten Kontakt oder in konventionellen Schreiben.
- ✔ Elektronische Nachrichten sollten gut lesbar und nicht mit unverständlichem Slang, Rechtschreibfehlern und mangelnder Formatierung gespickt sein.
- ✔ Die Technik sollte auf einem Stand sein, der der Gegenseite keine Probleme macht.
- ✔ Die Privatsphäre der Gegenseite wird gewahrt. Man achtet darauf, was öffentlich einsehbar ist und was nicht, und leitet nicht Dinge, die man privat bekommen hat, ohne zu fragen an Dritte weiter.

- ✔ Auch dort, wo anonyme Benutzernamen verwendet werden, bleibt man ehrlich und nutzt die Anonymität nicht zum Lügen oder Täuschen.
- ✔ Man enttarnt nicht die Identität eines anderen Nutzers.
- ✔ Bei Verwendung von fremden Inhalten sind die Regeln hinsichtlich Urheberrecht und Datenschutz einzuhalten, auch wenn keine Sanktion droht.

Und was sagte schon Knigge zu Fake News?

> *»Erzähle nicht leicht Anekdoten, besonders nie solche, die irgend jemanden in ein nachteiliges Licht setzen, auf bloßes Hörensagen nach! Sehr oft sind sie gar nicht auf Wahrheit gegründet oder schon durch so viele Hände gegangen, dass sie wenigstens vergrößert, verstümmelt worden, und dadurch eine wesentlich andere Gestalt bekommen haben. Vielfältig kann man dadurch unschuldigen guten Leuten ernstlich schaden und noch öfters sich selber großen Verdruss zuziehen.«*

IN DIESEM KAPITEL

Frühlingsfest und Kirchweihschlägerei

Arbeitsfron und Freizeitstress

Kampftraining und Stadionerlebnis

Kapitel 12
Feste, Freizeit und Sport

Für einen *Kulturschock* muss man mitunter nicht weit reisen. Während meiner Studienzeit habe ich ein Praktikum in Bonn gemacht und wollte am Karnevals-Donnerstag, der Weiberfastnacht, Lebensmittel für das Wochenende kaufen. Rheinländer haben jetzt wahrscheinlich ein dickes Grinsen im Gesicht, denn natürlich musste ich sehr schnell feststellen, dass zwar jede Kneipe offen hatte, jedoch kein einziges Geschäft. Aber ich bin nun einmal in einer Gegend aufgewachsen, in der Karneval nicht nur Fasching heißt, sondern sich auch weitgehend auf einen eher bescheidenen Umzug der Vereine und ein paar Krapfen beschränkt (für Berliner und andere Ostdeutsche: Pfannkuchen, für Westdeutsche aus den Nicht-Krapfen/Kreppel-Gebieten: Berliner).

Auch viele andere Feste und Freizeitvergnügen sind von *Traditionen* geprägt und deshalb von Region zu Region sehr verschieden. Schaut man jedoch genauer hin, dann lassen sich unter dem unterschiedlichen äußeren Gepräge viele Gemeinsamkeiten finden.

Vom Jagdritual zum Karneval der Kulturen

Riten oder *Rituale* sind Handlungen, die regelmäßig auf die immer gleiche Weise begangen werden. In vielen Fällen sind sie Teil des religiösen Kultes oder haben dort zumindest ihren Ursprung. Die vielen steinzeitlichen Darstellungen von Tieren und jagenden Menschen weltweit wurden mit ziemlicher Sicherheit nicht einfach nach Lust und Laune an die Höhlenwand gepinselt, sondern im Rahmen einer *Zeremonie*, die bestimmten Regeln folgte. Im Gegensatz zur zwanglosen Party sind die meisten traditionellen Feste immer noch von einer Fülle von Ritualen durchzogen, deren Sinn oft gar nicht mehr klar ist.

Riten weltweit

Ein Ritus, der sich in nahezu allen Kulturen findet, die soweit vom Äquator entfernt liegen, dass sie ausgeprägte Jahreszeiten haben, sind jahreszeitliche Feste. Häufig werden diese zu den *Tagundnachtgleichen* (19., 20. oder 21. März und 22., 23. oder 24. September) sowie den *Sonnwenden* (21. oder 22. Dezember und 20., 21. oder 22. Juni) begangen. Eine ganz besondere Bedeutung hat oft das *Frühlingsfest*, bei dem die Wiederkehr längerer Tage, wärmere Temperaturen und die neue Vegetation gefeiert werden. Oft markiert es auch den Beginn des neuen Jahres. Solche Feste sind zum Beispiel

✔ **Nouruz:** Das Neujahrsfest zur Tagundnachtgleiche im Frühling war spätestens seit dem 6. Jahrhundert v. Chr. das Hauptfest der Perser. Vermutlich ließ König Dareios I. die prächtige Residenzstadt Persepolis nur für die Feier dieses Festes errichten. Die persische Mythologie schreibt die Einführung aber einem legendären König namens **Dschamschid** zu (einem Kulturheros), der den Winter besiegte. Nouruz wird von weltweit rund 300 Millionen Menschen vor allem in Zentralasien begangen, aber auch von den Anhängern der Bahai-Religion, den Parsen in Indien, im christlichen Georgien und bei den Muslimen auf dem Balkan. Ein Politikum ist es in der Türkei, wo es nur von den Kurden gefeiert wird. Zum Fest gehören sieben Speisen, die mit »S« beginnen müssen, aber auch gefärbte Eier und grüne Kräuter, die gerne als Picknick im Park gegessen werden, dazu viel Musik und große Feuer.

Viele Nouruz-Bräuche finden sich in nahezu gleicher Form auch in der christlichen Tradition, etwa über das Feuer springen, einander mit Wasser bespritzen oder verkleidete Kinder, die von Haus zu Haus ziehen und Süßigkeiten »erheischen«.

✔ **Ostern:** Das christliche Auferstehungsfest wird am ersten Sonntag nach dem ersten Frühlingsvollmond gefeiert. Im Brauchtum hat sich viel Vorchristliches erhalten. So wird mancherorts der Winter in Gestalt einer Strohpuppe verbrannt, die in christlicher Zeit zum Verräter Judas umgedeutet wurde. (Anderswo ist das *Winteraustreiben* Teil der Fastnachtstraditionen). Abgesehen davon war Ostern trotz der Freude über die Auferstehung früher eher ein ernstes Fest, während man 50 Tage später zu Pfingsten ausgelassen feierte und den in voller Blüte stehenden Frühling genoss.

Gründonnerstagssuppe und Karfreitagseier

Gründonnerstag klingt nach vorchristlichen Wurzeln, die mit dem sprießenden Grün des Frühlings zu tun haben. Doch das ist nicht sicher belegt. Möglicherweise leitet sich der Name auch vom »Greinen« ab, dem bitterlichen Weinen um den todgeweihten Christus, und vom reuigen Klagen der exkommunizierten Büßer, die traditionell an diesem Tag wieder in die Kirche aufgenommen wurden. Unabhängig davon, welche Deutung stimmt, drehen sich die Riten und Bräuche an diesem Tag um die Farbe grün. So wird in vielen Gegenden Gründonnerstagssuppe mit möglichst vielen frischen Kräutern gegessen.

Dagegen war der *Karfreitag* im Volksglauben mit allerlei magischen Vorstellungen verbunden, zum Beispiel dass in dieser Nacht die Wilde Jagd oder andere Geisterwesen unterwegs seien. Eier, die an diesem Tag gelegt wurden, galten als wundertätig und wurden beispielsweise im Acker oder unter der Türschwelle des Hauses vergraben.

Das Ei ist in vielen Mythologien Symbol für das Leben. So werden auch zu Nouruz rote Eier verschenkt, in China gibt es sie zur Geburt eines Sohnes. Doch die Eierflut zu Ostern hat auch einen ganz praktischen Grund: Da in der Fastenzeit weder Fleisch noch Butter oder Eier gegessen werden durften, hatten sich am Ende der 40 Tage viele der einst kostbaren Leckereien angesammelt, die dann schön verziert verschenkt wurden.

Besondere Tradition hat das Verzieren in Osteuropa, wo die Arbeit oft von Liedern, Segenssprüchen und anderen Ritualen begleitet wird. Im 18. Jahrhundert nahm das Eierschenken teils solche Ausmaße an, dass es verboten wurde. Möglicherweise hat man damals angefangen, die Eier zu verstecken.

Es war traditionell keineswegs nur der Hase, der sie dort hingelegt haben soll, sondern etwa in Tirol das Himmelshuhn, in der Schweiz der Kuckuck, im Elsass der Storch, in Sachsen der Hahn, in Hessen der Fuchs und in Fulda der Palmesel.

Wenn Sie ein wenig Latein können, haben Sie sich vielleicht schon einmal darüber gewundert, dass in den Namen der Monate September, Oktober, November und Dezember die lateinischen Zahlen für 7, 8, 9 und 10 enthalten sind, obwohl es sich um den 9., 10., 11. und 12. Monat des Jahres handelt. Das liegt daran, dass das römische Jahr lange Zeit mit dem 1. März begann. Erst Caesar verlegte 45 v. Chr. im Rahmen seiner *Kalenderreform* den Jahresbeginn auf den 1. Januar, weil da auch das neue Amtsjahr der römischen Konsuln begann. 1582 wurde Caesars *julianischer Kalender* dann von Papst Gregor XIII. reformiert, weil er dem Sonnenstand bereits mehrere Tage hinterherhinkte. Doch von den orthodoxen und altorientalischen Kirchen wird er immer noch benutzt, was dazu führt, dass dort Feste wie Weihnachten 13 Tage später als in den westlichen Kirchen gefeiert werden.

- ✔ **Beltane:** Das keltische Frühlingsfest wurde am 1. Mai mit großen Feuern gefeiert und lebt in Traditionen wie dem Tanz in den Mai, der Wahl einer Maikönigin oder dem Maibaum weiter. Die anderen keltischen Jahreszeitenfeste waren *Lugnasadh* (1. August), *Samhaim* (1. November) und *Imbolc* (1. Februar). Die Nächte davor galten als besonders unheimlich, da man glaubte, die Pforten der Unterwelt ständen offen – die Wurzeln von *Walpurgisnacht, Freinacht* und *Halloween.* Sehr viel Gesichertes weiß man über die keltischen Feste aber nicht, obwohl sie im Neuheidentum und der Fantasy-Szene großen Stellenwert genießen.

- ✔ **Pessach:** Das jüdische Frühlingsfest geht traditionell mit einer akribischen Reinigung des Hauses einher, ist aber sonst ganz der Erinnerung an die Befreiung des Volkes Israel aus ägyptischer Knechtschaft gewidmet.

- **Chunjie:** Das chinesische Neujahrsfest wird in China selbst als Frühlingsfest bezeichnet, obwohl es gemäß dem traditionellen chinesischen Mondkalender manchmal schon im Januar beginnt. Traditionell dauert es 15 Tage. Wichtige Bestandteile sind die Glücksfarbe Rot, goldene Glückszeichen, viele Laternen, Lärm, der den Dämon Nian vertreiben soll, das Zelebrieren von Überfluss durch Neuanschaffungen und Geschenke sowie das ausgiebige Tafeln mit der Familie. Dazu kommen viele Dinge, die getan oder gelassen werden müssen, weil sie Glück oder Unglück verheißen.

Neben den Jahresfesten haben auch familiäre Feiern wie Geburten, die Initiation der Jugendlichen, Hochzeiten oder Begräbnisse traditionelle Wurzeln. Dagegen wurde es erst Mitte des 19. Jahrhunderts üblich, Geburtstag zu feiern und erst nach dem Zweiten Weltkrieg setzte sich der Brauch so gut wie überall in der westlichen Welt durch.

Die großen Stelldicheins

Vielleicht haben Sie das auch schon erlebt: Natürlich ist die Beerdigung der Oma eigentlich ein trauriger Anlass, doch alle sind gekommen und am Ende wiegt die Freude, die Verwandtschaft wieder getroffen zu haben, den Schmerz auf. Diese soziale Funktion hatten Feste seit jeher. Oft wurde auf einer Hochzeit schon die nächste arrangiert. Vor allem aber waren *Jahrmärkte* eine soziale, wirtschaftliche und kommunikative Drehscheibe. Denn im Gegensatz zu den religiösen und jahreszeitlichen Festen wurden sie nicht am selben Tag in jedem Dorf gefeiert, sodass sich auch Menschen von weiter her einfanden. Von der Idee her waren sie keine Feste, sondern Verkaufsveranstaltungen. Um sie durchführen zu dürfen, musste eine Stadt das *Marktrecht* haben. Auf diese Weise konnte sichergestellt werden, dass die einzelne Veranstaltung genügend Besucher und Händler, vor allem aber auch Fernkaufleute anzog. Die meisten Jahrmärkte dauerten mehrere Tage, sodass auch die örtliche Gastronomie profitierte.

Sie fanden statt

- an kirchlichen Festtagen etwa als *Weihnachts-*, *Pfingst-* oder *Ostermarkt*,
- am Fest des Stadtpatrons oder anderer populärer Heiliger etwa als *Annafest* oder Johannimarkt,
- zu strategisch günstigen Jahreszeiten, etwa als *Herbstmesse*, wenn die Bauern ihre Ernte eingebracht und verkauft hatten und über Zeit und Geld verfügten,
- zu Zeiten, die günstig für ein bestimmtes Verkaufsgut waren, etwa bei *Viehmärkten*, *Weinfesten* oder *Töpfermessen*.

Das Vergnügen ergab sich dann quasi von selbst, denn natürlich zogen solche Events nicht nur Kaufleute, Händler, Bauern und Handwerker an, sondern auch alle Arten von Musikanten und Gauklern, Schauspieler, Wahrsager, Quacksalber et cetera.

Was der Stadt der Jahrmarkt war, war dem Dorf die *Kirchweih*, auch *Kerwa* oder *Kerb* genannt. Eigentlich sollte an diesem Tag – gemäß dem Namen – die Weihe der örtlichen Kirche gefeiert werden. Doch das nahm man in der Regel nicht so genau und legte das Fest gerne in den Sommer oder strategisch günstig auf ein Wochenende, wo nicht gerade auch das Nachbardorf feierte oder Erntezeit war.

Da der Obrigkeit die vielen ausgelassenen Kirchweihfeiern ein Dorn im Auge waren, versuchte sie teilweise ein einheitliches Datum festzusetzen, in Bayern etwa am dritten Sonntag im Oktober, doch das funktionierte nur beschränkt.

Auch die Kirchweih ist vielerorts mit Traditionen und Ritualen verbunden, doch die haben in der Regel keinen religiösen Ursprung, sondern sind im weitesten Sinne *Balzrituale*. Die unverheirateten jungen Männer des Dorfes müssen sich etwa beweisen, indem sie den Kirchweihbaum oder eine Strohpuppe gegen die Burschen des Nachbarorts verteidigen, die typischen Lieder oder auch Schlachtrufe sind eher derb und wer mit wem auf die Kirchweih geht (oder auch nicht) ist ein Politikum, über das sich das ganze Dorf das Maul zerreißt. Natürlich wird viel getanzt und neben reichlich Alkohol gehören auch die jeweils typischen Kirchweih-Küchlein dazu – meist in Fett ausgebacken, da sie aus einer Zeit stammen, in der die Backöfen nur für Brot taugten.

Jahrmärkte und Kirchweihfeiern, aber auch große Familienzusammenkünfte, endeten früher nicht selten nach zuviel Alkoholgenuss und dem Aufwärmen alter Zwiste in blutigem Ernst. So gesehen haben die unschönen Begleiterscheinungen des Münchner Oktoberfests wie Alkoholexzesse, Schlägereien und sexuelle Belästigung durchaus Tradition – während die seit einigen Jahren eingeführte, beschaulichere »Oide Wiesn« mit ihren altmodischen Belustigungen, eingeschränkten Öffnungszeiten und reduziertem Bierausschank in dieser Hinsicht ein Kind heutiger, familiengerechter Freizeitkultur ist.

Kulturelles Crossover

Nicht nur Ostern wurde von der christlichen Kirche an die Stelle eines heidnischen Frühlingsfestes gesetzt, auch in anderen Fällen deutete man ganz bewusst die alten Feste neu. So lebt zum Beispiel das Sonnwendfest in den Johannisfeuern (zu Ehren Johannes des Täufers) fort, das Erntefest wird als christlicher Erntedank begangen und das Mittwinterfest findet sich in Weihnachten wieder. Dass sich dabei viel heidnisches Brauchtum erhalten hat, ist kein Wunder.

Inzwischen hat sich die Kultur wieder gewandelt. Die Zahl der gläubigen Christen in den westlichen Industriegesellschaften geht rapide zurück, trotzdem werden immer noch die christlichen Feste gefeiert, haben jedoch einen ganz anderen Charakter bekommen.

Neuerdings wird gelegentlich vorgeschlagen, ein muslimisches Fest in Deutschland zum allgemeinen Feiertag zu machen, um auch die Kultur der hier lebenden Muslime zu würdigen, etwa das *Zuckerfest (Eid-al-Fitr)* zum Ende des Fastenmonats Ramadan. Es werden dann regelmäßig Proteste laut, die das christliche Abendland in Gefahr sehen. Doch vermutlich würde sich, wenn diese Idee verwirklicht werden würde, vor allem die muslimische Kultur ändern. Denn mit einiger Sicherheit würde das Fest genauso zu einem säkularisierten Konsumfest wie es Weihnachten und Ostern bereits sind, mit reichlich orientalischen Spezialitäten und Süßigkeiten, Offensiven des Handels und öffentlichem »Ringelpiez«, weitgehend losgelöst vom religiösen Charakter und dem vorherigen Fasten während des Ramadan.

Man kann es natürlich traurig finden, dass zwangsläufig jedes Fest in Kommerz ausartet. Aber in einer kommerziellen, säkularen Gesellschaft ist das ein Stück weit unvermeidlich. Jede Kultur feiert so, wie sie ist, und eine säkulare Gesellschaft kann zwar Rücksicht auf die religiösen Gefühle der Gläubigen nehmen und die Hintergründe der Feste kennen (das gehört wirklich zur Allgemeinbildung!), aber eben nicht religiös feiern.

Tanzverbot und Weihnachtsmann

Mit der *Säkularisierung* ist vor allem die Dramaturgie der christlichen Hauptfeste auf der Strecke geblieben. Der Advent war eigentlich eine Fastenzeit, die der Besinnung und Vorbereitung diente. Die weihnachtliche Festzeit begann am Heiligabend und dauerte bis Mariä Lichtmeß (2. Februar). Heute gibt es Lebkuchen spätestens ab September und am Abend des zweiten Weihnachtsfeiertags sind die meisten froh, dass das Ganze endlich vorbei ist. Ebenso sind zu Ostern alle freien Tage »Feiertage« und alle Jahre wieder wird gegen das öffentliche Tanzverbot an Karfreitag gewettert, während es in der christlichen Liturgie eine dramatische Inszenierung zwischen abgrundtiefem Leid (Karfreitag) und erlöstem Jubel (Ostersonntag) gibt.

Aber auch die christliche Kirche selbst hat dazu beigetragen, ihr Brauchtum zu profanieren. So bekamen traditionell die Kinder am Tag des heiligen Nikolaus (6. Dezember) Geschenke. Martin Luther wollte dem Heiligen die Bedeutung nehmen und warb dafür, dass der »Heilige Christ« die Geschenke bringt. Das führte dazu, dass

1. Nikolaus (der im 4. Jahrhundert Bischof von Myra gewesen war) zu einem poltrigen Weihnachtsmann mutierte (den dann ab 1931 endgültig Coca-Cola populär machte) und
2. die Gestalt des Christkinds in Form eines blondlockigen, geflügelten Engelchens entstand.

Doch nicht nur traditionelle Feste ändern sich, wenn sich Kulturen ändern. Es werden auch neue erfunden. Kennen Sie zum Beispiel den *Karneval der Kulturen* in Berlin? Karneval und Berlin scheinen ja nicht so recht zusammenzupassen. Zwar gibt es diverse Karnevalsvereine in der Hauptstadt, doch deren Versuche, einen richtigen Straßenkarneval zu etablieren, blieben bisher Stückwerk.

Im späten Mittelalter gab es im *Fasching* durchaus Umzüge, Tanzveranstaltungen, Mummenschanz und Gauklerspiele in Berlin. Doch zu Beginn des 17. Jahrhunderts wurden diese verboten. Nur der Adel feierte weiterhin extravagante *Maskenbälle (Redouten).*

1996 kam dann eine Initiative namens Werkstatt der Kulturen auf die Idee, nach dem Vorbild des Londoner *Notting Hill Carnival* ein Fest der verschiedenen in Berlin lebenden Kulturen zu feiern. Seitdem zieht jedes Jahr am Pfingstwochenende ein ausgelassen tanzender Trachtenumzug der besonderen Art Hunderttausende von Besuchern an. Aushängeschild sind die brasilianischen Samba-Gruppen, aber dabei sind tatsächlich die verschiedensten

Kulturen bis hin zu alemannischen Fasnets-Narren und dem Berliner Chorverband. Und im Großen und Ganzen sind die Berliner der Meinung, dass das besser zu ihrer Stadt passt als ein kultureller Import aus dem Rheinland – zumal der rheinische Karneval mit seinen Prinzengarden und Tanzmariechen, seinen Uniformen und Komitees einst den preußischen Militarismus veralberte.

Von harter Maloche zur Work-Life-Balance

In der jüdischen *Tora* ist Arbeit eine Strafe. »Im Schweiße deines Angesichts sollst du dein Brot essen«, erklärt Gott Adam, als er ihn nach dem Sündenfall aus dem Paradies vertreibt. Nicht viel anders sahen es die alten Griechen. Wer es sich leisten konnte, der ließ die körperliche Arbeit seine Sklaven tun und beschäftigte sich mit Politik und Philosophie. Lohnarbeit schwäche den Körper und lenke das Denken in eine niedrige Richtung, befand **Aristoteles**. Bei den Römern hieß Arbeit *Negotium*, was örtlich »keine Muße« bedeutet. In den westlichen Industrienationen dagegen hat Arbeit einen so guten Ruf wie selten in der Geschichte. Sie gilt als sinnstiftend und Werk zur Selbstverwirklichung – während nicht selten die Gestaltung der Freizeit in Stress ausartet.

Das griechische Wort für Muße lautete »Skole«. Da gebildete Griechen ihre Mußestunden aber mit Vorliebe in philosophischen Zirkeln verbrachten, verengte sich der Begriff auf die dortigen Vorlesungen und wurde später in Rom für Unterricht benutzt (den vor allem gebildete griechische Sklaven gaben).

Der Sinn der Arbeit

Um seine Arbeit als sinnvoll zu empfinden, muss man erst einmal eine Wahl haben. Doch in den meisten Kulturen der Vergangenheit gab es wenig Alternativen. Ein Mensch hatte die Rolle zu spielen, in die er hineingeboren wurde – inklusive der damit verbundenen Arbeit. Das galt nicht nur für Bauern, Tagelöhner, Handwerker und andere Angehörige der unteren Schichten. Auch die Söhne des Adels wurden in der Regel nicht gefragt, ob sie in den Krieg ziehen, die Familiengüter bewirtschaften oder Geistlicher werden wollten. Teilweise galten im Adel noch bis ins 20. Jahrhundert alle anderen Tätigkeiten als nicht ehrenhaft. während Angehörige des Mittelstands bei der Berufswahl schon an Selbstverwirklichung dachten. Die Sinnfrage wurde in traditionellen Gesellschaften aber nicht in Bezug auf den Einzelnen gestellt, sondern im Hinblick auf die Gesamtordnung.

Eine Sonderrolle spielen sehr einfache, selbstgenügsame Kulturen, in denen es keine ausgeprägten Hierarchien mit ehrgeizigen Fürsten und auch sonst kein Streben nach Veränderung und Verbesserung gibt. Dort beschränkt sich die Arbeit in der Regel auf die gemeinsame Sorge um das Lebensnotwendige – und wenn diese nicht durch äußere Umstände erschwert wird, bleibt viel Zeit für Muße.

Einer der ersten Philosophen, die sich intensiv mit dem Wesen der Arbeit auseinandersetzten, war **Georg Wilhelm Friedrich Hegel**. (1770–1831). Er sah in der Arbeit eine menschliche Grundbestimmung. Während Tiere aus einem Zwang heraus agierten, hätten die Menschen durch Arbeit die Möglichkeit, ihre Welt zu gestalten. Und **Friedrich Engels** (1820–1895) meinte, erst die Arbeit habe den Menschen als solchen geschaffen.

Der Soziologe **Max Weber** (1864–1920) machte in seiner berühmten Schrift *Die protestantische Ethik und der Geist des Kapitalismus* (1905) dagegen das Zusammentreffen von Reformation und beginnendem Unternehmertum im 16. Jahrhundert als Wurzel einer positiv gesehenen Arbeitsethik aus. Bereits Luther habe den Beruf als eine von Gott gestellte Aufgabe angesehen, die so gut wie möglich erfüllt werden muss. Besonderen Einfluss aber übte der Genfer Reformator **Johannes Calvin** (1509–1564) aus. Er lehrte, dass es seit Anfang der Zeiten feststehe, welcher Mensch zum Guten, welcher zum Schlechten bestimmt sei (*Prädestination*). Der Mensch könne daran nichts ändern, aber durch Fleiß und Erfolg sich und den anderen beweisen, dass er zu den Auserwählten gehört. Eine solche Verquickung von Religion und wirtschaftlichen Erfolg habe es außerhalb der protestantisch geprägten Welt nirgends gegeben, meinte Weber.

Auch wenn Webers Thesen plausibel klingen, sollte man nicht übersehen, dass sich die beruflichen Möglichkeiten für den Einzelnen schon durch die *Verstädterung* im Hochmittelalter stark verbessert hatten. Erfolgreiche Fernhandelskaufleute bildeten die städtische *Patrizierschicht*, ehemals hörige Bauern konnten sich neue Existenzen aufbauen, das Niveau im Handwerk und seine Spezialisierung waren außerordentlich hoch. Im 16. Jahrhundert kam noch der *Überseehandel* hinzu. Neben der religiösen Komponente lockten also auch ganz konkrete Aufstiegschancen und das, was man modern »Selbstwirksamkeitserfahrung« nennt.

Von der wirtschaftlichen Entwicklung im Europa der frühen Neuzeit profitierten allerdings nur wenige. Während einerseits Arbeit zunehmend als sinnstiftend, gewinnbringend und erfüllend gepriesen wurde, bedeutete für die meisten Menschen ihre Tätigkeit doch nur harte Maloche. Schon Schiller kritisierte, dass der normale Mensch keine befriedigende Arbeit habe, aber »die ganze, karge Summe seiner Kraft« dafür aufwenden müsse. Engels prangerte nicht nur die materielle Ausbeutung der Arbeiter an, sondern betrachtete Arbeit für den Profit anderer auch als Entfremdung des Menschen von sich selbst. Und Hannah Arendt konstatiert in ihrem Werk *Vita activa oder Vom tätigen Leben* (1958), dass in der modernen Arbeitswelt der Werkzeug herstellende *homo faber* zum *animal laborans*, zum Arbeitstier, geworden sei, das nur noch funktionieren müsse und nicht mehr Herr über sein Tun sei.

Die Entdeckung der Freizeit

Der siebte Tag der Woche war schon im alten Mesopotamien ein besonderer Tag. Er galt als potenziell unheilvoll, weshalb man gut daran tat, an diesem Tag bestimmte Tätigkeiten zu meiden und den Göttern zu opfern. Die Juden, die ein weit positiveres Verhältnis zu ihrem Gott hatten, konnten damit nicht viel anfangen und gaben dem freien Tag eine neue Deutung. »Sechs Tage sollst du deine Arbeit tun«, heißt es in der *Tora*, »aber am siebten Tag sollst du ruhen«, denn – so die Begründung – auch Gott habe nach der Erschaffung der Welt in sechs Tagen am siebten geruht.

Was weniger bekannt ist: Die Bibel fordert dazu auf, alle sieben Jahre alle Äcker, Weinberge und Ölhaine brach liegen zu lassen und überhaupt nicht zu arbeiten. Stattdessen sollen sich die Armen und die Tiere von dem bedienen dürfen, was von selbst wächst. Ob dieses Gebot in der Gesellschaft des alten Israels tatsächlich befolgt wurde, ist umstritten. Es scheint solche *Sabbatjahre* gegeben zu haben, aber eher selten. Das Sabbatjahr inspirierte jedoch in den 1990-er Jahren die Idee des *Sabbaticals*, der längeren beruflichen Auszeit.

Das Christentum hat den Ruhetag im Jahr 325 vom jüdischen Sabbat (Samstag) auf den angeblichen Auferstehungstag Jesu, den Sonntag, verschoben. Im kirchlichen Kontext ist deshalb oft gemäß der jüdischen Tradition vom Sonntag als dem ersten Tag der Woche die Rede, obwohl er in der Praxis zum Ruhetag am Wochenende geworden war.

Auch die jüdische Ansicht, dass ein Tag mit der Abenddämmerung beginnt, findet sich noch im christlichen Kulturgut: Der Samstag heißt in manchen Gegenden Sonnabend und das Weihnachtsfest (25. Dezember) beginnt mit »Heiligabend« am 24. Dezember.

Die Praxis sah über die Zeit und in den unterschiedlichen christlichen Kulturen oft anders aus. Abhängig Beschäftigten wurde der freie Sonntag oft verwehrt und in vielen traditionell sehr katholischen Ländern wie Irland, Italien, Polen und Portugal waren und sind offene Geschäfte am Sonntag normal. Dagegen gab es protestantische Gruppen, vor allem in den USA, deren Vorstellungen von Feiertagsruhe fast an die orthodoxer Juden herankamen.

Adelige hatten zwar viel freie Zeit, aber nie »frei«, da sie nach eigenem Selbstverständnis immer als »Herr« oder »Herrin« fungierten, egal ob sie gerade das Personal kontrollierten oder zur Jagd ritten. Im aufstrebenden Bürgertum dagegen bekam der *Müßiggang* – das von den antiken Philosophen so gepriesene »sich in Muße ergehen« – einen äußerst negativen Anstrich. Müßiggang galt als Faulheit, Pflichtvergessenheit und sogar gottlos. Wer dann auch noch Unglück hatte, war selbst schuld. Einzig die Beschäftigung mit Kultur war (wegen der veredelnden Wirkung) eine gewisse Entschuldigung, nicht emsig Ziele zu verfolgen.

»Müßiggang ist aller Laster Anfang«, klagt Prinz Leonce in Georg Büchners Lustspiel *Leonce und Lena* (1836) und zitiert dabei wohl ein damals schon bekanntes Sprichwort. Lesen Sie einmal in die erste Szene des Stücks hinein; sie versprüht auf unterhaltsame Art die ganze damalige Wut (und moralische Überlegenheit) des Bürgertums gegenüber dem als nichtsnutzig empfundenen Adel: `gutenberg.spiegel.de/buch/georg-buchner-leonce-und-lena-420/2`.

Gelegentlich liest man, Müßiggang habe schon im Mittelalter unter dem lateinischen Namen »Acedia« zu den sieben Hauptlastern gezählt. Doch das stimmt nicht. Acedia bedeutet Trägheit, Interesselosigkeit, Nachlässigkeit und Abgestumpftheit, also eine ignorante, pflichtvergessene, unachtsame Haltung gegenüber dem Leben. Dagegen wurde das müßige, betrachtende Leben (*Vita contemplativa*) in der christlichen Kirche – wie bei den griechischen Philosophen – ursprünglich höher geschätzt als das tätige (*Vita activa*). Der Ordensgründer **Benedikt von Nursia** (um 480–547) allerdings strebte mit seiner Ordensregel, die gerne auf das Schlagwort *»Ora et labora« (Bete und arbeite)* verkürzt wird, eine gesunde Mischung zwischen Aktivität und innerer Einkehr an.

Ironischerweise wurde es im 18. Jahrhundert ausgerechnet bei den den Müßiggang so verachtenden Bürgern zur Prestigesache, dass Frauen nicht arbeiten müssen. Reichte das Geld noch für genügend Hauspersonal, dann hatten diese Frauen oft sehr viel freie Zeit. Diese durften sie jedoch nur mit Dingen wie Klavierspielen oder Sticken füllen, da alles andere als unschicklich galt. Selbst die so beliebten Romane wurden vielen Frauen (und Töchtern) untersagt. Kein Wunder also, dass die Hausmusik in der Romantik einen enormen Aufschwung nahm.

Die ersten Forderungen nach einer *Freizeit* im Sinne von Entspannung und Erholung finden sich bei Reformpädagogen wie **Friedrich Fröbel** (1728–1852). Im 19. Jahrhundert forderte die *Arbeiterbewegung* den Acht-Stunden-Tag gemäß der Parole des walisischen Sozialreformer **Robert Owen** (1771–1858) »Acht Stunden arbeiten, acht Stunden schlafen und acht Stunden Freizeit und Erholung«.

Gleichzeitig richteten sich die Parolen der Arbeiter gegen die reichen Müßiggänger. Das anschauliche und auf antike Ideen zurückgehende Wort »Müßiggang« blieb also weiter negativ behaftet und wurde durch die sachlichere Freizeit ersetzt.

Unendliche Zerstreuung

Mit Beginn des 19. Jahrhunderts begann sich eine *Freizeitkultur* zu etablieren. Für das Bürgertum spielten Kultur und Reisen eine große Rolle. In der Arbeiterschicht konnte man sich immerhin den Familienausflug ins Grüne leisten, teilweise auch einen Kleingarten. Für die Männer gehörte neben dem Bier mit den Kumpels in der Kneipe meist auch Sport dazu, teils in eigenen Arbeitervereinen. Im Ruhrgebiet war die Brieftaubenzucht ein erstes Kleine-Leute-Hobby. In anderen Milieus und Regionen sowie über die Zeit kamen andere Vergnügen und Hobbys in Mode.

Viele Vereine haben ihr Gründungsdatum im Namen. Achten Sie doch einmal darauf! Sie werden feststellen, dass viele von der Wende des 19. zum 20. Jahrhundert entstanden sind.

Und heute? Gibt es überhaupt noch eine Freizeitkultur oder hat im Paradies der unendlichen Möglichkeiten tatsächlich jeder seine ganz persönliche Art, die angenehmen Stunden des Lebens zu verbringen? Und warum wird dieses Überangebot so oft zum Problem?

Im Gegensatz zum verpönten Wort Müßiggang ist der Begriff Freizeit oft eine Mogelpackung.

- ✔ Arbeiten, Schlafen, Freizeit – so einfach wie bei Robert Owen ist das moderne Leben nicht. Denn es kostet immer mehr Zeit, dieses zu organisieren. Das meiste davon ist ziemlich stressig, gilt aber nicht richtig als Arbeit, sondern muss irgendwie noch nebenher laufen.
- ✔ Auch einen Großteil der übrigen Freizeit haben viele Menschen nicht wirklich frei, sondern müssen, den Bedürfnissen anderer Rechnung tragen: die Kinder beschäftigen, unbedingt wieder die Eltern besuchen, im Verein aushelfen … Von der steten Erreichbarkeit per Handy erst gar nicht zu reden.

✔ Und dann einfach die Füße hochlegen … Aber kann man tatsächlich nichts tun, wenn alle anderen am Montag von ihren tollen Unternehmungen sprechen? Auch in Sachen Freizeit entsteht oft Leistungsdruck.

Welchen Sinn hat das alles überhaupt? Erholung könnte ein Sinn sein. Oder Spaß. Aber wenn man gar nicht weiß, was wirklich Erholung bringen könnte und auf nichts so richtig Lust verspürt? Psychologen und Philosophen denken Arbeit und Freizeit immer zusammen und fordern, dass die Balance zwischen beidem viel mehr kultiviert werden müsse. »Der Genuss wurde von der Arbeit, das Mittel vom Zweck, die Anstrengung von der Belohnung geschieden«, kritisierte schon Schiller. Auch Hanna Arendt entdeckte in der modernen Arbeits- und Lebenswelt ein allgemeines Unbehagen, ein »akutes virulentes Unglücklichsein«, das sie auf das gestörte Gleichgewicht von Arbeits- und Ruhephasen, von Erschöpfung und Pause, Mühsal und Erholung zurückführte. Der Psychologe **Viktor Frankl** (1905–1997) sprach von regelrechten »Sonntagsneurosen«, die entstehen, wenn das Tempo der Woche wegfalle und die ganze Sinnarmut des großstädtischen Alltags bloßlege. Die vielen Freizeitmöglichkeiten fungierten dann nur als Ablenkung und Zerstreuung, würden dem Leben aber auch nicht mehr Sinn geben.

Für **Immanuel Kant** sind Zerstreuungen sogar die Spitze des menschlichen Elends. Denn sie würden den Menschen daran hindern, über sich selbst nachzudenken. Ohne sie, so meint er, würden die Menschen sich langweilen »und diese Langweile würde uns antreiben, ein besseres Mittel zu suchen, um sie zu überwinden. Die Zerstreuungen aber vergnügen uns und geleiten uns unmerklich bis zum Tode«.

Hannah Arendt hält die Vorstellung, dass ein Mensch, der an seiner Arbeit leidet, seine freie Zeit für Dinge wie Politik, Philosophie, Kunst oder karitatives Engagement nutzen wird, jedoch für unrealistisch.

»Die überschüssige Zeit des animal laborans wird niemals für etwas anderes verbraucht als für das Konsumieren und je mehr Zeit ihm gelassen wird, desto begehrlicher und bedrohlicher werden seine Wünsche und sein Appetit.«

Andere Denker meinen, es komme nicht auf Arbeit oder Freizeit an, sondern allgemein auf sinnvolles Tun. Schiller etwa unterschied zwischen Tätigkeiten, zu denen man durch einen Mangel getrieben wird, und jenen, die aus einem inneren Reichtum heraus erwachsen. Der Soziologe **Ulrich Beck** (1944–2015) forderte, ehrenamtliches Engagement, Kindererziehung und Pflege gegenüber der Erwerbsarbeit aufzuwerten, um dem Dilemma der unbefriedigenden Arbeitssituation und der daraus resultierenden gestörten Freizeitkultur zu entkommen.

Der US-amerikanische Psychologe **Mihály Csíkszentmihályi** (* 1934) sieht den Alltag der modernen Menschen einerseits von *Überforderung* geprägt, die Angst erzeugt, andererseits von *Unterforderung*, die zu Langeweile führt. Überforderung in der Arbeit durch Unterforderung in der Freizeit zu kompensieren, bleibt seiner Beobachtung nach unbefriedigend (auch wenn man ganz bewusst etwas für sich tut). Der *Flow* – für die Entwicklung dieses Begriffs wurde Csíkszentmihályi berühmt – stellt sich demnach nur ein, wenn man, egal ob in der Arbeit oder der Freizeit, etwas hat, dem man sich mit vollem Elan widmen kann, weil es sowohl den persönlichen Interessen wie auch den eigenen Fähigkeiten entspricht.

Freizeitkultur ist also weit mehr als die Frage, welche Beschäftigungen und Hobbys in welcher Kultur besonders beliebt sind, sondern es geht um eine Kultivierung der Mußestunden im eigentlichen Sinne des Wortes.

Von der notwendigen Bewegung zur Ersatzreligion

Sport hat eine lange Tradition. Möglicherweise haben sich schon die prähistorischen Jäger im Ringen, Rennen und Schwimmen geübt. Spätestens in den ersten Hochkulturen wurde dann wirklich Sport getrieben. So finden sich an den Wänden mehrerer ägyptischer Grabkammern regelrechte Anleitungen für eine Sportart, die mit ihren vielen Haltegriffen, Hebeln und Fußfegern wie eine Mischung aus Ringen und Judo anmutet.

> *»Er ergriff den Ball und passte ihn zu einem Mitspieler, während er einem anderen auswich und lachte. … Währenddessen erschallten die Rufe der Menge: Aus, zu weit, direkt neben ihm, über seinen Kopf, auf den Boden, hoch in die Luft, zu kurz, pass ihn zurück in den Dreck.«*

Was nach einer Handballreportage klingt, ist die Beschreibung eines gewissen **Antiphanes** von einem Spiel, das die Griechen *Phaininda* nannten und die Römer *Harpastum*. Es wurde mit einem kleinen Ball aus einer Schweineblase gespielt und scheint eine Mischung aus Handball und Rugby gewesen zu sein. »Besser als Ringen oder Laufen ist das Spiel mit dem kleinen Ball«, konstatierte der berühmte griechische Arzt **Galen**, »weil es jeden Teil des Körpers trainiert, wenig Zeit in Anspruch nimmt und nichts kostet.«

Wettkämpfe

Doch in den meisten historischen Kulturen war es nur eine Gruppe, die sich sportlich betätigte: die jungen Männer aus den Schichten, die zum Kriegsdienst verpflichtet waren. Teilweise beschränkte man sich dabei auf simulierte Kämpfe und die Jagd, anderswo standen auch Laufen, Fechten, Bogenschießen, Ringen, Boxen und Schwimmen auf dem Programm.

Was heute der Fußball ist, war in historischen Kulturen oft das *Ringen*. Ob beim japanischen *Sumo*, beim gambischen *Bère*, dem türkischen *Ölringen* oder Schweizer *Schwingen*, beim chinesischen *Jiao Di* oder dem mongolischen *Boke*: Die Kämpfe standen im Mittelpunkt großer Volksfeste und erfolgreiche Ringer wurden als Stars gefeiert. Teilweise war das Ringen Teil der Volkskultur, teilweise galt es als königliche Sportart und war mit zahlreichen Ritualen verbunden. Sumo etwa wandelte sich vom Hofritual im Rahmen religiöser Feste zum Kampftraining für Samurai und schließlich zum Massenspektakel, bevor es – zeitweise verboten und als hoffnungslos altmodisch angesehen – Ende des 19. Jahrhunderts als nationales Kulturgut aus der Versenkung geholt wurde.

Dass im antiken Griechenland Sport einen besonders großen Stellenwert einnahm, lag auch daran, dass dort jeder Vollbürger Kriegsdienst leisten musste. Dazu hatte er eine zweijährige Ausbildung zu durchlaufen – und hielt sich danach durch regelmäßiges Training in einem »Gymnasion« fit.

Die *Gymnasien* (wörtlich: Orte der Nackten) waren der Hauptaufenthaltsort der jungen Griechen, weshalb es dort auch ein Bildungsangebot für jene gab, die nicht von Hauslehrern unterrichtet wurden. Auch Philosophengruppen etablierten sich dort und richteten Bibliotheken ein. Insgesamt erfüllte das Gymnasion jenseits des Sports eine ähnliche soziale Funktion wie die Gentlemen's Clubs der britischen Oberschicht. In hellenistischer Zeit öffneten sie sich jedoch auch für die unteren Schichten (aber nicht für Sklaven).

Spätestens seit dem Jahr 773 v. Chr. wurden im Zeus-Heiligtum von Olympia alle vier Jahre Wettkämpfe abgehalten. Sie waren Mega-Events, die auch zahlreiche Künstler anzogen, die sich dort Inspirationen für Skulpturen oder Gedichte holten. Außerdem kamen natürlich Gaukler, Musiker, Schauspieler und Händler, die dem ganzen Volksfestcharakter gaben. Die *Olympischen Spiele* sind ein schlagender Beweis für die verbindende Wirkung von Kultur und Sport. Denn sie waren ein wesentliches Element, warum sich die oft bis aufs Blut verfeindeten Athener, Spartaner, Thebaner et cetera alle als Griechen und Angehörige einer gemeinsamen Kultur fühlten.

Anfangs gab es bei den Olympischen Spielen nur eine einzige Disziplin: einen Wettlauf von knapp 200 Metern, der *Stadion* hieß (und zum Namensgeber für Sportstadien wurde). Der Sieger durfte das Feuer auf dem Altar des Zeus entzünden. Mit der Zeit kamen weitere Laufdisziplinen hinzu, darunter eine in voller Bewaffnung, außerdem Ringen, Boxen, Pankration (eine Mischung aus beidem), Diskus- und Speerwerfen, Weitsprung, Reiten und Wagenrennen. Zur klassischen Zeit gab es professionelle Athleten und Trainer, Trainingslager – und auch Doping.

Trotz aller »Kommerzialisierung« blieben die religiösen Riten elementarer Bestandteil der Spiele. Sklaven durften nicht einmal zuschauen – aber als Wagenlenker teilnehmen. Frauen durften nicht teilnehmen – aber, solange sie noch unverheiratet waren, zusehen. Außerdem konnten sie als Pferdebesitzerin Olympiasiegerin werden. Etwa ab dem 6. Jahrhundert v. Chr. gab es eigene Wettkämpfe für Frauen zu Ehren der Hera (*Hereien*), die sich auf die Laufdisziplinen beschränkten. Richtig populär war Frauensport aber nur in Sparta, wo man davon ausging, dass starke Frauen auch starke Kinder bekommen.

Gymnasien wurden im 2. Jahrhundert v. Chr. auch in Rom populär, aber nie so allgemein verbreitet wie in Griechenland. Zwar waren die Römer regelrecht versessen auf Wettkämpfe, aber vor allem als Zuschauer von spektakulären Events wie *Wagenrennen* und *Gladiatorenkämpfen*. Aber ist das noch Sport? Wagenrennen – die Formel 1 der Antike – werden traditionell als solcher betrachtet, Hunderennen oder Hahnenkämpfe, die Alternative für die weniger Betuchten, eher nicht. Den Zuschauern war das vermutlich egal. Hauptsache Wettkampf!

Die Palette der Veranstaltungen, bei denen über Zeiten und Kulturen mitgefiebert wurde, ist bunt: vom exklusiven Ritterturnier bis zum proletarischen Armdrücken, von Show-Kämpfen professioneller Athleten bis zu Massenevents, an denen jeder teilnehmen konnte, vom Kampf Mensch gegen Mensch zu Tier gegen Tier oder auch Tier gegen Mensch. Was sich wo durchsetzte (und oft zum nationalen Kulturgut wurde), hatte viel damit zu tun, was die Herrschenden erlaubten oder gar förderten.

- ✔ In Großbritannien gab es – von der Vorliebe für Pferde- und Hunderennen einmal abgesehen – mehr Wettkämpfe, die im eigentlichen Sinne Sport waren, als anderswo: von den schottischen Highland-Games mit Steinstoßen und Baumstammwerfen bis hin zu den Shrovetide-Fußballspielen, bei denen ganze Dörfer auf kilometerlangen Arealen gegeneinander antraten. Kein Wunder also, dass England bei der Entwicklung des modernen Sports auch eine Vorreiterrolle spielte und unter anderem als Mutterland des Fußballs gilt.

Shrovetide-Fußball war besonders in der Grafschaft Derbyshire beliebt, weswegen heute sportliche Auseinandersetzungen zwischen Nachbarn als *Derby* bezeichnet werden. Im Pferdesport dagegen ist das Derby der Leistungsvergleich zwischen den besten dreijährigen Pferden, den im späten 18. Jahrhundert der **12. Earl of Derby** ins Leben gerufen hat.

- ✔ In Deutschland steht **Friedrich Ludwig Jahn**, der »Turnvater« (1778–1852) für die Einführung des Sports jenseits der Adelsvergnügen Reiten, Fechten und Jagen. Zwar war es das Ziel des verkrachten Studenten und Hilfslehrers, die Jugend durch das Turnen nicht nur »frisch, fromm, fröhlich und frei«, sondern auch – ganz traditionell – kriegstüchtig zu machen. Trotzdem war Jahns Bedeutung für die gesellschaftliche Etablierung des Sports riesengroß. 1811 legte er in der Berliner Hasenheide einen Turnplatz mit Geräten an. Diese allerdings hatte nicht er, sondern größtenteils der Pädagoge **Johann Christoph Friedrich GutsMuths** erfunden, der bereits 1786 das Turnen in der progressiven Erziehungsanstalt Schnepfenthal etabliert hatte. Doch Schnepfenthal war nicht Berlin. Jahns Turnplatz schlug ein wie eine Bombe, innerhalb weniger Jahre entstanden deutschlandweit über 100 weitere Turnplätze.

Turnen galt im 19. und noch zu Anfang des 20. Jahrhunderts in Deutschland als proletarischer Breitensport, während der aus England kommende Fußball zunächst nur an höheren Schulen gespielt wurde und einen elitären Ruf hatte.

Die Idee, die Olympischen Spiele der Antike wiederzubeleben, kam auf, als der deutsche Archäologe **Ernst Curtius** 1875 begann, die antiken Städte auszugraben. Realisiert wurde die Idee erstmals 1896 in Athen von dem französischen Pädagogen **Pierre de Coubertin** (1863–1937). Vom ihm stammen auch das heute umstrittene Motto »Citius, altius, fortius« (schneller, höher, weiter) und die fünf Olympischen Ringe, die für die fünf Erdteile stehen sollen. Eine Zuordnung gab es ursprünglich nicht, aber seit 1951 steht Blau offiziell für Europa, Gelb für Asien, Schwarz für Afrika, Grün für Australien und Rot für Amerika.

Matches online

E-Sportler spielen wettkampfmäßig Computerspiele. Das ist doch kein Sport, denken Sie vielleicht. Doch Sport ist, was man darunter definiert, und auch Denksportler wie die Schachspieler haben es geschafft, als Sport eingestuft zu werden, obwohl die körperliche Anstrengung dabei überschaubar ist.

Tatsache ist, dass *E-Sport* bereits ein gewaltiger Markt ist. Seit 2000 gibt es *World Cyber Games* sowie diverse Ligen und Cups, traditionelle Vereine haben E-Sport-Abteilungen gegründet und in den USA werden die Wettbewerbe im Fernsehen übertragen. Spitzenspieler sind Topstars der Szene und verdienen durch Preisgelder, aber auch Werbeverträge Millionen im Jahr. Es gibt diverse Genres, am beliebtesten sind die klassischen Ego-Shooter und Echtzeit-Strategiespiele.

Egal ob man E-Sport als Sport einstuft oder nicht: Je populärer er wird, desto mehr werden sich Kinder und Jugendliche animiert fühlen, diesen Helden nachzueifern anstatt Fußballstars oder erfolgreichen Biathletinnen. Das aber ist eine Herausforderung für eine Gesellschaft, in der mangelnde körperliche Bewegung bereits jetzt ein gewaltiges gesundheitliches Problem darstellt. Aber auch die sinnliche Erfahrung und das Gemeinschaftserlebnis des körperlich ausgeübten Sports kann der E-Sport so nicht bieten und möglicherweise auch nicht adäquat kompensieren.

Sportlerlegenden

Schon die alten Griechen haben die Gewinner bei den Olympischen (und anderen) Spielen in den Himmel gehoben. Und zwar nur die Sieger! Das Motto »Dabei sein ist alles« galt damals definitiv nicht. Während Zweit- und Drittplatzierte bei der Rückkehr in die Heimat of Schmähungen und Spott über sich ergehen lassen mussten, wurden die Sieger mit Ehrungen und Wohltaten überschüttet.

Der erfolgreichste Athlet der Antike war **Milon von Kroton**. Er gewann 540 v. Chr. den Ringkampf der Knaben, danach holte er sich fünfmal hintereinander den Titel bei den Männern. Außerdem wurde er mehrmals und als erster Athlet überhaupt *Periodonike*, das heißt, er siegte innerhalb einer Vierjahresperiode bei den Spielen von Olympia, Korinth, Nemea und Delphi. Als er 512 v. Chr. gegen den sehr viel jüngeren **Timasitheos** antrat, soll dieser sich vor seinem großen Idol verbeugt haben. Dann aber hielt er den Älteren gekonnt auf Abstand, bis Milon ermüdet war. Die letzte sichere Nachricht von Milon ist, dass er 510 v. Chr. das Heer seiner Heimatstadt im Kampf gegen die Nachbarstadt Sybaris anführte. Über seinen Tod gibt es so viele Geschichten, dass keine davon ernst zu nehmen ist.

Überhaupt wurde Milon einerseits verklärt, andererseits zum tumben Kraftprotz stilisiert. In griechischen Schriften kursieren viele Storys über seine unglaubliche Stärke, andererseits soll er auch ein Anhänger des Philosophen Pythagoras gewesen sein, dessen Tochter geheiratet und eines Tages dem Schwiegervater das Leben gerettet haben, indem er das Dach einer einstürzenden Festhalle hielt, bis alle Gäste in Sicherheit waren.

Heute ist der Schwimmer **Michael Phelps** (* 1985) mit 23 Siegen und fünf weiteren Medaillen der erfolgreichste *Olympionike* aller Zeiten. Vermutlich kennen Sie seinen Namen, aber wahrscheinlich nicht viel mehr. Denn wirklichen Kultstatus über die Schwimmwelt hinaus hat er nicht erlangt. Dazu braucht es nicht nur überragende Leistungen, sondern auch ein gewisses Charisma.

Wie man *Kultstatus* erlangt:

- ✔ **Eine Sportart revolutionieren:** Das Schwimmen neu zu erfinden, ist eher schwierig, auch wenn man einen Weltrekord nach dem anderen pulverisiert. Der Brasilianer **Edson Arantes do Nascimento**, genannt **Pelé** (* 1940) dagegen wurde zur Legende, weil er in der eher rustikalen Sportart Fußball das Ideal des »*juego bonito*«, des schönen Spiels, aufbrachte. Der Junge aus ärmlichen Verhältnissen lernte das Kicken auf der Straße und eignete sich dabei eine unglaubliche Vielseitigkeit und Artistik an. Dazu kam die Fähigkeit, das Spiel zu antizipieren. Mit elf Jahren wurde er in einen Verein geholt, als 17-Jähriger debütierte er in der brasilianischen Nationalmannschaft, mit 18 Jahren steuerte er sechs, teils spektakuläre Tore zu Brasiliens Gewinn der Weltmeisterschaft bei. Insgesamt brachte er es in seiner Karriere auf drei Weltmeistertitel, 26 Vereinstitel und sagenhafte 1281 Tore in 1363 Spielen.

Als Pelé 1967 mit dem FC Santos ein Freundschaftsspiel in Lagos absolvierte, stellten die Konfliktparteien im nigerianischen Bürgerkrieg für zwei Tage den Kampf ein.

- ✔ **Glamour verbreiten:** Die norwegische Eiskunstläuferin **Sonja Henie** (1912–1969) skatete sich als niedliche Elfjährige bei den Olympischen Winterspielen 1924 in die Herzen der Zuschauer. Zwischen 1926 und 1936 gewann sie dann alle Welt- und Europameisterschaften sowie dreimal Olympia-Gold und wurde die erfolgreichste Eiskunstläuferin der Geschichte. Sie führte die kurzen Röcke und weißen Schlittschuhe ein und arbeitete als Erste mit einem Choreografen. Nach ihrer Karriere machte sie in den USA Eisrevuen populär und drehte Filme. Zeitweise war sie eine der bestbezahlten Schauspielerinnen Hollywoods. Es schadete ihrer Popularität auch nicht nachhaltig, dass sie sich 1936 mit Hitler getroffen hat und eine knallharte Geschäftsfrau war.

- ✔ **Träume verwirklichen:** Einmal ein Nationalheros zu werden, das konnten sich farbige junge Mädchen in den USA der 1950er-Jahre eher nicht vorstellen. Doch dann kam **Wilma Rudolph** (1940–1994). Bei den Olympischen Spielen in Rom 1960 verzauberte sie als »schwarze Gazelle« die Zuschauer, weil sie ihren Konkurrentinnen mühelos zu entschweben schien. Sie brach zweimal den Weltrekord und errang drei Goldmedaillen. Als erste Leichtathletin entfachte sie einen Hype, der größer war als der um die männlichen Stars. Außer ihren Erfolgen konnte sie auch noch mit viel persönlichem Charme und einer unglaublichen Geschichte punkten. Als Kind hatte sie nach einer Polio Erkrankung nur mit viel Mühen wieder laufen gelernt. Nach ihrem Triumph von Rom forderte sie, dass für die Parade in ihrer Heimatstadt Clarksville die Rassentrennung aufgehoben werden sollte – und der konservative Gouverneur von Tennessee gab nach. Obwohl sie bereits 1962 nach einer Blinddarmentzündung ihre Karriere beendete und Sportlehrerin wurde, wurde sie zum *Rollenvorbild* für unzählige Mädchen. 1981 gründete sie eine Stiftung zur Unterstützung afro-amerikanischer Nachwuchsathleten. Zu ihren Schützlingen gehörten unter anderem die Weltklasse-Leichtathletinnen Florence Griffith-Joyner und Jackie Joyner-Kersee.

- ✔ **Nicht nur für den sportlichen Sieg kämpfen: Muhammad Ali** (1942–2016) war ein Großmaul, vor allem aber ein schwarzes Großmaul im Amerika der *Rassentrennung*. Als Boxer bestritt er einige der legendärsten Kämpfe und schaffte es trotzdem, außerhalb des Rings noch mehr Schlagzeilen zu machen. Nachdem er 1960 in Rom

Olympiasieger und gleich darauf Profi geworden war, schaute er sich das prahlerische Gehabe der Wrestler ab. 1964 trat er in die radikale Schwarzen-Organisation *Nation of Islam* ein und legte seinen ursprünglichen »Sklavennamen« Cassius Clay ab. 1967 verweigerte er den Wehrdienst in Vietnam, bekam dafür seinen Titel aberkannt, durfte drei Jahre nicht boxen und nicht reisen und war nur auf Kaution auf freiem Fuß. 1971 stieg er wieder ein und absolvierte drei legendäre Kämpfe:

- Der *Kampf des Jahrhunderts* gegen den unbesiegten Schwergewichtschampion **Joe Frazier** (1944–2011) im Jahr 1971. Ali verlor, diffamierte den ebenfalls schwarzen Frazier als Marionette des weißen Establishments, was ihm dieser nie wirklich verzieh, und besiegte ihn 1974 doch noch.
- Der *Rumble in the Jungle* (aus Steuergründen in Kinshasa) im Jahr 1974 gegen Olympiasieger und Schwergewichtsweltmeister **George Foreman** (* 1949). Ali siegte, obwohl er gegen den jüngeren, bulligen »Black Tank« als Außenseiter gegolten hatte.
- Der *Thriller in Manila* im Jahr 1975 gegen Frazier, bei dem Ali nach dem Sieg kollabierte.

Obwohl sein Karriereende aufgrund seiner erst später diagnostizierten Parkinson-Erkrankung desaströs verlief, blieb Muhammad Ali im Bewusstsein der Öffentlichkeit »der Größte«.

✔ **Ein krasser Außenseiter sein: Eddie the Eagle** flog eher nicht wie ein Adler. Wenn sich der Brite mit der dicken, stets beschlagenen Brille todesmutig eine Skisprungschanze hinabstürzte, hoffen alle inständig, dass er heil unten ankam. Aber **Michael Edwards** (* 1963), im zivilen Leben Maurer und Stuckateur, tat alles für seinen Kindheitstraum, sein Land einmal bei den Olympischen Spielen zu vertreten. Mangels Talent wählte er eine Sportart, in der er auf der Insel konkurrenzlos war. 1988 startete er dann tatsächlich in Calgary und wurde zwar, wie üblich, Letzter, aber Publikumsliebling und Medienstar!

Fankultur

Was wäre der Sport ohne seine Fans? Fan, das leitet sich von dem Wort »fanatisch« ab, womit man im alten Rom einen Menschen in religiöser Ekstase verstand. Natürlich betrachtet nicht jeder Fan Sport tatsächlich als Ersatzreligion, aber während eine Dichterlesung oder ein klassisches Konzert eher nicht dazu animieren, seiner Begeisterung mit wildem Toben und ekstatischem Brüllen Ausdruck zu verleihen, ist das beim Sport (und bei Popkonzerten) nicht nur möglich, sondern oft schon der halbe Spaß. Nicht selten geht es gar nicht mehr in erster Linie um das Geschehen unten auf dem Rasen, sondern darum, ein Ventil für was auch immer zu finden, das sich im Unterbewussten angestaut hat.

»Brot und Spiele« war schon im alten Rom ein bewährtes Mittel der Regierung, das Volk bei Laune zu halten. Die Spiele – neben Theaterveranstaltungen Wagenrennen, Tierhetzen und zu besonderen Gelegenheiten auch Gladiatorenkämpfe – dienten dabei nicht nur der Unterhaltung, sondern auch dem Aggressionsabbau.

Die römischen *Wagenrennen* wurden ursprünglich von vier Teams, den Weißen, Roten, Grünen und Blauen bestritten. Jedes Team hatte seine Fans. Bereits in der Zeit von **Kaiser Marc Aurel** (reg. 161–180) spielten dann nur noch die Grünen und Blauen eine Rolle, hatten sich aber zu regelrechten Parteien gemausert, die nicht nur die Kontrolle über die Spiele hatten, sondern ihre Anhängerschaften auch politisch zu mobilisieren wussten.

In der Spätantike gab es in Konstantinopel mehrmals Aufstände der *Zirkusparteien*. Im Jahr 532 schlossen sich Blaue und Grüne sogar gegen **Kaiser Justinian** zusammen, der sich nicht von ihnen unter Druck setzen lassen wollte. Bei der brutalen Niederschlagung des Aufstands durch Justinians Feldherren Belisar und Narses starben angeblich rund 30.000 Menschen und weite Teile der Stadt wurden zerstört.

Bei den *Gladiatorenkämpfen* wurde das Publikum auch Teil der Inszenierung. Zwar lag die Entscheidung, ob ein Unterlegener mit dem Leben davonkam, beim Kaiser als Veranstalter der Spiele. Doch dieser richtete sich gewöhnlich nach der Stimmung im Publikum. Bereits bewährte Kämpfer, die trotz ihres formal niedrigen Status oft regelrecht verehrt wurden, kamen so gut wie immer mit dem Leben davon.

Nach wie vor ist Fan-Sein weit mehr als Bewunderung für die sportliche Leistung, sondern auch

✔ **emotionale Kompensation:** Tut es nicht gut, seinen Frust im Stadion herauszuschreien, den Schiedsrichter mit all dem einzudecken, was man seinem Chef nicht an den Kopf werfen kann, und sich daran hochzuziehen, dass wenigstens die Nationalmannschaft Weltmeister wird, wenn man selbst schon nicht viel auf die Reihe bekommt? Die alten Griechen glaubten fest an *Katharsis (Reinigung)* durch emotionales Miterleben (allerdings eher im Theater).

Moderne Psychologen sind sich da nicht so sicher. Entscheidend ist, ob man Kontrolle über das eigene Fans-Sein hat oder der Sport wirklich zur Ersatzreligion, zum bedingungslosen Kult geworden ist, und der Hass auf den Schiedsrichter den auf den Chef noch verstärkt und die Niederlage der Mannschaft das eigene Unglück. Von all den objektiv wichtigeren Dingen, die dem Fans-Sein untergeordnet werden, mal ganz abgesehen.

✔ **ein Statement:** Ob man sich für den Sportler aus der eigenen Stadt oder den schillernden Exoten, die ehrliche Haut oder Everbody's Darling begeistert, den Underdog oder den Seriensieger, den Arbeiterclub oder »die Königlichen«, die bedingungslosesten oder die fairsten Kämpfer, hat auch viel damit zu tun, wie man selbst wahrgenommen werden möchte.

✔ **Teilhabe:** Spitzensport lebt von seinen Fans. Dieses Bewusstsein ist vielen Fans wichtig und sie suchen immer wieder die Bestätigung, dass »ihr Sport« oder »ihr Club« ohne sie nichts wäre. Vor allem die sogenannten *Ultras* nehmen im Fußball nicht nur beträchtliche Kosten und Mühen auf sich, um ihren Club auch zu Auswärtsspielen zu begleiten, sondern inszenieren in den Stadien auch immer aufwändigere Choreografien. Von reinen Konsumenten werden sie so zu Mit-Akteuren und erlangen sogar Macht über die Vereine und die Ligaführung.

Ultras sind in der Regel keine *Hooligans*, die die körperliche Auseinandersetzung mit den gegnerischen Fans suchen, sondern mit diesen oft sogar verfeindet. Allerdings sind sie sich ihrer Macht meist sehr bewusst und nicht gerade zimperlich, diese durchzusetzen. So inszenieren sie Boykotts und Proteste gegen unliebsame Entscheidungen (etwa das Verbot von Pyrotechnik, die natürlich jede Choreografie noch eindrucksvoller macht), aber auch gegen in Ungnade gefallene Trainer, vermeintlich nicht kämpfende Mannschaften oder abwandernde Spieler. Auch gefällt es nicht jedem anderen Fan, dass sie mit ihren Choreografien und Schlachtgesängen, die von einem »Capo« mit Megafon angestimmt werden, das Geschehen im Zuschauerblock komplett dominieren.

Der Journalist Patric Seibel sieht in dem Überhandnehmen von Choreografien einen tiefgreifenden Kulturwandel in der Fanszene. Die eher britische »protestantische« Tradition der *Stadiongesänge* und *Sprechchöre* werde durch die *visuelle Prachtentfaltung* italienisch geprägter, barocker, »katholischer« Choreografien abgelöst. Statt Oratorium gäbe es nun Oper. Doch natürlich sind nicht Italien und der Katholizismus auf dem Vormarsch, sondern es sind die Bilder, die im Zeitalter von Handyfotografie und Instagram alle anderen Ausdrucksformen zurückdrängen.

Auch darüber hinaus ändert sich die *Fankultur* ständig. Ungefähr seit der Fußballweltmeisterschaft 2002 (in Japan und Südkorea) ist das Publikum in den Fußballstadien jünger und weiblicher geworden, und ein Besuch kann auch Event oder Familienausflug sein anstatt Ausdruck von Fußballleidenschaft. Parallel hat die Selbstinszenierung der Fans durch Kostümierungen zugenommen, während es früher Markenzeichen der Niederländer war, sich in alle möglichen und unmöglichen Varianten von Orange zu kleiden.

IN DIESEM KAPITEL

Analoges und Digitales

Technik und Psychologie

Chancen und Risiken

Kapitel 13
Alte und neue Medien – was unsere Kommunikationsmittel mit uns machen

Kommunikation ist meist nicht das Erste, das man mit dem Bereich Kultur in Verbindung bringt. Dabei ist sie essenziell für das Entstehen jeder Kultur. Erst der Austausch der Menschen untereinander lässt eine gemeinsame Kultur entstehen. In Gesellschaften, in denen die Kommunikation ausschließlich mündlich von Mensch zu Mensch stattfindet, sind die Wechselwirkungen überschaubar. Das kann sehr angenehm sein, bedeutet aber auch, dass die kulturellen Errungenschaften auf eine relativ kleine Gruppe von Menschen beschränkt bleiben und wenig Wirkung auf Dritte entfalten. Auch fehlen Inspirationen von außen.

Dynamische Kulturen zeichnen sich dagegen auch dadurch aus, dass sie neuartige Methoden der Kommunikation erfinden. Doch es wäre falsch, *Kommunikationsmittel* nur als nützliche Instrumente zur Verbreitung von Ideen, Botschaften und Informationen zu begreifen. Sie haben immer auch Rückwirkungen auf die Menschen, die sie benutzen. Das gilt in den Zeiten der schier unbegrenzten digitalen Möglichkeiten mehr denn je.

Identitätsstifter Massenmedien

Wenn Sie schon etwas älter sind, erinnern Sie sich wahrscheinlich noch an die Zeiten, in denen es nur drei Fernsehprogramme gab. (Fast) alle sahen das Gleiche und wenn die Kollegin am nächsten Morgen auf der Arbeit sagte: »War ja spannend gestern Abend!«, dann war es keine Frage, dass auch sie den Krimi gesehen hatte und nicht den Liebesfilm oder die Natur-Doku. Heute funktioniert das vermutlich nur noch, wenn gerade ein entscheidendes Fußballländerspiel ansteht. Dafür entsteht in den sozialen Online-Medien eine neue *Meinungsmacht*.

Information und Gerücht

Die Vorstellung, dass früher *Herolde* des Königs von Dorf zu Dorf ritten und dort Neuigkeiten verkündeten, stammt eher aus den Märchen (wo dann ein wackerer Bursche gesucht wird, der das Reich von einem Ungeheuer befreien und des Königs Töchterlein heiraten soll). Im wahren Mittelalter dienten Herolde als eine Art Diplomaten im Verkehr mit anderen Fürsten. Das Volk über etwas zu informieren hielt man größtenteils für unnötig – und wenn, dann wurde die Aufgabe, wie in gut funktionierenden Hierarchien üblich, dem unmittelbaren Lehnsherrn übertragen.

Die Information der Menschen übernahm das sogenannte *fahrende Volk*. Händler und Studenten (*Scholaren*) brachten Informationen von auswärts mit, für Sänger war es Teil ihres Jobs, auch neue »Mären« zu verkünden.

»Uns ist in alten maeren wunders vil geseit ...«, beginnt das *Nibelungenlied*. Die alten Mären sind hier Erzählungen, keine Informationen. Aber das war mit *Märe* auch nicht gemeint. Mären waren das, worüber alle sprachen, egal ob fiktive Story oder sensationelle Neuigkeit, glaubhafter Bericht oder wildes Gerücht. Im späten Mittelalter wurden dann kürzere Verserzählungen als *Märchen* oder *Märlein* bezeichnet, im Barock ging der Ausdruck auf wundersame Prosageschichten über.

Moderne Erhebungen zeigen, dass sich Fake News in den sozialen Medien im Schnitt sechsmal so schnell verbreiten wie Informationen, die auf Tatsachen beruhen. Denn Fake News sind in der Regel sensationell. Und Sensationen, extreme und schockierende Nachrichten scheinen Menschen besonders in den Bann zu ziehen. Es gibt keinen Grund anzunehmen, dass dies in früheren Zeiten anders war. Menschen sind darauf geeicht, nach Gefahren Ausschau zu halten, um sich rechtzeitig in Sicherheit zu bringen. Das steckt in unseren Genen seit den Zeiten von Säbelzahntiger & Co.

Scheint eine Nachricht zu bestätigen, was man immer gefürchtet hat, wird sie besonders leicht geglaubt. Die Nachbarin ist mit dem Teufel im Bunde? Die Zigeuner stehlen kleine Kinder? Die Liste der historischen *Massenhysterien* ist lang. Auch die Einführung des Buchdrucks um 1450 änderte daran nicht wirklich etwas. Zwar kursierten sehr schnell ungeheure Massen an Flugblättern, doch wie zuvor bei den fahrenden Sängern (und heute in den sozialen Medien) dominierte Reißerisches, und eine Möglichkeit zu überprüfen, was Tatsache und was Gerücht war, bestand so gut wie nicht.

Die Entwicklung der Massenmedien

Die ersten, die den Wert verlässlicher Informationen entdeckten, waren die Kaufleute. Im 16. Jahrhunderte kursierten an wichtigen Handelsplätzen und Häfen, vor allem in Italien, sogenannte *Avisi (Briefe)* mit wirtschaftlichen, politischen und militärischen Neuigkeiten.

Die Bezeichnung »Aviso« fand sich im Namen so mancher Zeitung wieder. Und weil so ein Newsletter in Venedig eine »Gazetta« kostete, etablierte sich der Begriff »Gazette« für Zeitungen generell. Der Wort »Zeitung« wiederum meinte vom Mittelalter bis ins 18. Jahrhundert eine Nachricht oder Neuigkeit – egal ob sie nun in der Zeitung stand oder nicht.

Als erste wirkliche *Zeitung* gilt ein Wochenblatt mit dem schönen Titel *Relation aller Fürnemmen und gedenckwürdigen Historien*, das der Straßburger Buchhändler und Drucker **Johann Carolus** ab September 1605 herausgab.

Vier Jahre später bekam Carolus Ärger mit der Straßburger Obrigkeit, weil er gemeldet hatte, Kaiser Rudolf II. könne keine 5000 Taler aufbringen, um eine türkische Delegation nach ergebnislosen Verhandlungen mit angemessenem »Zehrgeld« heimzuschicken. Auf die Androhung hin, bei weiterem »schimpff« gegen den Kaiser müsse er mit ernsten Maßnahmen rechnen, gelobte Carolus Besserung. Ein erstes Bespiel für die berühmte »Schere im Kopf«, was bedeutet, dass der Journalist den Teil seines Artikels, der potenziell Ärger bringen könnte, bereits selbst im Geiste wegschneidet und gar nicht erst zu Papier (oder Computer) bringt.

Gerade zu Beginn des *Pressewesens* wurden Nachrichten einfach nur gesammelt. In der zweiten Hälfte des 19. Jahrhundert ermöglichte es die *Telegrafie* Aktuelles aus aller Welt zu empfangen. Zeitungen, die sich keine eigenen *Korrespondenten* leisten konnten, wurden über *Presseagenturen* versorgt. Doch die *Filterblase* ist kein Phänomen des digitalen Zeitalters. Kaum dass die Zeitung ihrem Nischendasein entwachsen war, wurde sie als Werkzeug zur Durchsetzung von Interessen entdeckt. Im 19. und frühen 20. Jahrhundert hatte jedes Milieu seine »Presse«. Die Filterfunktion erfüllten in diesem Fall die Journalisten. Und gerade an den radikalen Rändern des politischen Meinungsspektrums wurde mehr Agitation als Berichterstattung betrieben.

Am ehesten den heutigen *Grundsätzen für eine unabhängige Presse* verpflichtet fühlten sich damals in Deutschland die linksliberalen Zeitungen. Das verschaffte ihnen vergleichsweise hohe Auflagen und eine Leserschaft jenseits ihres politischen Lagers. Allerdings erschienen die führenden Blätter wie das *Berliner Tageblatt*, die *Vossische* und die *Frankfurter Zeitung* in Verlagen mit jüdischen Inhabern (Mosse, Ullstein, Frankfurter Societäts-Druckerei), weshalb von rechts außen alle Publikationen mit anderer Meinung als »Judenpresse« diffamiert wurden.

Ein weiteres wichtiges Massenmedium dieser Zeit war das *Plakat*. Öffentliche Verordnungen, aber auch Weltbewegendes wie die Kriegserklärungen des Ersten Weltkriegs und die darauf folgenden Gestellungsbefehle wurden auf Plakaten angeschlagen. Daneben druckten die Zeitungen, die meist zweimal am Tag, teils sogar drei- oder viermal erschienen, zusätzliche *Extrablätter*, wenn sich überraschende Wendungen ergaben.

Die erste *Radiosendung* wurde Weihnachten 1906 in Massachusetts übertragen. Nach dem Ersten Weltkrieg entstanden dann überall öffentliche *Hörfunksender*. In Großbritannien wurde die ursprünglich private BBC im Jahr 1926 zu einer Körperschaft des öffentlichen Rechts umgewandelt und übernahm eine Vorbildfunktion, was schnelle, ausgewogene und transparente *Berichterstattung* anging. Nach dem Zweiten Weltkrieg setzten sich diese Maßstäbe überall in der westlichen Welt durch. Gleichzeitig trat auch das *Fernsehen* seinen Siegeszug an. Das hochattraktive Medium mit seiner noch relativ begrenzten Sendervielfalt fungierte zunächst in Sachen Information als »Gleichmacher«, sorgte es doch dafür, dass Boulevard-Zeitungsleser, Konsumenten von Qualitätsjournalismus und solche, die gar nicht lasen, einen gemeinsamen Informations-Pool hatten. Dieser wurde durch die Einführung des Privatfernsehens (in Deutschland 1984) gesprengt. Das *Internet* als neues Medium fand ab 1993 größere Verbreitung. In ihrer Ausgabe vom 8. August 1995 schrieb die Wochenzeitung *Die Zeit:*

»Als besonders cool gilt Chatten, also jene Mischung aus Telephonieren und Briefeschreiben, die in die Tastatur getippte Mitteilungen in Echtzeit auf dem Bildschirm erscheinen läßt. So kann man Wortgefechte führen, Freundschaften schließen oder auch nur Sprüche klopfen.«

Chatten aber zählt nur zu den Massenmedien, wenn es auch in einem öffentlichen *Chatroom* stattfindet. Denn die Masse, die in dem Wort vorkommt, bedeutet nicht eine massenhafte Nutzung (dann wären auch Briefe, Telefon und private E-Mails Massenmedien), sondern das Erreichen einer großen Öffentlichkeit. Zu den Massenmedien zählen auch die *Zeitschriften*, jedoch keine Sachbücher, da die zu wenig aktuellen Bezug haben.

Die Tücken der Massenkommunikation

Aufgabe der Medien in demokratischen Staaten ist es, ausgewogen und wahrheitsgemäß zu berichten und so eine Öffentlichkeit zu schaffen, in der alle relevanten Informationen verbreitet werden und alle wichtigen Meinungen zur Sprache kommen. Das gelingt nicht immer, aber selbst wenn Presse & Co. ihre Aufgabe erfüllen, wird mit der medialen Öffentlichkeit ein immaterielles Gebilde geschaffen, das mehr ist als eine Ansammlung aus Informationen und Meinungsäußerungen. Und das ist nicht ohne.

Das Faible der Menschen für sensationelle »Mären« ist seit den Tagen der fahrenden Sänger nicht kleiner geworden. Wahrscheinlich können auch Sie sich an zahlreiche Beispiele erinnern, wo Themen so hochgekocht sind, dass jeder darüber geredet hat, obwohl sie eigentlich nicht besonders wichtig waren: der Fauxpas eines Promis etwa oder eine abstruse Forderung eines politischen Hinterbänklers. Solche Debatten haben oft das Niveau von »Stammtisch XXL«, stellen einzelne Personen an den medialen Pranger und lenken von Wichtigerem ab. Andererseits haben Themen, bei denen wirklich jeder mitreden kann – auch diejenigen, die ihre Informationen nur aus zweiter oder dritter Hand haben – eine nicht zu unterschätzende Funktion als sozialer Kitt. Weil sie unfehlbar funktionieren, werden solche Aufreger mit schöner Regelmäßigkeit geliefert.

Auch *Emotionalisierung*, *Personalisierung* und *Trivialisierung* sind ein recht sicheres Rezept, um die Aufmerksamkeit möglichst vieler potenzieller Konsumenten zu bekommen. Man kennt das nach Wahlen: Das Konzept der Regierung wurde abgestraft und eigentlich sind sich alle Beteiligten – Politiker, Journalisten und Öffentlichkeit – einig, dass jetzt über neue Lösungsansätze in der Sache geredet werden muss. Doch anstatt in komplizierte Wirtschafts-, Sozial- oder Umweltthemen einzusteigen, richtet sich der Fokus doch wieder auf die Frage, ob die Parteiführerin sich noch halten kann oder der Innenminister abgelöst gehört. Ebenso wie ein ausländischer Schläger ganze Integrationsdebatten zum Kippen bringen kann und royale Babys und Katzenvideos sowieso interessanter sind als alles andere.

1985 griff der US-amerikanische Wissenschaftler **Neil Postman** das Fernsehen mit seinem Buch *Wir amüsieren uns zu Tode* an. Der Zwang zur Bebilderung, so Postman, führe zu einem Mangel an Inhalten und damit zu einer Flut infantilem »Infotainments«, das zwar das Bedürfnis nach Informationen befriedige, aber zu keiner ernsthaften Auseinandersetzung mit der Realität führe. Die Abwehrmechanismen der Gesellschaft gegen diese Vermüllung der öffentlichen Meinung mit Belanglosigkeiten sah er schon längst zusammengebrochen.

Die Emotionalisierung kann so weit gehen, dass sich für manche die Grenzen zwischen Realität und Fiktion verwischen. So berichtete der Philosoph und Medienforscher **Günther Anders** in seiner Schrift *Die Welt als Phantom und Matrize* (1961), dass in Fernsehredaktionen Berge von selbst gehäkelten Jäckchen und Spielzeug ankommen, wenn in einer beliebten Serie ein Baby geboren wird. Überhaupt werden *Serienhelden* gerne zu einer Art *Ersatzfamilie*, an deren Leben manche Menschen mehr Anteil nehmen als an dem ihrer Freunde. Während diese Figuren realer werden als sie sind, gerät gerne in Vergessenheit, dass Schlagerstars, Spitzenfußballer, Angehörige von Fürstenhäusern und andere Promis echte Menschen sind und nicht Darsteller einer Soap, die nur zur Unterhaltung des Publikums existieren. Auch der Erfolg von *Influencern*, die ihr Leben in den sozialen Medien zelebrieren, beruht vermutlich zum größten Teil darauf, dass sie als problemlose Ersatzfreunde dienen. Da lässt sich, wer keine Freundin hat, mit der er shoppen gehen kann, eben von der Lieblings-Influencerin zeigen, was sie beim letzten Stadtbummel Tolles entdeckt hat.

Andererseits führen Emotionalisierung, Personalisierung und Trivialisierung auch dazu, dass Informationen besonders einprägsam werden. Ich vermute, der Ihnen möglicherweise völlig unbekannte Günther Anders bekommt ein anderes Gesicht, wenn ich Ihnen verrate, dass er der erste Ehemann von **Hannah Arendt** war.

Besonders unangenehme Informationen sind diejenigen, die den eigenen Überzeugungen widersprechen, denn sie führen zu *kognitiver Dissonanz* (nicht übereinstimmender Wahrnehmung). Da dies ein ziemlich unerträglicher Zustand ist, tun die meisten Menschen alles, um solche Informationen zu meiden. Werden sie doch damit konfrontiert, versuchen sie erst einmal, die unwillkommene Information beziehungsweise deren Quelle zu entwerten. Da werden oft die blödesten Vorurteile benutzt – wenn man nicht gleich alles, was einem nicht gefällt, zu Fake News erklärt.

Ein anderes Phänomen ist, dass Menschen, die das Gefühl haben, mit ihrer Meinung in der Minderheit zu sein, sich oft scheuen, diese öffentlich zu äußern. Das aber führt dazu, dass die (vielleicht nur vermeintliche) *Minderheitsmeinung* noch mehr aus der öffentlichen Diskussion verschwindet, was dann noch mehr ihrer Anhänger zum Verstummen bringt, während die (vielleicht nur vermeintliche) Mehrheitsmeinung in der allgemeinen Wahrnehmung immer dominanter wird. »*Schweigespirale*« nannte das die Kommunikationswissenschaftlerin **Elisabeth Noelle-Neumann** (1916–2010).

Elisabeth Noelle-Neumann gründete 1948 das Institut für Demoskopie Allensbach, das erste deutsche *Meinungsforschungsinstitut* überhaupt. In den 1970er-Jahren untersuchte sie, ob vielleicht sogar Wahlen beeinflusst werden, wenn die Medien eine Partei als sicheren Sieger darstellen, weil damit die Anhänger der vermeintlich chancenlosen Partei vom Wählen abgehalten werden. 1972 hatte sie den Verdacht, dass dies zum knappen Sieg der SPD beigetragen haben könnte, eine Überprüfung 1976 ergab jedoch keinen Schweigespiralen-Effekt.

Im digitalen Zeitalter bekommt diese These noch einmal eine neue Dramatik. Mithilfe von *Computer-Bots* (roboterartigen Programmen) ist es ein Leichtes, eine riesige Verbreitung und scheinbar massenhafte Unterstützung von Außenseitermeinungen oder gar Fake News zu suggerieren. Auch Hass-Attacken und konkrete Drohungen führen oft dazu, dass Menschen sich – und ihre Meinung – aus der Öffentlichkeit zurückziehen.

Meinungsfreiheit versus Kontrolle

Derzeit tobt der Kampf um die *Kontrolle des Internets*. Vor allem geht es darum, dass die Betreiber der großen Plattformen ihre Seiten frei von Hass und Hetze halten sollen und die Verletzung von Persönlichkeitsrechten Dritter (vom Missbrauch des Urheberrechts bis hin zur Kinderpornografie) verhindern sollen. Doch gleichzeitig herrscht die Angst, dass der Kampf gegen den Missbrauch auch dazu dienen könnte, das Netz an sich zu kontrollieren und die freie Meinungsäußerung zu beschränken. Das Unterfangen, *Meinungsfreiheit* und Freiheit von Missbrauch gleichermaßen zu garantieren, gleicht der Quadratur des Kreises und wird wahrscheinlich noch für viel Wirbel sorgen. Das Problem dahinter ist jedoch nicht neu. Auch bei den alten Massenmedien stellte sich schon die Frage, wer hinter ihnen steht, wer darin zu Wort kommt und wie Missbrauch verhindert wird.

Medien als Machtfaktor

Martin Luther begriff schnell, was Massenmedien bewirken können. Nach der ersten Überraschung, wie rasch sich seine Thesen via Flugblatt verbreitet hatten, begann er auch Schriften zu verfassen, die speziell für das breite Publikum gedacht waren. Insgesamt brachte er innerhalb von drei Jahren über 80 Titel unters Volk.

Auch die Aufklärer des 18. Jahrhunderts nutzten die inzwischen zahlreichen Zeitungen und Zeitschriften für ihre Botschaften und rüttelten am Selbstverständnis der Herrschenden. **König Friedrich Wilhelm II.** von Preußen mochte da nicht mehr die Toleranz seines Onkels Friedrich II. walten lassen. Er fand, dass »die Preßfreiheit in Preßfrechheit ausartet« und erließ 1788 eine allgemeine *Vorzensur*. Sie traf sogar Schriften von Immanuel Kant. **Napoleon** griff wenig später in Frankreich und den besetzten Ländern noch rigider durch. Sein Neffe, **Napoleon III.,** und der deutsche Kanzler Bismarck versuchten hingegen, Journalisten und Zeitungen (und zwar nicht nur im eigenem Land, sondern auch in verbündeten wie verfeindeten Staaten) mit Zuwendungen gefügig zu machen.

Bismarck hatte bei der preußischen Annexion von Hannover und Hessen 1866 das Privatvermögen der Fürsten beschlagnahmt und nutzte es zur Beeinflussung der Presse. Der Finanztopf wurde als »*Reptilienfonds*« bekannt, denn für Bismarck waren Journalisten, die nicht auf seiner Linie lagen, »bösartige Reptilien«. Die Öffentlichkeit jedoch übertrug den Begriff auf die gekauften, kriecherischen, obrigkeitshörigen Journalisten.

Der deutsche Marineminister **Alfred von Tirpitz** entdeckte die eigentlich noch gar nicht erfundene PR-Arbeit (*Public Relations*). Um den auch innerhalb der Regierung umstrittenen, politisch hochriskanten Ausbau der Kriegsflotte durchzusetzen, gründete er mit allen interessierten Parteien, vor allem aus Schwerindustrie, Werften und Banken, 1898 den *Deutschen Flottenverein*, der – unterstützt vom Ministerium – die Flotte zum Inbegriff einer glänzenden Zukunft hochstilisierte, bis jedes Kind Matrosenkleid trug, jeder Junge zur Marine wollte und der Reichstag die Mittel für den Bau der kostspieligen Schiffe locker machte. (Dass sie dann im Krieg völlig nutzlos waren, steht auf einem anderen Blatt.) Tirpitz Chef' (und Intimfeind) Reichskanzler **Theobald von Bethmann-Hollweg** griff zur Täuschung, als er im Juli 1914 einen riskanten Konfrontationskurs fuhr und schließlich Frankreich und

Russland den Krieg erklärte. Er schaffte es, die Sache gegenüber der Presse so darzustellen, als ob Deutschland angegriffen worden wäre.

Die Nationalsozialisten schließlich ergriffen parallel mit der politischen Macht auch die volle Kontrolle über die Medien. Das *Reichsministerium für Volksaufklärung und Propaganda* unter **Joseph Goebbels** wurde bereits am 13. März 1933 eingerichtet, oppositionelle Medien teils über Notverordnungen verboten, vor allem aber durch den Entzug der Arbeitserlaubnis für Journalisten in den Ruin getrieben, sodass 80 Prozent der Blätter durch den parteieigenen *Eher-Verlag* übernommen werden konnten. Darüber hinaus diktierte die Regierung, was berichtet werden durfte beziehungsweise musste. Die neun unabhängigen Rundfunksender wurden am 30. Juni 1933 zum *Staatsfunk* gemacht und spielten gemeinsam mit dem billigen *Volksempfänger* eine wichtige Rolle bei der Indoktrination der Bevölkerung.

Spätestens seitdem weiß jeder Diktator – oder der, der es werden möchte –, wie immens wichtig die Macht über die Medien ist, um die Macht über das Volk zu sichern. In Demokratien dagegen sehen sich die Medien den Begehrlichkeiten der vielen, verschiedenen Interessensgruppen ausgesetzt, die auf gewünschte Weise repräsentiert sein möchten. Selbst kleinere Firmen und Verbände haben ihre PR-Fachleute, die versuchen, ihre Botschaft auf eine Weise an die Medien heranzutragen, dass diese gar nicht umhin können, als darüber zu berichten. PR kann bedeuten, die Medien ganz legitim auf sich aufmerksam zu machen und bei einer Berichterstattung nach Kräften zu unterstützten (etwa indem passende Gesprächspartner oder attraktives Bildmaterial organisiert werden), es kann aber auch eine gnadenlose Manipulation von Öffentlichkeit (und Politik) mit enormen Auswirkungen sein.

Vielleicht erinnern Sie sich, wie 1990 ein scheinbar verstörtes Mädchen tränenüberströmt in den westlichen Medien berichtete, irakische Soldaten hätten nach der Einnahme Kuwaits Babys aus ihren Brutkästen gerissen. Im Nachhinein stellte sich das als glatte Lüge heraus, die von einer US-amerikanischen PR-Agentur im Auftrag der kuwaitischen Regierung inszeniert worden war, um internationale Militärhilfe gegen die irakischen Besatzer zu erhalten.

Der Kampf um die Wahrheit

Den Menschen in den Dörfern früher konnte es relativ egal sein, ob die Nachrichten der Spielleute wahr waren oder nicht, denn für ihr Leben hatte das keine Relevanz. Heute gilt: Lügen kann sich nur der leisten, der nicht dabei ertappt wird oder wessen Gefolgschaft sich nicht darum schert. Für Massenmedien, deren Nutzer dafür bezahlen, dass sie wahrheitsgemäße Informationen erhalten, ist schon der Verdacht, sie könnten nicht vertrauenswürdig sein, pures Gift. Für eine funktionierende Demokratie auch.

Die Medien werden auch als *Vierte Gewalt im Staat* bezeichnet. Dahinter steckt die Erwartung, dass diese wahrheitsgemäß informieren, die Regierung kontrollieren und durch investigative Nachforschungen Skandale in Politik, Verwaltung, Wirtschaft et cetera aufdecken.

Selbstverständlich sind alle Medien verpflichtet, die Wahrheit zu sagen. Für bewusste oder grob fahrlässige Falschaussagen können sie gerichtlich belangt werden – wie übrigens auch jeder Einzelne, der seine Meinung öffentlich äußert. Seriöse Medien stellen zudem jeden Fehler, der ihnen unterlaufen ist, hinterher richtig.

Jeder Mensch, über den in den Medien falsche Tatsachen berichtet wurden, hat das Recht, eine *Gegendarstellung* zu verlangen, ohne aufwändige gerichtliche Beweise anstrengen zu müssen. Sie muss genauso auffällig platziert werden wie die beanstandete Meldung – notfalls sogar in der Schlagzeile.

Das Problem ist auch gar nicht so sehr, dass Medien bewusst lügen, sondern

1. dass sie sich weitgehend auf Harmloses beschränken, gegenüber Politik, Wirtschaft, Verbänden (und deren PR) zu unkritisch sind und keine heißen Eisen anpacken, weil das zu aufwändig, gefährlich und teuer ist;

2. dass sie dem Publikum nach dem Maul reden, sich auf Themen konzentrieren, die Quote beziehungsweise Auflage bringen und die allgemeine Sensationsgier befriedigen;

3. dass sie Fake News nicht mehr erkennen, weil vermeintlich authentisches Bild- und Tonmaterial dank technischer Möglichkeiten perfekt gefälscht wurde.

Diesen Gefahren lässt sich umso besser begegnen, desto mehr engagierte Medien es gibt, die über die nötigen Mittel und ausreichend gut ausgebildete Journalisten verfügen, um intensiv zu recherchieren. Doch die Tendenz in den westlichen Industrien geht genau in die andere Richtung.

- ✔ Medien werden von Investoren übernommen, die hauptsächlich Geld machen wollen und auf billige, oberflächliche, aber quoten-/auflagenwirksame Inhalte setzen.
- ✔ Vor allem den Zeitungen laufen die Leser (und in der Folge auch die Werbekunden) davon, da Informationen im Internet billiger zu bekommen sind – was zu Sparmaßnahmen führt, die das Medium nicht unbedingt attraktiver machen.
- ✔ Beide Gründe begünstigen eine Konzentration auf einige wenige Anbieter, was zu weniger Konkurrenz und gegenseitiger Kontrolle führt.

»Keine Demokratie kann sich ein Marktversagen auf diesem Sektor leisten«, warnte der Philosoph **Jürgen Habermas** schon vor Jahren. Doch die Politik hat wenig Handhabe, da die meisten Medien nun einmal private Unternehmen sind. Eine Ausnahme stellt der öffentlich-rechtliche Rundfunk dar: die ARD mit den dritten Programmen (Hörfunk und Fernsehen), ZDF, ARTE, 3sat, Phönix, KiKA und das Deutschlandradio.

Öffentlich rechtlich bedeutet, dass eine Einrichtung wie ein Rundfunksender staatlich gegründet wird und per Satzung eine öffentliche Aufgabe zugewiesen bekommt, dann jedoch unabhängig von Politik und Staatsverwaltung agiert. Die Kontrolle übt der *Rundfunkrat* aus. Dieser setzt sich aus Vertretern von Parteien, Verbänden und Religionsgemeinschaften zusammen und soll so die Bevölkerung und ihre Interessen möglichst gut repräsentieren (inwieweit das gelingt, ist eine andere Frage, vor allem da sich die Gesellschaft schneller wandelt als die Zusammensetzung der Rundfunkräte).

Der öffentlich-rechtliche Rundfunk wird zu einem Gutteil durch Gebühren finanziert (nicht aus Steuergeldern, die von der Politik jederzeit gekürzt werden könnten) und hat so nicht die wirtschaftlichen Zwänge der Zeitungen. Dafür hat er Pflichten, die die Privaten nicht haben, vor allem eine unparteiliche, ausgewogene Grundversorgung mit Informationen und eine Darstellung der Meinungsvielfalt. Zum Beispiel ist nicht erlaubt, bei einer Wahlsendung einfach missliebige Parteien außen vor zu lassen.

Das heißt jedoch nicht, dass jede krude Außenseiterposition zu Wort kommen muss. Außerdem bedeutet guter Journalismus generell, wirklich Meinungen und Positionen zu Sachfragen einzuholen, nicht Raum für Selbstdarstellung zu geben.

Autorität und Regeln

Keine Frage: Die Medien haben Macht. Es liegt ganz wesentlich in ihrer Hand, welche Themen und Meinungen öffentlich bekannt werden und wie das geschieht. So viel Einfluss erweckt auch Misstrauen. Mitunter genügt es schon, dass jemand seine Vorurteile nicht in den Medien bestätigt findet, dass er sich in heftigen Angriffen gegen »*Lügenpresse*« und »*Meinungsdiktatur*« ergeht. Aber welche Garantien gibt es, dass die Macht der Medien nicht missbraucht wird?

✔ Tageszeitungen und auch die Nachrichtenprogramme der öffentlich-rechtlichen sowie der renommierten privaten Rundfunksender leben von dem Versprechen, fair und ausgewogen zu berichten. Es liegt in ihrem Eigeninteresse, dieses auch zu erfüllen.

✔ Jede Berichterstattung unterliegt nicht nur allgemeinen Gesetzen, sondern speziellem Medienrecht. Dieses verlangt unter anderem

- **die Nennung der Verantwortlichen im Impressum.** Das klingt erst einmal trivial, doch ein Vergleich mit dem Internet zeigt die Wichtigkeit: Nichts ist anonym und Gesetzesverstöße können sanktioniert werden.

Zwar müssen auch Websites im Netz ein Impressum haben, doch Versuche, die Betreiber von Plattformen und Foren für die dort hochgeladenen Inhalte verantwortlich zu machen, sind bisher nicht weit gediehen. Außerdem ist es leicht, sich mit gefälschten Impressi oder Servern im Ausland der Verantwortung zu entziehen.

- **die Wahrung der Persönlichkeitsrechte der von der Berichterstattung Betroffenen.** Kein Journalist darf alles schreiben, was wahr ist. Das Abwägen zwischen Schutz der Privatsphäre und öffentlichem Interesse ist oft eine Gratwanderung. Gerade Menschen, die sonst nicht im Rampenlicht der Öffentlichkeit stehen, haben ein sehr weitgehendes *Recht auf Privatheit* und *Recht am eigenen Bild*. Wenn über jemanden berichtet werden soll, muss dieser zudem die Gelegenheit zur Stellungnahme bekommen.

- **die journalistische Sorgfaltspflicht.** Dazu gehören unter anderem eine gründliche Recherche und Überprüfung von Meldungen, eine vollständige, nicht einseitige Darstellung, keine aus dem Zusammenhang gerissenen Zitate, eine objektive, angemessene Wortwahl und deutliche Hinweise, wenn etwas nur auf Vermutungen oder Gerüchten beruht.

Mit dem *Deutschen Presserat* gibt es hierzulande ein Organ der *Selbstkontrolle*. Jeder hat die Möglichkeit, dort kostenlos Beschwerde gegen unlautere Berichterstattung einzulegen. Der Presserat prüft Verstöße gegen den *Pressekodex* und spricht gegebenenfalls Rügen aus. Diese müssen – das ist Teil des Kodex – im gerügten Medium veröffentlicht werden.

Der Pressekodex

Mit dem Pressekodex haben sich die Medienschaffenden Leitlinien erstellt. Zu den zentralen Punkten gehören:

- ✔ Grundsätzliche Wahrhaftigkeit und Achtung der Menschenwürde,
- ✔ Richtigstellung von Nachrichten oder Behauptungen, die sich als falsch herausgestellt haben,
- ✔ Verzicht auf unlautere Methoden bei der Beschaffung von Informationen,
- ✔ Schutz von Informanten und das Wahren der Vertraulichkeit, wenn diese vereinbart wurde,
- ✔ strikte Trennung zwischen redaktionellem Teil und Anzeigen,
- ✔ Wahren der Unschuldsvermutung bei Berichten über Straftaten,
- ✔ keinerlei Annahme von Vergünstigen, die die Entscheidungsfreiheit beeinträchtigen.

Trennung von Information und Meinungsäußerung

Ein extrem wichtiges Element, um eine transparente, faire Berichterstattung zu gewährleisten, ist die Trennung von Information und Meinungsäußerung. *Kommentare* gehören als solche gekennzeichnet an einen bestimmten Platz, *Nachrichten* dagegen müssen frei von jeder Wertung sein und neutral formuliert werden.

Aber wie soll man neutral bleiben, wenn man etwa das Elend von Flüchtlingskindern beschreibt? Doch auch hier gilt die Devise, die der ehemalige *Tagesthemen*-Moderator **Hanns Joachim Friedrichs** einmal ausgegeben hat: »Einen guten Journalisten erkennt man daran, dass er sich nicht gemein macht mit einer Sache – auch nicht mit einer guten Sache; dass er überall dabei ist, aber nirgendwo dazu gehört.« Das heißt: Beschreiben, was man vorfindet, aber kein Mitleiderheischen, kein Auf-die-Tränendrüse-Drücken, keine Wertung. Was erlaubt ist: die Eindrücke aus dem Lager, in einem als solchem gekennzeichneten Meinungsbeitrag zu verwerten.

Die Trennung von Nachricht und Kommentar ist eigentlich zum Schutz der Rezipienten vor Beeinflussung gedacht. Aber viele mögen es, wenn Journalisten persönlich werden oder Hinweise geben, wie eine Sache einzuordnen ist, weshalb solche Formate, etwa *Kolumnen* oder klar als persönlich gekennzeichnete *Erfahrungsberichte*, en vogue sind. Auch sind im Fernsehen gewisse emotionale Wertungen wie »schrecklich« oder »unfassbar« bei Katastrophen und gefärbte Anmoderationen der Journale üblich – auch wenn das der reinen Lehre widerspricht.

Journalistische Formate

- ✔ **Bericht/Nachricht:** alles, was nur sachliche Informationen enthält
- ✔ **Kommentar**: Meinungsäußerung zu einem bestimmten Thema
- ✔ **Leitartikel:** ausführlichere kommentierende Betrachtung eines größeren Sachverhalts, etwa über gesellschaftliche Entwicklungen oder Grundsätzliches zur Regierungspolitik
- ✔ **Glosse:** pointierter, oft ironischer Meinungsbeitrag
- ✔ **Kolumne**: regelmäßig erscheinende Glosse beziehungsweise Kommentar eines oder mehrerer Kolumnisten mit festem Format
- ✔ **Essay**: XL-Leitartikel
- ✔ **Rezension**: kritische Besprechung einer kulturellen Schöpfung von der Operpremiere bis zum Computerspiel
- ✔ **Reportage**: Bericht von einem Ort besonderen Interesses, wenn möglich angereichert mit Hintergrundinformationen
- ✔ **Feature**: Abhandlung eines komplexeren Themas, angereichert mit Einzelschicksalen und anderen Reportageelementen
- ✔ **Interview**: Gespräch, das auch in Gesprächsform dargestellt wird

Allerdings haben viele Tageszeitungen eine Tendenz und gelten als *konservativ*, *liberal* oder *links*. Wie ist das mit ausgewogener Berichterstattung vereinbar? Komplett neutral geht nicht! Die Tendenz macht deutlich, in welche Richtung die Kommentare in der Regel neigen, ohne dass damit eine Festlegung oder gar Verpflichtung verbunden ist. Auf den Nachrichtenteil sollte sie idealerweise keine Auswirkung haben, bei der Auswahl der Themen und der Art, diese zu behandeln, ist sie nicht ganz zu vermeiden, auch wenn es zum journalistischen Ethos gehört, sich auch hier ein Höchstmaß an Objektivität anzueignen.

Gelegentlich werden die etablierten Medien angefeindet, dass sie doch alle gleich seien. Solche Attacken kommen entweder vom linken oder vom rechten Rand und entsprechend gelten dann auch alle Medien entweder als »Knechte des Kapitalismus« oder »links versifft«. Aber in einem ähneln sich die Journalisten der Medien mit überparteilichem Anspruch eben doch: Niemand wird dort arbeiten, der Fairness und Ausgewogenheit nicht als Werte betrachtet. Das schließt gewisse politische Positionen aus.

Aber wäre es nicht besser, es gäbe gar keine Instanz, die entscheidet, wer öffentlich Gehör findet und wer nicht? Das Aufkommen des Internets führte teilweise zu einer unglaublichen Euphorie: Weil jeder dort direkt aktiv werden kann, so die Hoffnung, würde die Macht großer Strukturen gebrochen. Jeder könne seine Meinung sagen, seine Waren selbst vermarkten, sich weltweit informieren. Skandale, so glaubte man, würden sofort publik, autoritäre Herrschaftsformen unterlaufen.

Schöne neue digitale Welt

Vielleicht erinnern Sie sich: Im Jahr 2013 erklärte Bundeskanzlerin Angela Merkel auf einer Pressekonferenz: »Das Internet ist für uns alle Neuland, und es ermöglicht auch Feinden und Gegnern unserer demokratischen Grundordnung natürlich, mit völlig neuen Möglichkeiten und völlig neuen Herangehensweisen unsere Art zu leben in Gefahr zu bringen.« Merkel erntete dafür viel Spott und das »Neuland« wird seitdem regelmäßig zitiert, wenn jemand sich in den virtuellen Welten allzu ungeschickt anstellt. Doch im Prinzip hat die Bundeskanzlerin recht: Die *Digitalisierung* ist eine technische Revolution, die mit nie dagewesener Geschwindigkeit über die Menschheit hereingebrochen ist, und welche Konsequenzen sie haben wird, ist tatsächlich zu weiten Teilen noch unklar.

Bereits 1956 vertrat **Günther Anders** in seinem Werk *Die Antiquiertheit des Menschen* die These, dass der Mensch den von ihm geschaffenen Produkten nicht mehr gewachsen sei. Wenn er aber solche Dinge nicht mehr versteht (wie damals die Atombombe), dann würde dieses wie etwas Göttliches, Schicksalhaftes, Unvermeidbares behandelt.

Die technische Revolution

Noch Mitte der 1990er-Jahre hatten nur Angeber Handys und das Internet erschien den meisten Menschen als eine überflüssige Spielerei mit unklarem Nutzen. Heute ist es längst kein Neuland mehr und aus den mobilen Telefonen sind smarte *Multifunktionsgeräte* geworden. Die Welt der Zukunft wird eine vernetzte sein. Nicht nur Computer und Handys werden »online« sein, sondern auch

- ✔ die elektrischen Geräte im *Smarthome,* sowie die Haustechnik (Heizung, Beleuchtung, Jalousien, Schlösser, Sicherheitssystem),
- ✔ alle sonstigen technischen Anlagen, die ferngewartet werden, vom Herzschrittmacher bis zum Kraftwerk,
- ✔ Fahrzeuge wie selbstfahrende Autos, Züge, Schiffe und vielleicht auch Flugzeuge, aber auch die Autos, Fahrräder und Roller von Verleihsystemen sowie Drohnen und Waffensysteme,
- ✔ Kameras,
- ✔ alle sonstigen Datensammler wie Sprachassistenten (»Alexa« & Co.), Fitness-Armbänder, Tracker, Datenbrillen et cetera.

Alle diese Systeme muss man erst einmal korrekt benutzen können. Zudem machen sie den Nutzer abhängig von Stromversorgung und dem Funktionieren der Server. Sie sind potenzielle Angriffsziele für Überwachung und Missbrauch durch Hacker mit wirtschaftlichen und kriminellen Interessen, aber auch ausländische Mächte im Cyberkrieg. Vor allem aber werden sie nicht von denen kontrolliert, denen die Geräte gehören und die ihnen ihre Daten anvertrauen, sondern von den Anbietern der Technik.

Und sie erzeugen unglaubliche Mengen an Daten. Derzeit schätzen Wissenschaftler, dass sich die gesamte Datenmenge alle zwei Jahre mehr als verdoppeln wird. Wer die Parabel vom Schachbrett und den Reiskörnern kennt, weiß, was das bedeutet (alle anderen finden sie bei Wikipedia unter dem Stichwort *Sissa ibn Dahir*). Um diese Mengen handhaben zu können, braucht es immer komplexere Programme, sogenannte *Algorithmen*, die wiederum von den Experten der anbietenden Firmen erstellt und kontrolliert werden.

Nicht übersehen sollte man, dass *Big Data* viel Energie kostet. Wäre die digitale Welt ein Land, hätte sie bereits heute den dritthöchsten Energieverbrauch hinter China und den USA! Die größten Energiefresser sind übrigens *Streamingdienste* und das Erstellen von *Kryptowährungen*.

Die digitalen Welten werden aber auch zunehmend mit der Realität verschmolzen. Bei *Augmented Reality* werden in ein reales Bild virtuelle Elemente eingebunden. Wenn bei Sportübertragungen rote Linien anzeigen, wie weit ein Sportler springen muss, um in Führung zu gehen, oder bei Projekten Pläne über Bilder vom Ist-Zustand gelegt werden, ist das auch eine prima Sache. Wenn jemand auf einem Foto plötzlich Katzenohren bekommt, finden das nicht mehr alle Betroffenen lustig. Spätestens wenn reale Gesichter in Sexvideos einmontiert werden, hört der Spaß definitiv auf. Solche Videos kursieren tatsächlich bereits und sind so einfach herzustellen, dass nicht nur viele prominente Schauspielerinnen betroffen sind, sondern solche Filme Teil des Schulhof-Mobbings geworden sind. Auch Politiker werden mit manipulierten Videos diffamiert, auf denen sie angetrunken wirken oder Dinge von sich geben, die sie in Wahrheit nie gesagt haben. Solche mithilfe immer leistungsfähigerer Algorithmen erzeugten Manipulationen werden *Deep Fake* genannt. Der Punkt, an dem virtuelle Welten überhaupt nicht mehr von realen Bildern unterschieden werden können, rückt immer näher.

Darüber hinaus arbeiten die Forscher fieberhaft an der Entwicklung von *Künstlicher Intelligenz*. Diese wird oft mit Robotern verbunden, doch ein Roboter kann auch ganz simpel programmiert werden. Künstliche Intelligenz ist aber nicht nur ein Programm. Sie ist so angelegt, dass sie sich eigenständig weiterentwickelt. Wie das geht? Das wissen die Programmierer oft selbst nicht. So wird ein Schachcomputer mit unzähligen Partien gefüttert – und dem Ziel, möglichst immer zu gewinnen. Mit jeder Partie, die er durchspielt, lernt er neue Wege, um dieses Ziel zu erreichen. Wie er das tut, ist viel zu komplex, als dass es diejenigen, die den Computer entwickeln, noch nachvollziehen können. Die Maschine selbst unterscheidet, was dem Ziel, auf das hin sie programmiert ist, dienlich ist oder nicht.

In der *Systemtheorie* spricht man von einer *Black Box*. Die Entwickler leisten einen Input und kontrollieren, ob der Output, den das System liefert, ihren Erwartungen entspricht. Was sich im Inneren tut, ist jedoch unbekannt. Das Problem dabei: Weil man nicht weiß, was in der Black Box passiert, lassen sich unerwünschte Nebenwirkungen auch schlecht voraussagen. Auch die besten Forscher werden immer wieder überrascht, was in künstlichen neuronalen (dem menschlichen Gehirn nachgebildeten) Netzen funktioniert und was nicht.

Nun sind Schachcomputer ein relativ begrenztes Produkt. Wenn sie nicht funktionieren, Blödsinn produzieren oder ihr Ziel übererfüllen, indem sie so gut werden, dass es keinen Sinn mehr hat, gegen sie zu spielen, ist das keine große Katastrophe. In anderen Fällen jedoch ist es viel weniger überschaubar, wohin sich künstliche Intelligenz bewegt.

Es wird bereits an der Entwicklung von *autonomen Waffen* gearbeitet. Diese töten nicht nur auf Befehl aus der Ferne wie *Kampfdrohnen*, sondern wählen ihre Ziele selbstständig gemäß ihrer Programmierung. Ein Versuch, sie zu verbieten, scheiterte 2018 in Genf am Veto von Rüstungsmächten wie den USA.

Die Revolution der Wirtschaft

Auch in Sachen Wirtschaft gab es einst die Hoffnung, das Internet würde es jedem erlauben, seine Waren direkt an den Kunden zu bringen und so unabhängiger zu werden. Theoretisch ist das auch möglich, praktisch geht ohne die großen Distributionsplattformen kaum etwas. Die monopolartigen Strukturen im Netz sind größer als je zuvor und die Vormachtstellung der Konzerne immens. Da sie supranational agieren und keine Waren im herkömmlichen Sinn verkaufen, sind sie kaum zu kontrollieren – und auch schwer zu besteuern.

Gegründet wurden die meisten der heutigen Big Player von jungen Männern mit Visionen, teilS in den legendären Garagen:

- ✔ 1975: Microsoft von **Bill Gates** (* 1955) und **Paul Allen** (* 1953)
- ✔ 1976: Apple von **Steve Wozniak** (* 1950), **Steve Jobs** (1955–2011) und **Ron Wayne** (* 1934)
- ✔ 1994: Amazon von **Jeff Bezos** (* 1964), heute der reichste Mann der Welt
- ✔ 1997: Google von **Larry Page** (* 1973) und **Sergey Brin** (* 1973)
- ✔ 2004: Facebook von **Mark Zuckerberg** (* 1984)
- ✔ 2006: Twitter als interner Kommunikationsdienst einer Podcast-Firma namens Odeo

Heute kontrolliert der Online-Buchhändler Amazon große Teile des Online-Versandhandels, die Suchmaschine Google ist (unter dem Firmennamen Alphabet) unter anderem an der Entwicklung künstlicher Intelligenz, selbstfahrender Autos, Lieferdrohnen, neuer Sicherheitstechnologie und Gentechnik beteiligt. Facebook, eine Plattform für soziale Kontakte, kündigte an, eine eigene Kryptowährung zu kreieren, die global zum Einsatz kommen soll. Die Konzerne locken die besten Entwickler mit traumhaften Arbeits- und Lebensbedingungen (und dominieren so die Entwicklung ganzer Städte) und vielversprechende Start-ups wurden von ihnen übernommen. So gehört das Videoportal Youtube inzwischen zu Google, die Foto-Plattform Instagram und der Messenger-Dienst WhatsApp zu Facebook, der Messenger-Dienst Skype zu Microsoft. Nachzügler haben es gegen diese Giganten schwer, sodass das Internet so stark von Monopolisten beherrscht wird wie kaum ein anderer Wirtschaftszweig.

Kleines Glossar der digitalen Welt

- ✔ **Algorithmus** ist eine Handlungsvorschrift zur Lösung eines Problems wie zum Beispiel ein Backrezept oder eine Gebrauchsanweisung. Digitale Algorithmen werden vom Computer selbstständig abgearbeitet.
- ✔ **Avatare** sind künstliche Stellvertreter im Internet, die virtuellen Spielfiguren sozusagen. Der Begriff kommt aus dem Hinduismus, wo Avatare irdische Verkörperungen des Gottes Vishnu waren.
- ✔ **Blog** ist eine regelmäßige Internetkolumne. Sie kann auf einer privaten Website, aber auch einer öffentlichen Plattform stehen, Tagebuchcharakter haben, sich mit einem bestimmten Thema beschäftigen oder Produkte rezensieren.
- ✔ **Cyberspace** ist ein anderer Ausdruck für die virtuelle Welt des Internets. »Cyber« ist eine Abkürzung von »Cybernetics« (Kybernetik), der Kunst des Steuerns.
- ✔ **Follower** folgen einem bestimmten Nutzer auf einer Plattform und bekommen dessen neue Inhalte immer angezeigt, eine Art Abo also.
- ✔ **Podcast**s sind Audio- oder Videodateien, die auf das eigene Smartphone oder iPod aus dem Netz geladen und nach Belieben später angehört oder angesehen werden können.
- ✔ **Posten** ist das Einstellen eines neuen Beitrags auf den sozialen Plattformen.
- ✔ **Streaming** ist das gleichzeitige Herunterladen und Ansehen von Audio- und Videodateien. Auch die Mediatheken der Sender sind ein Angebot zum Streaming, das eine Nutzung unabhängig von irgendwelchen Sendezeiten erlaubt.
- ✔ **Tracking** ist eine nachverfolgbare elektronische Spur. Tracker zeigen, wo sich etwas befindet vom Postpaket über den Leihroller bis zum verwirrten Opa, ein Tracking-Tool beziehungsweise Web Analytic im Netz zeigt, wer wann wie lange welche Website besucht hat.
- ✔ **Virtuell** ist generell etwas, was keine physische Realität ist, aber dennoch existiert und genauso Wirkung entfaltet wie greifbare Dinge. Zugrunde liegt das lateinische Wort »virtus«, das neben Tugend und Tapferkeit auch Fähigkeit bedeutet.

In Sachen Kultur sind vor allem die *sozialen Medien* von Interesse:

- ✔ Plattformen, auf denen Menschen sich darstellen und mit anderen vernetzen können wie *Facebook* oder die Berufsnetzwerke *LinkedIn* und *Xing,*
- ✔ Plattformen, auf denen diverse Inhalte eingestellt werden können wie *Twitter* (Kurzkommentare, aber auch Bilder und Verlinkungen zu längeren Inhalten), *Youtube* (Videos), *Instagram* (Fotos und Videos, aber auch Kurzmitteilungen),

- Foren, auf denen über verschiedenste Themen diskutiert wird,
- beliebige Netzinhalte, die Interaktivität ermöglichen, indem Beiträge kommentiert oder Bewertungen abgegeben werden können.

Das Ganze war ursprünglich zum privaten Austausch gedacht. Inzwischen sind Facebook, Twitter, Instagram und Youtube so wichtig geworden, dass auch Firmen, Verbände und Institutionen bis hin zu politischen Parteien den Zwang verspüren, sie »bespielen« zu müssen – oft allerdings mit mäßigem Erfolg. Dafür werden Teenager, die ein Gespür dafür haben, was Follower bringt, zu Stars.

Youtube etwa verzeichnet im Schnitt pro Tag eine Milliarde Zugriffe und jede Minute werden rund 400 Stunden neues Videomaterial hochgeladen: Von der Anleitung, wie man einen Fisch ausnimmt, über Hausaufgabenhilfe bis hin zu Terrorpropaganda (verboten, aber vorhanden). Es gibt zahlreiche Musik- und Comedy-Formate und Erklärer und Kommentierer für alles Mögliche. Für viele jüngere Menschen ist es das neue Fernsehen. Doch da es kein Programm gibt, müssen die Inhalte auf andere Weise Aufmerksamkeit erzeugen, zum Beispiel, indem sie reißerisch sind oder sich zumindest so geben. Fakes stehen gleichberechtigt neben Fakten.

Verdient wird im Netz über Werbung, genauer: *personalisierte Werbung*. Die Milliarden an Suchanfragen auf Google oder Aktivitäten auf Facebook, aber auch jegliche Nutzung von Webseiten, die mit Tracking-Verfahren arbeiten, hinterlassen Profile, die ziemlich viel über die Vorlieben einzelner Nutzer verraten. Diese werden zu Geld gemacht. Noch während Sie eine Website aufrufen, wird blitzschnell analysiert, welcher Werbekunde am meisten für einen Menschen mit Ihrem Netzprofil zahlt. Diese Werbung bekommen Sie dann zu sehen. Klicken Sie darauf, muss der Kunde zahlen. Dieses System hat mehrere Folgen:

1. Je mehr man über Sie weiß, desto eher wird man Ihnen Werbung zuteilen können, auf die Sie reagieren. Sie werden also so gut wie möglich ausgeforscht. Die Konzerne machen unbemerkt auch Tests, wie bestimmte Menschen auf bestimmte Inhalte reagieren.
2. Wertvoll sind Seiten, die möglichst viel Aufmerksamkeit erzeugen und entsprechend oft angeklickt werden. Ob sie sonst einen Wert haben oder gar schädlich sind, Fakten oder Fake News enthalten, ist dem Algorithmus völlig egal. Geld bringt, was Klicks generiert.

Ein Teil der Fake News, die 2017 den US-Wahlkampf beeinflussten, wurde laut Medienrecherchen auf dem Balkan erzeugt – nicht aus irgendeiner politischen Absicht heraus, sondern weil Menschen festgestellt hatten, dass sich mit erfundenen Skandalmeldungen eine Menge Geld verdienen ließ.

Manche schütteln den Kopf darüber, aber *Influencer* ist inzwischen ein Beruf. Influencer (Beeinflusser) kann jeder werden, der regelmäßig in den sozialen Medien aktiv ist und dort eine außergewöhnlich hohe Zahl an Followern hat. Verdient wird zum einen durch Werbung. 1000 Aufrufe bei Youtube bringen bis zu 2 Euro. Youtube-Stars bringen es oft auf einige Millionen Aufrufe pro Video! Außerdem erhalten Sie in der Regel von Firmen beträchtliche Summen dafür, dass sie ihren Followern deren Produkte ans Herz legen. Im Übrigen gibt es auch schon die ersten *virtuellen Influencer*. Wer diese erfunden hat und steuert, ist in den wenigsten Fällen klar.

3. Das sogenannte *Microtargeting*, das Beeinflussen genau definierter Zielgruppen mit speziell für diese zugeschnittenen Informationen boomt auch jenseits der Produktwerbung. Beispielsweise im Wahlkampf. Das ist grundsätzlich nicht illegal doch es ermöglicht gezielte Irreführung bei minimaler Nachvollziehbarkeit.

Ein Großteil des Erfolgs der Big Player beruht auf der Bequemlichkeit der Nutzer. Theoretisch könnte man die Quasi-Monopolisten umgehen. Es gibt andere Suchmaschinen als Google und auch andere Wege, um interessante Kontakte zu knüpfen, als über Facebook. In Sachen Software sind sogar kostenlose Open-Source-Programme verfügbar. Doch auf Computern, Tablets und Handys sind die Programme der Großen voreingestellt und es kostet viel Mühe, sie zu umgehen. Außerdem sind die Open-Source-Formate nicht uneingeschränkt kompatibel mit denen, die die Mehrheit der Bevölkerung benutzt. Die Open Source-Formate zeigen die andere Seite der Internetwirtschaft: Enthusiasten entwickeln eine Unmenge von Anwendungen und stellen sie kostenlos der ganzen Welt zur Verfügung. Andere laden Fotos, Musik, Texte, regelmäßige Blogs und vieles mehr hoch und erwarten von den Nutzern, wenn überhaupt, nur ein »Gefällt mir«. Der gesamte Inhalt von Wikipedia, der heute wichtigsten Enzyklopädie der Welt, wurde von Freiwilligen geschaffen.

Eines allerdings verbindet das ehrenamtliche Engagement und das »Bezahlen mit Daten«: Für die Nutzer sind die Inhalte kostenfrei zugänglich. Das hat dazu geführt, dass sich viele an eine »Gratis-Kultur« im Netz gewöhnt haben und Urheberrechte gering achten, wodurch es die Menschen, die mit geistigen Schöpfungen ihren Lebensunterhalt bestreiten, schwerer haben denn je.

Die Revolution der Gesellschaft

Heute nutzen die unter 30-jährigen das Internet im Schnitt fast sechs Stunden täglich, vor allem zum Streamen und Chatten, bei den über 50-jährigen sind es immerhin noch zwei Stunden. Wer nicht online ist, ist in vielen Lebensbereichen abgehängt. Informationen, Geschäfte und soziale Aktivitäten verlagern sich zunehmend ins Internet. Entsprechend werden die Offline-Alternativen zurückgefahren. Wer kein Online-Banking macht, findet immer weniger Filialen und zahlt oft am Schalter Gebühren. Viele Unternehmen drucken keine Kataloge mehr, Telefonzellen gibt es kaum noch. Nun könnte man sagen, dass »Offline«-Bürger eine aussterbende Randgruppe sind. Aber auch online sein bedeutet mehr, als gewisse Dinge im Internet zu erledigen und bequemen Zugang zu einer Unmenge von Informationen und Angeboten zu haben. Die virtuelle Welt formt das gesellschaftliche Leben und Handeln komplett neu.

Aber wird es überhaupt noch so etwas wie »Gesellschaft« geben, wenn Begegnungen mit echten Menschen und Meinungen immer seltener werden und jeder im Netz auf seine (vermeintlichen) Bedürfnisse zurecht geschneiderte Inhalte zugeteilt bekommt? Der US-amerikanische *Internetaktivist* **Eli Pariser** kreierte 2011 den Begriff der »Filterblase«, in der den Einzelnen Informationen, die nicht seinem bisherigen Such- und Klickverhalten entsprechen, nicht mehr erreichen, weil sie von Algorithmen weggefiltert werden. Doch wenn der gemeinsame Diskurs fehlt und man nicht einmal mehr über dieselben Dinge verschiedener Meinung sein kann, schwinden die *kulturellen Bindekräfte*, der Kleister, der eine Gesellschaft zusammenhält.

Die Big Player jedoch sind eifrig bemüht, ein immer besseres, immer bequemeres Netz mit immer mehr Möglichkeiten zu bieten – nicht zu unserem Nutzen, sondern zu ihrem. Dazu lesen sie mithilfe immer neuer Algorithmen menschliches Verhalten in nie dagewesener Weise aus und suchen nach Wegen, dieses in erwünschter Weise zu steuern. Die Erkenntnisse werden meistbietend verkauft – auch an jene, die damit zum Beispiel Wahlen beeinflussen möchten. Die US-amerikanische Psychologin **Shohana Zuboff** spricht von einem *Überwachungskapitalismus*, einer digitalen Verhaltensdressur, die das Ziel hat, den Menschen für den Markt zu optimieren, nicht umgekehrt.

Dass Drohnen künftig Pakete bringen sollen, klingt cool. Doch die Zulassung von Unmengen fliegender Kameras würde eine völlig neue Dimension der Überwachung, ein Ausspionieren auch in privaten Rückzugsräumen wie Gärten erlauben.

Doch künstliche Intelligenz beruht auf dem, was ihr zugrunde gelegt wird. Womit wird zum Beispiel ein Computer gefüttert, der Lebenshilfe geben oder philosophische Gespräche führen soll? Mit einer »Normgefühlswelt« oder der des Programmierers oder etwas, das von irgendwelchen Interessensgruppen als wünschenswert erachtet wird? Wie entwickelt sich menschliches Denken und Bewusstsein, wenn eine Spielart von Intelligenz und bestimmte Normen, Emotionen und Weltsichten durch künstliche Intelligenz oder andere verstärkende Filter im Netz dominant werden? Zumal das Netz heute schon allzu oft nicht gerade gemütlich ist:

- ✔ Zum einen ist es ein **Ort des Wettbewerbs**. Wer keine gute Performance liefert, wird nicht wahrgenommen. Die Zahl der Follower, Klicks und Likes scheint eine objektive Größe zu sein, verrät aber doch nur, was am meisten spontanes Interesse erweckt hat (falls die Wertungen überhaupt von echten Menschen stammen und nicht gekauft sind). Auch Bewertungen, die eigentlich Vertrauen schaffen sollen, können manipuliert, gekauft und als Drohmittel eingesetzt werden.
- ✔ Die Anonymität hat auch zu einem kulturellen Dammbruch in Sachen **Hass und Hetze** geführt. Beleidigungen und Stammtischparolen, die Abrechnung mit ehemaligen Geliebten und Menschen mit anderer Meinung werden nicht mehr vor begrenzten Zeugen live ausgetauscht, sondern für alle Welt sichtbar, kommentierbar, auf ewig im Netz festgehalten, vielleicht sogar in Form diskriminierender Filme, mit Lügen garniert. Gleichzeitig ist es so gut wie unmöglich, kriminelle Delikte zu ahnden.

Bereits jetzt beschäftigen die großen Plattformen Hunderttausende sogenannter *Content-Moderatoren* weltweit, die die schlimmsten Auswüchse im Netz entfernen sollen: Terrorpropaganda, Kinderpornografie, Vergewaltigungs- und Foltervideos, Bilder von Mord und Selbstmord. Sie kommen jedoch nicht nach und viele Bereiche des Internets sind überhaupt nicht davon erfasst.

- ✔ **Fakes zu erkennen** wird zum immer größeren Problem. Wie wird es sich auf die Gesellschaft auswirken, wenn echte Bilder nicht mehr von virtuellen zu unterscheiden sind?

- ✔ Schließlich stellt sich noch die **Frage nach der Sicherheit**: Schon das Gefühl, nicht mehr vor Datenklau, Cyber-Mobbing und Cyber-Kriminalität geschützt zu werden, kann zu immensen gesellschaftlichen Verwerfungen führen, von der realen Gefahr gar nicht erst zu reden.

Das Dilemma des Internets verdeutlicht ein Blick auf das *Darknet*. Spezielle Technik schafft Verbindungen, die nicht nachvollzogen werden können. Im Darknet werden Waffen, Drogen und Kinderpornografie gehandelt, Terror und Verbrechen geplant, mithilfe digitaler Kryptowährungen wie Bitcoin Geld gewaschen. Aber es gibt hier auch viele legale Inhalte, denn beispielsweise Regimekritiker und Menschenrechtler in überwachten Ländern können oft nur so sicher miteinander kommunizieren. Die Frage ist, ob das Netz als Ganzes, aber auch Techniken wie eine absolut sichere Verschlüsselung von Datenverkehr, auf Dauer mehr den »Guten« nutzen oder jenen Kräften, die darauf aus sind, die freie Gesellschaft zu zerstören.

Viele Probleme des Westens wie Hass und Kriminalität im Internet hat China nicht – aber freie Meinungsäußerung eben auch nicht. Die Regierung sperrt den Zugang für unerwünschte Informationen und kontrolliert den Rest. Im Moment wird am Aufbau eines *Sozialkreditsystems* gearbeitet. Das bedeutet: Erwünschtes Verhalten wird belohnt, unerwünschtes bestraft. Das System der Schufa-Auskunft, das hierzulande über die Kreditwürdigkeit einzelner entscheidet, wird praktisch auf das ganze Leben ausgeweitet. Dabei spielen nicht nur Vorstrafen eine Rolle, sondern zum Beispiel auch die Aktivität in den sozialen Medien, der Freundeskreis et cetera. Zudem werden im Reich der Mitte überall *Gesichtsscanner* eingesetzt – um Einzelne in Menschenmassen aufzuspüren, aber auch als eine Art Lügendetektor. Die Maschine soll die Mimik auf Indizien für Falschaussagen hin scannen.

Die Revolution des Einzelnen

Neil Postman, der Autor von *Wir amüsieren uns zu Tode*, ist 2003 gestorben. Vorher bezeichnete er das Internet noch als »reaktionär«. Das Problem früherer Zeiten, zu wenige Informationen zu haben, sei längst gelöst. Doch anstatt nun zu lernen, wie man diese nutzen könne, um reale Probleme anzugehen, lenke die Netzwelt die Menschen mit immer noch mehr Informationen ab.

Auch wenn man das Wort »reaktionär« streicht, ist die digitale Informationsflut natürlich ein Problem, welches das Leben online massiv von dem offline unterscheidet.

1. **Die schiere Masse, die es zu bewältigen gilt.** Selbst wenn man versucht, auf den sozialen Plattformen seine Kontakte überschaubar zu halten, häufen sich schnell so viele Nachrichten an, dass es richtig Zeit kostet (oder kosten würde), sie auch nur flüchtig zu überfliegen. Dazu kommen eventuell Newsletter sowie E-Mails und WhatsApp-Gruppen.

Es erscheint praktisch, über den Textnachrichtendienst WhatsApp die ganze Familie mit einer einzigen Nachricht zu erreichen. Der Zeitvorteil hat sich jedoch schnell aufgebraucht, wenn alles von jedem kommentiert wird und jeder Kommentar neue nach sich zieht und einige Familienmitglieder das Bedürfnis haben, die anderen an allen noch so kleinen Highlights ihres erfolgreichen Lebens teilhaben zu lassen, dem die Empfänger dann irgendetwas entgegensetzen müssen et cetera.

Was oft auf der Strecke bleibt, sind ausführliche Hintergrundinformationen, das Lesen der Tageszeitung, längere Gespräche …

2. **Die Frage nach der Erreichbarkeit.** Experten sind der Meinung, wer ständig online ist oder auf jede hereinkommende Meldung reagiert, killt nicht nur im konkreten Moment die Konzentration, sondern überhaupt seine Fähigkeit, sich auf eine Aufgabe zu fokussieren. Trotzdem ist es schwer, zu widerstehen. Es könnte ja wichtig sein und die Umwelt hat ebenfalls Ansprüche. Nicht nur zahlreiche Arbeitgeber verlassen sich darauf, ihre Mitarbeiter notfalls schnell erreichen zu können, auch im Privaten entsteht oft eine Art Erwartungshaltung auf sofortige Rückmeldung, sonst machen sich die Angehörigen Sorgen. Früher waren Menschen wochenlang ohne Nachricht verreist und man wusste, dass die Postkarte wahrscheinlich erst nach ihnen ankommt. Heute glaubt man gleich, dass etwas passiert sein muss, wenn jemand nicht an sein Handy geht, obwohl er es doch »müsste«.
3. **Der stetige Wandel der virtuellen Welt.** Er zwingt dazu, sich mit neuen Formaten und neuer Technik auseinanderzusetzen. Denn was nutzt es, E-Mails schreiben zu können, wenn die eigenen Kinder nicht mehr in ihre virtuellen Postfächer schauen, weil »jeder« jetzt WhatsApp benutzt?

Doch das passive Konsumieren ist das eine, das aktive Nutzen der digitalen Möglichkeiten das andere. Theoretisch sind diese unbegrenzt. Jeder kann zu allem seine Meinung sagen, seine Gedanken in Blogs niederschreiben, Videos auf Youtube hochladen, E-Books verfassen … und dann frustriert feststellen, dass sich niemand dafür interessiert. Das Netz ist inzwischen so überfüllt mit Inhalten, dass es fast noch schwerer ist, wahrgenommen zu werden als in der physischen Welt. Gleichzeitig hört man ständig von Influencern, die mit Schminktipps Unsummen scheffeln und einen Bekanntheitsgrad haben, von dem Politiker nur träumen. Selbst im eigenen Umfeld gibt es oftmals Leute, die es mit unausgegorenem Geschwafel und belanglosen Fotos auf enorme Zahlen an Followern bringen.

Der Druck, mitzumachen – und erfolgreich zu sein – ist teilweise, gerade unter Jugendlichen, enorm hoch. Follower und Klickzahlen sind das neue Statussymbol. Viele Menschen tun immer Extremeres, um diese Aufmerksamkeit zu bekommen:

Sie betreiben Grenzüberschreitungen aller Art, bringen sich in Gefahr, geben Privates preis, vernachlässigen andere Dinge darüber, nehmen teure, professionelle Hilfe in Anspruch …

Soziologen sehen *Aufmerksamkeit* in den westlichen Kulturen als ein immer rarer werdendes Gut an, um das ein immer größerer Wettbewerb stattfindet. »Die Aufmerksamkeit anderer Menschen ist die unwiderstehlichste aller Drogen. Ihr Bezug sticht jedes andere Einkommen aus. Darum steht der Ruhm über der Macht, darum verblasst der Reichtum neben der Prominenz«, stellte der Publizist **Georg Franck** in seinem Buch *Ökonomie der Aufmerksamkeit* (2007) fest.

Die digitalen Medien bedienen vorwiegend einen einzigen Sinn: das Sehen. Dabei ist dieser sowieso schon sehr dominant. Optischen Verführungen lässt sich schwer widerstehen, bis dahin, dass die meisten Menschen dazu neigen, gut aussehende Menschen spontan für intelligenter und sympathischer zu halten als unansehnliche. Nicht umsonst hat man sich früher besonders hübsch gemacht, wenn es um einen entscheidenden ersten Eindruck ging. Doch da lebte man noch nicht in den Zeiten der Handyfotografie, wo man jederzeit auf einem Bild von Freunden landen kann oder selbst eine Situation erlebt, die man unbedingt teilen möchte. Weshalb es jederzeit nötig ist, so auszusehen, dass man auf dem eigenen Instagram-Account (oder dem von Freunden) eine gute Figur macht. Klingst stressig? Viele der Jüngeren empfinden es wahrscheinlich als ganz selbstverständlich – was nicht heißt, dass es sie nicht stresst. Und wer liest schon noch Internet-Blogs? Wer wirklich wahrgenommen werden will, sollte seine Botschaften per Video verbreiten – was Menschen begünstigt, die diesen Aufwand leisten können und wollen, und Themen haben, die sich gut visuell umsetzen lassen. Oder bereit sind, ihre Themen so anzupassen, dass sie telegen wirken. Auch an der Ausrüstung der immer beliebteren Sprachassistenten mit Kamera wird bereits gearbeitet. Dann kann uns »Alexa« sagen, wo wir unsere Brille hingelegt haben, aber man sollte sich ihr besser niemals unvorteilhaft präsentieren – denn sie könnte petzen.

Kennen Sie schon die nächste digitale Suchtgefahr? Stundenlang vor dem Computer sitzen war gestern. *Datenbrillen* legen gerade ihre Kinderkrankheiten ab und erlauben es, in faszinierende Welten – *virtuelle Realitäten* – einzutreten. Auch die Interaktion mit den Avataren von Mitspielern ist bereits möglich und wird sich rasant verbessern. Ebenso die Sensoren, die sinnliche Erlebnisse simulieren.

Die Revolution des kulturellen Miteinanders

Gelegentlich taucht die Frage auf: »Darf man eine Beziehung per SMS beenden?« Die Antwort »Wie sonst?«, ist möglicherweise noch ein Scherz. Noch. Die technischen Neuerungen wirbeln den menschlichen Umgang durcheinander, und weil die Entwicklung so schnell geht, können sich Gewohnheiten innerhalb von einigen Jahren komplett ändern. Als Handys sich zu verbreiten begannen, galt Telefonieren in einem Restaurant als grob unhöflich, und wenn man beim Treffen mit anderen Menschen das Handy in Bereitschaft hatte, musste man sich damit entschuldigen, dass man einen wirklich sehr dringenden Anruf erwartete. Als dann immer mehr Menschen primär auf dem Handy erreichbar waren und oft gar keinen Festnetzanschluss mehr hatten, wurde es für einige Jahre als unvermeidlich angesehen, dass man im öffentlichen Raum ständig von Menschen umgeben war, die – oft besonders laut und eindringlich – telefonierten. Inzwischen sind Handys weit mehr als mobile Telefone und anstelle von Anrufen setzt sich vermehrt die Kommunikation per Textnachricht durch. Wer die entsprechenden Dienste nicht auf seinem Smartphone hat (oder gar keines besitzt!) gilt plötzlich als schwer erreichbar und unter Jugendlichen werden direkte Anrufe vielfach schon als zudringlich empfunden. Die stundenlang den Familienanschluss belegende pubertierende Tochter gibt es nur noch in alten Filmen.

Menschliches Miteinander verlagert sich zunehmend in die digitalen Welten. Gleichzeitig fühlen sich immer mehr Menschen in einem Maße einsam, dass es ihr psychisches und physisches Befinden massiv beeinträchtigt. Umfragen für Deutschland kommen auf einen

Anteil von über zehn Prozent der Bevölkerung mit starken Zunahmen im Bereich der 20- bis 29-Jährigen. Die Schuld daran geben Experten nicht den sozialen Medien, sondern der immer stärker geforderten Flexibilität, die Menschen von ihrer Familie, ihren Freunden und Kollegen wegreißt. Nur: Digitale Kontakte helfen kaum gegen diese Einsamkeit, weil dabei die sinnliche Wahrnehmung fehlt: der Tonfall, in dem erzählt wird, das Lachen, Blicke, Berührungen …

Aber haben nicht Menschen auch in früheren Zeiten intensive Freundschaften gepflegt, obwohl die Reisemöglichkeiten viel schlechter waren als heute? Dafür haben sie sich lange, ausführliche Briefe geschrieben, nicht nur über ihr Leben und das von gemeinsamen Bekannten, sondern vor allem ihre Gedanken über Gott und die Welt. Manche *Briefwechsel* waren so interessant und tiefsinnig, dass sie später als Bücher verlegt wurden. Theoretisch könnte man natürlich über elektronische Medien genauso ausführlich und anspruchsvoll kommunizieren – aber wer tut das schon? Und wer möchte solche Nachrichten digital lesen? Das neue Medium verändert kulturelle Gewohnheiten mehr, als eigentlich nötig wäre.

Auch Kinderpsychologen schlagen Alarm, weil junge Eltern zu viel auf den Bildschirm starren, anstatt mit ihren Babys zu schäkern – was deren sprachliche und emotionale Entwicklung beeinträchtigen könnte. Und bei Jugendlichen stellen Psychologen immer häufiger eine extreme Schüchternheit in Sachen reale Kontaktaufnahmen fest. Während sie im Internet alles von sich preisgeben, fühlen sich viele Teenies bei persönlichen Begegnungen hilflos und unsicher, weshalb sie diese Situationen nach Möglichkeit vermeiden.

Was gegen Einsamkeit zu helfen scheint, ist künstliche Intelligenz. Bereits jetzt werden erste Roboter zu Therapiezwecken eingesetzt und es zeigt sich, dass sie in vielen Fällen als eine Art Gegenüber akzeptiert werden. Was es aber auf Dauer mit einem Menschen macht, wenn seine engste Bezugsperson ein selbstlernendes Programm ist, weiß noch niemand.

Pygmalion, Frankenstein und der Zauberlehrling

Kann man eine zwischenmenschliche Beziehung zu künstlich geschaffenen Geschöpfen aufbauen? Wie ist es, wenn das Geschaffene nicht den Erwartungen entspricht oder sich gar als unbeherrschbar erweist? Auf diese Fragen haben Künstler schon weit vor dem digitalen Zeitalter Antworten gesucht.

✔ Pygmalion ist in den *Metamorphosen* des **Ovid** ein Künstler, der Frauen hasst, sich aber in eine selbstgeschaffene Elfenbeinstatue verliebt. Auf seine Bitte hin erweckt Liebesgöttin Aphrodite diese zum Leben. Die Geschichte wurde von zahlreichen Künstlern aufgegriffen, vor allem von dem irischen Dramatiker **George Bernard Shaw**, der in seinem Theaterstück *Pygmalion* aber klar macht, dass eine Beziehung, in der die Frau nicht als Person, sondern nur als Geschöpf gesehen wird, nicht funktionieren kann. Sein Blumenmädchen Eliza Doolittle verlässt am Ende den Wissenschaftler Henry Higgins, der eine feine Dame aus ihr gemacht hat. In der Musical-Adaption *My Fair Lady* und dem gleichnamigen Film mit Audrey Hepburn und Rex Harrison wird ein Happyend zwischen den beiden aber angedeutet. In der Filmkomödie *Pretty Woman* mit Richard Gere und Julia Roberts muss der Held erkennen, dass er sich eigentlich viel mehr verändert hat, als die Frau, der er gesellschaftlichen Schliff verpasst hat.

- ✔ *Frankenstein* ist ein Roman von **Mary Shelley** von 1818. Der junge Wissenschaftler Victor Frankenstein erschafft einen künstlichen Menschen. Anschließend jedoch graut ihm vor seinem übergroß, hässlich und unheimlich geratenen »Monster«. Eine Beziehung zu ihm lehnt er ebenso ab wie den Wunsch des Monsters, eine Gefährtin zu bekommen. Am Ende macht dann gerade die Zurückweisung das Geschöpf zum Ungeheuer.
- ✔ *Der Zauberlehrling* ist eine Ballade von **Johann Wolfgang Goethe** von 1827, in dem der Lehrling die Kontrolle über seinen Zauber verliert. Berühmt ist vor allem dessen Hilfeschrei: »Ach, da kommt der Meister! Herr, die Not ist groß! Die ich rief, die Geister werd ich nun nicht los!«

Teil V
Der Top-Ten-Teil

Auf www.fuer-dummies.de finden Sie noch mehr Bücher für Dummies.

IN DIESEM TEIL …

… präsentiere ich Ihnen noch ein paar ganz besondere künstlerische Leckerbissen.

Um »die Besten« im Sinne der teuersten oder kommerziell erfolgreichsten Werke der jeweiligen Sparten handelt es sich dabei allerdings nicht, sondern um künstlerische Meilensteine, die eine gute Ergänzung zum Hauptteil bieten.

Freuen Sie sich auf 40 Top-Werke der bildenden Kunst, der Musik, der Literatur und der Filmbranche sowie auf ihre Geschichte!

IN DIESEM KAPITEL

- Geliebtes und Provokantes
- Schöne Frauen, Dramen und Farbe pur
- Werke und ihre Geschichten

Kapitel 14
Zehn Meisterwerke der Kunstgeschichte

2017 wurde das Gemälde *Salvador Mundi* für über 450 Millionen US-Dollar versteigert. Teurer war bis dato kein Bild, obwohl nicht einmal mit letzter Sicherheit feststeht, dass es wirklich von Leonardo da Vinci stammt. Dabei gibt es viele Gemälde, die noch weit berühmter und wertvoller sind, jedoch nicht zum Verkauf stehen. Lassen Sie mich Ihnen ein paar davon vorstellen, samt der Geschichte dahinter. Und einige weniger bekannte, die jedoch ebenfalls Kunstgeschichte geschrieben haben.

Die Geburt der Venus (um 1485)

von Sandro Botticelli (1445–1510)

»Die erhabene, goldbekränzte und wunderschöne Aphrodite will ich besingen, die das von der See geliebte Zypern beherrscht, wohin sie, getrieben vom feuchten Atem Zephyrs, über die rauschenden Wellen des Meeres der sanfte Schaum trug. Die goldbebänderten Horen nahmen sie mit Freuden auf und taten ihr göttliche Kleidung an«, heißt es in den *Homerischen Götterhymnen* (die wahrscheinlich nicht von Homer sind). Genau diesen Moment stellte Sandro Botticelli in diesem Gemälde dar: In der Mitte strandet die nackte Liebesgöttin in einer Muschel, links ist der blasende Zephyr (Westwind) mit einer Nymphe in den Armen zu sehen, rechts eilt eine der Horen (Göttinnen der Jahreszeiten) mit einem Mantel heran. Die Fortsetzung folgt auf Botticellis Bild *Primavera,* wo die inzwischen bekleidete Liebesgöttin unter Orangenbäumen Hof hält.

Die Vorgeschichte der *Geburt der Venus* ist weniger romantisch. Gemäß der *Theogonie* des **Hesiod** schnitt Kronos, der Vater des Zeus, seinem Vater Uranos mit einer Sichel die Geschlechtsteile ab und warf sie ins Meer, das zu schäumen begann und die Liebesgöttin

Aphrodite (römisch: Venus) gebar. Botticelli malte beide Bilder im Auftrag der Medici, und Modell für die nackte Liebesgöttin mit der unglaublichen, rotgoldenen Haarmähne stand wahrscheinlich **Simonetta Vespucci**, die Geliebte des 1478 ermordeten **Guiliano de' Medici**.

Wie Guiliano verfielen auch Generationen von Betrachtern der Schönen, denn obwohl Botticelli menschliche Proportionen lange nicht so perfekt malte wie etwa Leonardo oder Michelangelo und seine Landschaft ziemlich stilisiert, ja fast jugendstilartig ist, gehört das Gemälde zu den beliebtesten Werken der Kunstgeschichte.

Junge Venezianerin (1505)

von Albrecht Dürer (1471 – 1528)

Vermutlich dürften die meisten älteren Deutschen ziemlich überrascht sein, wenn sie der Schönen aus Venedig im Kunsthistorischen Museum Wien das erste Mal gegenübertreten. Erwarten sie doch vermutlich einen Kupferstich, schließlich war die Dame so einst auf dem 5-D-Mark-Schein abgebildet.

Doch die Grafiken auf den Scheinen stammen von dem Schweizer **Hermann Eidenbenz** (1902–1993), der sieben Gemälden unterschiedlicher Künstler aus dem 16. Jahrhundert ein einheitliches Gepräge gab. Warum aber gerade diese? Die Bundesbank hoffte, dass sie wegen ihrer feinen Details schwer zu fälschen sein würden.

Außer der Venezianerin (Rückseite: Eichenlaub) gab es:

- 10 D-Mark: *Bildnis eines jungen Mannes* (Gemälde von Lucas Cranach, Albrecht Dürer oder Anton Neupauer, Rückseite: *Gorch Fock*),
- 20 D-Mark: *Elsbeth Tucher* (Gemälde von Albrecht Dürer, Rückseite: Violine und Klarinette),
- 50 D-Mark: *Männerporträt* (Gemälde von Barthel Beham, Rückseite: Holstentor in Lübeck),
- 100 D-Mark: *Sebastian Münster* (Gemälde von Christoph Amberger, Rückseite: Bundesadler);
- 500 D-Mark: *Männerporträt* (Gemälde von Hans Maler zu Schwaz, Rückseite: Burg Eltz);
- 1000 D-Mark: *Männerporträt* (Gemälde von Lucas Cranach, Rückseite: Limburger Dom).

1990 wurde die Serie durch neue, noch fälschungssichere Noten ersetzt.

Mona Lisa (um 1506)

von Leonardo da Vinci (1452–1519)

Was verbirgt sich nur hinter dem Lächeln dieser Frau? Generationen von männlichen Betrachtern haben sie als Verführerin mit kalter Seele interpretiert, Mediziner über eine Gesichtslähmung und fehlende Zähne spekuliert. Sicher ist, dass Leonardo beim Malen der Figur und des Hintergrunds jeweils einen anderen Fluchtpunkt gewählt hat und seiner Schönen zudem einen Silberblick verpasst hat, der bewirkt, dass der Betrachter das Gefühl bekommt, von ihren Augen verfolgt zu werden. Außerdem lächelt nur die rechte Gesichtshälfte und feine Details wie Augenbrauen, Wimpern und ein rosiger Hauch auf den Wangen sind über die Zeit verblasst.

Auch ihre Identität ist geheimnisumwittert. Notizen des Kunstexperten **Giorgio Vasari** (1511–1574) deuten auf die Florentiner Kaufmannsgattin Monna (Frau) **Lisa del Giocondo** hin, aber es gibt auch zahlreiche aufregendere Thesen bis hin zu einem jungen Geliebten Leonardos. In den Pariser Louvre ist das Bild jedenfalls gelangt, weil Leonardo – frustriert darüber, dass ihm in Italien Raffael und Michelangelo vorgezogen wurden – 1516 eine Einladung des französischen Königs annahm. Wahrscheinlich ist die *Mona Lisa* das berühmteste Gemälde der Welt (wenn man nicht Leonardos *Abendmahl* höher hängt).

Sixtinische Madonna (1513)

von Raffael Santi (1483–1520)

Vorhang auf für die Jungfrau mit dem Kind! Wie in einer Theaterkulisse kommt zwischen den gerafften sattgrünen Portieren Maria barfuß auf Wolken geschritten. Der Heilige Sixtus zu ihrer Linken scheint ihr den Weg zu weisen, die Heilige Barbara zu ihrer Rechten den Vorhang zurückzuhalten. Und am unteren Bühnenrand lümmeln sich die berühmten bengelhaften Engelchen auf einer imaginären Balustrade und betrachten das Geschehen über ihren Köpfen.

Raffaels Madonnen waren schon zu seinen Lebzeiten legendär. Doch auf den meisten Bildern sitzt Maria recht brav mit ihrem Kind und dem Johannes-Knaben (dem späteren Johannes dem Täufer, ihrem Neffen) in einer idyllischen, gartenartigen Landschaft. Der Auftritt der *Sixtinischen Madonna* dagegen verweist schon in den Barock mit seiner Lust an der Inszenierung. Doch noch berühmter als die Hauptfigur wurden die beiden Engel, die ab 1800 ein Eigenleben zu führen begannen und als Schmuck für alles Mögliche dienen mussten.

Seinen Namen verdankt das Bild übrigens der Klosterkirche San Sisto in Piacenza, für die es Raffael im Auftrag von **Papst Julius II.** malte. Von Großherzog **Friedrich August II.** aufgekauft, kam es nach Dresden, wo es heute in der Gemäldegalerie Alte Meister zu sehen ist.

Licht und Farben (1843)

(Goethes Theorie) – Der Morgen nach der Sintflut – Moses, das Buch Genesis schreibend

von William Turner (1775–1851)

In der romantischen Malerei spielen Lichteffekte eine zentrale Rolle. Auch in **Caspar David Friedrichs** Bildern löst sich gen Horizont die Form zugunsten der Farbwirkung auf. Der Brite **William Turner** war in dieser Hinsicht aber noch viel radikaler. Im Laufe seiner Karriere verschaffte sich das Licht auf seinen Aquarellen und Ölgemälden immer mehr Raum und alles Gegenständliche geriet zur Nebensache. Seine späten Gemälde sind so gut wie abstrakt. Den Moses und die Opfer der Flut, die im Untertitel Erwähnung finden, kann man in der Impression von Licht und Farben kaum noch erahnen.

Turners Zeitgenossen – die ihn für Bilder wie das über die letzte Fahrt des Kriegsschiffes Temeraire im Sonnenuntergang (1738) geliebt hatten – konnten damit nicht mehr viel anfangen. Aber gerade seine späten Werke machten Turner zu einem Wegbereiter der Moderne.

Und Goethes *Farbenlehre*? Daran hatte der Dichterfürst lange Jahre gearbeitet und war irre stolz drauf. Er konnte sich nämlich nicht vorstellen, dass **Isaac Newton** recht hatte, dass weißes Licht sich aus sieben Spektralfarben zusammensetzt. Goethe glaubte vielmehr – und meinte das durch zahlreiche Experimente auch nachgewiesen zu haben –, dass Farben durch die Wechselwirkung von Licht und Dunkelheit entstehen. In seinem 1810 veröffentlichten Werk, das er für bedeutender hielt als alle seine literarischen, befasste er sich zudem mit der Psychologie von Farben, was gerade bei Malern gut ankam. Auch Turner war ein Anhänger von Goethes Theorien und stellt im Zentrum seines Bildes das weiß gleißende Licht der Sonne dar, das zu den Rändern hin, mit immer mehr Dunkelheit gemischt, über Gelb zu sattem Rotbraun wird. Ein Gegenstück zu *Licht und Farben* nannte er *Schatten und Dunkelheit – der Abend der Sintflut.*

Die Bürger von Calais (1889)

von Auguste Rodin (1840–1917)

Als der englische König Eduard III. im Jahr 1347 im Rahmen des Hundertjährigen Krieges Calais belagerte, versprach er die Stadt zu verschonen, wenn sich sechs angesehene Bürger im Büßerhemd und mit Stricken um den Hals ausliefern würden. Es fanden sich tatsächlich sechs Freiwillige, obwohl zu erwarten stand, dass sie gehängt würden.

Dieses Thema wurde durch ein Drama aus dem Jahr 1765 in Frankreich sehr populär und immer wieder in der Kunst aufgegriffen. Für ein offizielles Monument in der Stadt Calais schuf Rodin sechs Figuren, die er nicht wie üblich auf ein Podest stellte, sondern auf eine flache Platte. Vor allem ihre unterschiedlichen Haltungen und ihre übergroßen, expressiven Hände machten deutlich, wie verschieden sie dem Tod entgegentreten.

Entgegen Rodins Vorstellungen wurde die Skulptur anfangs jedoch auf einen Sockel gesetzt, erst seit 1945 stehen die Helden von damals auf Augenhöhe mit den heutigen Bürgern von Calais vor dem Rathaus. Übrigens: Die Sechs wurden damals dank des Eingreifens der englischen Königin Philippa nicht umgebracht.

Noch berühmter als dieses Werk ist aber Rodins *Denker*. Eigentlich war der Muskelprotz in sinnender Pose nach dem Körper eines Preisboxers aus dem Rotlichtmilieu modelliert, nur Teil einer Höllentor-Darstellung nach Dantes *Göttlicher Komödie* für das Pariser Kunstgewerbemuseum. Erst später machte Rodin eine für sich stehende Monumentalplastik daraus, die heute gerne (auch in der *... für Dummies*-Reihe) zur Illustration der Philosophie benutzt wird.

Sternennacht (1889)

von Vincent van Gogh (1853–1890)

Der strudelnde, dunkelblaue Himmel sieht schon ziemlich irre aus und die überdimensionierten, scheinwerferartigen Sterne toppen noch jene, die van Gogh ein Jahr zuvor in Arles auf seinen berühmten Gemälden *Caféterrasse am Abend* und *Sternennacht über der Rhone* gemalt hatte.

Tatsächlich befand der Maler sich 1889 in einer Nervenheilanstalt und malte wohl in extrem aufgewühltem Zustand. Doch das Bild wäre nicht so berühmt und beliebt geworden, wenn es Zerrüttung illustrieren würde. Stattdessen wirkt es wie eine schwer greifbare Vision. Dazu passt, dass van Gogh seinem Bruder schrieb, ein »unbändiges Verlangen – soll ich das Wort sagen? – nach Religion zu haben. Dann gehe ich in die Nacht hinaus, um die Sterne zu malen«.

Das Schwarze Quadrat (1913)

von Kasimir Malewitsch (1878–1935)

Malewitsch schuf Werke der Moderne, die Betrachtern immer wieder die Zornesröte ins Gesicht treiben und als »Verarsche« tituliert werden. Was soll daran Kunst sein? Nun, die Kunst bestand nicht darin, schwarze Farbe in Quadratform auf eine Leinwand zu bringen. Auch Malewitschs Zeitgenossen waren schon empört, aber vor allem, weil er das Bild bei einer Ausstellung 1915 genau dort aufhängte, wo in russischen Stuben traditionell eine Heiligenikone hängt, und von einer »Ikone meiner Zeit« sprach. Damit reagierte er auch auf Forderungen, die russische Kunst solle sich von den Formen des Westens lösen und sich an der russischen Tradition orientieren. Malewitsch tat das, indem er das Bild als Ikone inszenierte, nur war da nichts Heiliges mehr zu sehen. Allerdings auch nicht Nichts. Für ihn war die schwarze Farbe maximal verdichtete Empfindung. Später schrieb er, er habe sich in dem »verzweifelten Bestreben, die Kunst vom Ballast des Gegenständlichen zu befreien«, in die Form des Quadrats geflüchtet, die Gesellschaft aber habe ihm vorgeworfen: »Alles, was wir geliebt haben, ist verloren gegangen.«

Malewitsch nannte diese radikal abstrakte Malerei *Suprematismus* (von »supremus« = »das Höchste«). Nach der Russischen Revolution kehrte er dann wieder zur gegenständlichen Malerei zurück und malte etwa russische Bauern angesichts der Zwangskollektivierung als roboterhafte Figuren ohne Gesicht.

Nie wieder Krieg (1924)

von Käthe Kollwitz (1867–1945)

Dieses oft kopierte Plakat entwarf die Künstlerin für den Mitteldeutschen Jugendtag der Sozialistischen Arbeiterjugend in Leipzig. Kollwitz wusste, wovon sie sprach: 1914 war ihr Sohn Peter in Flandern gefallen. Doch Leid und Unterdrückung waren schon zuvor ihr Thema gewesen. Die Uraufführung von Gerhart Hauptmanns Stück *Die Weber* (1894) hatte sie zu einem mit verschiedenen Techniken ausgeführten, grafischen Zyklus über den realen Aufstand der schlesischen Weber im Jahr 1844 veranlasst, der **Max Liebermann** so beeindruckte, dass er Kollwitz für eine Ehrung vorschlug, die Kaiser Wilhelm II. jedoch verweigerte. Bis 1908 folgte ein zweiter Zyklus über den Bauernaufstand, danach viele Plastiken wie jene *Mutter mit totem Sohn*, die heute zum Gedenken an alle Opfer von Krieg und Gewaltherrschaft in vergrößerter Form in der Neuen Wache in Berlin steht.

Guernica (1937)

von Pablo Picasso (1881–1974)

Am 26. April 1937 bombardierten Kampfflugzeuge der deutschen Legion Condor und des italienischen Corpo Truppe Volontarie die baskische Stadt Guernica, um den rechten Putschisten um General Franco eine leichte Eroberung zu ermöglichen. Es war nicht einfach nur eine Kriegsaktion. Die Legion Condor probte die flächenmäßige Bombardierung und Auslöschung ganzer Städte. Wie viele der etwa 5000 Bewohner dabei starben, ist unbekannt.

Picasso arbeitete damals im Auftrag der gewählten spanischen Regierung an einem großformatigen Bild für den Pavillon der Weltausstellung, die im November in Paris stattfinden sollte. Als er von dem Angriff erfuhr, verwarf er seine bisherigen Pläne. Am Ende waren auf dem fast 3,5 Meter hohen und nahezu 8 Meter langen Bild keine Flugzeuge zu sehen, dafür verformte und zerschmetterte Menschen und Tiere in einem kubistischem Alptraum in Grau – ein zeitloses Sinnbild für die Schrecken des Krieges an sich.

Anfangs stieß das Bild auf Ablehnung. Heute hängt eine Kopie in Form eines Wandteppichs in den Räumen des UN-Sicherheitsrat, eine andere als gefliestes Wandbild befindet sich in Guernica. Das Original blieb zunächst in New York und ging nach Ende der Franco-Diktatur als posthumes Geschenk Picassos an den spanischen Staat.

IN DIESEM KAPITEL

Unvergängliche Hymnen

Allgegenwärtige Klänge

Vielgeliebte Melodien

Kapitel 15
Zehn populäre Musikstücke

Wenn man im Internet nach den Top Ten der Musik sucht, dann stößt man meist auf Charts, die sich an Verkaufszahlen orientieren. Doch das dort enthaltene Liedgut ist höchst einseitig. Zum einen fehlen all jene Stücke, die weder als »große Kunst« betrachtet noch über den Verkauf von Tonträgern verbreitet werden. Aber gehören *Alle meine Entchen,* die Erkennungsmelodie der Tagesschau oder aktuelle Werbe-Jingles nicht genauso zu einer Kultur wie die großen Hits? Und dann gibt es noch all jene Musikstücke – egal ob Klassik, Volkslied oder Pop –, die keinerlei Urheberrechtschutz (mehr) unterliegen. Ihre Verbreitung zu zählen ist unmöglich.

Da es also gar keine unumstößliche Bestenliste geben kann, präsentiere ich Ihnen im Folgenden zehn Stücke, die alle auf ihre Art mit Superlativen aufwarten können.

Der Messias (1741)

von Georg Friedrich Händel (1685–1759)

Advent und Ostern sind *Messias*-Zeit – vor allem im englischsprachigen Raum. Dort lebte Händel seit 1710. Gerade als er begann einzusehen, dass seine Opern kein Publikum mehr fanden, überreichte ihm ein Freund, der Landbesitzer Charles Jennens, ein Libretto für ein Oratorium, welches das Wirken Jesu Christi von den ältesten Verheißungen in der Bibel bis zur Erlösung der Welt gemäß der Offenbarung des Johannes nachzeichnete. Händel vertonte die Texte in gerade einmal 24 Tagen und brachte sie im April 1742 in Dublin als Wohltätigkeitskonzert zur Aufführung.

Die Iren waren begeistert, die Londoner jedoch empfanden die Aufführung eines religiösen Werks in einem Konzerthaus anfangs als blasphemisch. Doch schon seit 1750 wird *Der Messias* auch dort jedes Jahr kurz vor Ostern als Wohltätigkeitskonzert aufgeführt. Gut 20 Jahre später fing auch Deutschland an, sich für das 2,5-Stunden-Stück zu begeistern – auch wenn es sich hierzulande neben den Passionen und dem *Weihnachtsoratorium* von **Johann Sebastian Bach** behaupten muss.

Oft wird *Der Messias* geteilt: Im Advent wird der erste, zu Ostern der zweite und dritte Teil gespielt. Was jedoch nie fehlen darf ist das grandiose Halleluja, das am Ende des zweiten Teils die Auferstehung bejubelt.

Schmissig beginnend und sich immer weiter steigernd, ist es eine der bekanntesten geistlichen Melodien überhaupt. Vielerorts steht das Publikum dazu auf und schmettert nach Kräften mit.

Die Zauberflöte (1791)

von Wolfgang Amadeus Mozart (1756–1791)

Keine Oper wird in Deutschland so oft gespielt wie die Geschichte des Prinzen Tamino. Uraufführung war am 30. September 1791 im Wiener Freihaustheater. Keines der feinen Häuser, sondern ein Vorstadttheater, geleitet von Mozarts Freund **Emanuel Schikaneder** (1751–1812). Der hatte 1790 eine der damals in Wien so beliebten Zauberopern aufgeführt, fantastische Geschichten mit viel Brimborium und vollem Einsatz der Theatermaschinerie. Für *Die Zauberinsel* hatte Tausendsassa Schikaneder das Libretto verfasst, einen Teil der Musik komponiert und den Lubano (die komische Figur) gespielt. Eine Arie stammte von Mozart und das nächste Stück sollte musikalisch Mozart pur sein. Die Story dagegen ist Schikaneder pur.

Ein Prinz (Tamino) muss eine Prinzessin (Pamina) retten, ausgerüstet mit einer zauberhaften Flöte und begleitet vom Vogelhändler Papageno (einer komischen Figur, bei der Uraufführung von Schikaneder gespielt). Dazu kommt ein Konflikt Gut gegen Böse zwischen Sarastro, dem Oberpriester des Weisheitstempels (eine Anspielung auf die Freimaurer, denen sowohl Schikaneder wie auch Mozart angehörten) und Paminas Mutter, der Königin der Nacht.

An der Story scheiden sich die Geister. Viele lieben sie. Sie macht die Zauberflöte auch kindertauglich. Andere finden sie hanebüchen. Mozarts Musik dagegen ist unstrittig meisterhaft. Viele der Arien wurden zu Hits, wie etwa die Rachedrohung der Königin der Nacht, die sich über zwei Oktaven nach oben schraubt, oder Papagenos Wunsch nach einem »Mädchen oder Weibchen«. Mozart setzte dabei mehr unterschiedliche Instrumente ein als bei jeder anderen Oper der damaligen Zeit und ordnete den einzelnen Figuren oder Schlüsselszenen einen sehr charakteristischen, leicht wieder erkennbaren Sound zu.

International gesehen gilt *La Traviata* (1853) von **Giuseppe Verdi** als meist gespielte Oper. Die Titelrolle gilt als eine der anspruchsvollsten Opernpartien überhaupt und war eine Paraderolle von **Maria Callas** (1923–1977). Die Oper beruht auf dem Roman *Die Kameliendame* (1848) von **Alexandre Dumas, dem Jüngeren** (1824–1895). In der Geschichte verzichtet die Kurtisane Marguerite Gautier edelmütig auf die Liebe eines jungen Adeligen, um ihm seine Zukunft nicht zu verbauen. Ihr Vorbild, die gefeierte **Marie Duplessis**, (1824–1847), mit der Dumas selbst ein Verhältnis hatte, heiratete ihren jungen Liebhaber dagegen, starb jedoch ein Jahr später – wie die Romanheldin – an Tuberkulose.

Für Elise (1810)

von Ludwig van Beethoven (1770 – 1827)

Seit der Musikwissenschaftler **Ludwig Nohl** das Klavierstück in a-Moll 1867 erstmals publizierte, rätselt die Musikwelt darüber, welcher Elise es Beethoven gewidmet haben könnte. Eine heiße Kandidatin ist die von ihm verehrte, damals 17-jährige Opernsängerin **Maria Eva Röckel**, die sich als Künstlerin Elise nannte. Vielleicht war Elise aber auch nur eine schlampig geschriebene Therese, denn das von Nohl gefundene Notenblatt stammte aus dem Erbe von Beethovens Klavierschülerin **Therese Malfatti**.

Jenseits der Frage um Elises Identität ist die anmutige »Bagatelle« zu einem der populärsten Stücke der klassischen Musik geworden – vielleicht sogar zum meist gespielten, da es fast unweigerlich jeder fortgeschrittene Klavierschüler einmal in Angriff nimmt. Außerdem haben unzählige andere Musiker es bearbeitet, anfangen von Soul-Legende **Ray Charles** bis hin zu Heavy-Metal-Bands und Rappern. Auch als Filmmusik ist es beliebt und untermalte *Rosemaries Baby* von **Roman Polanski** genauso wie **Luchino Viscontis** *Tod in Venedig*, die Stephen-King-Verfilmung *Es*, den Bond-Film *Lizenz zum Töten* oder **Quentin Tarantinos** *Inglourious Bastards* und *Django Unchained*. Außerdem wird es von Beethoven-Fan Schroeder in der Comic-Serie *Peanuts* gespielt, dazu von diversem dudelndem Kinderspielzeug, Mülltonnen in Taiwan, Eiswägen in den USA et cetera.

Clair de lune (1890)

von Claude Debussy (1862 – 1918)

Eigentlich gehört das »Licht des Mondes«, der dritte Satz der Klaviersuite *bergamasque* nicht zu Debussys Meisterstücken. Die Werke, die ihn zum Wegbereiter der »Neuen Musik« machten, entstanden erst ab 1894. Eigentlich! Doch die träumerischen Klänge sind die vielleicht beliebteste Kinomusik. Bislang wurden sie von mehr als 120 Filmemachern als perfekte Untermalung besinnlicher Szenen genutzt: Mit ihnen endet **Steven Soderberghs** *Ocean's Eleven*, zu ihnen tanzen Bella und Edward in der Vampir-Saga *Twilight*, trifft Heinrich Harrer in *Sieben Jahre in Tibet* seinen Sohn wieder, und in **Federico Fellinis** *Schiff der Träume* sind sie immer wieder zu hören.

Der Komposition zugrunde liegt ein gleichnamiges Gedicht des »Fin-de-Siècle«-Skandalpoeten **Paul Verlaines**, das die Seele mit einer Mondlandschaft voller Tänzer vergleicht, die in Molltönen die Liebe besingen und nicht an das eigene – inszenierte – Glück glauben.

Happy Birthday to You (1893)

von Mildred (1859–1916) und Patty Hill (1868–1946)

Ein Geburtstag ohne *Happy Birthday*? Undenkbar! Selbst wenn noch andere Ständchen vorgetragen werden, dürfen *Happy Birthday* oder die deutsche Version *Zum Geburtstag viel Glück* meist nicht fehlen. Die berühmteste Interpretin war wohl **Marilyn Monroe**, die das Lied am 19. Mai 1962 im hautengen, fleischfarbenen Strasskleid für US-Präsident John F. Kennedy als laszive Liebeserklärung inszenierte.

Dieser Song beweist, dass Kulturgüter nicht unbedingt große Kunst sein, sondern vor allem Eingang in das Alltagsleben der Menschen gefunden haben müssen.

Ursprünglich war *Happy Birthday* die zweite Strophe eines Kinderlieds, das die Hill-Schwestern für ihre Schützlinge im Louisville Experimental Kindergarten geschrieben hatten. Sie wurden damit nicht reich, aber ihre Rechtsnachfolger kassierten – obwohl nie wirklich geklärt wurde, ob die Schwestern die Rechte überhaupt abgetreten hatten – bis Ende 2016 Lizenzgebühren. Insgesamt waren es rund 50 Millionen Dollar, mehr als irgendein Lied sonst je eingebracht hat.

White Christmas (1940)

von Irving Berlin (1888–1989)

Träumen auch Sie von weißen Weihnachten, glitzernden Tannenwipfeln und Schlittenglocken im Schnee? Irving Berlin jedenfalls war sofort überzeugt, das vielleicht beste Lied aller Zeiten geschrieben zu haben, als er 1940 im sonnigen, grünen Kalifornien Winterfreuden zum Christfest beschwor. Gesungen von **Bing Crosby,** verkaufte sich der Song tatsächlich so gut wie kein anderer davor und danach. Über 50 Millionen Kopien der Crosby-Version von 1949 und mindestens noch einmal so viele Tonträger anderer Interpreten sollen seit damals über den Ladentisch gegangen sein.

Inzwischen haben Klimaforscher herausgefunden, dass Weihnachten früher keineswegs meist weiß war. Jedenfalls nicht mehr, seit im 19. Jahrhundert die sogenannte Kleine Eiszeit zu Ende ging. Die Weiße-Weihnacht-Romantik kam erst danach auf, als die Menschen nicht mehr unter den harten und langen Wintern zu leiden hatten.

Irving Berlin, als **Israel Beilin** in Sibirien geboren, war als Dreijähriger mit seinen Eltern vor Pogromen in die USA geflohen. Dort musste er nach dem frühen Tod seines Vaters schon als Kind als Zeitungsjunge arbeiten, brachte es aber zu einem der bedeutendsten Songwriter überhaupt. Von ihm stammt die Musik zu vielen Filmen (etwa *Ich tanz mich in dein Herz hinein*) und Musicals (wie *Annie Get Your Gun*). Eingebettet in den Film *Musik, Musik* (1942) brachte ihm *White Christmas* sogar einen Oscar ein.

Adagio g-Moll (1958)

von Remo Giazotto (1910–1998)

Als der italienische Musikwissenschaftler dieses Stück für Streicher und Orgel veröffentlichte, erklärte er, es beruhe auf Fragmenten des Barockkomponisten **Tomaso Albioni** (1671–1751), die in der Staatsbibliothek Dresden gefunden worden seien. Beim Publikum kam die schwermütig-romantische Melodie prima an. Das Adagio gehört heute zu den beliebtesten klassischen Musikstücken, wurde von zahlreichen Musikern bearbeitet und taucht auch in Filmen und Fernsehserien auf (etwa bei der Beerdigung von Patriarchin Livia in *Die Sopranos*). Unterdessen entdeckten andere Musikwissenschaftler Albioni wieder, fanden aber, dass das Stück nicht nach ihm klang, sondern eher spätromantisch, mit Elementen aus Werken von Mozart und Beethoven. Nicht wenige zweifeln inzwischen, dass es die Fragmente überhaupt gegeben hat.

Klar scheint jedenfalls, dass das Ganze keine Bearbeitung von Albioni durch Giazotto, sondern allenfalls eine Komposition von Giazotto mit Anleihen bei Albioni ist – für die Giazotto übrigens auch Tantiemen kassierte. Es gibt Vermutungen, dass er allein durch dieses Stück zu den am besten verdienenden Komponisten des 20. Jahrhunderts gehörte.

Yesterday (1965)

von Paul McCartney (* 1942)

Wahrscheinlich steht kein Lied so sehr für die *Beatles* wie diese Ballade über eine verlorene Liebe. Tatsächlich jedoch diskutierten die Band und ihr Management damals darüber, ob das Lied überhaupt als Beatles-Song vermarktet werden sollte, weil es so untypisch für ihren damaligen Stil war. Die Melodie war McCartney nach eigenen Angaben nachts im Traum eingefallen und existierte dann über ein Jahr unter dem Arbeitstitel *Scrambled Eggs* (Rührei), bevor der passende Text dazu entstand. Produzent George Martin bestand auf einer für einen Popsong völlig untypischen Begleitung durch Streicher, um den melancholischen Grundton zu verstärken und – wie so oft – setzten die Beatles damit einen Trend. 1965 erschien es auf der Platte *Help*. Seitdem ist es immer wieder mal zum besten Popsong aller Zeiten gewählt und rund 3000-mal gecovert worden, mehr als irgendein anderer Popsong.

It's a small World (1966)

von Robert (1925–2012) und Richard Sherman (* 1928)

Wenn Sie schon einmal eines der Disneylands besucht haben, kennen Sie diesen Song vielleicht. Die Besucher der Vergnügungsparks werden in kleinen Booten an Puppenszenerien aus aller Welt vorbeigefahren. Dazu dudelt dieses Lied, das die Sherman-Brüder exklusiv für **Walt Disney** geschrieben haben, in Dauerschleife. Mit bislang geschätzten 50 Millionen Darbietungen gilt es als der am häufigsten öffentlich gespielte Song. Die Brüder haben auch zahlreiche andere Hits für The Walt Disney Company geschrieben. Am bekanntesten – und 1965 mit einem Oscar prämiert – ist *Chim Chim Cher-ee* aus dem Musical *Mary Poppins.*

Candle in the Wind (1973/1997)

von Elton John (* 1974)

Mit einer Hymne auf Marilyn Monroe, die er mit einer viel zu früh verlöschten Kerze verglich, landete Elton John einen Erfolg, der es im Jahr 1973 immerhin auf Platz 11 der englischen Charts brachte. Als dann 24 Jahre später seine gute Freundin Prinzessin Diana tödlich verunglückte, schrieb er das Lied zusammen mit seinem Texter **Bernie Taupin** (* 1950) um. Aus der Anfangszeile *Goodbye Norma Jean* wurde *Goodbye England's Rose.* Elton trug die Version vor einem Millionenpublikum auf der Trauerfeier für **Lady Di** vor. Danach gingen die Verkaufszahlen durch die Decke. Bis heute wurde der Song rund 37 Millionen Mal verkauft und ist damit die erfolgreichste Single, seit in den 1950er-Jahren genaue Zählungen begannen.

IN DIESEM KAPITEL

Bestseller und Aufreger

Harte Realitäten und zauberhafte Welten

Innovative Sprache und ungewöhnliche Inhalte

Kapitel 16
Zehn Bücher, die Wellen schlugen

Viele Buchtitel kennt man, auch wenn man die Bücher nicht gelesen hat. Sie stehen für etwas Bestimmtes und werden häufig in allen möglichen Zusammenhängen zitiert. Ich habe zehn davon für Sie herausgepickt. Sie geben zusammen einen guten Überblick, was Literatur ist und was sie kann.

Faust (1808/1832)

von Johann Wolfgang Goethe (1749–1832)

Wussten Sie eigentlich, dass der Held von Goethes ungewöhnlichstem Drama wirklich gelebt hat? Der wandernde Alchimist **Johan Faust** kam um 1540 bei einem missglückten Experiment ums Leben. Knapp 50 Jahre später erschien ein Buch, das berichtete, er sei mit dem Teufel im Bunde gewesen. In Goethes *Faust* verführt der Teufel nicht nur den hadernden Gelehrten Faust, sondern auch das Publikum. Mephistopheles ist ein Schelm mit flotten Sprüchen wie der, er sei »ein Teil von jener Kraft, die stets das Böse will und stets das Gute schafft«. Das Böse äußert sich dann in einer Geschichte, die zu Goethes Zeiten Alltag war: Von Mephisto geleitet, verführt Faust das Gretchen, diese bringt sitzengelassen ihr Kind um. Mit der göttlichen Versicherung, Gretchen sei dennoch gerettet, endet der erste Teil.

Obwohl das Stück recht klar wirkt, ist es für vielfältige Interpretationen offen – Goethe sagte selbst, er könne nicht sagen, welche Idee er damit habe ausdrücken wollen, alles sei aus einem befangenen, leidenschaftlichen Individuum hervorgegangen. Das erlaubt Schauspielern und Regisseuren immer wieder Neuinterpretationen. Stilistisch spielt Goethe virtuos mit verschiedensten Versmaßen, etwa dem *Blankvers* oder dem *Knittelreim*. (Letzterer wird heutzutage oft mit minderwertiger Dichtung in Verbindung gebracht, war damals aber ein Versmaß mit vier Hebungen und Endreim.) Auch stammen aus keinem deutschen Literaturstück mehr Zitate. Wie der Teufelspakt zwischen Faust und Mephisto ausgeht, interessiert dagegen kaum jemanden.

Der zweite Teil, an dem Goethe bis zu seinem Tod arbeitete, wird selten gespielt. In einer sehr verwickelten Geschichte, in der zahlreiche mythologische Figuren auftreten, lässt Faust sich von Mephisto zu Macht und Reichtum führen, ohne dabei glücklich zu werden. Erst als er sich, mittlerweile über 100 Jahre alt, wünscht, etwas zum Wohl anderer zu tun, fühlt er sich gut. »Zum Augenblicke dürft' ich sagen: Verweile doch, du bist so schön!« Mit diesem Eingeständnis der Zufriedenheit wäre seine Seele eigentlich dem Teufel verfallen, doch ein Engel verkündet: »Wer immer strebend sich bemüht, den können wir erlösen.«

Waverley (1814)

von Walter Scott (1771 – 1832)

Walter Scotts Geschichte um den jungen englischen Adeligen Edward Waverley, der 1745 bei einem Schottlandbesuch in den Aufstand des Jakobiten-Prinzen Charles Edward Stuart (Bonnie Prince Charlie) gerät, gilt als Vater der *historischen Romane.* Scott führte seine Leserschaft in einen Konflikt, der keine 60 Jahre zurücklag, konnte aber dank des Kniffs, keine Hauptfigur zum Helden zu machen, Distanz wahren und seinen Waverley Sympathien für beide Seiten – und natürlich zwei schöne Frauen – empfinden lassen. Dem schottischen Autor und seinem englischen Helden gelang damit das Kunststück, beide Lager zu begeistern, zur Überwindung des historischen Traumas beizutragen und die schottische Highland-Kultur populär zu machen.

Auch für Goethe war *Waverley* eines der besten Bücher, die er kannte. Viele andere, wie **Victor Hugo** (*Der Glöckner von Notre Dame,* 1831; *Die Elenden,* 1862) oder **Alexander Puschkin** (*Die Hauptmannstochter,* 1836; *Der Mohr Peters des Großen* über seinen eigenen aus Eritrea stammenden Urgroßvater), ließen sich von ihm inspirieren. Scott selbst schrieb weitere historische Romane wie *Guy Mannering, Rob Roy, Ivanhoe* oder *Die Braut von Lammermoor,* die wiederum als Vorlage für Opern oder Filme dienten.

Onkel Toms Hütte (1852)

von Harriet Beecher Stowe (1811 – 1896)

Der Begriff »Onkel Tom« hat heute vielfach keinen guten Klang mehr. Seit den 1960er-Jahren benutzen ihn afroamerikanische Bürgerrechtler als Schimpfwort für andere Schwarze, die ihrer Ansicht nach zu friedfertig sind. Selbst **Martin Luther King** wurde von Radikalen so diffamiert. Tatsächlich machte Pfarrerstochter Beecher Stowe ihren Tom zu einem Muster an Friedfertigkeit, einen unerschütterlichen Helden, der von seiner Gesinnung auch dann nicht ablässt, als er dafür brutal misshandelt und ermordet wird. Doch als Rollenvorbild war er nicht gedacht. Mit Toms Schicksal wollte Beecher Stowe die weißen Nordstaatler aufrütteln, denen 1850 verboten wurde, schwarzen Flüchtlingen aus den Südstaaten zu helfen. Tatsächlich gab das Buch den Gegnern der Sklaverei, den *Abolitionisten*, gewaltig Auftrieb.

Innerhalb eines Jahres verkaufte es sich in den USA 300.000 Mal, in England sogar 1 Million Mal und wurde in die wichtigsten europäischen Sprachen übersetzt. Von den Befürwortern der Sklaverei dagegen wurde Beecher Stowe heftig angegriffen – unter anderem mit Anti-Onkel-Tom-Romanen, deren Behauptungen sie sorgfältig widerlegte. US-Präsident Lincoln soll ihr später nur halb im Scherz vorgeworfen haben, den Amerikanischen Bürgerkrieg ausgelöst zu haben.

Alice im Wunderland (1865)

von Lewis Carroll (Charles Lutwidge Dodgson, 1832–1898)

Einem Briten gegenüber sollte man die verstorbene Prinzessin Diana lieber nicht als »queen of hearts« bezeichnen. Denn damit ist auf der Insel nicht die »Königin der Herzen« gemeint, sondern die Herzkönigin, eine ziemlich böse Figur aus *Alice im Wunderland.* Das Buch und seine Fortsetzung, *Alice hinter den Spiegeln,* sind wahrscheinlich das am meisten zitierte Werk in Großbritannien. Jeder kennt das weiße Kaninchen, den verrückten Hutmacher, die Cheshire Cat (zu deutsch: »Grinsekatze«), den drachenähnlichen Jabberwocky, die Herzkönigin und all die anderen Figuren und weiß, was gemeint ist, wenn darauf angespielt wird (abgesehen davon, dass die Herzkönigin immer wieder mit der Roten Königin aus dem zweiten Teil zusammengeworfen wird!).

Eine wirkliche Story dagegen hat das Buch nicht. Alice gerät durch ein Kaninchenloch in die Wunderwelt und begegnet dort immer noch verrückteren Gestalten. Ob das Ganze einen verborgenen Sinn hat oder einfach blühender Blödsinn ist, den Carroll, Mathematikdozent in Oxford, zur Freude dreier kleiner Mädchen aus einer befreundeten Familie zusammenfantasierte, wird diskutiert, seit das Buch erschienen ist. Auf jeden Fall wirkte es inspirierend auf unzählige Erwachsene, die darin Deutungen suchten oder Figuren entlehnten.

Das Buch wurde mehrmals verfilmt. Eine Disney-Variante von 1951 floppte. Dagegen war die Verfilmung von Tim Burton aus dem Jahr 2010 (unter anderem mit Mia Wasikowska, Helena Bonham Carter, Johnny Depp, Alan Rickmann und Christopher Lee) sehr erfolgreich. Allerdings drehte Burton eine Art Fortsetzung der Bücher mit konventioneller Story: Die 20-jährige Alice gerät wieder ins Wunderland und dort in einen Kampf gegen die Rote Königin und den Jabberwocky, bei dem all die anderen Figuren aus den Büchern mitmischen. Am Ende enthauptet Alice den Jabberwocky, kehrt zurück und hat den Mut gefunden, sich gegen eine ungeliebte Heirat zu wehren. (In einer Fortsetzung von 2016 rettet sie dann ihren Freund, den Hutmacher.)

Die Alice der US-Amerikaner heißt Dorothy und gerät in *Der Zauberer von Oz* (1900, **Lyman Frank Baum**) in fantastische Welten und in einen Kampf gegen den Zauberer und die böse Hexe des Ostens. In **John Ronald Reuel Tolkiens** *Herr der Ringe* (1954) wird der archaische Kampf um die Rettung der Welt zum zentralen Element der Story – und zum Vorbild für unzählige andere Bücher, Filme und Computerspiele. Mit rund 150 Millionen verkauften Exemplaren ist es das erfolgreichste belletristische Buch aller Zeiten. Und *Der Hobbit* (1937) mit rund 100 Millionen Exemplaren das erfolgreichste Kinderbuch.

Schuld und Sühne (1866)

von Fjodor Dostojewski (1821–1881)

Warum sollte man einen bösartigen, reichen Menschen, der keinerlei positiven Nutzen für die Gesellschaft hat, nicht umbringen dürfen und mit seinem Geld Gutes tun? Zu solch gefährlichen Überlegungen verführt Dostojewski seine Leser in Person des Studenten Rodion Raskolnikow. Je mehr elenden Menschen dieser begegnet – vor allem der jungen Sonja, die sich wegen der Geldnöte ihrer Familie prostituiert –, desto naheliegender erscheint ihm der Gedanke, und schließlich bringt er tatsächlich die wucherische Pfandleiherin Aljona Iwanowna um. Doch die Dinge entwickeln sich nicht so, wie er sich das in seiner Fantasie ausgemalt hat, sodass er in seinem Anspruch, Richter über Gut und Böse zu sein, irre wird und sich schließlich der Polizei stellt.

Mit diesem und seinen anderen Werken wie *Der Idiot, Die Dämonen, Die Brüder Karamasow*, übte Dostojewski enormen Einfluss auf die moderne Literatur aus: durch seine realistische, minutiöse Schilderung der gesellschaftlichen Zustände, die psychologische Erforschung der Komplexität der menschlichen Seele samt ihrer dunklen Seiten und die innovativen literarischen Techniken, mit denen er Zerrissenheit, Zweifel und subjektives Erleben auch sprachlich zum Ausdruck brachte.

Abgründe kannte Dostojewski auch aus seinem eigenen Leben. Als Sozialist war er im Alter von 28 Jahren nach einer Scheinhinrichtung erst zu Haft, dann zu Militärdienst in Sibirien verurteilt worden. Als Erster berichtete er in *Aufzeichnungen aus einem Totenhaus* aus den sibirischen Strafkolonien. Große Teile seines Lebens lebte er in prekären Verhältnissen, litt unter Epilepsie und war zeitweise spielsüchtig – was er in *Der Spieler* literarisch verarbeitete.

Ulysses (1922)

von James Joyce (1881–1941)

Der dreibändige Wälzer ist berüchtigt – selbst bei anderen Literaten. So befand **Kurt Tucholsky**, *Ulysses* sei wie Liebigs Fleischextrakt: pur eigentlich ungenießbar, aber »es werden noch viele Suppen damit zubereitet werden«. Auch der Autor selbst gab zu, er habe so viele Rätsel und Geheimnisse in das Buch gestreut, »dass es die Professoren Jahrhunderte lang in Streit darüber halten wird, was ich wohl gemeint habe«.

Dabei erzählt der Roman eigentlich nur von einem einzigen Tag, an dem der Anzeigenakquisiteur Leopold Bloom durch Dublin irrt wie einst Homers Odysseus über das Mittelmeer. Doch Joyce setzt die ganze Geschichte aus den Gedanken und Assoziationen der auftretenden Personen zusammen, wobei jede Person ihren charakteristischen Sprachstil hat. Obwohl er nicht der erste Autor war, der diese Technik, das *Erzählen des Bewusstseinsstroms* (*Stream of Consciousness*), angewandt hat, zieht *Ulysses* seine Leser so unmittelbar ins Geschehen wie wohl kein Buch zuvor. Der Leser irrt quasi selbst durch das Dublin des Jahres 1904, das im Denken und Fühlen der verschiedensten Personen gespiegelt wird. Darüber hinaus sind den einzelnen Begegnungen aber auch Szenen aus Homers *Odyssee* sowie bestimmte Farben, Symbole und sogar Organe zugeordnet, und bei Begegnungen in der Bibliothek und Konzerthalle wird der abendländische Bildungskanon in Andeutungen durchexerziert – die erwähnten Rätsel für die Professoren.

Mephisto (1936)

von Klaus Mann (1906 – 1949)

Der Roman beginnt mit der Feier von Hermann Görings 43. Geburtstag im Jahr 1936, und Klaus Mann schreibt, als wäre er dabei gewesen. Und er schildert die Karriere des genialen Mephisto-Darstellers Hendrik Höfgen, der mit dem Regime einen Teufelspakt schließt – aber nicht als Verführer, sondern als Verführter –, als wüsste er schon, wohin dieses Regime noch steuern würde. Dabei saß Mann schon seit drei Jahren in Amsterdam im Exil. Nach 1945 wollte zunächst niemand dieses so ungemein klarsichtige Buch drucken (was möglicherweise zu Manns Selbstmord beitrug). Erst 1956 brachte es der Ostberliner Aufbau-Verlag heraus. Als einige Jahre später ein westdeutscher Verlag nachziehen wollte, kam es zum Eklat. *Mephisto* wurde verboten, weil Mann für Hendrik Höfgen allzu deutlich seinen einstmaligen Schwager Gustaf Gründgens zum Vorbild genommen hatte. Erst 1981, als der ungarische Regisseur István Szabo die Geschichte mit Klaus Maria Brandauer in der Hauptrolle verfilmte, durfte auch das Buch wieder erscheinen.

Gustaf Gründgens (1899–1963) hatte bereits vor der NS-Zeit als Schauspieler und Regisseur, vor allem in der Rolle des Mephisto in Goethes *Faust*, für Furore gesorgt. Unter den Nazis brachte er es zum Generalintendanten des Preußischen Staatstheaters. In dieser Rolle half er einzelnen Verfolgten. Aber gerade das zeitweilige Verbot von Manns Roman hat bewirkt, dass Gründgens als Mensch und Künstler vollkommen hinter der Figur des Hendrik Höfgen verschwunden ist.

Der kleine Prinz (1943)

von Antoine de Saint-Exupéry (1900–1944)

Mit Sätzen wie »Man sieht nur mit dem Herzen gut, das Wesentliche ist für die Augen unsichtbar« oder »Du bist zeitlebens für das verantwortlich, was du dir vertraut gemacht hast« ist *Der kleine Prinz* moderne Erbauungsliteratur im Gewand einer Kinderfantasie. Antoine de Saint-Exupéry schrieb die Geschichte nach seiner Flucht aus dem besetzten Frankreich im US-Exil, leidend am Zustand der Welt und seiner nicht einfachen Ehe mit der Malerin Consuelo Suncin. Er nötigt sein Alter Ego im Buch, einen gestrandeten Piloten, und mit ihm die Leser, sich in die kindlich-klare Logik des kleinen Prinzen hineinzudenken, der die Absurditäten der Welt noch als solche erkennt, selbst aber Hilfe für seine schwierige Beziehung zu einer launischen Rose braucht und diese von einem weisen Fuchs erhält. Hinter Tolkiens *Herr der Ringe* steht *Der kleine Prinz* mit rund 140 Millionen verkauften Exemplaren auf Platz 2 der ewigen Bestseller-Liste.

Die gestundete Zeit (1953)

von Ingeborg Bachmann (1926–1973)

»Es kommen härtere Tage«, prophezeit Bachmann im Titelgedicht ihres ersten Versbands, beschwört rätselhafte Bilder von Kälte und Dunkelheit irgendwo im Marschland, vom unschönen Ende einer Liebe und befiehlt: »Sieh dich nicht um. Schnür deinen Schuh. Jag die Hunde zurück.« Schwer verständliche Zeilen, noch schwerer verständlich angesichts der anbrechenden Wirtschaftswunderzeit. Doch die studierte Philosophin, die als Zwölfjährige schon den Einmarsch der Nazis in Österreich als traumatisch erlebt hatte, hielt die Chance auf einen möglichen Neuanfang nach dem Krieg schon für vertan. Für ihre literarische Karriere jedoch bedeuteten die Gedichte den Durchbruch. Sie bekam den Preis der renommierten *Literaturgruppe 47* und wurde zum Star der Nachkriegslyrik. Ein schillernder Star mit rätselhaft-faszinierender Persönlichkeit, Alkohol- und Tablettenproblemen, Beziehungen unter anderem mit **Paul Celan** und **Max Frisch** und sprachgewaltigen Texten, die sich »scharf von Erkenntnis und bitter von Sehnsucht« an den herrschenden Verhältnissen abarbeiten. In den 1960er-Jahren wandte sie sich der Prosa zu und thematisierte in *Das dreißigste Jahr* (1961) und *Malina* (1971) auch die unaufgearbeitete Nazi-Vergangenheit und die männliche Dominanz in der Gesellschaft. Seit 1977 wird in ihrer Heimatstadt Klagenfurt der nach ihr benannte renommierte Literaturpreis vergeben.

Die Blechtrommel (1959)

von Günter Grass (1927–2015)

An seinem dritten Geburtstag, so behauptet Oskar Matzerath, kleinwüchsiger Insasse einer Heil- und Pflegeanstalt, habe er beschlossen, das Wachstum einzustellen. Als ewiges Kind an keinerlei Moral gebunden, trommelt er sich durchs Leben und offenbart dabei, dass die anderen auch nicht besser sind: vor der NS-Zeit nicht unschuldig, nachher nicht geläutert und währenddessen miese Mitläufer.

Günter Grass platzte mit seiner überbordenden Fabulierlust in eine Zeit, in der sich Literatur ansonsten existenzialistisch ernst, abgeklärt und lakonisch, oft auch eskapistisch gab und die Gesellschaft den Nationalsozialismus entweder verdrängte oder dämonisierte. Wie **Hans Magnus Enzensberger** gleich nach Erscheinen prophezeite, löste das Buch »Schreie der Freude und der Empörung aus« – wie überhaupt Grass' ganzes, extrem unkonventionelles Frühwerk einerseits Begeisterung, andererseits extreme Ablehnung erregte und sogar als jugendgefährdend galt. Immer wird bitterer Ernst mit purem Spaß verwoben, sodass seine Bücher keinem didaktisch aufgebauten modernen Museum, sondern einer barocken Wunderkammer gleichen und die Frage nach der Deutung immer wieder an Grenzen stößt.

IN DIESEM KAPITEL

Bekannte und unbekannte Meilensteine

Hits und Experimente

Filme und ihr Vermächtnis

Kapitel 17
Zehn Filme, die Geschichte schrieben

Zugegeben, es sind größtenteils ziemlich alte Schinken, die ich Ihnen in diesem Kapitel präsentiere. Aber um *Herr der Ringe*, *Titanic*, *Avatar* und andere Blockbuster der jüngeren Leinwandhistorie zu kennen, brauchen Sie vermutlich kein Buch. Doch was ist dran an jenen Namen, die immer wieder fallen, wenn es um Meilensteine der Filmgeschichte geht?

Die Geburt einer Nation (1915)

von David Wark Griffith (1875 – 1948)

Das Drei-Stunden-Epos über den Amerikanischen Bürgerkrieg ist der erfolgreichste Film der *Stummfilmzeit* – bis 1932 spielte er 10 Millionen US-Dollar ein – und gilt in zweierlei Hinsicht als eines der einflussreichsten Werke der amerikanischen Filmgeschichte. Technisch war er der bei Weitem aufwändigste, längste und teuerste Film, der bis dato gedreht worden war. Griffith begeisterte sein Publikum mit Schlachtenszenen mit Tausenden von Statisten und rasanten Kamerafahrten, unterlegt mit dramatischer Musik aus Carl Maria Webers *Freischütz* oder Wagners *Walkürenritt*. Doch zum anderen befeuerte *Birth of a Nation* – so der Originaltitel – auch den ohnehin schon vorhandenen Rassismus in den USA auf das Unheilvollste.

Der Film erzählt die Geschichte zweier befreundeter Familien aus den Nord- und den Südstaaten. Nach dem Sieg des Nordens gerät das dortige Familienoberhaupt unter den Einfluss militanter Schwarzer, die mit Milizen den ehemaligen Süden terrorisieren, die weiße Bevölkerung unterdrücken, sie am Wählen hindern und Frauen vergewaltigen – bis der Sohn der Südstaatenfamilie den *Ku-Klux-Klan* gründet und die Milizen vertreibt. Am Ende kommt es zur Versöhnung der beiden Familien, einer Doppelhochzeit und – so die Texteinblendung – der Geburt der amerikanischen Nation.

Der Film feierte am 8. Februar 1915 Premiere, wenige Monate später gründete der Prediger **William Joseph Simmons** den 1875 aufgelösten Ku-Klux-Klan neu. Darüber hinaus übernahmen Millionen von Amerikanern das Narrativ, der Klan hätte 50 Jahre zuvor die weiße Bevölkerung vor schwarzem Terror gerettet.

D. W. Griffith galt eigentlich nicht als Rassist. Warum verfilmte er dann ein Ku-Klux-Klan-Propaganda-Werk? Es hat den Anschein, dass ihn nur die filmischen Möglichkeiten der Geschichte interessierten, nicht aber die historische Aussage. »Ein großer Film, der eine böse Sache vertritt«, meinte der Kritiker **Roger J. Ebert** (1942–2013) und verglich *Birth of a Nation* mit Leni Riefenstahls NS-Propagandafilmen.

Panzerkreuzer Potemkin (1925)

von Sergei Eisenstein (1898–1948)

Als Zar Nikolaus II. im Jahr 1905 eine Demonstration in Sankt Petersburg blutig niederschlagen ließ, kam es zu einer landesweiten Revolte, die jedoch scheiterte. Unter anderem richteten die zaristischen Truppen in Odessa ein Blutbad an, als dort das revoltierende Panzerschiff *Potemkin* einlief. Zum 20-jährigen Gedenktag zeichneten Sergei Eisenstein und seine Drehbuchautorin **Nina Agadschanowa** (1889–1974) die Ereignisse in Odessa nach.

Panzerkreuzer Potemkin ist ein Propagandafilm, schrieb aber mit seinen dramatischen Montagen auch Filmgeschichte. In der bekanntesten Szene rücken Soldaten im Gleichschritt auf die 142 Meter lange Potemkinsche Treppe vor und zwingen die Menschenmassen in wilder Flucht nach unten. Ereignisse (und Menschen) überschlagen sich immer mehr, bis sich schließlich ein Kinderwagen samt Baby löst, über die Treppe nach unten rattert und an der Mole kippt.

Metropolis (1927)

von Fritz Lang (1890–1976)

Zweieinhalb Stunden dramatische Dystopie: In der futuristischen Stadt *Metropolis* leben die Reichen und Schönen ein Luxusleben, in den Katakomben sind die weniger Glücklichen in eine gnadenlose Arbeitsmaschinerie eingebunden. Freder, der Sohn des Herrschers, wagt sich in diese Unterwelt, weil er sich in die schöne Revolutionärin Maria verliebt hat, doch der Erfinder Rotwang, der sich an Freders Vaters rächen will, hat eine Roboter-Maria geschaffen, die die Arbeiter in einen selbstzerstörerischen Aufstand treibt.

Dem damaligen Publikum gefiel das alles nicht, und auch die Kritiker schrieben das 5 Millionen Reichsmark teure Werk des bislang so gefeierten Lang in Grund und Boden. Der Flop brachte die Ufa in finanzielle Schwierigkeiten und führte dazu, dass sie an den rechten Medienunternehmer **Alfred Hugenberg** verkauft wurde, einen Förderer Hitlers.

Heute gilt *Metropolis* sowohl inhaltlich mit seiner düsteren Botschaft vom Ausgeliefertsein des Menschen an eine totalitär-technokratische Welt wie auch filmästhetisch als einer der bedeutendsten Filme überhaupt und wurde 2001 als erster Film in das Weltdokumentenerbe der UNESCO aufgenommen.

Die Vorlage und das Drehbuch für *Metropolis* verfasste – wie bei den anderen großen Filmen Langs auch – seine damalige Ehefrau **Thea von Harbou** (1888–1954). Sie war eine der wichtigsten Drehbuchautorinnen der frühen Filmgeschichte, arrangierte sich allerdings mit dem NS-Regime (während ihr Ex-Ehemann emigrierte) und schrieb unter anderem Drehbücher für **Veit Harlan**, den Regisseur des berüchtigten Hetzfilms *Jud Süß* (1940).

Der Jazzsänger (1927)

von Alan Crosland (1894–1936)

»Warten Sie, warten Sie, Sie haben bis jetzt noch nichts gehört«, wandte sich der Jazzsänger an sein Filmpublikum, und das Publikum vor der Leinwand antwortete mit begeistertem Johlen. Denn zum ersten Mal konnte man bei der Uraufführung am 6. Oktober 1927 in New York tatsächlich einen Leinwanddarsteller sprechen hören. Obwohl sich das Studio der Warner Brothers in finanzieller Schieflage befand, hatte **Sam Warner** (1887–1927) seine Brüder Harry, Albert und Jack überredet, in *Tontechnik* zu investieren. Ursprünglich sollten nur die Lieder des beliebten Sängers **Al Jolson** (1886–1950) mit dem *Vitaphone-Verfahren* auf Platte aufgenommen und synchron zum Film abgespielt werden. Doch Jolson bestand auch auf ein paar Sprechszenen. Obwohl die übrigen Szenen mit Sprachtafeln betextet wurden, gilt *Der Jazzsänger* als erster abendfüllender *Tonfilm* und war ein Riesenerfolg – den Sam Warner allerdings nicht mehr miterlebte, weil er am Abend vor der Premiere an einem Herzinfarkt verstarb.

Der Jazzsänger ist die Geschichte eines Jungen, der gegen den Willen seines Vaters, eines jüdischen Kantors, Karriere macht und sich schließlich mit ihm versöhnt, als er den todkranken Vaters an Jom Kippur in der Synagoge vertritt. Wie der Filmheld war auch Jolson Sohn eines Kantors und hatte mit schwarz geschminktem Gesicht Jazzkarriere gemacht. Er inspirierte als Entertainer auf der Bühne spätere Show-Größen wie **Frank Sinatra**, **Bing Crosby**, **Jackie Wilson** und **Judy Garland**.

Der blaue Engel (1930)

von Josef von Sternberg (1894–1969)

»Ich bin von Kopf bis Fuß auf Leibe eingestellt«, singt die Tingeltangel-Tänzerin Lola-Lola aus dem Kabarett *Der blaue Engel*. Und sonst? Der Film von Hollywood-Regisseur **Josef von Sternberg** mit dem berühmten **Emil Jannings** in der Hauptrolle und Liedern des populären Revuekomponisten **Friedrich Hollaender** (1896–1976) sollte die nach dem *Metropolis*-Fiasko angeschlagene Ufa wieder auf die Beine bringen.

Mit diesen Vorgaben machten sich die Verantwortlichen auf die Suche nach einer Story und entschlossen sich schließlich, Heinrich Manns Roman *Professor Unrat oder das Ende eines Tyrannen* als Vorlage zu benutzen. Mann willigte ein, weil er hoffte, dass die mit ihm befreundete Sängerin und Kabarettistin **Trude Hesterberg** die Hauptrolle bekommen würde, doch Sternberg entdeckte die noch unbekannte **Marlene Dietrich** (1901–1992), war von ihrer Art sich zu bewegen fasziniert und setzte sie als Lola durch. Außerdem änderte er die Story: Der tyrannische Schullehrer Dr. Rath verfällt der Tänzerin und geht darüber zugrunde. Bei Heinrich Mann lässt ihn die ungebührliche Beziehung zum Anarchisten werden, der die kleinbürgerliche Moral vorführt. Tatsächlich geriet der große Jannings – er bekam 200.000 D-Mark Gage, die Dietrich nur 25.000 D-Mark – trotz eindrucksvollen Spiels zur Nebenfigur. *Der blaue Engel* wurde der Film, mit dem die Weltkarriere von Marlene Dietrich begann.

Ninotschka (1940)

von Ernst Lubitsch (1892–1947)

Als der Film herauskam, wurde er mit der verheißungsvollen Ankündigung beworben: »Die Garbo lacht«. Doch es war vielmehr das Publikum, das lachte, als »die göttliche« **Greta Garbo** (1905–1990) »mit dem Ausdruck von Buster Keaton« – so ein zeitgenössischer Kritiker – eine russische Agentin gab, die in Paris auf drei Genossen angesetzt wird, denen das westliche Leben zu gut gefällt. Garbo wurde dafür für den Oscar nominiert, den jedoch letztlich **Vivien Leigh** für ihre Rolle in *Vom Winde verweht* erhielt.

Ernst Lubitsch war der Komödiant unter den frühen deutschen Regisseuren. Er hatte erfolgreiche Lustspiele und Kostümfilme mit Publikumslieblingen wie **Emil Jannings**, **Pola Negri** und **Henny Porten** gedreht und sollte 1922 in den USA mit **Mary Pickford** arbeiten. Doch die beiden Alphatiere kamen nicht miteinander zurecht und brachten es mit Ach und Krach auf einen Film (*Rosita*, 1923). Trotzdem konnte Lubitsch in Hollywood Fuß fassen, denn das Publikum liebte den »Lubitsch-Touch«: temporeich, nonchalant und voll frivoler

Doppeldeutigkeiten. Als Drehbuchautor beschäftigte er unter anderem den jungen **Billy Wilder**, der ihn zu seinem Vorbild erkor.

Neben *Ninotschka* ist Lubitschs bekanntester Film *Sein oder Nichtsein* (1942), eine irrwitzige Komödie um eine polnische Theatergruppe, die sich als Nazi-Größen ausgibt, um einen Spion zu eliminieren und selbst außer Landes fliehen zu können. Als die Komödianten in der letzten Szene das Flugzeug besteigen, sagte Hauptdarstellerin **Carole Lombard** ursprünglich: »Was kann in einem Flugzeug schon passieren?« Noch vor der Veröffentlichung kam Lombard, damals einer der größten Stars Hollywoods, im Alter von 33 Jahren bei einem Flugzeugabsturz ums Leben, und der Satz wurde herausgeschnitten.

Der große Diktator (1940)

von Charlie Chaplin (1889–1977)

Er sieht aus wie Hitler – Tonfall und Gestik sind jedenfalls die des deutschen Diktators –, aber die Worte, die Charlie Chaplin in seinem ersten Tonfilm herausschleudert, stammen aus einer unverständlichen, extra für diesen Film erfundenen, nur von einigen deutschen Begriffen durchsetzten Kunstsprache. Dass Hitler den gleichen Schnäuzer trug wie Chaplin in seiner Rolle als Tramp soll den britischen Produzenten **Alexander Korda** auf die Idee zu einer Verwechslungskomödie gebracht haben. Entscheidender Anstoß für Chaplin war dann wohl, dass die NS-Presse ihn ein »langweiliges, ekelhaftes jüdisches Stehaufmännchen« nannte. Chaplin verschob die Richtigstellung, dass er kein Jude ist, auf nach dem Krieg und spielte stattdessen einen jüdischen Friseur, der im Laufe des Films mit dem wahnwitzigen Diktator Adenoid Hynkel verwechselt wird und das dazu nutzt, den Weltfrieden auszurufen.

Chaplin studierte dafür die Nazi-Ästhetik detailliert, um sie ins Absurde zu führen. Hynkel stellte er als einen brutalen, eitlen Psychopathen dar, der nicht nur zu den Klängen von Wagners *Lohengrin* mit einer Weltkugel auf dem Schreibtisch spielt – die wohl berühmteste Szene –, sondern auch irrational und leicht beeinflussbar ist und ständig impulsive Beschlüsse fasst.

Der Film entfachte in den USA heftige Diskussionen um einen möglichen Kriegseintritt der USA. Während US-Präsident Franklin D. Roosevelt schon das Filmprojekt unterstützt hatte, warfen Teile der Presse Chaplin vor, Hitlers Gefährlichkeit zu übertreiben und zum Krieg zu hetzen. Nach dem Krieg geriet Chaplin wegen seiner politischen Haltung ins Visier des *Komitees für unamerikanische Umtriebe*. 1952 wurde ihm die Wiedereinreise verweigert, worauf er sich in der Schweiz niederließ.

Das Wort »Schtonk«, das **Helmut Dietl** 1992 als Titel für seine Filmkomödie rund um die gefälschten Hitler-Tagebücher benutzte, stammt aus Chaplins Hynkel-Sprache und bedeutet dort »vernichten«.

Citizen Kane (1941)

von Orson Welles (1915 – 1985)

Ein Reporter geht nach dem Tod des Pressemagnaten Charles Foster Kane (dargestellt von Welles selbst) dessen rätselhaften letzten Worten nach und rollt so das Leben eines Mannes auf, der den amerikanischen Traum verwirklicht, aber gleichzeitig seine Ideale verraten hat. Mit ungewöhnlichen Kameraperspektiven, eingebautem Archivmaterial und der nicht linearen Erzählperspektive, aber auch der Thematisierung, wie die neuen Massenmedien, vor allem der reißerische, sensationshungrige Boulevardjournalismus, die Gesellschaft beeinflussen, schrieb Welles Filmgeschichte. In zahlreichen Votings wird *Citizen Kane* als bester Film aller Zeiten gehandelt.

Der US-amerikanische Medienmogul **William Randolph Hearst** (1863–1951) fühlte sich durch den Film porträtiert und tat alles, um sein Erscheinen zu verhindern. Das gelang zwar nicht, doch die Ablehnung in der Hearst-Presse sorgte dafür, dass der Publikumszuspruch erst einmal ziemlich flau ausfiel.

Die sieben Samurai (1954)

von Akira Kurasowa (1910 – 1998)

Bereits 1951 hatte Kurasowa mit *Rashomon,* der Verfilmung einer japanischen Kurzgeschichte aus dem Jahr 1915 um Schein und Schuld in Venedig den Goldenen Löwen und ein Jahr später den Oscar für den besten ausländischen Film erhalten. Die sieben Samurai seines bekanntesten Films werden im 16. Jahrhundert von einem Dorf als Schutz gegen Banditen angeheuert, kommen den Bewohnern langsam näher und können am Ende das Dorf retten, was aber nur drei von ihnen überleben. Die Story wurde 1960 mit *Die glorreichen Sieben* (von **John Sturges** mit **Yul Brynner, Steve McQueen, Charles Bronson, Horst Buchholz** und anderen) auf die USA übertragen.

Doch Kurasowa, gelernter Maler, detaillierter Kenner sowohl der japanischen wie europäischen Kunst und Perfektionist, lieferte Hollywood nicht nur einen guten Plot, sondern setzte auch technisch und ästhetisch neue Maßstäbe. *Die sieben Samurai* drehte er zum Beispiel mit drei Kameras gleichzeitig und setzte die sowieso schon akribisch geplante Geschichte im Schnitt neu zusammen.

Holocaust – Die Geschichte der Familie Weiss (1978)

von Marvin J. Chomsky (* 1929)

Im Vorfeld gab es Anschläge: Neofaschisten beschädigten zwei Sendemasten der ARD, um die Ausstrahlung der vierteiligen US-Serie im deutschen Fernsehen im Januar 1979 zu verhindern. Rund 100.000 Haushalte wurden tatsächlich vom Empfang abgeschnitten, doch Millionen verfolgten vor den Fernsehgeräten das Schicksal der deutsch-jüdischen Familie Weiss zwischen 1935 und 1945. Die einzelnen Familienmitglieder erleben Ghetto, KZ und Partisanenbewegung. Am Ende überleben der Sohn Rudi und seine Schwägerin Inga (gespielt von **Meryl Streep**).

Der Vierteiler entfachte eine heftige öffentliche Diskussion, denn grundsätzlich waren die Nazi-Verbrechen zwar bekannt, wurden aber bisher noch nie als Spielfilm zum Mitfühlen präsentiert und auch noch nie mit so vielen Details. Auch in anderen Ländern veränderte die Serie den Blick auf den Holocaust – der erst nun so genannt wurde.

Holocaust trat aber auch eine Diskussion los, ob man aus dem unsäglichen Leid der Opfer einen Spielfilm machen darf. Der Autor und Überlebende **Elie Wiesel** (1928–2016) sprach von einer kommerziellen Seifenoper, die eine Beleidigung für alle Opfer und Überlebenden darstelle.

Stichwortverzeichnis

G

H

I

J

K

L

M

S

T

U

V

W

X

Y

Z